Sobre a sexualidade

Michel Foucault

Sobre a sexualidade

Cursos e trabalhos de Michel Foucault
antes do Collège de France

A sexualidade
Curso dado na Universidade de Clermont-Ferrand (1964)

seguido por

O discurso da sexualidade
Curso dado na Universidade de Vincennes (1969)

Edição estabelecida por Claude-Olivier Doron,
sob a responsabilidade de François Ewald

Tradução:
Vera Ribeiro

Copyright © 2018 by Éditions du Seuil/Gallimard

Edição estabelecida, sob a responsabilidade de François Ewald, por Claude-Olivier Doron.

Grafia atualizada segundo o Acordo Ortográfico da Língua Portuguesa de 1990, que entrou em vigor no Brasil em 2009.

Título original
La Sexualité

Capa
Bloco Gráfico

Imagem de capa
Monte de pedras, de Eduardo Sancinetti

Preparação
Tamara Sender

Índices
Gabriella Russano

Revisão
Maitê Acunzo
Ana Maria Barbosa

Dados Internacionais de Catalogação na Publicação (CIP)
(Câmara Brasileira do Livro, SP, Brasil)

Foucault, Michel, 1926-1984
   Sobre a sexualidade : cursos e trabalhos de Michel Foucault antes do
Collège de France / Michel Foucault ; tradução Vera Ribeiro. — 1ª ed. —
Rio de Janeiro : Zahar, 2021.

   Título original: La Sexualité.
   ISBN 978-65-5979-028-9

   1. Filosofia 2. Sexualidade I. Título.

21-72691   CDD: 306.7

Índice para catálogo sistemático:
1. Sexualidade : Abordagem antropológica : Sociologia 306.7

Aline Graziele Benitez — Bibliotecária — CRB-1/3129

[2021]
Todos os direitos desta edição reservados à
EDITORA SCHWARCZ S.A.
Praça Floriano, 19, sala 3001 — Cinelândia
20031-050 — Rio de Janeiro — RJ
Telefone: (21) 3993-7510
www.companhiadasletras.com.br
www.blogdacompanhia.com.br
facebook.com/editorazahar
instagram.com/editorazahar
twitter.com/editorazahar

Sumário

Suma das aulas 7

Aviso 15

Regras de estabelecimento dos textos 17

A sexualidade
Curso dado na Universidade de Clermont-Ferrand (1964)

Aula 1: Introdução 21

Aula 2: O conhecimento científico da sexualidade 43

Aula 3: O comportamento sexual 62

Aula 4: As perversões 89

Aula 5: A sexualidade infantil 109

O discurso da sexualidade
Curso dado na Universidade de Vincennes (1969)

Aula 1: O discurso da sexualidade 143

Aula 2: As mudanças do século XVIII 154
  Anexo à Aula 2 158

Aula 3: O discurso da sexualidade (3) 167
  Anexo à Aula 3 171

Aula 4: As formas jurídicas do casamento até o Código Civil 179

Aula 5: Epistemologização da sexualidade   196

Aula 6: A biologia da sexualidade   207

Aula 7: A utopia sexual   236
  Anexo à Aula 7   249

Anexo: Excerto do *Caderno* n. 8, verde, setembro de 1969   266
Situação dos cursos   273

Índice de assuntos   327
Índice onomástico   330

Suma das aulas

A sexualidade:
Curso dado na Universidade de Clermont-Ferrand (1964)

Aula 1: Introdução
Interrogar as relações entre a sexualidade e nossa cultura. A oposição entre o biológico da sexualidade e a cultura é característica da civilização ocidental. Definição do que se deve entender por "cultura ocidental". A. Sincronicamente: monogamia e patriarcado. Desequilíbrio das relações homem-mulher e mecanismos compensatórios. Implica uma estrutura e problemas que encontramos, sejam quais forem os regimes políticos. B. Diacronicamente: transformações que marcam nossa cultura contemporânea desde o século xix. 1. Evolução dos mecanismos compensadores dos desequilíbrios homens-mulheres: tendência para uma igualação progressiva e lógica de complementaridade homens-mulheres. 2. Transformação das relações entre direito e sexualidade: a sexualidade deixa de desempenhar um papel central no casamento como instituição jurídica. 3. Aparecimento de uma "consciência problemática da sexualidade": a sexualidade como tema antropológico; a sexualidade como lugar privilegiado dos valores morais e subjetivos; a sexualidade como espaço de contestação e de transgressão radical: experiência trágica do homem moderno. Sade, no limiar da modernidade.

Aula 2: O conhecimento científico da sexualidade
Especificidade europeia moderna de uma ciência da sexualidade. Lugar central desta nas ciências humanas: lugar de intricação privilegiada do

psicológico e do fisiológico, bem como do individual e do social. A sexualidade ocupa o lugar do contrato e da imaginação na era clássica, e da religião e da sensação no século XIX. Essa centralidade explica por que a psicanálise é a chave das ciências humanas. Três campos das ciências humanas da sexualidade: a. psicofisiologia; b. psicopatologia; c. psicossociologia. Nelas, a sexualidade é um objeto negativo, apreendido em seus desvios, exceto na psicofisiologia. 1. A psicofisiologia da sexualidade: A. Breve histórico da biologia da sexualidade. B. Os diferentes modos da sexualidade: a sexualidade é um modo entre outros da reprodução; a própria distinção dos sexos é complexa, variável e de níveis múltiplos na natureza. C. Os determinantes da sexualidade: 1. Os hormônios: história de sua descoberta e caracterização. 2. O sexo genético: teorias da determinação genética dos sexos. A ideia de "sexo" remete a duas noções distintas (genética e genital) e lança mão de um jogo complexo de determinações e diferenciações.

Aula 3: O comportamento sexual
A psicologia só conhece o comportamento sexual através de seus desvios. Pobreza de conhecimentos sobre a sexualidade "normal" e confusões em torno da "normalidade sexual": importância das distorções entre frequência e normalidade. A ideia de sexualidade normal confunde a ideia de uma finalidade biológica e toda uma rede de normas e proibições sociais. Em vez de partir dessa "sexualidade normal", tomar o conjunto das condutas sexuais em sua mais ampla distribuição (psicopatologia, psicossociologia); começar por problematizar a noção de comportamento sexual a partir da sexualidade animal. 1. A sexualidade animal: comportamento instintivo, mas profundamente complexo, plástico e ligado às condições do meio. Definição de comportamento instintivo, segundo Lorenz e Tinbergen. A. A motivação sexual: limiares hormonais, estímulos externos, efeitos de grupo e sociabilidade. B. Desenrolar do ato sexual: série de condutas complexas, que ultrapassam em muito o ato procriador e põem em jogo a relação com o espaço, com os outros, com o meio. 1. Atividade de apetência; 2. Território sexual; 3. Exibição sexual; 4. Ato consumador. Portanto, o

Suma das aulas

comportamento sexual depende, ao mesmo tempo, de um comando hormonal e de um sistema de sinais que obedecem a um código, logo, a uma mensagem. Intricação do biológico, do meio e da relação com os outros: a sexualidade humana não constitui um hápax no mundo biológico. No entanto, existem cortes: o mais importante concerne à relação da sexualidade humana com a Lei, a proibição e a transgressão. Explicitação destas relações: a conduta sexual humana pressupõe necessariamente um jogo de regras e proibições; sempre implica, portanto, a transgressão possível. Situação paradoxal da sexualidade humana: ao mesmo tempo, a natureza por trás de qualquer regra, base natural de qualquer vínculo; sempre implicando a regra e a transgressão. Daí as duas linguagens tradicionais da experiência da sexualidade no Ocidente: lirismo do amor e erotismo da transgressão. O século XIX inventa uma nova linguagem: a psicopatologia da sexualidade.

Aula 4: As perversões
A própria ideia de sexualidade formou-se apenas a partir do saber sobre as perversões. A experiência da sexualidade está longe de ser evidente: só se dá, a princípio, através das negatividades. A. História do saber sobre as perversões sexuais: até o século XVIII, confundidas no mundo da desrazão e do confinamento; no fim do século XVIII, o confinamento se diferencia: o doente ou o criminoso. Que status dar à quase loucura ou quase delinquência sexual? Caso de Sade em Charenton. A transgressão sexual tem um status flutuante. É relacionada com a doença, sem se confundir com ela. Exemplo de Krafft-Ebing: classificações e origem das perversões. B. No fim do século XIX: estados intersexuais e teoria de Marañón. C. A análise freudiana das perversões. Sua importância e sua originalidade. 1. Uma análise formal das perversões segundo o objeto e segundo o objetivo: a perversão não é sintoma de outra coisa; é, como a sexualidade, um processo com um objeto e um objetivo; 2. Uma análise de seu conteúdo; 3. Uma análise das relações entre perversões, doenças e vida normal: há sempre elementos de perversão presentes na vida normal; relações de significação e de esquiva entre as neuroses e as perversões. A perversão congênita como base comum entre neuroses, perversões e sexualidade normal: a sexualidade infantil.

Aula 5: A sexualidade infantil

i. Longo desconhecimento e resistência ao estudo direto da sexualidade infantil. 1. Razões culturais: história da infância (séculos XVIII-XIX). Postulado da pureza da criança no século XIX. A guerra e a crise econômica do começo do século XX formularam de uma nova maneira a questão da pedagogia. 2. Razões psicológicas: amnésia e relações neuróticas na infância: a infância é sempre apreendida de maneira indireta pelos adultos. 3. Técnica psicanalítica: dificuldades levantadas pela psicanálise infantil. II. Análise da sexualidade infantil. A. Os elementos: uma sexualidade não genital, incidente sobre o próprio corpo, ligada a zonas erógenas diferentes e feita de tendências parciais. Ela pressupõe intensas atividades interpretativas. Distinguir interpretações e fantasias. As diversas interpretações. Relação do conhecimento e da linguagem com o sadismo e o assassinato. A sexualidade e a história: relação com a Lei, relação com os outros e experiência trágica. B. As formas de organização: 1. A organização oral; 2. A organização sádico-anal; 3. A organização genital. A questão da sexualidade feminina.

O discurso da sexualidade:

Curso dado na Universidade de Vincennes (1969)

Aula 1: O discurso da sexualidade

Distinguir a análise do discurso da sexualidade: 1. De uma análise da maneira pela qual o discurso é lugar de emergência ou objeto de investimento do desejo; 2. De uma história da ciência da sexualidade (biologia, psicologia, antropologia da sexualidade). Fazer uma análise da sexualidade como referencial possível de diferentes discursos (fenômeno histórico recente). Indagar como a sexualidade se epistemologizou: como se tornou campo de saber e campo de libertação. Cinco grupos de estudos: a. Transformações da experiência da sexualidade no fim do século XVIII; b. Epistemologização da sexualidade; c. Descoberta da etiologia sexual das neuroses; d. Sexualidade como referencial do discurso literário; e. Tema da liberação sexual.

Suma das aulas

Aula 2: As mudanças do século XVIII

As transformações da sexualidade como prática no nível econômico. 1. Rompimento dos equilíbrios demográficos e crescimento econômico. Séculos XV e XVI: colapso seguido por expansão que esbarrou em diversos entraves: malthusianismo de fato, inovações técnicas, centralização política. Estagnação-depressão. 2. Século XVIII: crescimento econômico e estagnação demográfica: necessidade de mão de obra; demanda de população de uma classe para outra. Consequências: instituições assistenciais, estatística, teoria populacionista, campanha contra o celibato, tema da natalidade natural, controle da própria sexualidade pela burguesia (contrato matrimonial). A sexualidade torna-se uma ciência natural e um conhecimento normativo. 3. Observação metodológica sobre as relações ideologia/ ciência: como pensar a articulação entre os processos que afetam uma formação social e a epistemologização da sexualidade?

Aula 3: O discurso da sexualidade (3)

I. Resumo do curso anterior. Como um processo econômico dá origem a elementos heterogêneos (instituições, direito, temas ideológicos, objetos de conhecimento). II. Observações metodológicas. Esses elementos formam um sistema funcional. Esse sistema pressupõe uma série de operações que devem ser analisadas em seus conteúdos, suas formas e seus efeitos. Essas operações definem a "codificação ideológica primária" de um processo econômico, que não é nem a ideologia no sentido estrito nem o sistema dos elementos heterogêneos, mas as regras que asseguram sua formação. A distinguir do "efeito ideológico específico", isto é, das proposições não científicas produzidas por essa codificação; e do "funcionamento ideológico secundário", isto é, de como esse efeito específico atua nos diversos elementos do sistema, inclusive nas ciências, e não apenas como obstáculo. III. Conclusões. Não há campo ideológico unitário: a oposição ideologia/ciência não é pertinente; a codificação ideológica primária não é nem um conjunto de representações nem um inconsciente, mas um conjunto de regras implementado por uma classe social; é uma prática de classe sem sujeito. A luta ideológica não é uma questão de consciência nem uma questão de ciência, mas de práticas sociais: não pertinência do modelo bachelardiano-althusseriano do "corte" e do trabalho teórico.

Aula 4: As formas jurídicas do casamento até o Código Civil
A sexualidade e o casamento se inscrevem num conjunto de regularidades. Regras matrimoniais fracas das sociedades indo-europeias. Mas, a partir da Idade Média, tendência a tornar o casamento mais complicado (imposições jurídicas, em especial); isso caminha pari passu com uma crítica ideológica do casamento e uma vontade de liberação da sexualidade. I. O casamento cristão: tardio, superpõe o casamento-sacramento ao casamento romano; inicialmente, casamento fácil e sem coerção social. II. Aumento do custo social do casamento: Concílio de Trento: endurecimento dos controles sociais e das imposições; o peso da família aumenta. Exemplo do casamento entre os pequenos camponeses (Bourdieu). III. O casamento na sociedade burguesa: 1. A Revolução: temas ideológicos e medidas jurídicas: o casamento-contrato e o divórcio. 2. O Código Civil: o casamento não é assemelhável a um contrato; a autorização do divórcio não é resultado do contrato, mas da fraqueza humana. O casamento, elemento natural e estruturante da sociedade; a sexualidade como ameaça perturbadora, que deve ser enquadrada pelo casamento e excluída socialmente.

Aula 5: Epistemologização da sexualidade
Estudar como a sexualidade pode ter se tornado objeto de práticas discursivas. Quais são as relações com a loucura? 1. Características comuns: presas entre o orgânico e o social; objetos de discursos diferentes; discursos na primeira pessoa, mas excluídos; desenvolvimento de práticas científicas visando libertá-las da ideologia. Dessas analogias decorre o tema recente de um parentesco entre loucura e sexualidade. 2. Mas também grandes diferenças: a. a loucura é sempre excluída; há uma divisão entre sexualidade tolerada e excluída; b. homogeneidade sincrônica dos diferentes discursos sobre a loucura; diversidade sincrônica das regras de formação dos discursos sobre a sexualidade; c. mudança dos referenciais dos discursos sobre a loucura em épocas diferentes; o referente da sexualidade

Suma das aulas

permanece globalmente o mesmo. Portanto, há duas maneiras de fazer sua arqueologia. Lugar da psicanálise nesse quadro: ela pretende dar um referente único à loucura e fornecer uma homogeneidade discursiva à sexualidade. O que deve ser uma arqueologia da sexualidade?

Aula 6: A biologia da sexualidade

Existência de um saber não epistemológico sobre a sexualidade, ligado a múltiplas práticas (sexualidade humana, agronomia, medicina, religião); verbalizado sob formas diferentes (justificação ad hoc, teorias); impossível opor prática verdadeira e falsa ideologia; a ciência da sexualidade não emerge como uma retomada racional dessas práticas, mas mantém algumas relações com elas. Manter a autonomia da ciência da sexualidade, localizando-a no seio de uma dada formação social. A sexualidade das plantas como fio condutor. I. Desconhecimento da sexualidade das plantas até o século XVII, embora existissem práticas visando-a, fossem admitidos sexos nas plantas etc. Esse desconhecimento não está ligado a analogias-obstáculos nem a uma falta de conceitos: explica-se pelas regras da prática discursiva dos naturalistas. II. Características dessa prática discursiva: 1. Continuidade dos fenômenos de crescimento individual e de reprodução: nenhuma especificidade da função sexual; 2. Status atribuído ao indivíduo: entre indivíduos, há apenas semelhanças e diferenças: nada de realidade biológica metaindividual, ditando sua lei aos indivíduos; 3. Os limites entre indivíduos são intransponíveis: não há continuum metaindividual nem indivíduo-meio. Consequência: impossibilidade de pensar uma função sexual própria. Em termos mais latos: um discurso é uma prática pautada por regras e suas resistências estão ligadas às regras que o organizam como prática (versus ideologia como representação). III. As transformações: 1. Dissociação entre os caracteres masculinos/ femininos e os indivíduos; 2. A fecundação não é um estímulo, mas um transporte de elementos: importância do meio; 3. Inversão da relação entre sexualidade e indivíduos: a sexualidade é uma matriz metaindividual que dá aos indivíduos suas leis. Conclusão: a morte, a sexualidade e a história como constituintes do biológico. Descontinuidade e limite, conceitos fundamentais da biologia, contra o continuum da história natural. A filosofia humanista é uma reação à estrutura epistemológica da biologia para dar sentido à morte, à sexualidade e à história.

Aula 7: A utopia sexual

i. Distinguir utopias e heterotopias. As heterotopias sexuais: heterogeneidade das normas sexuais conforme lugares diferentes numa sociedade. Caso das sociedades primitivas e das nossas: algumas instituições são alternadores de sexualidade. Às vezes, ligadas a temas utópicos: o sabá como mistura de utopia e heterotopia. ii. Retomada da introdução: relações entre utopias e heterotopias. Utopias homotópicas e heterotópicas. As utopias sexuais: importância do tema sexual nas utopias (Sade, Campanella), seja a utopia integradora — retorno a uma sexualidade normal impedida pela sociedade —, seja a utopia transgressiva — uma sexualidade radicalmente desnormalizada (Sade, *História de O*). Presença desses elementos utópicos em Marcuse e Reich. iii. Análise comparada das utopias transgressivas e integradoras: 1. Desejo-diferença-sujeito: a soberania do desejo institui uma diferença absoluta (Sade, *História de O*) versus distribuição harmoniosa das diferenças, eliminando o desejo (Comte, Fourier, Rétif de La Bretonne); 2. Lei e desregramento: lei antissocial e não natural, assimétrica e desregrada, na utopia transgressiva, versus devolução de sua lei natural à sexualidade, em que a conduta adere à regra, na utopia integradora. iv. O problema da revolução sexual: Marcuse ou a dupla utopia. Libertar a sexualidade normal, alienada pela sociedade. Crítica dos diferentes postulados de Marcuse: como eles se distanciam da análise freudiana.

Aviso

De 1952 a 1969, data de sua nomeação para a cátedra de História dos Sistemas de Pensamento no Collège de France, Michel Foucault lecionou em diversas universidades e instituições: psicologia, na Escola Normal Superior (a partir de 1951), em Lille (1952-5) e em Clermont-Ferrand (1960-6); em seguida, filosofia, em Túnis (1966-8) e em Vincennes (1968-9). Além disso, em outubro de 1965, na Universidade de São Paulo, deu um curso sobre o tema daquilo que se transformaria, em 1966, em *As palavras e as coisas*.

Michel Foucault conservou apenas alguns manuscritos dos cursos lecionados durante esse período. Esses manuscritos encontram-se guardados no Fundo Foucault da Biblioteca Nacional da França (sob a cota NAF 28 730). Também encontramos, nas mesmas caixas em que são conservadas as aulas, alguns textos, às vezes muito desenvolvidos, que lhes são contemporâneos. Pareceu-nos interessante integrá-los aos volumes que compõem esta série de "cursos e trabalhos" datados do período anterior à nomeação de Foucault para o Collège de France.

As seguintes regras presidem a edição desses volumes:

• O texto foi estabelecido a partir dos manuscritos depositados na Biblioteca Nacional da França. As transcrições são tão fiéis a eles quanto possível; foram objeto de uma releitura coletiva pela equipe editorial. As dificuldades que podem surgir da leitura de algumas palavras foram indicadas em notas de rodapé. Foram introduzidos no texto somente alguns ajustes menores (correção de erros flagrantes, pontuação, disposição do texto), destinados a facilitar sua leitura e sua compreensão clara. Tais ajustes são sempre assinalados.

• As citações foram verificadas e as referências dos textos utilizados são indicadas. O texto é acompanhado por um aparato crítico que visa elucidar os pontos obscuros e esclarecer os pontos críticos.

• Para facilitar a leitura, cada aula é precedida de uma breve suma que indica suas articulações principais.

• Tal como na edição dos cursos do Collège de France, cada volume se encerra com uma "situação" pela qual o editor científico é responsável: ela tem por objetivo dar ao leitor os elementos contextuais necessários à compreensão dos textos e lhe permitir situá-los na obra publicada de Michel Foucault.

Integram a comissão editorial encarregada do projeto: Elisabetta Basso, Arianna Sforzini, Daniel Defert, Claude-Olivier Doron, François Ewald, Henri-Paul Fruchaud, Frédéric Gros, Bernard E. Harcourt, Orazio Irrera, Daniele Lorenzini e Philippe Sabot.

Fazemos questão de agradecer, muito particularmente, à Biblioteca Nacional da França, graças à qual pudemos consultar os manuscritos que serviram de base para o estabelecimento desta edição.

François Ewald

Regras de estabelecimento dos textos

Este volume reúne dois cursos sobre o tema da sexualidade.

O primeiro, intitulado *A sexualidade*, foi dado por Michel Foucault em 1964, na Universidade de Clermont-Ferrand, no âmbito de seu ensino de psicologia geral. Apresenta-se sob a forma de um manuscrito de próprio punho com 121 páginas numeradas por Foucault, guardado nos arquivos da Biblioteca Nacional da França (BNF, Caixa 78). Esse manuscrito, redigido em linhas gerais, não traz dificuldades particulares de edição.

O segundo, intitulado *O discurso da sexualidade*, foi dado por Foucault em 1969, na Universidade de Vincennes, no âmbito de seu ensino de filosofia. Apresenta-se sob a forma de um manuscrito de próprio punho com 103 páginas, parcialmente numeradas por Foucault, conservado nos arquivos da BNF (Caixa 51). Ao contrário do precedente, esse manuscrito compõe-se de notas mais parciais, com numerosas passagens riscadas e diversas variações. Exigiu um trabalho especial de edição. Para compensar o caráter às vezes sucinto de sua redação, tentamos fornecer aos leitores o máximo possível de informações no aparato crítico que acompanha o texto, explicitando sistematicamente as referências de Foucault. Para isso, exploramos em especial os dossiês importantes reunidos pelo autor a respeito desse curso, a partir de suas anotações de leitura sobre a história dos saberes biológicos concernentes à sexualidade, sobre as utopias sexuais ou sobre as normas do casamento (conservados nas Caixas 39 e 45 da BNF). Recorremos também a dois textos datilografados, provenientes de anotações de alunos que assistiram às aulas e conservados na BNF (Caixa 78). Alguns excertos dessas notas datilografadas foram integrados ao aparato crítico (sob as designações ND1 e ND2), quando isto nos pareceu útil para esclarecer o manuscrito.

Por fim, consideramos pertinente acrescentar, como anexo a esses dois cursos, uma elaboração de quinze folhas que Foucault consagrou ao tema "Sexualidade, reprodução, individualidade" em 21 de setembro de 1969, ou seja, três meses depois do curso de Vincennes. Essa elaboração proveio do *Caderno* n. 8, verde, de Foucault, guardado na Caixa 91 da BNF, que contém seu "Diário intelectual".

As regras gerais de estabelecimento dos textos foram as seguintes. Respeitamos ao máximo a paginação, a redação e a numeração adotadas por Foucault, salvo algumas exceções. Quando faltava uma palavra ou havia uma construção problemática, restabelecemos a palavra em falta ou fizemos uma modificação, assinalando-a por colchetes no corpo do texto e indicando em notas de rodapé as motivações de cada intervenção. Quando o próprio Foucault havia feito uma mudança ou cortado uma passagem que nos parecia significativa, nós o assinalamos por uma nota de rodapé. No curso de Vincennes, em particular, as variantes ou passagens cortadas, quando apresentavam diferenças importantes em relação ao restante do texto e ultrapassavam um parágrafo, foram transpostas para o anexo de cada aula. Os trechos cortados que eram mais curtos figuram em notas de rodapé. Os erros de ortografia foram corrigidos diretamente no texto. Em alguns casos, para facilitar a leitura, breves enumerações com travessão e troca de linhas, às quais Foucault recorre com muita frequência em suas aulas manuscritas, foram reunidas num parágrafo mais compacto. Por fim, deslocamos para a margem externa, entre colchetes, a paginação indicada por Foucault; quando erros ou inserções de folhas não numeradas o exigiram, indicamos a paginação correta à direita da numeração dada por Foucault.

CLAUDE-OLIVIER DORON

A sexualidade

Curso dado na Universidade de Clermont-Ferrand
(1964)

AULA I

Introdução

Interrogar as relações entre a sexualidade e nossa cultura. A oposição entre o biológico da sexualidade e a cultura é característica da civilização ocidental. Definição do que se deve entender por "cultura ocidental". A. Sincronicamente: monogamia e patriarcado. Desequilíbrio das relações homem-mulher e mecanismos compensatórios. Implica uma estrutura e problemas que encontramos, sejam quais forem os regimes políticos. B. Diacronicamente: transformações que marcam nossa cultura contemporânea desde o século XIX. 1. Evolução dos mecanismos compensadores dos desequilíbrios homens- -mulheres: tendência para uma igualação progressiva e lógica de complementaridade homens-mulheres. 2. Transformação das relações entre direito e sexualidade: a sexuali- dade deixa de desempenhar um papel central no casamento como instituição jurídica. 3. Aparecimento de uma "consciência problemática da sexualidade": a sexualidade como tema antropológico; a sexualidade como lugar privilegiado dos valores morais e subjetivos; a sexualidade como espaço de contestação e de transgressão radical: ex- periência trágica do homem moderno. Sade, no limiar da modernidade.

O que é, em nossa cultura, a sexualidade.   [NP/1]*

Por que esta precisão ou esta limitação suplementar: "em nossa cul- tura"? Como se a sexualidade não fosse um fato anatomofisiológico sufi- cientemente determinado para que se possa estudá-lo em si — ainda que acrescentemos, a título de complemento, algumas indicações sobre os ritos sociais que o cercam. Afinal, o que uma cultura leva para a sexualidade senão alguns ritos concernentes à permanência da união sexual e algumas proibições referentes aos objetos sexuais?

---

* Não numerada.

[2]   Bem podemos dizer que a sexualidade, no limite externo da cultura, é o que lhe permanece, em parte, imenso, irredutível e inassimilável. Como prova disso, basta, de um lado, a constância, em todos os contextos, da maioria das manifestações da vida sexual; de outro, [o fato de] que as sociedades sempre procuraram aplicar regras a essa sexualidade, ora sociais, ora morais, mas todas lhe permaneceram estranhas o bastante para que a sexualidade seja o lugar mais constante das infrações morais e legais.[1]

Será, talvez, que a sexualidade é nosso limite biológico irrecuperável?

De fato, hoje sabemos que a sexualidade não se limita, na extensão de seus mecanismos e suas significações, apenas às práticas sexuais, mas transborda infinitamente para condutas que, na aparência, são muito distantes dela.

[3]   Sabemos também que, se a sexualidade é bastante estereotipada em algumas de suas manifestações, é extremamente plástica em outras, sobretudo nas que aderem à conduta em geral; e que, se ela invade a cultura mais do que se costuma acreditar, a cultura, em contrapartida, sem dúvida tem mais poder sobre ela do que se imaginava até aqui.[2]

De modo que podemos nos perguntar se esse isolamento da sexualidade, esse sistema de corte pelo qual só a percebemos na borda de nossa civilização, e sobretudo do lado de nosso destino biológico, não é justamente um efeito da maneira como nossa cultura acolhe e integra a sexualidade. Em outras palavras, essa oposição entre o biológico da sexualidade e a cultura é, sem dúvida, apenas uma das características da civilização ocidental. Com certeza, é por termos vivido durante séculos numa cultura como a nossa que acreditamos, como que espontaneamente, que a sexualidade é apenas uma questão de fisiologia, que só diz respeito às práticas sexuais, e que estas, afinal de contas, destinam-se apenas à preservação biológica da espécie — ou seja, à procriação.

[4]   Em suma, todo esse sistema de crenças, de quase evidências, talvez seja apenas uma mutação na história cultural da sexualidade ocidental. Tudo isto não passa de uma hipótese. Mas [uma] hipótese que não podemos evitar logo de saída. Assim, a única pergunta que temos o direito de fazer, para começar, diz respeito ao que é, em nossa cultura, a sexualidade.

Aula 1

Nesta pergunta, cabe definirmos, inicialmente, o que quer dizer *em nossa cultura.*[*][3]

Não falaremos apenas dela, mas a partir dela; em referência a ela e para voltar a ela; ela nos servirá de base de evidência. Quando dermos a impressão de falar em geral do homem e da mulher, não será a categorias antropológicas que nos dirigiremos, e sim às categorias, aos personagens, aos papéis ou funções que nossa cultura nos aponta sob esses nomes; e, inversamente, quando especificarmos que estamos falando dela, nada prova que essas categorias não terão valor para outras áreas culturais.

De qualquer modo, é preciso definir, diacrônica e sincronicamente, o [5] que entendemos por "nossa cultura".

A. *Sincronicamente:*[**] tratar-se-á do que chamamos, em termos familiares, a cultura ocidental ou europeia. Ou seja, uma cultura que foi marcada pelo patriarcado e pela monogamia. A combinação dessas duas formas culturais logo acarreta como consequências:

1. A definição de uma célula familiar bem simples, constituída por um casal parental e sua descendência. Em relação a esse casal, a única complicação vem em linha sucessiva:

- da multiplicação dos filhos, que cria o problema da partilha dos bens;
- do casamento das filhas (isto é, da constituição de um novo casal parental) e da eventual atribuição, ao marido da filha, de parte dos bens familiares;
- [da] integração dos casais formados pelos filhos varões casados na [6] célula familiar primitiva.

Portanto, uma organização familiar do tipo arborescente, na qual as relações laterais criam [...] poucos problemas, ao lado dos problemas verticais.[4]

2. Um regime de proibição do incesto que é essencialmente comandado por essa imagem arbustiva da célula familiar. As grandes proibições con-

---

* Grifo no manuscrito.
** Idem.

cernem às relações pai/filha e mãe/filho e às relações irmãos/irmãs, mas já com certa margem de tolerância. Em contrapartida, fora dessa célula familiar, as proibições são muito atenuadas em nossa época. As relações laterais entre primos em primeiro grau são perfeitamente toleradas (e o são cada vez mais, à medida que, nessas formas ramificadas, os ramos se separam mais e mais uns dos outros). E não há nenhum desequilíbrio entre o lado masculino e o lado feminino da parentela.

[7] 3. Uma série de desequilíbrios controlados:

a. transmissão hereditária do sobrenome e de pelo menos parte dos bens em linha patrilinear;

b. habitação patrilocal dos filhos e da mãe deles, com um direito não escrito e uma moral desequilibrada;

c. religião fortemente masculina:

– monoteísmo, no qual prevalece a figura masculina. Se há um pai e um filho, a mãe não faz parte da Trindade;

– as práticas essenciais do culto ficam reservadas aos homens;

d. distinção radical do trabalho dos homens e das mulheres:

– o dos homens é externo ao lar do qual ele detém, de maneira privilegiada, a guarda e a responsabilidade moral;

– o das mulheres (trabalho ligado à casa).

(Não há mais mulheres que trabalhem fora senão no começo do século xx.)[5]

[NP]* Tudo isso levou a certa situação social e cultural da mulher que o direito europeu do século xix e pelo menos do início do século xx caracterizou pelo "poder marital": "O marido deve proteção a sua mulher, a mulher deve obediência a seu marido" (art. 213), isto é tudo o que há no Código Civil.

1. A mulher leva o sobrenome de seu marido (uso implicitamente reconhecido).

2. O marido tem o dever de vigiar sua mulher.[6]

3. A mulher deve seguir o marido a qualquer lugar em que ele deva fixar-se.[7]

---

* Aqui se insere uma folha que não tem número e que é seguida pela folha 8.

Aula 1

4. A mulher não pode praticar nenhum ato jurídico válido sem a autorização do marido.[8]

   e. por fim, para compensar todos esses desequilíbrios que alteram a [8]* homogeneidade da monogamia, uma série de mecanismos compensatórios e que são de ordem ideológica:

     – antigamente, eles eram da ordem da singularização ética da mulher (até o século xix): cavalheirismo, papel moral, afetivo, sexual;

     – agora, passaram a ser da ordem de sua homogeneização social. Reivindicação:

       o de igualdade de direitos,

       o de igualdade perante o trabalho,

       o de simetria ética,

       o de reciprocidade antropológica.

Em todos os lugares em que, tendo por fundo essa monogamia e esse patriarcado, que nos [são] comun[s] com muitas outras culturas, não encontrarmos uma dessas cinco características, não poderemos aplicar as categorias ou as análises que concernem a nossa cultura. [...]**

Seja como for, vemos que essa estrutura, que abrange as civilizações [9] judaico-cristãs, estende-se muito hoje em dia, identificada que está com a cultura europeia, científica, racional e tecnicista. É ela que se impõe cada vez mais sob o nome de civilização, pura e simples; adquire uma vocação planetária. E, nas sociedades que parecem querer distanciar-se dessa cultura, não convém esquecer que elas não fazem senão reforçar as estruturas de compensação.

Por exemplo, nas sociedades socialistas, acentuar o propósito da igualdade entre homens e mulheres, o que não deixa de entrar em conflito com as outras estruturas que continuam subjacentes:

     – o problema do trabalho familiar;[9]

     – o problema da monogamia e do divórcio;[10]

     – o caráter masculino da política.[11]

---

* Retomamos aqui a numeração inicial.

** Frase riscada: "Por exemplo, as civilizações árabes".

Quanto às sociedades ocidentais que parecem mais distantes dessas, a única diferença está na debilidade dos mecanismos compensatórios: desigualdade ética e social entre os sexos. Mas a estrutura profunda é a mesma.

Nos países socialistas e reacionários, a configuração antropológica da sexualidade é a mesma.

[NP]* [O que explica o fato de que, após o sonho de uma reforma geral do homem, tal como formulado no século XIX, como libertação de todo o seu ser — inclusive da sexualidade —, os países socialistas esconderam o problema da sexualidade:

• mediante um rigoroso conformismo moral, tomado diretamente da ética burguesa;

• mediante a recusa sistemática de qualquer problematização teórica da sexualidade → psicanálise.**¹²]

[10] B. *Diacronicamente:**** o que devemos entender por "nossa cultura"? Ao defini-la em termos geográficos pela cultura judaico-cristã, nós a fazemos remontar a um passado distante. O período que podemos chamar de "contemporâneo" se caracteriza:

1. *Pela transformação dos mecanismos compensatórios de que falamos há pouco.*****

a. Houve época em que eles consistiam num reforço, num redobramento da desigualdade entre os sexos, mas com um jogo de valorização invertida: no cavalheirismo, o amor cortês, o preciosismo, por exemplo, a inversão do direito:

1. O homem era detentor do direito (do nome, da propriedade)/ a mulher aparece como criadora de laços (compromisso, fidelidade, provação).

2. A mulher era casada à força, objeto de troca entre as famílias/ ela aparece como termo inacessível do desejo.

---

* Passa-se para uma nova folha, mas não paginada.
** Os colchetes são de Michel Foucault.
*** Grifo no manuscrito.
**** Idem.

Aula 1 27

[3. Ela não tem direito de exercer o culto / mas o recebe e tem suas formas de devoção.]*

4. A mulher não tem direito à palavra (juridicamente, politicamente) / é a inspiradora. Aquela que sopra o que dizemos.[13]

Essa compensação, por sua vez, foi descompensada por mecanismos [11] inversos, pelo menos no nível imaginário:

• A mulher criadora de laços, acima ou no interior do direito, é também representada como a destruidora de qualquer vínculo, de qualquer obrigação. A imagem popular da mulher infiel, do marido enganado, da mentira matrimonial. Imagem que, na Idade Média e até o século XVIII, é muito mais forte e prestigiosa que a imagem inversa, da mulher ultrajada.

• A mulher inspiradora também é representada como a mulher que perturba ou destrói a sociedade e a felicidade dos homens. É ela que lhes traz o infortúnio, ela que os envia à morte.

• A mulher da devoção íntima é também a das práticas religiosas proibidas. As feiticeiras.[14]

b. Agora, a compensação se faz mais no sentido de uma equiparação progressiva. É a partir dessa mudança nos mecanismos compensatórios que podemos datar a cultura, pelo menos no que concerne à sexualidade.

O início dessa reivindicação de igualdade situa-se mais ou menos em [12] meados do século XIX. Veríamos o testemunho disto num certo número de utopias socialistas ou na religião de Comte. Ideia de uma complementaridade igualitária entre o homem e a mulher, cada um com duas funções precisas.

• Mulher: Ordem – o Passado – a Tradição – a Memória – o culto dos mortos.

• Homem: Progresso – o Futuro – a Ciência – os valores dinâmicos.

Havendo, no fundo, o mesmo sonho com a Virgem Mãe, ou seja, com uma abolição da sexualidade como fonte de desigualdade, mas em prol de uma distinção funcional radical.[15]

---

* Inicialmente colocado depois do 4 (que figurava como 3), este parágrafo foi inserido por Foucault.

Seja qual for o caráter utópico e delirante da última reflexão de Comte, ela é bem característica do que efetivamente se deu a seguir.

– Uma busca de igualdade:

• aquisição do direito de voto e de participação na vida política;[16]

[13]

• acesso, ao menos por direito, a todas as profissões;[17]

• acesso às funções religiosas.[18]

– Ao mesmo tempo, a título de compensação, a busca da complementaridade pelo lado da psicologia, da sociologia e da antropologia:

• definição da estrutura afetiva, libidinal e caracterológica da mulher;[19]

• aparecimento de uma linguagem propriamente feminina (de uma linguagem literária, reflexiva ou reivindicatória que fala da mulher na primeira pessoa, por um lado, e, por outro, do sistema das singularidades e das diferenças que a opõem ao mundo dos homens, ou melhor, que a situam no interior do mundo dos homens, porém como distinta desse mundo dos homens e em oposição a ele).[20]

A mulher é o anexo do homem, porém é distinta dele, contesta-o e é definida como complementar a ele.

[14] *2. Pela transformação das relações do direito e da sexualidade.*[*][21]

Fenômeno pouco conhecido, meio secreto, pois foi encoberto por outro, mais recente e mais estrepitoso, que é a importância assumida pela consciência e pela formulação da sexualidade.

De fato, ao se aproximar o fim do século XVIII — exatamente no nascimento do Código Civil — vemos aparecer uma definição e uma legislação do casamento e do parentesco em que a sexualidade desempenha um papel muito discreto, enquanto a extensão dos direitos da família é progressivamente limitada.

a. O direito consuetudinário e canônico da Europa, com efeito, dava uma definição muito ampla da família. Por exemplo, o cálculo do parentesco: contar o número de elementos necessários para remontar ao ancestral comum (do lado da cadeia mais longa). Ele atribuía

---

* Grifo no manuscrito.

Aula 1

enorme importância ao poder paterno (sobretudo nos países de direito escrito, inspirados na *patria potestas*).[22] Ao mesmo tempo, entretanto, dava uma definição do casamento, sobretudo em relação a suas condições e a suas consequências sexuais: enquanto o direito romano definia o casamento apenas pela *vitae consuetudo*, pela *vitae consortium* e pela *juris comunicatio*,[23] o direito canônico o ordenava para a procriação:

- a essência do casamento é a consumação (*copula carnalis*);   [15]
- impotência como empecilho que anula o casamento;
- reconhecimento muito fácil dos casamentos morganáticos fora da autorização;
- definição muito ampla do incesto (7º grau canônico, o que dá o 14º grau).*[24]

Ao mesmo tempo, ele se torna indissolúvel. Uma sacralização da sexualidade, mas definida a partir de suas consequências na procriação.

b. Ora, o Código Civil, no tocante a essa legislação, afigura-se muito discreto no que concerne à sexualidade.

- Portalis deu esta definição do casamento: "sociedade do homem e da mulher que se unem para perpetuar sua espécie, para ajudar um ao outro, através de socorros mútuos, a suportar o peso da vida, e para partilhar seu destino comum".[25]
- Logo, até a perpetuação da espécie desaparece em prol da noção contratual. Planiol deu esta definição do casamento: "contrato pelo qual o homem e a mulher estabelecem uma união que a lei sanciona e que eles não podem romper por vontade própria".[26] Beudant: "convenção pela qual duas pessoas de sexos diferentes unem seu destino por toda a vida, a título de cônjuges".[27]

A sexualidade já não desempenha senão um papel de fato: [...]**   [16]

---

* Todos esses travessões são unidos por uma chave acrescentada à margem, com o seguinte esclarecimento: "A partir do século x, foi a Igreja que legislou sobre os casamentos, que os celebrou e registrou, e que julgou os processos matrimoniais."

** Foucault acrescenta nesse ponto: "o homem e a mulher".

• do lado do casamento: a impotência deixa de ser anuladora; casamentos *in articulo mortis* ou póstumos;[28] [consequências do casamento: coabitação, fidelidade, ajuda (fornecer aquilo de que ele necessita para viver), assistência];*[29]

• do lado do divórcio: em 1803 e 1884, as causas determinantes do divórcio eram: o adultério, [os] excessos ou [as] sevícias; [as] injúrias graves (não consumação do casamento); [a] condenação criminal.[30]

A sexualidade deixou de ter um papel positivo no casamento, transformado num contrato entre duas pessoas. A dessacralização e a dessexualização do casamento caminharam de mãos dadas na cultura ocidental. E, longe de ter libertado a sexualidade — ao fazer do casamento, assim transformado, um contrato —, o Código Civil mais a fez desaparecer e ser como que anulada das instituições. Houve uma desinstitucionalização da sexualidade que acarretou uma modificação profunda na consciência ocidental: a conscientização da sexualidade. Sade foi contemporâneo do Código Civil.[31]

3. Pelo aparecimento de uma consciência problemática da sexualidade.**

[17]   Como se tivesse sido libertada por sua desinstitucionalização, a sexualidade torna-se uma espécie de tema cultural flutuante, como se isso nunca se houvesse produzido em nenhuma outra civilização. Tema cultural que aparece:

a. Na filosofia da natureza, onde a oposição dos sexos é definida como um jogo da subjetividade e da objetividade (cf. Hegel).[32]

A mulher é*** a subjetividade exteriorizada: ao mesmo tempo, seu**** desejo manifesto (a verdade mais íntima do homem encontra-se na mulher que ele ama) e uma objetividade irredutível (porque a mulher

---

* Passagem inserida posteriormente.

** Grifo no manuscrito.

*** Parágrafo riscado: "o objeto do homem. Mas objeto que é inteiramente constituído por sua subjetividade. De modo que ela é...".

**** Convém ler "do homem".

Aula 1 31

é* o objeto do desejo, é o outro mundo, a memória, o tempo), porém transformada** em subjetividade (sob a forma do capricho, do sentimento, do coração). Essa subjetividade exteriorizada, essa objetividade tornada interior, são as que se fazem presentes no lar, nessa tepidez vazia. Nesse lar em que o homem e a mulher se unem e encontram seu destino, [18] já que de sua união nascem os filhos, nos quais se encontra a verdade objetivada dos pais. Verdade que os consuma, no duplo sentido de que eles os matam (o futuro dos filhos é a morte dos pais) e de que os realizam (porque os filhos nunca sobrevivem senão na e pela morte dos pais). A história que a um tempo nos esvazia e nos carrega, que remete o que somos a todo o passado e nos faz aparecer numa positividade irredutível, nos instala onde estamos, é justamente aquela em que morreram nossos pais. Toda uma antropologia da sexualidade.[33]

b. No surgimento de uma consciência cotidiana e inquieta da sexualidade. Desligada em relação às instituições, ela se torna o lugar privilegiado dos valores subjetivos: da moral privada. E, ao mesmo tempo, já que é dessacralizada, ela passa a ser aquilo de que podemos falar sem parar. Encontra-se, pois, exatamente na superfície de contato do mundo privado das proibições (é feita, portanto, para ser duplamente escondida) e do mundo público do profano. Passa a ser *o**** escândalo.[34]

• Ela se tornou privada: é sobre ela que pesam todas as restrições extrajudiciais, todas as leis não escritas, todos os costumes e tradições. Ela é o Pecado numa civilização laica.

• Ao mesmo tempo, entretanto, é sempre pública: torna-se o objeto [19] incessante da literatura cotidiana (vaudeville, romance). Mas publicada apenas no que tem de suportável, isto é, sua interioridade normal, porém externalizada (o concubinato, as amantes, o amante). A homossexualidade e o incesto, em contrapartida, são sempre excluídos desse escândalo permanente.

---

* Outro trecho cortado: "é a memória, é a fidelidade), é também seu futuro, mas transformado em objeto, porque…".
** Substitui "que entrou na subjetividade do homem".
*** Grifo no manuscrito.

c. No aparecimento dos valores de contestação da sexualidade. Na medida em que a sexualidade aparece ligada às formas concretas de uma moral, de uma sociedade e uma cultura, a denúncia dessa sexualidade, a transgressão de suas proibições mais fundamentais, a divulgação do escândalo profundo de seus pequenos escândalos, tudo isso está ligado à crítica da sociedade, de seus valores, de seus modos de pensar.

E é assim que vemos desfraldar-se, aderindo à modernidade de nossa cultura, toda uma linguagem de contestação que tem por tema — tanto para o sujeito quanto para o objeto — a sexualidade. É dela que falamos, mas é ela mesma que fala — e fala não da felicidade nem do amor, nem sequer dos prazeres, mas da infelicidade, do sofrimento, da abjeção, da morte, da profanação.

[20] Nesse sentido, Sade aparece, no limiar da modernidade, como aquele que percorreu todas as suas forças negativas. Libertando de forma absoluta a linguagem da sexualidade, deixando que ela e apenas ela fale. Dizendo tudo, sem a menor moderação. Ligando a sexualidade a todas as profanações (incesto, homossexualidade). Desvelando sua relação com a morte e com o assassinato. Ligando-a, por fim, à transgressão de qualquer moral, qualquer forma tradicional de pensar, qualquer religião e qualquer sociedade.

Sade já disse tudo que os outros puderam dizer depois dele.[35]

Seja como for, sua contemporaneidade com Napoleão, o fato de o Código Civil ter sido escrito na mesma época e com a mesma tinta de *Os 120 dias de Sodoma*, define muito bem, não resta dúvida, o que é a sexualidade moderna:

• Ao mesmo tempo, o que há de mais privado no homem — o lugar de sua individualidade mais estrita, o recôndito de sua consciência, justamente aquela que é inacessível à linguagem. E também aquilo sobre o qual pesam as proibições, as tradições, as leis [mais] fundamentais.

• E essa sexualidade que é, que deveria ser o lugar das felicidades positivas, o ponto pelo qual o homem encontra em si a comunhão com os outros homens, o viés pelo qual ele une, através da constituição do

Aula 1

casal, a humanidade inteira, eis que essa sexualidade é também aquilo que profana e contesta toda essa positividade que deveria ser ditosa.

É nesse sentido que a sexualidade é o lugar central do desmoronamento [21] [de] toda moral, a única forma do trágico a que o homem moderno é suscetível, o templo destruído em que se enfrentam indefinidamente deuses que morreram há muito tempo e os profanadores que já não creem neles.

Daí a importância da psicanálise. Seu lugar soberano e ambíguo:

• Uma vez que essa coisa privada e alojada na consciência mostrou ser a mais inconsciente, a mais coletiva, e mostrou que só podia aparecer no diálogo com um médico desconhecido, anônimo e sem rosto.

• Que essa coisa a um tempo homicida e contestadora unia-se da maneira mais perigosa aos valores positivos da família.

Nesse sentido, ela foi um escândalo, mas fez brotar, ao mesmo tempo, como uma utopia prometida, justamente aquilo em que o homem moderno não pode acreditar e em que não pode não acreditar — que deve haver um mundo e uma forma de existência em que a sexualidade seja feliz e reconciliada.[36]

NOTAS

1. A ideia de que "em todas as épocas, assim como em todos os lugares [...], o homem se define por uma conduta sexual submetida a regras, a restrições definidas" (Georges Bataille, *L'Érotisme*, Paris: Minuit, 1957, p. 57 [*O erotismo*, trad. Fernando Scheibe, Belo Horizonte/São Paulo: Autêntica, 2013]), mas de que, por outro lado, a sexualidade e suas proibições, elas próprias, implicam sua transgressão, a ideia de que a atividade sexual humana é, "essencialmente, uma transgressão" (ib., p. 119), está no cerne das reflexões de Bataille sobre o erotismo, que constituem um pano de fundo essencial de Foucault nesse curso. Ela também deve ser relacionada com os trabalhos de Claude Lévi-Strauss sobre *Les Structures élémentaires de la parenté*, reimpr. da ed. de 1967, Berlim: Walter de Gruyter, 2002 [1949] [*As estruturas elementares do parentesco*, trad. Mariano Ferreira, Rio de Janeiro: Vozes, 5. ed., 2009]. Foucault voltará a essa relação entre regras e transgressão na sexualidade na Aula 3 (cf. *infra*, pp. 76-80).

2. Foucault faz referência aqui, por um lado, aos resultados da psicanálise, aos quais voltará mais adiante (cf. *infra*, Aulas 4 e 5), que mostram como a sexualidade ultrapassa as práticas sexuais propriamente ditas; por outro lado, ele se refere às pesquisas de antropólogos como Bronislaw Malinowski, Ruth Benedict e sobretudo Margaret Mead, cujos trabalhos sublinharam a importância dos fatores culturais, inclusive nas dimensões aparentemente mais biológicas, como a sexualização dos corpos ou as fases do desenvolvimento sexual. Ver, em especial, o livro de Margaret Mead, *Mœurs et Sexualité en Océanie* (trad. [franc.] G. Chevassus, Paris: Plon, 1963, obra que reúne dois textos: *Sex and Temperament in Three Primitive Societies* [1935] [*Sexo e temperamento*, trad. Rosa Krausz, São Paulo: Perspectiva, 2. ed., 1979] e *Coming of Age in Samoa* [1928]); ou ainda M. Mead, *L'Un et l'Autre Sexe* (trad. [franc.] C. Ancelot e H. Étienne, Paris: Gonthier, 1966, traduzido de *Male and Female. A Study of Sexes in a Changing World* [1948] [*Macho e fêmea, um estudo dos sexos num mundo em transformação*, s/ind. tradutor, Petrópolis: Vozes, 1971]). Apesar de anunciar que trataria, nesse curso, dessa "psicossociologia" e das "divergências interculturais" em matéria de sexualidade, Foucault acaba não voltando ao assunto.
3. Foucault formula suas análises regularmente, nessa época, através das ideias de "cultura" e "formas culturais", às vezes aproximando-as explicitamente da antropologia culturalista (cf., por exemplo, a segunda parte, "Loucura e cultura", de *Maladie mentale et psychologie*, Paris: PUF, 2. ed., 1962, em especial pp. 72-3 [*Doença mental e psicologia*, trad. Lilian Rose Shalders, Rio de Janeiro: Tempo Brasileiro, 2. ed., 1984]). É o caso, em particular, de suas análises históricas da loucura, nas quais o episódio do "grande encerramento" é apresentado como "de grande peso para quem quer fazer a história de uma cultura" (no terceiro dos cinco programas dedicados por Foucault às linguagens da loucura na rádio France Culture, intitulado "Le silence des fous" [1963], em *La Grande Étrangère. À propos de littérature*, org. e apres. de P. Artières et al., Paris: Éd. de l'EHESS, 2013, p. 36). Esse episódio se afigura, com efeito, como uma reestruturação completa das relações da cultura ocidental com a loucura. É também o caso da "psicologia", menos descrita como uma ciência do que como uma "forma cultural" ("Philosophie et psychologie" [1965], em *Dits et écrits, 1954-1988*, v. I, *1954-1975*, org. D. Defert e F. Ewald, com a colab. de J. Lagrange, Paris: Gallimard, 2001 [1994], n. 30, pp. 466-76, aqui indicada a p. 467 [*Ditos e escritos I*, trad. Vera L. Avellar Ribeiro, Rio de Janeiro: Forense Universitária, 1999]). O curso de Clermont-Ferrand situou-se na continuação desse projeto, que visava dar conta, no plano histórico, da emergência de um tema cultural supostamente tão universal quanto a sexualidade e, principalmente, de sua constituição como objeto de saber possível. Lembremos que o projeto inicial de tese de doutorado de Foucault concernia precisamente ao problema da cultura na psicologia contemporânea (D. Eribon, *Michel Foucault*, 3. ed. rev. e ampliada, Paris: Flammarion, 2011 [1989], p. 73 [*Michel Foucault: 1926-1984*, trad. Hildegard Feist, São Paulo: Companhia das Letras, 1990]). Ao que saibamos, porém, esse foi o primeiro momento em que Foucault se esforçou por caracterizar com mais

Aula 1   35

clareza o que entendia por "cultura"; esse esforço se prolongaria no curso dado por ele em Túnis em 1966-7, sobre o modo como surgiu e funciona a ideia de homem na cultura ocidental, curso este em que Foucault tentou circunscrever a "forma cultural totalmente singular, no tempo e no espaço", surgida no fim do século XVIII, a qual caracterizou como "cultura ocidental" (BNF, Caixa 58). Para mais detalhes sobre a ideia de "forma cultural", cf. Situação dos cursos, pp. 278-82.

4. Foucault voltaria ao problema da partilha dos bens e da estrutura familiar nas sociedades ocidentais no curso de Vincennes (cf. *infra*, pp. 182 ss.), porém historicizando-o com muito mais clareza, no cruzamento entre a demografia e o materialismo históricos.

5. Essa constatação foi feita, por exemplo, por Jean Daric, que observou: "Faz meio século que a proporção das mulheres não se modifica [...]. No conjunto das atividades não agrícolas, encontramos mais ou menos uma mulher para cada dois homens" ("Le travail des femmes. Professions, métiers, situations sociales et salaires", *Population*, v. 10, n. 4, 1955, pp. 675-90, citada aqui a p. 677). Portanto, a proporção era de 33% de mulheres em 1957. Cf. também Jean-Eugène Havel, *La Condition de la femme*, Paris: Armand Colin, 1961, p. 101, e Simone de Beauvoir, *Le Deuxième sexe*, v. 1, *Les Faits et les Mythes*, Paris: Gallimard, 2012 [1949] [*O segundo sexo*, trad. Sérgio Milliet, v. 1: *Fatos e mitos*, Rio de Janeiro: Nova Fronteira, 7. ed., 1990], que já assinalava que a proporção de mulheres ativas entre as que estavam em idade de trabalho era de 42% em 1906, tal como em meados do século XX.

6. Esse direito não está explicitamente incluído no Código Civil, mas é deduzido pelos juristas do princípio de autoridade geral conferida ao marido sobre a pessoa de sua esposa. O marido tinha, em particular, um direito de controle sobre as relações e a correspondência de sua mulher (cf. Gabriel Lepointe, "La femme au XIXe siècle en France et dans le monde occidental", in Société Jean Bodin pour l'histoire comparative des institutions, *La Femme*, 2. parte, Bruxelas: Éd. de la Librairie encyclopédique, 1962, pp. 499-513, citada aqui a p. 505).

7. Trata-se do artigo 214 do Código Civil: "A mulher é obrigada a morar com o marido e deve segui-lo para qualquer lugar em que ele julgue apropriado residir".

8. Postura que encontramos notadamente nos artigos 215, "A mulher não pode comparecer em juízo sem a autorização do marido", e 217 do Código Civil: "A mulher [...] não pode doar, alienar, hipotecar, adquirir [...] sem o concurso do marido nesse ato, ou seu consentimento por escrito". O artigo 1124, além disso, inclui "as mulheres casadas" entre os "incapazes de contratar".

9. Em 1958, as mulheres representavam, no entanto, 45,5% dos operários da indústria na União Soviética. Cf. J.-E. Havel, *La Condition de la femme*, op. cit., p. 98.

10. Sobre a evolução da legislação soviética a respeito dessas questões, cf., por exemplo, ibid., pp. 188-92: após uma fase que tendeu a reduzir o casamento a um simples concubinato, sem grande formalidade jurídica, e que, por conseguinte, facilitou os divórcios, o fim da década de 1930 e os anos 1940 assistiram, ao contrário, a uma forte restrição das condições do divórcio.

36   *A sexualidade*

11. A participação das mulheres nas assembleias e nas instâncias políticas é descrita, no entanto, como muito mais forte na União Soviética do que nos países ocidentais, nas palavras de Jean-Eugène Havel (ibid., pp. 85-8).

12. Essa leitura pode ser aproximada da análise de Simone de Beauvoir: "São exatamente essas velhas restrições do patriarcado que a urss de hoje ressuscitou; ela ressuscitou as teorias paternalistas do casamento e, com isso, foi levada a exigir novamente da mulher que ela se torne um objeto erótico [...]. É impossível [...] considerar a mulher unicamente como força produtora: ela é, para o homem, uma parceira sexual, uma reprodutora, um objeto erótico, uma Outra por meio da qual ele busca a si mesmo. Por mais que os regimes totalitários ou autoritários, de comum acordo, proíbam a psicanálise e declarem que, para os cidadãos lealmente integrados na coletividade, os dramas individuais não ocorrem, o erotismo é uma experiência em que a generalidade é sempre retomada por uma individualidade" (*Le Deuxième Sexe*, op. cit., v. i, p. 106). Mas se Beauvoir baseia essa necessidade numa antropologia existencialista do erotismo, que enfatiza a "situação singular" da mulher e uma "infraestrutura existencial", Foucault insiste bem mais na estrutura sociocultural comum que é subjacente aos diversos regimes políticos.

13. Sobre esses diversos "mecanismos compensatórios" da Idade Média, cf. as análises de Beauvoir sobre o amor cortês (*Le Deuxième Sexe*, op. cit., v. i, pp. 165-6), que assinala, por um lado: "O certo é que, diante da Eva pecadora, a Igreja foi levada a exaltar a Mãe do Redentor, cujo culto tornou-se tão importante que foi possível dizer que, no século xiii, Deus se fez mulher; portanto, desenvolveu-se uma mística da mulher no plano religioso". E, por outro lado, a propósito do amor cortês propriamente dito: "De fato, sendo o marido feudal um tutor e um tirano, a mulher buscava um amante fora do casamento; o amor cortês era uma compensação para a barbárie dos costumes oficiais". A respeito do amor cortês, cf. também Jacques Lafitte-Houssat, *Troubadours et Cours d'amour*, Paris: puf, 1950.

14. Cf. a parte intitulada "Mitos" de *Le Deuxième sexe*, op. cit., v. i [*O segundo sexo*, v. i], em particular as páginas 273-6, onde Beauvoir passa em revista os diferentes mitos da mulher, "associada ao culto e venerada como sacerdotisa", mas também "fadada à magia" e "vista como feiticeira"; "o homem cativado por seus encantos já não tem vontade nem projeto nem futuro". Assim como "a Mãe destina seu filho à morte, ao lhe dar vida, a amante leva o amante a renunciar à vida".

15. Foucault refere-se aqui, em particular, a Auguste Comte, *Système de politique positive, ou Traité de sociologie, instituant la religion de l'humanité*, v. ii, Osnabrück: O. Zeller, 1967 [1851], em especial às pp. 64-5. As mulheres são descritas ali como "superiores pelo amor, mais dispostas a sempre subordinar a inteligência e a atividade ao sentimento" e, assim fazendo, fadadas a "alimentar a cultura direta e contínua da afeição universal, em meio a tendências teóricas e práticas que nos desviam incessantemente disso". Elas são apresentadas como um "guardião moral" composto de "três tipos naturais: a mãe, a esposa e a filha", que articulam os "três modos elementares da solidariedade, da obediência, da união e proteção" e

Aula 1

os "três modos da continuidade, ligando-nos ao passado, ao presente e ao futuro". A imagem da Mãe Virgem, por sua vez, remete à utopia da Virgem Mãe exposta por Comte no volume IV do *Système de politique positive*, Paris: Carilian-Goeury et V. Dalmont, 1854. Ela visa "sistematizar a procriação humana, tornando-a exclusivamente feminina" (p. 273), de modo que a fêmea procrie sem a intervenção do homem. Foucault criara um arquivo sobre esse tema, intitulado "Comte. La femme" (BNF, Caixa 45-C2), a partir, em especial, dos volumes II e IV do *Système de politique positive*, arquivo este que ele utilizaria para o curso de Vincennes, onde retomou as análises de Comte do ponto de vista da utopia sexual (cf. *infra*, Aula 7). As outras utopias socialistas a que Foucault alude remetem, sem dúvida, aos textos de Fourier e de Cabet (aos quais ele voltaria igualmente no curso de Vincennes, cf. *infra*, Aula 7), mas também às reflexões de Saint-Simon, Leroux, Carnot, Flora Tristan e muitos outros, nos anos 1830-50. Cf. também S. de Beauvoir, *Le Deuxième Sexe*, op. cit., v. I, pp. 193-7 [*O segundo sexo*, v. I], que volta sucintamente a esses trabalhos.

16. Cf., quanto a esse ponto, Jean Hémard, "Le statut de la femme en Europe occidentale au XXe siècle", em Sociedade Jean Bodin, *La Femme*, op. cit., pp. 515-76, que fornece o histórico da conquista desses direitos, desde a Suécia em 1863 até a França em 1944; ver sobretudo o relatório da Unesco de Maurice Duverger, *La Participation des femmes à la politique*, Paris: Unesco, 1955, que, no entanto, apresenta a constatação geral de uma participação muito fraca das mulheres, no conjunto de países, nas assembleias políticas e no governo (na França, havia apenas 3,5% de mulheres na Assembleia Nacional em 1951), e estima que a situação tenda até a se agravar.

17. Cf. J. Hémard, "Le statut de la femme...", art. citado, pp. 519-26, que descreve o movimento histórico de acesso das mulheres à função pública (o acesso geral foi reconhecido na França em 1946), à magistratura (também em 1946) ou à profissão de advogada (a partir de 1900); e ibid., pp. 569-70, sobre o acesso a diversas outras profissões.

18. É o caso, em especial, do culto protestante. O debate sobre o princípio geral do acesso das mulheres aos cargos religiosos foi explicitamente enunciado nele a partir dos anos 1950 e, na Igreja reformada francesa, a partir de 1964. Dois anos depois, desembocou no reconhecimento do fato de que as mulheres podem ser chamadas, na mesma condição que os homens, a exercer um ministério na Igreja.

19. Entre as múltiplas ilustrações dessa literatura, para a qual a psicanálise fez uma contribuição abundante, cf. Helene Deutsch, *La Psychologie des femmes, étude psychanalytique*, trad. [franc.] H. Benoit, Paris: PUF, 1953-5 [1944]; ou Marie Bonaparte, *De la sexualité de la femme*, Paris: PUF, 1951; e, acima de tudo, Janine Chasseguet-Smirgel (Org.), *La Sexualité féminine. Recherches psychanalytiques nouvelles*, Paris: Payot, 1964 [*A sexualidade feminina: Novas pesquisas psicanalíticas*, trad. Tereza Pontes, Petrópolis: Vozes, 1975], que faz um balanço dessa questão.

20. Cf., evidentemente, S. de Beauvoir, *Le Deuxième Sexe*, op. cit., bem como as análises de Hélène Nahas, *La Femme dans la littérature existentielle*, Paris: PUF, 1957. Num

38   *A sexualidade*

estilo diferente, o livro de Frederick Jakobus Johannes Buytendijk, *La Femme, ses modes d'être, de paraître, d'exister, essai de psychologie existentielle* (trad. [franc.] A. de Waelhens e R. Micha, pref. de S. Nouvion, Paris: Desclée de Brouwer, 1954), ilustra perfeitamente um modo existencialista e fenomenológico de opor duas maneiras de estar no mundo — o ser homem (marcado pelo trabalho, pelo conhecimento e pela transformação da natureza, pelo projeto) e o ser mulher (marcado pelo desvelo e pelo ato de cuidar dos outros) —, análise esta que prolonga temas comtianos e hegelianos.

21. Foucault retoma essa análise das relações entre direito e sexualidade no curso de Vincennes (cf. *infra*, Aula 4), entrando em mais detalhes sobre o casamento cristão e suas evoluções, depois do período revolucionário e da passagem para o Código Civil. Modifica então claramente a análise proposta aqui, que se mantém prisioneira da interpretação do casamento como contrato, feita por Marcel Planiol, fonte principal de Foucault nesse curso. A posição de Planiol deve ser ressituada nos debates que opuseram, no início do século xx, no contexto da introdução do divórcio por consentimento mútuo, os defensores do casamento-contrato e os que contestavam sua assimilação a um contrato. Para mais detalhes, ver adiante, curso de Vincennes, Aula 4, nota 35, pp. 193-4.

22. Tradicionalmente, opõem-se as regiões de direito escrito, isto é, as províncias do Sul da França, dominadas pela influência do direito romano, às regiões de direito consuetudinário, onde a influência do direito romano se desfez, diante do desenvolvimento de uma multiplicidade de costumes regionais. A importância do poder paterno, herdada da *patria potestas* romana, nas regiões de direito escrito é regularmente sublinhada pelos juristas que refletem sobre o casamento, desde André-Jean--Simon Nougarède de Fayet (*Histoire des lois sur le mariage et sur le divorce depuis leur origine dans le droit civil et coutumier jusqu'à la fin du XVIIIᵉ siècle*, Paris: Le Normant, 1803, v. i, prefácio, pp. xii-xiii, BNF, Caixa 39-C2) até Marcel Planiol (*Traité élémentaire de droit civil conforme au programme officiel*, 2. ed., Paris: F. Pichon, 1903, v. iii).

23. Cf. ibid., p. 2: "*Individua vitae consuetudo, consortium omnis vitae, divini atque humani juris communicatio*"; o casamento é descrito como um vínculo indiviso por toda a vida, uma vida inteiramente comum e uma união de direito divino e humano. Essas são formulações clássicas do direito romano, para definir o casamento e distingui-lo do simples concubinato.

24. Foucault segue Planiol nesse ponto: ibid., pp. 5-7, 11 (sobre a impotência) e 14 (sobre o incesto).

25. Jean-Étienne-Marie Portalis, citado em ibid., p. 3. A citação exata é "sociedade do homem e da mulher, que se unem para perpetuar sua espécie; para ajudar um ao outro, mediante socorros mútuos, a carregar o peso da vida, e para partilhar seu destino comum" (em Pierre-Antoine Fenet, *Recueil complet des travaux préparatoires du Code civil*, v. ix, "Exposé des motifs du projet de loi sur le mariage par le conseiller d'État Portalis, Corps législatif, 7 mars 1801", Paris: Marchand du Breuil, 1827, p. 140).

Aula 1

26. M. Planiol, *Traité élémentaire...*, op. cit., p. 3.
27. Charles Beudant, *Cours de droit civil français. L'État et la capacité des personnes*, Paris: A. Rousseau, 1896-7, v. I, p. 293, citado em ibid.
28. Cf. M. Planiol, *Traité élémentaire...*, op. cit., p. 5, que também observa que, até a Revolução, "hesitou-se em admitir a validade dos casamentos contratados '*in extremis momentis*', isto é, num momento em que é certo que já não poderá haver nenhuma consumação".
29. Esses diferentes efeitos do casamento são examinados por Planiol: ibid., pp. 67-76.
30. O quadro das diferentes causas de divórcio, segundo as legislações, é estabelecido por Planiol: ibid., p. 162, e as próprias causas diferentes são examinadas nas páginas 165-73. A "recusa voluntária e persistente [...] a consumar o casamento" figura, com efeito, entre os "fatos injuriosos" graves que justificam o divórcio (ibid., p. 170).
31. Jogar com a contemporaneidade entre Donatien Alphonse François de Sade e um conjunto de transformações essenciais para a modernidade era um assunto em moda na época. Desde Pierre Klossowski, Georges Bataille e Maurice Blanchot, insistiu-se, pois, na contemporaneidade de Sade com a Revolução (através, em especial, do episódio da tomada da Bastilha, durante a qual, segundo um mito, Sade teria exortado o povo a atacar); a partir de Theodor Adorno e sobretudo de Jacques Lacan, sublinham-se a contemporaneidade e a proximidade entre Sade e Kant, colocando em paralelo o imperativo categórico kantiano e o princípio de gozo absoluto em Sade. Cf. Éric Marty, *Pourquoi le XXᵉ siècle a-t-il pris Sade au sérieux? Essai*, Paris: Seuil, 2011, para uma apresentação dessas diversas aproximações. Foucault aprecia de modo muito particular esse jogo de estabelecimento de relações, e Sade lhe serve, com frequência, de testa de ferro para ilustrar o que é isolado, a experiência da exterioridade (e às vezes, por conseguinte, também a verdade profunda) de diversas divisões instauradoras da experiência moderna. Para mais detalhes sobre os estabelecimentos de relações multiplicados por Foucault, na época, entre Sade e Bichat, Chateaubriand, Kant etc., cf. Situação dos cursos, pp. 289-91. Esse paralelo entre Sade e o Código Civil e a evocação de Sade ligada ao aparecimento de uma "consciência problemática", de um saber discursivo e, ao mesmo tempo, de uma linguagem transgressora sobre a sexualidade, a partir do começo do século XIX, seriam repetidos em numerosas ocasiões durante o curso.
32. Cf., em particular, Georg Wilhelm Friedrich Hegel, *Phénoménologie de l'esprit* [1807], trad. [franc.] J. Hyppolite, Paris: Aubier, 1941, v. II, pp. 23-7 [*Fenomenologia do espírito*, trad. Paulo Meneses com a colab. de Karl-Heinz Efken e José N. Machado, Petrópolis: Vozes; Bragança Paulista: Ed. Universitária São Francisco, 7. ed. 2012]; id., *Encyclopédie des sciences philosophiques*, v. III, *Philosophie de la nature* [1817], trad. [franc.] e apres. B. Bourgeois, Paris: Vrin, 2004, pp. 301-2 [*Enciclopédia das ciências filosóficas em compêndio, 1830*: v. II: *A filosofia da natureza*, trad. José Nogueira Machado com a colab. de Paulo Meneses, São Paulo: Loyola, 1997]; e id., *Principes de la philosophie du droit* [1821], trad. [franc.] e apres. J.-L. Vieillard-Baron, Paris: Flammarion,

1999, § 158 ss. [*Princípios da filosofia do direito*, trad. Orlando Vitorino, São Paulo: Martins Fontes, 1997]. O princípio de que "o amor, como conhecimento imediato de si no outro, só encontra sua unidade num terceiro termo, o filho, mas [de que] o futuro do filho é 'a morte dos pais'" (*Phénoménologie...*, op. cit., v. II, nota 28, p. 24) é regularmente expressado por Hegel em sua filosofia da família e do casamento.

33. Essa "antropologia da sexualidade" estava extremamente viva, e sob formas variadas, na ocasião em que Foucault deu seu curso. Foi particularmente acentuada no número especial que a revista *Esprit* dedicou, em 1960, à sexualidade e às "dificuldades que tornam problemática a existência do homem como existência sexuada", com uma introdução de Paul Ricœur ("La merveille, l'errance, l'énigme", *Esprit*, v. 28, n. 289, 1960, pp. 1665-76, referência aqui à p. 1665, *grifo no original*), que se esforça por promover, contra a "perda de sentido" e a "queda na insignificância" do erotismo contemporâneo, uma concepção humana da sexualidade, baseada numa ética intersubjetiva, na relação interpessoal e na ternura. Mas essa "antropologia da sexualidade" encontra-se também, em 1964, na *Anthropologie sexuelle* de Abel Jeannière (Paris: Aubier-Montaigne, 1964), livro proveniente de um curso dado no Instituto Católico de Paris e que constitui um estranho duplo do curso de Foucault. O curso de Clermont-Ferrand voltou-se totalmente contra essa antropologia da sexualidade, em duplo benefício de uma arqueologia que interroga as condições de aparecimento e a contingência histórica da sexualidade como tema antropológico, e de um erotismo da transgressão inspirado em Bataille (cf. Situação dos cursos, pp. 284-9).

34. Ricœur também sublinha o fato de que a sexualidade foi dessacralizada, e essa dessacralização a integrou na ordem do casamento e das restrições éticas e sociais, mas, ao mesmo tempo, ela sempre ultrapassa essas restrições: "É por isso que *o processo de casamento* é sempre uma tarefa possível, útil, legítima, urgente [...]; toda ética da coerção gera má-fé e impostura; é por isso que a literatura tem uma função insubstituível de escândalo, pois o escândalo é o açoite da impostura" (P. Ricœur, "La merveille, l'errance, l'énigme", art. citado, p. 1670, *grifo no original*). Mas não convém confundir os pequenos escândalos do teatro de variedades com o que Foucault chama, depois, de "desvelamento do escândalo profundo [dos] pequenos escândalos" e com a literatura absolutamente profanadora de um Sade, ou, mais tarde, de um Pierre Guyotat (cf. a carta particular que Foucault endereça a Guyotat, publicada em 1970 no jornal *Le Nouvel Observateur*, "Il y aura scandale, mais...", em *Dits et écrits*, op. cit., v. I, n. 79, pp. 942-3). É preciso distinguir os pequenos escândalos do "escândalo" no sentido de Georges Bataille ou de Maurice Blanchot, que se assenta na transgressão radical dos limites.

35. Essa análise deve ser aproximada de um conjunto de outros textos e intervenções que Foucault, após as análises de Pierre Klossowski, Georges Bataille e Maurice Blanchot, dedicou a Sade nos anos 1963-4. Cf., em particular, o "Préface à la transgression (en hommage à Georges Bataille)" (publicado em 1963 na revista *Critique* e retomado em *Dits et écrits*, op. cit., v. I, n. 13, pp. 261-78), no qual Foucault su-

Aula 1 41

blinha que o que caracteriza a experiência da "sexualidade moderna" "não é [ela] haver encontrado, de Sade a Freud, a linguagem de sua razão ou de sua natureza, mas ter sido, pela violência dos discursos deles, 'desnaturalizada' [...], levada ao limite" (p. 261). No sentido de ter sido associada a toda uma série de limites (da consciência, da lei, da linguagem) e à transgressão desses limites: "Ela reconstitui, num mundo em que já não há objetos nem seres nem espaços a profanar, a única divisão que ainda é possível [...] porque autoriza uma profanação sem objeto [...]. Ora, uma profanação, num mundo que não mais reconhece um sentido positivo no sagrado, não é isso [...] que poderíamos chamar de transgressão?" (p. 262). A sexualidade, como lugar fundamental da transgressão, é, pois, imediatamente associada por Foucault à morte de Deus e à forma de experiência trágica que, "roubando de nossa existência o limite do Ilimitado [...], descobre como seu segredo e sua luz, sua própria finitude, o reino ilimitado do Limite" (p. 263). Nessa época, portanto, a sexualidade afigura-se a Foucault, com a experiência da morte e da loucura (às quais está intimamente ligada, em particular em Sade), um dos pontos privilegiados da relação da transgressão com o limite. É isso que caracteriza, para ele, o "erotismo" no sentido de Bataille: "uma experiência da sexualidade que, por si só, liga a ultrapassagem do limite à morte de Deus" (p. 264). E é nesse contexto que Sade torna-se fundamental, por ser o primeiro a ligar explicitamente a sexualidade à morte de Deus e a uma forma de profanação sem objeto, que sempre visa transgredir o limite. "A linguagem da sexualidade, que Sade, desde o momento em que pronunciou as primeiras palavras dela, levou a que percorresse, num único discurso, todo o espaço do qual de repente se tornou soberana, alçou-nos a uma noite na qual Deus está ausente e na qual todos os nossos gestos se dirigem a essa ausência, numa profanação que ao mesmo tempo a aponta, a conjura, esgota-se nela e se vê reconduzida por ela à sua pureza vazia de transgressão" (p. 262). É essa dimensão de profanação indefinida e sem objeto que justifica que Foucault erija Sade como o "próprio paradigma da literatura", na medida em que na mesma época Foucault considera que a literatura aparece, no fim do século XVIII, como uma relação particular com a linguagem, que impele a linguagem ao limite, ao profano, e o transgride: "Sade foi o primeiro a articular [...] a fala da transgressão; [...] sua obra é o ponto que, ao mesmo tempo, reúne e possibilita toda fala de transgressão" (*La Grande Étrangère*, op. cit., p. 86). Toda essa leitura de Sade deve ser aproximada das leituras dele feitas por Klossowski (*Sade, mon prochain*, Paris: Seuil, 1947 [*Sade, meu próximo: Precedido de O filósofo celerado*, trad. Armando Ribeiro, São Paulo: Brasiliense, 1985]) e, mais tarde, sobretudo por Bataille (cf. em particular *L'Érotisme*, op. cit.) e Blanchot (cf. em particular *Lautréamont et Sade*, Paris: Les Amis des Éditions de Minuit, 1949). A esse respeito, cf. É. Marty, *Pourquoi le XXe siècle a-t-il pris Sade au sérieux?*, op. cit., e, para uma leitura das relações entre Foucault e Sade na época, cf. Philippe Sabot, "Foucault, Sade et les Lumières", *Lumières*, n. 8, 2006, pp. 141-55. A referência a Sade ressurge inúmeras vezes nesse curso (cf. *infra*, Aula 4, p. 91) e será reinvestida de outro

42   *A sexualidade*

modo no curso de Vincennes (cf. *infra*, Aulas 1 e 7). A relação da experiência da sexualidade moderna com a "morte de Deus" e com "a única forma do trágico a que o homem moderno é suscetível" será mais longamente desenvolvida na Aula 5 deste curso (cf. *infra*, pp. 121-3).

36. Foucault retorna abundantemente ao lugar da psicanálise — dessa vez, em relação às ciências humanas — nas aulas seguintes. O curso de Vincennes, em sua última aula, se interessará mais precisamente pela temática aqui evocada por Foucault, a da crença numa forma de vida em que a sexualidade seja feliz e reconciliada, estudando a relação de certo freudo-marxismo (o de Wilhelm Reich e Herbert Marcuse) com as utopias sexuais. Lembremos que, se o tema da "revolução sexual" só se impõe plenamente na França a partir de 1966 (como atesta a publicação simultânea do número da revista *Partisans* dedicado a "Sexualidade e repressão" (n. 32-33) e dos trabalhos de Reich na editora Maspero, sob a direção de Jean-Marie Brohm, *La Lutte sexuelle des jeunes*), ela já está no ar desde o início dos anos 1960. O número da revista *Esprit* (op. cit.) de 1960, por exemplo, evoca tanto a questão da alienação da sexualidade, das reivindicações de uma libertação sexual da juventude, quanto o papel da psicanálise nessa vulgarização da sexualidade. A obra seminal de Marcuse — *Eros e civilização* — foi publicada em francês em 1963.

AULA 2

O conhecimento científico da sexualidade

Especificidade europeia moderna de uma ciência da sexualidade. Lugar central desta nas ciências humanas: lugar de intricação privilegiada do psicológico e do fisiológico, bem como do individual e do social. A sexualidade ocupa o lugar do contrato e da imaginação na era clássica, e da religião e da sensação no século XIX. Essa centralidade explica por que a psicanálise é a chave das ciências humanas. Três campos das ciências humanas da sexualidade: a. psicofisiologia; b. psicopatologia; c. psicossociologia. Nelas, a sexualidade é um objeto negativo, apreendido em seus desvios, exceto na psicofisiologia. I. A psicofisiologia da sexualidade: A. Breve histórico da biologia da sexualidade. B. os diferentes modos da sexualidade: a sexualidade é um modo entre outros da reprodução; a própria distinção dos sexos é complexa, variável e de níveis múltiplos na natureza. C. Os determinantes da sexualidade: 1. Os hormônios: história de sua descoberta e caracterização. 2. O sexo genético: teorias da determinação genética dos sexos. A ideia de "sexo" remete a duas noções distintas (genética e genital) e lança mão de um jogo complexo de determinações e diferenciações.

A moderna cultura europeia é, sem dúvida, a única que construiu uma [22] ciência da sexualidade, isto é, que fez da relação *homem/mulher** um objeto não apenas da literatura, da epopeia, da mitologia, da religião, mas do saber discursivo. Saber que recebeu, em alguns momentos, formas institucionais precisas (M. Hirschfeld, *Institut für Sexualwissenschaft*)[1]**

---

* Grifo no manuscrito.

** Michel Foucault escreve, por engano, *"Sexualforschung"*.

e que, apesar de sua dispersão, ou talvez por causa dela, ocupa um lugar cada vez maior no campo das ciências humanas.

1. Esse lugar decisivo da sexualidade nas ciências do homem decorre provavelmente de várias coisas:[2]

• Primeiro, do fato de ela ser um lugar privilegiado de intricação do psicológico e do fisiológico. Num sentido, a sexualidade certamente é determinada pela anatomia e pela fisiologia, e é, ao mesmo tempo, um conjunto de condutas psicológicas:

⌈ – os homens e as mulheres;
⌊ – o masculino e o feminino.

[23]   Em Descartes e em Spinoza, o fato de termos alma e corpo era anunciado pelo fato de podermos imaginar; de Condillac a Helmholtz ou Wundt, era anunciado pelo fato de termos sensações. A partir de Krafft-Ebing e Freud, pelo fato de termos uma sexualidade.[3]

• Em seguida, do fato de ela ser um lugar privilegiado de intricação do social e do individual.

Nada é mais individual do que a sexualidade, já que existe uma escolha do parceiro (e a possibilidade de recusa) [e] já que as práticas sexuais são, em toda parte (salvo algumas exceções ritualísticas), sempre privadas e ocultas.

No entanto, nada é mais social do que a sexualidade:

– regras do casamento;

– regras da prática sexual. Rigor das sanções opostas a tudo que transgride.

O fato de que o ser humano é um ser individual e social, ao mesmo tempo, foi anunciado nos [séculos] xvii e xviii pelo contrato; no século xix, foi anunciado pelo fato de ele pertencer a uma totalidade orgânica que lhe era superior e que se exprimia (sob forma imaginária, mítica, acabada) na existência de uma religião. De Comte a Durkheim, o homem social foi o homem religioso por excelência.[4]

[24]   De modo que a sexualidade desempenha em nossa época os papéis que foram ocupados, na idade clássica, pelo contrato e pela imaginação;

Aula 2 45

no século xix, pela sensação e pelo vínculo religioso. É antes de mais nada em sua sexualidade que o homem o manifesta o fato de ser, a um tempo, singular e coletivo, fisiologicamente determinado e sujeito de um comportamento psicológico.

O que ele é, o que mostra de si mesmo, o que o constitui como objeto para um discurso científico, ele o deve à sexualidade. Na cultura moderna, o homem tornou-se objeto científico por ter-se revelado sujeito para a sexualidade e sujeito de sua sexualidade.

É por isso que a psicanálise, como descoberta da sexualidade no cerne [25] do comportamento normal e anormal do homem, é a chave de todas as ciências humanas modernas.[5] Temos o hábito de remontar a origem histórica e o fundamento de fato das ciências humanas às leis de Weber e de Fechner sobre as relações da sensação e da excitação.[6] Na verdade, se algo como as ciências humanas é possível em nossos dias, devemos isso a uma série de acontecimentos, todos eles concernentes à sexualidade. Foram eles que se desenrolaram entre 1790, quando Sade, preso na Bastilha, escreveu *Os 120 dias*, e 1890, quando Freud descobriu a explicação sexual da histeria.[7]

A descoberta da sexualidade possibilitou as ciências humanas tais como existem nos dias atuais. O que não quer dizer que todas se reduzam ao estudo da sexualidade. Ou que esta haja confiscado todas. De fato, se o estudo da sexualidade é aparentado com todas as ciências do homem, ele se localiza, ainda assim, com bastante precisão:

a. Na psicofisiologia: estudo da indução sexual e hormonal do comportamento.

b. Na psicopatologia: estudo dos desvios do comportamento sexual em relação às normas de nossa sociedade e nossa cultura, ou das relações entre a sexualidade e os desvios de comportamento que chamamos de psicose, ou neurose, ou criminalidade, ou conduta antissocial.

c. Por fim, na psicossociologia: estudo das formas de integração, nor- [26] malização, valorização e repressão das condutas sexuais em outras culturas que não a nossa.

46 *A sexualidade*

É com esses três campos de estudo que, em proporções diversas, teremos de nos ocupar. De qualquer modo, convém observar logo de saída que esses estudos concernem:

- ora a determinações, ora a correlações psicofisiológicas;
- ora a desvios intraculturais;
- ora a dispersões e divergências interculturais.

Em outras palavras, só existe positividade do lado do fisiológico. Quanto a todo o resto, só podemos estudar anomalias ou diferenças. Portanto, *desvios*:* não existe psicologia do amor normal — e sim do ciúme mórbido, da homossexualidade, do fetichismo. É possível que a psicologia seja uma ciência positiva, mas é uma ciência positiva das negatividades.[8]

[27] ELEMENTOS DE PSICOFISIOLOGIA

A. Histórico

1. Foi no começo do século XVI que se percebeu que havia plantas masculinas e outras femininas. Pontano fez essa descoberta nas palmeiras em 1505.[9] Depois, percebeu-se que podia haver, numa mesma planta, órgãos masculinos ou femininos. Por último, no fim do século XVI, Cesalpino observou, a propósito do cânhamo, que havia pés estéreis e outros que se tornavam férteis, desde que fossem colocados ao lado dos primeiros.

Camerarius, no final do século XVII (*De Sexu plantarum epistola*), fez as primeiras experiências de fecundação artificial de plantas; definiu o papel masculino dos estames e o papel feminino dos pistilos.[10] Tournefort e Lineu, destacando que a função mais importante da planta era reproduzir-se (o que os minerais não podiam fazer), propuseram sua clas-

---

* Grifo no manuscrito.

Aula 2

47

sificação pelas flores e frutos (T[ournefort]), e pelos estames e pistilos (L[ineu]).[11]

2. Quanto à sexualidade animal, o problema, evidentemente, não era descobri-la, mas definir o papel exato do macho e da fêmea.

 • Teoria da semente dupla, que ainda encontramos em Descartes (duas [28] sementes que se misturam e servem de levedura uma para a outra).[12]

 • Ovismo. Sténon, em 1667, formulou a hipótese de que as fêmeas dos animais vivíparos produziam ovos e de que eram esses ovos que eram fecundados pela semente masculina. Hipótese confirmada por De Graaf em 1672. E, mais tarde, por Van Leeuwenhoek em 1677 (os espermatozoides).[13]

 • Daí o problema: epigênese ou pré-formação?[14] Até os experimentos de Spallanzani, que fez com sapos a primeira experiência de inseminação artificial (feita com seres humanos em 1799, por Hunter).[15] A partir daí, o estudo fisiológico da sexualidade adquiriu sua positividade.

B. Os diferentes modos da sexualidade:[16]

[29]

1. A sexualidade é, biologicamente, um dos modos possíveis de reprodução do ser vivo. Este dispõe de outros:

 • A cissiparidade: o ser vivo divide-se em partes iguais, que se cruzam e tornam a se dividir; não há pais nem descendência.

 • A geração assexuada: uma parte do indivíduo separa-se dele e cresce separadamente, sem intervenção de outro ser vivo (quando existe apenas uma célula, trata-se do esporo).

Existe geração sexuada quando o ser vivo produz uma célula que, sozinha, não pode se desenvolver; tem que se encontrar com outra célula.

2. Mas essa reprodução sexuada não basta para dividir todas as espécies animais em duas categorias de indivíduo, em macho e fêmea. De fato, a distinção macho-fêmea pode referir-se:

• *simplesmente a células:** por exemplo, entre as algas, como a *Ulothrix*: ela produz numerosos zoósporos, aparentemente todos iguais, cada um com dois flagelos que lhe permitem mover-se na água. Num dado momento, duas delas se aproximam e se fundem numa única célula, que se imobiliza, perde seus flagelos e entra numa fase de repouso.[17]

[30] Numa outra alga (*Ectocarpus*),** um zoósporo fixa-se no solo por seu cílio anterior. Logo atrai várias outras, que se fixam nela. Um[a] destas se aproxima de repente e se funde. As outras a seguem.

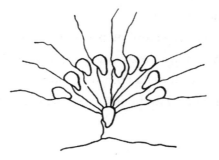

["A fecundação de um *Ectocarpus siliculosus*"
(J. Carles, *La Sexualité*, op. cit., p. 13)]

Em alguns casos, há uma diferença visível entre as células masculinas e femininas.[18]

• *Nos órgãos*:*** é o que se encontra na maioria dos vegetais:
   a. quer dispostos num único órgão complexo — na flor da macieira ou na da papoula, existem os órgãos masculino e feminino;
   b. quer dispostos num único órgão, porém sendo autoestéreis (donde é preciso haver duas árvores, porém sendo, cada uma, o macho e a fêmea da outra, tal como acontece com os caracóis).[19]

---

* Grifo nosso, para homogeneizar o texto com os outros dois pontos sublinhados por Foucault.
** Foucault copiou ao lado um esquema explicativo extraído de uma ilustração de J. Carles, *La Sexualité*, op. cit., que reproduzimos abaixo.
*** Grifo no manuscrito.

• *Nos indivíduos*:* quando um indivíduo só pode fornecer os gametas de um sexo. É o que chamamos de caráter primário da sexualidade. Cada um desses gametas tem traços distintivos:

a. o gameta fêmea é imóvel, rico em substâncias nutritivas (portanto, volumoso) e *pouco numeroso*;**

b. o gameta masculino é móvel, pobre em reservas (portanto, em [31] geral, pouco volumoso) e muito numeroso.[20]

Isso, ademais, tem que ser retificado pelos fenômenos [seguintes]:

1. De sexualidade relativa: em algumas algas, é possível distinguir indivíduos que produzem gametas fortes e outros que produzem gametas fracos. Quando os colocamos na presença uns dos outros, estes últimos são sempre fêmeas.[21]

2. De intersexualidade, isto é, os mesmos indivíduos têm um equipamento anatômico ou fisiológico que lhes permite, conforme as circunstâncias ou após algumas modificações, [assumir] o papel do macho ou da fêmea.

• [Circunstância] natural. Exemplo: um molusco gastrópode, o *Crepidula*, vive em pilhas. Os mais velhos formam a base da pilha, os mais jovens, o ápice. Os primeiros são fêmeas, os segundos, machos; na parte central, eles são ambas as coisas. Se pegarmos um jovem e o isolarmos, ele se feminiza. À medida que a pilha envelhece, todos se feminizam.

Existe um anelídeo que é macho na juventude (quando abarca menos de quinze segmentos); basta amputá-lo com regularidade para que ele se mantenha sempre macho.[22]

• [Circunstância] artificial: [32]

a. castração;

b. influência hormonal.[23]

---

* Idem.
** Idem.

[33] C. Os determinantes da sexualidade

I. Os hormônios[24]

Histórico e especificação

a. *Estrogênios**

• Eram conhecidos os efeitos da castração: alteração de certo número de órgãos ou de elementos orgânicos; regressão de alguns outros, principalmente dos órgãos sexuais (o útero da coelha diminui pela metade após duas ou três semanas de regressão).[25]

– Galeno falava numa força interior.[26]

• E. Knauer (1896) mostrou, em cobaias fêmeas, que a atrofia da castração pode ser compensada pelo enxerto de fragmentos de ovários em diversos pontos do organismo. Portanto, [não são] problemas de vascularização ou de enervação que provocam essa atrofia, mas sim o problema de um produto. Daí a ideia de uma secreção.[27]

• J. Halban (1900) mostrou que fragmentos de ovários em cobaias impúberes provocam o desenvolvimento do útero.[28]

[34] • E. Allen (1922) mostrou, em ratos, que no período de atividade sexual vemos células queratinizadas na vagina ao mesmo tempo que a maturação dos folículos na superfície do ovário. Pois bem, a injeção de líquido folicular provoca, por si só, o aparecimento de células queratinizadas. Foliculina (posteriormente chamada de estrona).[29]

• Purificada por Doisy, estudada por Butenandt, trata-se de um derivado do fenantreno (estrutura ciclopentano-hidrofenantrênica). Síntese por Butenandt, Dodds, Miescher.[30]

b. Do mesmo modo, descoberta dos androgênios (o principal dos quais é a testosterona).[31]

c. Descoberta dos hormônios progestativos (que facilitam e protegem a gestação, encontrados sobretudo no corpo jovem). O mais importante é a progesterona.[32]

---

* Grifo no manuscrito.

Aula 2

d. Descoberta dos hormônios hipofisários. A ablação da hipófise provoca, no indivíduo jovem, a suspensão do desenvolvimento de todos os órgãos sexuais; no indivíduo adulto, provoca degeneração do aparelho sexual e desaparecimento do comportamento sexual.

α. Lobo anterior:*
- hormônios da regulação endócrina;
- hormônios do crescimento;
- hormônios do metabolismo;
- hormônios da sexualidade.

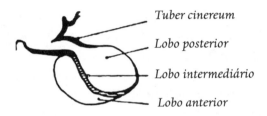

["Corte sagital esquemático da hipófise de um macaco, conforme Herring" (J. Carles, *La Sexualité*, op. cit., p. 61)]

β. Intermediário: metabolismo.[33]

e. Hormônios embrionários. O embrião produz seus próprios hormônios:
- já que os hormônios da mãe não podem ser determinantes;[34]
- já que existem fenômenos como os *freemartins*;[35]
- já que, a partir de um estado de indiferenciação, tem-se a orientação para um sexo (orientação que pode ser invertida).

Em resumo, podemos dar a seguinte definição dos hormônios: "substâncias químicas segregadas por algumas glândulas e que, transportadas pelo

---

* Foucault acrescenta a isso o esquema copiado de uma ilustração de J. Carles, *La Sexualité*, op. cit., que reproduzimos aqui.

sangue por todo o organismo, podem exercer sobre certos órgãos uma ação específica, e isto em concentrações infinitesimais".[36] Fora do órgão sobre o qual atuam, elas são nocivas para o organismo; são destruídas pelo fígado ou eliminadas pelos rins.

[36] ## II. Sexo genético[37]

Os hormônios agem sobre a formação, o desenvolvimento, o funcionamento, a involução e o desaparecimento de alguns órgãos que possuem caracteres sexuais primários ou secundários. Mas o que faz com que funcionem e se distribuam de tal modo que um dado indivíduo seja masculino e outro seja feminino, e o que faz com que, nesse difícil equilíbrio, a divisão se dê, e nas proporções que conhecemos?

– Pensou-se, por um momento (trata-se da teoria epigâmica),[38] que algumas condições de desenvolvimento podiam atuar:

Exemplo de um verme marinho encontrado no Mediterrâneo, do gênero *Bonnelia* (grupo dos equiurídeos).* A fêmea é formada por um corpo ovoide (2-3 cm) e um canal oviduto de um metro. Os machos, de alguns milímetros de comprimento, alojam-se nele. Os ovos são fecundados na passagem e produzem larvas. Algumas se fixam no solo e se tornam fêmeas; outras se fixam nas fêmeas e se tornam machos. Entretanto, basta fazer uma transferência e o sexo se inverte.[39]

Mas essas condições do meio ambiente não podem explicar a divisão estatisticamente igual. Trata-se, com muita probabilidade, de fenômenos de sexualidade relativa.

[37] – Hoje sabemos que o sexo é fixado pela fecundação: um dado indivíduo será macho ou fêmea pelo fato de tais ou quais gametas se encontrarem nele. No momento da meiose, quando as células se dividem, sabemos que os cromossomos, que existem em dobro nas células de nosso

---

* Foucault escreve *"échiuridés"*, termo aceito na época, assim como *"échiurides"*, para descrever o grupo dos equiurídeos.

Aula 2

organismo, dividem-se em cada um dos dois gametas (que, desse modo, vivem em estado haploide até o encontro com o outro gameta).

Ora, em algumas espécies, quando as células masculinas se dividem por meiose, não formam dois gametas idênticos; nas outras espécies, são as células femininas que, ao se dividirem, produzem dois gametas ligeiramente diferentes (heterogameta masculino, tipo drosófila, ou feminino, tipo *Abraxas*). São essas diferenças que fundamentam a diferença entre os sexos (com um número necessariamente igual de indivíduos em cada um deles).[40]

É o homem que é heterogâmico na espécie humana.

A ideia de sexo corresponde a duas concepções distintas: [38]

A. Sexo genético:

Inscreve-se no núcleo de cada célula do organismo. É fixado no momento da fecundação. Na espécie humana, o sexo feminino é determinado pelo encontro de um óvulo com um espermatozoide que contém um cromossomo X. O sexo masculino, [pelo de um óvulo] com um espermatozoide que não contém o cromossomo X. É isso que chamamos de determinação sexual.

B. Sexo genital:

É o conjunto dos órgãos e caracteres pelos quais um organismo masculino difere de um organismo feminino.[41] A formação desses órgãos e desses caracteres sexuais constitui a diferenciação sexual. Essa formação é feita em dois tempos:

a. Durante a primeira metade da vida embrionária, formação das glândulas e das vias genitais masculinas e femininas. Caracteres sexuais primários.[42]

b. Durante o segundo período (puberdade), o organismo adquire a [39] maioria dos caracteres aparentes do sexo a que pertence (isto é, os sexuais secundários).[43]

Nesse jogo duplo entre determinação e diferenciação, pode produzir-se uma série de fenômenos:

• Entre a determinação e [a] primeira diferenciação: em suas fases iniciais, o embrião possui tudo o que lhe permite adquirir um sexo ou o outro (existem esboços de testículos e esboços de ovários). Com os mesmos elementos embrionários, ele tanto pode construir um sexo quanto o outro.

• No decorrer da diferenciação, há espécies que passam por um sexo que não será seu sexo definitivo. (As enguias masculinas passam por uma etapa de feminização precoce: possuem ovários, antes de possuírem testículos.)[44]

• Por fim, há anomalias que consistem na coexistência de órgãos e caracteres de ambos os sexos.

NOTAS

1. Trata-se do Instituto para a Ciência da Sexualidade, fundado em Berlim em 1919 por Magnus Hirschfeld e Arthur Kronfeld, dedicado à pesquisa e à disseminação dos conhecimentos sobre a sexualidade, bem como à orientação matrimonial e a diversas consultas acerca das patologias ligadas à sexualidade. Ativo até 1933, foi vítima de uma repressão duríssima por parte dos nazistas.

2. A reflexão sobre a sexualidade inscreve-se, portanto, na reflexão mais ampla de Foucault, na época, sobre as condições de emergência e estruturação das ciências humanas, reflexão esta que levaria à publicação de *Les Mots et les Choses. Une archéologie des sciences humaines* (Paris, Gallimard, 1966 [*As palavras e as coisas: Uma arqueologia das ciências humanas*, trad. Salma Tannus Muchail, São Paulo: Martins Fontes, 3. ed., 1985]). Integra-se também, em termos mais gerais, no questionamento então em curso sobre a situação das ciências humanas e o lugar da psicanálise em seu seio (cf. *supra*, pp. 44-6, e Situação dos cursos, pp. 282-4). Pouco antes do curso de Foucault, esse problema foi, em particular, objeto de duas conferências de Louis Althusser, no âmbito do seminário organizado na Escola Normal Superior (ENS), em 1963-4, sobre Lacan e a psicanálise, interrogando o lugar que, de fato e sobretudo de direito, a psicanálise devia ocupar em relação ao campo das ciências humanas e à psicologia, em particular (cf. L. Althusser, *Psychanalyse et Sciences humaines. Deux conférences, 1963-1964*, ed. estabelecida e apresentada por O. Corpet e F. Matheron, Paris: Librairie générale française, 1996). No fim de sua segunda conferência, Althusser examinou como a psicologia foi um subproduto, historicamente situado, das ideologias filosófica, moral ou política que a tornaram possível; nesse contexto, ele evocou sucessivamente as teorias do erro e da imaginação em René Descartes e Baruch Spinoza, o empirismo sensualista e "o problema fundamental da sensação". Dois temas que Foucault também retomou, mais adiante, cf. *supra*, p. 44.

Aula 2   55

3. Para Descartes, cf., por exemplo, a sexta das *Meditações metafísicas*: "Quando considero atentamente o que é a imaginação, descubro que ela não é outra coisa senão certa aplicação da faculdade cognoscitiva ao corpo que está intimamente presente nela e que, portanto, existe" (R. Descartes, *Méditations métaphysiques*, Paris: Flammarion, 1992 [1641], p. 173 [*Meditações metafísicas*, trad. Maria Ermantina de Almeida Prado Galvão, trad. textos introdutórios por Homero Santiago, São Paulo: WMF Martins Fontes, 4. ed., 2016]). A imaginação situa-se entre o sentido e o acesso ao mundo exterior, de um lado, e entre o entendimento e a vontade, de outro. Do mesmo modo, em Spinoza, o "conhecimento de primeiro gênero [...] ou imaginação" designa a maneira de a alma conhecer os corpos, em função do modo como eles afetam nosso próprio corpo (cf., em especial, *Ética*, proposição XVII, escólio). Observe-se que Foucault dedicou um número enorme de reflexões, nos anos 1952-5, ao lugar central da imaginação na era clássica, apresentada "como ponto de chegada, no corpo, da natureza em sua verdade geométrica, e como camada originária, na alma, de sua passividade [...] elemento no qual a natureza se transforma em mundo" (*Cours sur l'anthropologie*, BNF, Caixa 46-C1). Essas reflexões se inscrevem então em seu estudo da questão antropológica no cerne da filosofia moderna, em contraste com um período clássico dominado pela *mathesis* da natureza. Étienne Bonnot de Condillac, por sua vez, encarna uma posição sensualista radical, segundo a qual, "na ordem natural, tudo vem das sensações", inclusive as "operações do entendimento e da vontade. O juízo, a reflexão, os desejos, as paixões etc. não passam da própria sensação que se transforma" (*Traité des sensations*; *Traité des animaux*, Paris: Fayard, 1984 [1754], p. 11 [*Tratado das sensações*, trad. Denise Bottmann, Campinas: Ed. Unicamp, 1993]). Hermann von Helmholtz (*Die Lehre von den Tonempfindungen als physiologische Grundlage für die Theorie der Musik*, Brunswick: Friedrich Vieweg und Sohn, 1863) e sobretudo Wilhelm M. Wundt (*Beiträge zur Theorie der Sinneswahrnehmung*, Leipzig: C.F. Winter, 1862), que figuram entre os fundadores da psicologia experimental, aprofundariam a análise do modo como as sensações, entendidas enquanto impressões sensoriais, são modificadas como percepções e integradas a processos mentais mais complexos — no caso de Wundt, explicitamente opondo-se a um reducionismo sensualista. Sobre Richard von Krafft-Ebing e Sigmund Freud, a propósito da sexualidade, cf. *infra*, pp. 92 ss.

4. Cf. em particular, A. Comte, *Système de politique positive, ou Traité de sociologie, instituant la religion de l'humanité*, v. II, Osnabrück: O. Zeller, 1967 [1851]; e Émile Durkheim, *Les Formes élémentaires de la vie religieuse*, Paris: PUF, 1912. De Comte a Durkheim, e depois, a religião realmente aparece, numa perspectiva holista, a um tempo como o vínculo social mais arcaico e mais paradigmático e como objeto privilegiado da sociologia. As referências ao contrato fazem eco, evidentemente, às diversas teorias do contrato social que caracterizaram o fim do século XVII e o século XVIII, de Thomas Hobbes e John Locke a Jean-Jacques Rousseau.

5. Cf. *supra*, nota 2, p. 54. O curso de Foucault desenrolou-se num contexto pre-

ciso, que era o dos numerosos debates dos anos 1963-4 referentes ao lugar da psicanálise nas ciências humanas, ligados aos trabalhos de Lacan e Althusser (cf. Situação dos cursos, pp. 282-4). Ao fazer da psicanálise a "chave das ciências humanas", por ela ter revelado a sexualidade no cerne da conduta humana — uma sexualidade não redutível, como o curso inteiro demonstraria, à "sexualidade humana" intersubjetiva —, Foucault inscreveu-se claramente nesse debate. Por outro lado, ao contrastar o papel da sexualidade (de Sade a Freud), na fundação das ciências humanas, com as leis de Weber-Fechner (cf. *infra*, nota seguinte), ele também se opôs à ideia de ciências humanas redutíveis às ciências naturais. Inscreveu-as, ao contrário, num projeto muito diferente, que ora remete a uma hermenêutica, ora ainda, no caso de Foucault, a uma semiologia que estuda, além do sujeito, as regras, as estruturas ou as significações de que a sexualidade é carregada. É útil aproximar essas análises da entrevista com Alain Badiou, "Philosophie et psychologie", em 1965, e sobretudo de sua versão publicada em *Dits et écrits* (v. i, *1954-1975*, org. D. Defert e F. Ewald, com a colab. de J. Lagrange, Paris: Gallimard, 2001 [1994], n. 30, pp. 466-76 [*Ditos e escritos I*, trad. Vera L. Avellar Ribeiro, Rio de Janeiro: Forense Universitária, 1999]). A sexualidade ocupa nesse curso o lugar que Foucault atribui, na entrevista, à descoberta do inconsciente: "A simples descoberta do inconsciente não é uma soma de campos, não é uma extensão da psicologia; é, realmente, o confisco, pela psicologia [entenda-se, aqui, pela psicanálise], da maioria dos campos que eram cobertos pelas ciências humanas, de tal sorte que podemos dizer que, a partir de Freud, todas as ciências humanas tornaram-se [...] ciências da *psique*" (p. 469). Essa descoberta, acrescenta Foucault, rompe tanto a divisão indivíduo/sociedade quanto a divisão alma/corpo. Acima de tudo, porém, essa *psique* não é a consciência humana, e sim o inconsciente, ligado, por sua vez, à sexualidade, vista como "negação da verdade do homem". Esse ponto já tinha sido sublinhado por Foucault em 1957, em sua análise do sentido do "escândalo" freudiano: "Pela primeira vez na história da psicologia, a negatividade da natureza não foi referida à positividade da consciência humana, porém esta foi denunciada como negativo da positividade natural. O escândalo [... reside] em que, através da psicanálise, o amor, as relações sociais e as formas de pertencimento inter-humanas aparecem como o elemento negativo da sexualidade como positividade natural do homem" ("La recherche scientifique et la psychologie" [1957], em *Dits et écrits*, op. cit., v. i, n. 3, pp. 165-86, referência aqui às pp. 181-2).

6. Trata-se de uma alusão à descoberta do fisiologista Ernst Heinrich Weber em 1834, quando de seus trabalhos sobre a percepção do peso, da existência de uma proporção constante entre um estímulo de intensidade inicial I e a intensidade ΔI de um segundo estímulo, para a diferença introduzida por este último estímulo ser perceptível. Assim, para que essa diferença seja perceptível, é preciso que atinja certo valor-limiar ΔI; a relação desse valor com o estímulo inicial é constante, constituindo a constante (k): $\Delta I/I = k$. Essa equação foi transformada

Aula 2   57

em "lei de Weber" por Gustav Fechner, que fez dela um princípio geral para descrever as relações entre excitações sensoriais e percepções, princípio segundo o qual "a sensação varia como o logaritmo da excitação". Essa lei é constantemente apresentada como uma das raras leis exprimível sob forma matemática que se aplicam às ciências humanas, assim pensadas no prolongamento das ciências experimentais. Não é inútil aproximar a posição de Foucault da de Georges Gusdorf, que também evocou de maneira crítica as leis de Weber-Fechner, apresentadas como origem das ciências humanas (cf. G. Gusdorf, *Introduction aux sciences humaines. Essai critique sur leurs origines et leur développement*, Paris: Belles Lettres, 1960, p. 16 e sobretudo pp. 402-4). Mas a crítica de Gusdorf baseia-se nos princípios de uma fenomenologia humanista que contesta que "a realidade do homem, em sua espontaneidade vivida, conforma-se às normas da formalização matemática" (p. 16), ali onde o apego das ciências humanas à experiência e ao saber da sexualidade, de Sade a Freud, orienta Foucault num sentido totalmente diverso, nitidamente anti-humanista e contrário à primazia do sujeito da fenomenologia.

7. A relação estabelecida entre Freud e Sade, na qual Sade aparece como um quase precursor de Freud, é reencontrada em Blanchot, para quem Sade "antecipa-se a Freud" (*Lautréamont et Sade*, op. cit., p. 46). Lacan, em seu célebre "Kant com Sade", publicado na revista *Critique* em abril de 1963 (n. 191, pp. 291-313), adota uma posição mais próxima da aqui afirmada por Foucault. Denunciando a "estupidez que se rediz nos textos", segundo a qual "a obra de Sade antecipa Freud", ele afirma, ao contrário, que a obra de Sade é a condição de possibilidade da formulação do princípio do prazer por Freud: ao romper o laço entre o prazer e o bem, ao afirmar o primeiro como tema da "felicidade no mal", "Sade é o passo inaugural de uma subversão" que, no fim das contas, torna Freud possível. "Aqui como lá, prepara-se a ciência retificando a posição da ética. Nisso, sim, opera-se um aplanamento que tem que caminhar cem anos nas profundezas do gosto para que a via de Freud seja viável" ("Kant avec Sade" [1963], *Écrits*, Paris: Seuil, 1966, pp. 765-90, aqui citada a p. 765 ["Kant com Sade", *Escritos*, trad. Vera Ribeiro, Rio de Janeiro: Zahar, 1998]). Em Foucault, é na relação que então se instaura entre sexualidade e linguagem, na experiência da finitude e da transgressão dos limites que nela se encena, que pode ser traçada a linha entre Sade e Freud. Cf. "Préface à la transgression (en hommage à Georges Bataille)" [1963], *Dits et écrits*, op. cit., v. 1, n. 13, pp. 261-78.

8. Trata-se aí de uma postura recorrente em Foucault, desde *Doença mental e psicologia*: "Não se deve esquecer que a psicologia 'objetiva' ou 'positiva' [...] encontrou sua origem histórica e seu fundamento numa experiência psicológica. Foi uma análise dos desdobramentos que autorizou uma psicologia da personalidade [...] uma análise dos déficits que desencadeou uma psicologia da inteligência" (*Maladie mentale et Psychologie*, Paris: PUF, 2. ed., 1962, pp. 87-8 [*Doença mental e psicologia*, trad. Lilian Rose Shalders, Rio de Janeiro: Tempo Brasileiro, 2. ed., 1984]), passando por "La psychologie de 1850 à 1950" [1957]: "A psicologia [...] nasce no ponto em que a prática do homem encontra sua própria contradição; a psicologia do

58 *A sexualidade*

desenvolvimento nasceu como uma reflexão sobre as suspensões do desenvolvimento; [...] a da memória, da consciência, do sentimento, apareceu primeiro como uma psicologia do esquecimento, do inconsciente e das perturbações afetivas. Sem forçar a exatidão, podemos dizer que a psicologia contemporânea é, em sua origem, uma análise do anormal, do patológico, do conflitante" (em *Dits et écrits*, op. cit., v. I, n. 2, pp. 148-65, citadas aqui as pp. 149-50), até "La recherche scientifique et la psychologie" [1957]: "Sua positividade, a psicologia a tomou emprestada das experiências negativas que o homem tem consigo mesmo" (art. citado, p. 181). Essa posição seria repetida com regularidade neste curso (cf. *infra*, Aulas 3 e 4, pp. 62-3 e 89-90) e fundamentou a afirmação foucaultiana de que a ciência psicológica da sexualidade começa por uma análise das perversões. Ela ecoa as análises de Canguilhem em *Le Normal et le pathologique* (Paris: PUF, 1966 [*O normal e o patológico*, trad. Maria Thereza R. C. Barrocas; trad. do posfácio de Pierre Macherey e da apres. de Louis Althusser por Luiz Otávio F. Barreto Leite, Rio de Janeiro: Forense Universitária, 2006]).

9. Trata-se do preceptor do rei de Nápoles, Giovanni Giovano Pontano ou Jovanius Pontano, que escreveu em 1505 um poema ("De Palma Bitontina et Hydruntina") sobre o amor de duas tamareiras, uma delas macho, a outra fêmea, a primeira situada em Brindisi, a segunda, em Otranto, e que se mantiveram inférteis até o momento em que, tendo crescido, puderam vislumbrar uma à outra, o que permitiu a frutificação (*Eridani duo libri*, Nápoles: Sigismundum Mayr, 1505). Nesse ponto, Foucault segue de perto o parágrafo consagrado à sexualidade das plantas no Capítulo 5, sobre a botânica do Renascimento, redigido por Adrien Davy de Virville, em René Taton (org.), *Histoire générale des sciences*, v. II, Georges Allard et al., *La Science moderne, de 1450 à 1800*, Paris: PUF, 1958, p. 170, de onde também foram extraídas as referências a Cesalpino (Andrea Cesalpino). Ele voltou à história da sexualidade das plantas, de maneira muito mais detalhada, no curso de Vincennes, insistindo claramente, dessa vez, na ruptura representada por Rudolf Jakob Camerarius (cf. *infra*, pp. 209 ss.).

10. Ibid., cap. 3, "Botanique", p. 412. Sobre Camerarius, ver o curso de Vincennes, *infra*, Aula 6, p. 217.

11. Sobre o "sistema sexual" de Carl von Lineu, que distribui os vegetais em 24 classes, em função dos estames, e os divide em ordens baseadas nas características dos pistilos ou dos estames, cf. Henri Daudin, *De Linné à Lamarck. Méthodes de la classification et idée de série en botanique et en zoologie, 1740-1790*, Paris: F. Alcan, 1926, pp. 38-9. Sobre Joseph Pitton de Tournefort, cujo método se apoia, em particular, na corola das flores e nos frutos, cf. Raymond Dughi, "Tournefort dans l'histoire de la botanique", e Jean-François Leroy, "Tournefort et la classification végétale", em Georges Becker (org.), *Tournefort*, pref. de R. Heim, Paris: Muséum national d'histoire naturelle, 1957, pp. 131-86 e 187-206. Foucault voltaria aos métodos de classificação deles em *Les Mots et les Choses*, op. cit., pp. 153-4.

12. Sobre a teoria da "semente dupla" e a maneira como Descartes a interpreta em seu *Traité de l'homme*, em 1664, Foucault apoia-se no artigo de Émile Guyénot, "Biologie

Aula 2   59

humaine et animale", em *Histoire générale des sciences*, v. II, op. cit., pp. 370-1. Segundo Descartes, a semente dos animais "parece ser apenas uma mistura confusa de dois licores que servem de levedura um para o outro" (citado em ibid., p. 371).

13. Também nisso Foucault segue o artigo de É. Guyénot, ibid., pp. 372-4. Costuma-se opor a tese "ovista", segundo a qual o embrião está pré-formado no óvulo da fêmea e é fecundado e desenvolvido pela semente masculina, à posição "espermatista" ou "animalculista", encarnada, por exemplo, por Antoni Van Leeuwenhoek, segundo a qual o embrião acha-se pré-formado no espermatozoide ("animálculo") masculino, servindo o óvulo, fundamentalmente, para nutri-lo. Sobre essas teorias, cf. *infra*, curso de Vincennes, Aula 6, nota 33, p. 229.

14. Sobre a oposição entre epigênese e pré-formação, cf. *infra*, curso de Vincennes, Aula 6, nota 32, p. 229. A pré-formação presume que o animal já existe, "pré-formado", no embrião masculino ou feminino, e que basta que seja mecanicamente desenvolvido através da excitação provocada pela semente do outro sexo. A epigênese implica que o embrião se forma progressivamente a partir de uma matéria relativamente informe, através da ação de forças particulares.

15. Sobre as experiências de Lazzaro Spallanzani, que nos anos 1770 procedeu a um conjunto de inseminações artificiais em sapos, e sobre a aplicação delas à espécie humana por John Hunter em 1799, quando ele inseminou artificialmente uma mulher com o esperma do marido, que sofria de uma malformação do pênis, cf. Jean Rostand, "Les expériences de l'abbé Spallanzani sur la génération animale (1765-1780)", *Archives internationales d'histoire des sciences*, v. 4, n. 1, 1951, pp. 413-47.

16. Nesta parte e nas duas seguintes, Foucault segue muito estreitamente a obra de Jules Carles, *La Sexualité*, Paris: Armand Colin, 1953. A distinção entre cissiparidade, geração assexuada e sexualidade é assim desenvolvida na p. 8 do livro. As análises biológicas da sexualidade foram seu objeto, a partir do texto precursor de Maurice Caullery, *Les Problèmes de la sexualité*, Paris: Flammarion, 1919, mas principalmente, nos anos 1940-50, de um importante trabalho de divulgação e difusão, do qual o livro de Carles foi um exemplo entre muitos outros. Cf. Louis Bounoure, *Reproduction sexuelle et Histoire naturelle du sexe*, Paris: Flammarion, 1947, e idem, *Hérédité et Physiologie du sexe*, Paris: Flammarion, 1948; M. Caullery, *Organisme et Sexualité*, Paris: G. Doin, 2. ed., 1951; Vera Dantchakov, *Le Sexe, rôle de l'hérédité et des hormones dans sa réalisation*, Paris: PUF, 1949; Étienne Wolff, *Les Changements de sexe*, Paris: Gallimard, 1946. A maioria desses textos propõe os mesmos exemplos e as mesmas conclusões, que levam a complexar radicalmente a aparente evidência da sexualidade e da divisão dos sexos na natureza. A obra de Wolff, em particular, deu lugar a uma importante crítica de Bataille, publicada na revista *Critique* em 1947 ("Qu'est-ce que le sexe?", em *Œuvres complètes*, v. XI, *Articles. 1, 1944-1949*, org. F. Marmande e S. Monod, Paris: Gallimard, 1988, pp. 210-21), a qual é provável que Foucault conhecesse e que corresponde ao uso que ele fez desses trabalhos nesse curso. No texto em questão, Bataille mostra, de fato, como a ciência da sexualidade "estraga" a experiência íntima e as representações populares sobre a diferença entre

60   *A sexualidade*

os sexos, a ideia de uma "noção de sexo como atributo fundamental do indivíduo" e de uma separação nítida e estática entre os sexos. Ao contrário, essa ciência mostra que o "sexo [...] não é uma essência, porém um estado", comparável ao estado líquido ou sólido de um corpo. "A ciência, com efeito, elimina rigorosamente o que convém chamar de 'dados fundamentais' da vida [...], estraga, em suma, a construção baseada no sentimento de presença, desarticula a existência íntima individual em representações objetivas móveis, nas quais todo substrato lhes é roubado. Ela retira a realidade e a consistência da ideia íntima e aparentemente imutável de sexo." Sem dúvida, é assim que convém compreender a maneira como Foucault recorre aos dados da ciência (biologia e etologia) nas Aulas 2 e 3 desse curso (cf. *infra*, pp. 73-7); cf. também Situação dos cursos, pp. 287-9.

17. J. Carles, *La Sexualité*, op. cit., p. 12. Carles prefere falar de "sexualidade reduzida aos gametas", em vez de células.

18. Ibid., pp. 13-4. Os casos em que essas diferenças são visíveis remetem, em particular, às algas feofíceas.

19. Ibid., pp. 14-7.

20. Ibid., pp. 17-9.

21. Ibid., pp. 23-4. As algas em questão são, em especial, a *Ectocarpus siliculosus* ou a *Chlamydomonas paupera*.

22. Sobre esses casos de intersexualidade natural, cf. ibid., pp. 27-8. O anelídeo em questão é o poliqueta *Ophryotrocha puerilis*.

23. Isso é o que Carles chama de "intersexualidade experimental" (ibid., pp. 30-8).

24. Foucault segue a segunda parte do trabalho de J. Carles intitulado "La chimie du sexe" (ibid.). Para uma história mais recente da hormonologia sexual, cf., por exemplo, Nelly Oudshoorn, *Beyond the Natural Body. An Archeology of Sex Hormones*, Londres: Routledge, 1994, e, para uma reflexão filosófica sobre o assunto, o livro clássico de Anne Fausto-Sterling, *Sexing the Body. Gender Politics and the Construction of Sexuality*, Nova York: Basic Books, 2000 (trad. [franc.] *Corps en tous genres. La dualité des sexes à l'épreuve de la science*, trad. [franc.] O. Bonis e F. Bouillot, pref. da autora, posfácio de É. Peyre, C. Vidal e J. Wiels, Paris: La Découverte-Institut Émilie du Châtelet, 2012).

25. J. Carles, *La Sexualité*, op. cit., p. 43.

26. Citado em ibid.

27. Trata-se do trabalho de Emil Knauer, "Einige Versuche über Ovarientransplantation bei Kaninchen", *Zentralblatt für Gynäkologie*, v. 20, n. 564, 1896, pp. 524-8, citado em J. Carles, *La Sexualité*, op. cit., pp. 43-4.

28. Josef Halban, "Über den Einfluss der Ovarien auf die Entwicklung des Genitales", *Monatsschrift für Geburtshilfe und Gynäkologie*, v. 12, n. 4, 1900, pp. 496-506, citado em J. Carles, *La Sexualité*, op. cit., p. 44.

29. Edgar Allen, "The oestrous cycle in the mouse", *American Journal of Anatomy*, v. 30, n. 3, 1922, pp. 297-371, citado em J. Carles, *La Sexualité*, op. cit., p. 44.

30. Sobre todo esse histórico, cf. J. Carles, ibid., pp. 44-53. Ele termina com os traba-

Aula 2 61

lhos do suíço Karl Miescher (1892-1974), que conseguiu obter, em 1948, a primeira síntese total da estrona.

31. A descoberta dos andróginos foi resumida por Carles, ibid., pp. 54-7. Nasceu das experimentações de Arnold Adolf Berthold, em 1848, com galos castrados nos quais depois se enxertaram testículos, e foi MacGee que, em 1927, extraiu um hormônio masculino quase puro a partir de testículos de touro. Karoly Gyula David e Ernst Laqueur obtiveram assim, por purificação, a testosterona, em 1935. Outros hormônios (androsterona, adrenosterona) foram extraídos durante esses mesmos anos.

32. Cf. J. Carles, ibid., pp. 57-60. Foi Adolf Butenandt quem deu a fórmula precisa da progesterona, em 1934.

33. Ibid., pp. 60-1.

34. Na medida em que "não se vê muito bem como seria possível elas fazerem outra coisa que não impor seu sexo", observa Carles. Ora, trata-se de explicar também a formação dos embriões masculinos (ibid., pp. 64-5). Em linhas mais gerais, sobre os hormônios embrionários, cf. ibid., pp. 64-7.

35. O *freemartin* é um fenômeno concernente a dois falsos gêmeos de sexos (genéticos) diferentes, ligados um ao outro no útero por meio da placenta. Nesse caso, a fêmea genética nasce intersexuada, em decorrência de os hormônios masculinos do outro embrião terem agido sobre ela por via sanguínea, através da placenta.

36. J. Carles, *La Sexualité*, op. cit., p. 73. A citação exata é esta: "Os hormônios [...] são substâncias químicas secretadas por algumas glândulas e que, transportadas pelo sangue por todo o organismo, passam, em concentrações infinitesimais, a exercer uma ação específica sobre certos órgãos".

37. Foucault segue nesse ponto a terceira parte do livro de J. Carles, ibid., "Le sexe génétique", pp. 103 ss.

38. A teoria "orgânica" considera que o ovo fecundado inicia seu desenvolvimento sem que o sexo já esteja determinado e que são as condições posteriores do desenvolvimento que contribuem para determiná-lo. A ela se opõe a teoria "singâmica", segundo a qual o sexo é estabelecido durante a fecundação, quando do encontro dos gametas (ibid., p. 103).

39. O caso do verme do gênero *Bonellia* é detalhado em ibid., pp. 104-7.

40. Quanto a todos esses desenvolvimentos, Foucault resume Carles, ibid., pp. 107-13. No tipo drosófila, os cromossomos sexuais são idênticos na fêmea (xx), enquanto um deles é diferente no macho (o cromossomo Y). No tipo *Abraxas*, é o macho que possui dois cromossomos sexuais idênticos (zz), enquanto a fêmea possui um que difere do outro (o cromossomo W).

41. Dessa vez, Foucault parece apoiar-se mais em É. Wolff, *Les Changements de sexe*, op. cit. Encontramos uma definição aproximativa do sexo genital na p. 15: "conjunto de caracteres pelos quais um sujeito macho difere de um sujeito fêmea da mesma espécie".

42. Ibid., pp. 19-20.

43. Ibid., p. 16.

44. Sobre as enguias, cf. ibid., pp. 69-74.

AULA 3

O comportamento sexual

A psicologia só conhece o comportamento sexual através de seus desvios. Pobreza de conhecimentos sobre a sexualidade "normal" e confusões em torno da "normalidade sexual": importância das distorções entre frequência e normalidade. A ideia de sexualidade normal confunde a ideia de uma finalidade biológica e toda uma rede de normas e proibições sociais. Em vez de partir dessa "sexualidade normal", tomar o conjunto das condutas sexuais em sua mais ampla distribuição (psicopatologia, psicossociologia); começar por problematizar a noção de comportamento sexual a partir da sexualidade animal. I. A sexualidade animal: comportamento instintivo, mas profundamente complexo, plástico e ligado às condições do meio. Definição de comportamento instintivo, segundo Lorenz e Tinbergen. A. A motivação sexual: limiares hormonais, estímulos externos, efeitos de grupo e sociabilidade. B. Desenrolar do ato sexual: série de condutas complexas, que ultrapassam em muito o ato procriador e põem em jogo a relação com o espaço, com os outros, com o meio. 1. Atividade de apetência; 2. território sexual; 3. exibição sexual; 4. ato consumador. Portanto, o comportamento sexual depende, ao mesmo tempo, de um comando hormonal e de um sistema de sinais que obedecem a um código, logo, a uma mensagem. Intricação do biológico, do meio e da relação com os outros: a sexualidade humana não constitui um hápax no mundo biológico. No entanto, existem cortes: o mais importante concerne à relação da sexualidade humana com a lei, a proibição e a transgressão. Explicitação destas relações: a conduta sexual humana pressupõe necessariamente um jogo de regras e proibições; sempre implica, portanto, a transgressão possível. Situação paradoxal da sexualidade humana: ao mesmo tempo, a natureza por trás de qualquer regra, base natural de qualquer vínculo; e sempre implicando a regra e a transgressão. Daí as duas

Aula 3   63

linguagens tradicionais da experiência da sexualidade no Ocidente: lirismo do amor e erotismo da transgressão. O século XIX inventa uma nova linguagem: a psicopatologia da sexualidade.

Curiosamente, só o* captamos através de seus desvios, seja porque o sistema de proibições a que a sexualidade está sempre ligada comporta uma proibição de conhecimento, da qual, mesmo em nossa época, ainda não estamos livres, seja porque a psicologia nunca pode [captar] senão as formas negativas da experiência humana (seus desvios, seus fracassos, suas repercussões: o esquecimento, não a memória; a burrice, não a inteligência; a fantasia, mais do que a imaginação; a neurose, mas não o sucesso).[1]   [40]

Quanto à sexualidade, tomada no que pode ter de positivo ou normal, uma vez estudadas as suas determinações, o que sabemos?

1. Que ela só aparece em seu exercício pleno na última etapa da diferenciação sexual, depois da puberdade. Antes disso, nós a vemos manifestar-se, sim, mas sob uma forma indiferenciada (não limitada aos órgãos sexuais), fragmentada (não levando ao ato sexual) [e] sujeita ao eclipse.

2. Que esse aparecimento está ligado a fatores individuais, climáticos (norte e sul) e sociais.   [41]

3. Que, uma vez surgida, ela se manifesta até determinada idade, a qual é mais precoce nas mulheres que nos homens.

4. Que, durante esse período, ela se manifesta de maneira descontínua, porém não ritmada, não estando o homem e a mulher sujeitos aos períodos de atividade sexual que são característicos dos animais.

5. Que essa atividade, que pode ser maior ou menor, conforme os indivíduos, conclui-se num ato sexual que, se não tem por finalidade a procriação, desenrola-se em condições tais que deve poder provocá-la. Todo ato sexual que não se desenrola nessas condições é considerado anormal.

---

* Entenda-se: o comportamento sexual.

64 *A sexualidade*

Pois bem, apareceu um certo número de coisas:

– Uma série de distorções muito grandes entre frequência e normalidade, e isto, de duas maneiras:

• existência de "minorias sexuais" (homossexuais, perversões);

• frequência, nos indivíduos majoritários, de atos sexuais não conformes ao esquema;[2]

[42] • passagem obrigatória, antes da adolescência, por fases em que a atividade sexual não é conforme o esquema.[3]

– A intricação, na definição de "normalidade sexual", de certo número de elementos talvez incompatíveis, ou, pelo menos, diferentes:

• a ideia de uma finalidade biológica, que vemos assentar-se sobre uma confusão: é verdade que a procriação só se produz pelo ato sexual consumado em certas condições, mas isso não quer dizer que a atividade sexual seja forçosamente *normatizada** por essas condições, nem que não possa ultrapassar largamente a série limitada de atos que permitem a procriação. Afinal, nós nos alimentamos pela boca, mas é pela boca que nos exprimimos, falamos e sorrimos. E, entre os animais, a atividade sexual ultrapassa em muito, em seu desenrolar real, o ato procriador;[4]

• a ideia de uma norma social que recorta o permitido e o proibido de acordo com esquemas diferentes, mas que delineiam, em alguns pontos, a ideia de uma finalidade:

[43] – proibição de certos atos sexuais,

– proibição da atividade sexual em certos momentos da vida, em algumas circunstâncias, em alguns períodos cíclicos (estações do ano, fases da menstruação),

– proibição de alguns parceiros, definidos pela idade ou pela função sexual, ou pelo grau de parentesco.[5]

Ora, essas proibições são reconhecidas, pensadas e experimentadas de modo ambíguo: como impostas pela sociedade e ao mesmo tempo como prescritas pela ordem das coisas.

---

* Grifo no manuscrito.

Aula 3   65

– Daí a interferência entre essa finalidade confusa e essa rede ambígua de proibições. Nossa cultura tende a apoiar a proibição sobre a finalidade e a dizer que [só] se proíbe aquilo que é contrário ao objetivo da procriação. Isso contraria a mais ínfima observação, tanto no que concerne ao que é permitido (o que nem sempre se dá porque isso permita a procriação) quanto ao que é proibido (que nem sempre é contrário à procriação).

Para fazer um estudo da sexualidade como comportamento, por- [44] tanto, é preciso dissociar todas essas ambiguidades. Logo, não partir dessa sexualidade sobrecarregada de valores ambíguos, de limites mal fundamentados, de regras a um tempo rigorosas e pouco pensadas, e sim tomar por campo de exame os fenômenos em sua extensão máxima, isto é, pelo lado dos desvios patológicos e das relatividades culturais. Daí os dois capítulos:

• patológico;
• psicossociológico.[6]

Antes, porém, convém estudar, como base da análise, o comportamento sexual animal. Ou seja, o comportamento que parece, ao mesmo tempo, inteiramente dominado por determinações biológicas (e não culturais ou éticas) e, por conseguinte, espontaneamente normalizado a partir dessas condições, sem desvios possíveis.

1. A sexualidade animal[7]   [45]

De fato, muito depressa percebe-se que:

• As determinações do comportamento sexual são muito mais numerosas e complexas do que se supõe;
• O desenrolar do comportamento sexual abrange muito mais episódios do que aquilo que prepara diretamente e consuma o ato sexual em si;
• As oscilações em torno do esquema geral são numerosas demais, de fato, para que o automatismo seja sua regra exclusiva.

Contudo, o comportamento sexual é, no sentido estrito, o que chamamos de um comportamento instintivo. E a análise do comportamento sexual nos animais mostrará como um desenrolar instintivo pode estar ligado às condições do meio e como pode ser plástico. Se é verdade que a sexualidade humana é bem mais que um instinto aculturado, podemos compreender a partir daí que, apesar de estar profundamente ancorada no biológico, ela é totalmente perpassada por formas culturais.

[46]   O comportamento sexual dos animais é um comportamento instintivo. O que é um comportamento instintivo?

– Um comportamento que é desencadeado, em parte mais ou menos significativa, por um fator fisiológico de motivação interna.

– Um comportamento que se subdivide em dois segmentos (segundo Lorenz, 1937, e Tinbergen, 1942):[8]

α. Uma fase de atividade de busca ou de apetência. Essa atividade se caracteriza:

– por certo número de deslocamentos mais ou menos extensos e que estão submetidos ao sistema aleatório de ensaios e erros;

– por uma orientação voltada não para um objeto preciso, mas para uma situação.

β. Uma fase de execução ou consumação. Ela se caracteriza:

– pelo fato de ser reguladora: tem por papel fazer cessar a estimulação que a provoca;

– pelo fato de ser desencadeada por certo [tipo] de estímulos cujo número e intensidade modificam somente sua precocidade e a força de sua manifestação;

– pelo fato de ser estereotipada, automática e rígida.[9]

[47]   Pois bem, nas duas fases dessa atividade instintiva, as estimulações do meio exercem um papel: na primeira, como elementos encontrados pela busca; na segunda, como elementos que desencadeiam o ato executor ou consumador. Elas exercem esses dois papéis de maneira singular:

• Primeiro, não se trata de objetos, mas de elementos sensoriais: a vibração com o diapasão na teia da aranha.[10] Método do "engodo"

Aula 3 67

(Tinbergen),[11] para estudar a relação forma/cor no comportamento de combate do esgana-gata macho. "Estímulos-sinais".[12]

• Segundo, esses estímulos fazem parte de uma situação: o pinguim-imperador pega o peixe na água como uma presa; fora da água, não toca nele. Kirkman* estudou o comportamento da gaivota-de-cabeça-preta em relação a seu ovo:

   – no ninho, ele é chocado;

   – no ninho, mas quebrado, ele serve para comer;

   – fora do ninho (< 50 centímetros) é para trazer de volta;

   – fora do ninho (> 50 centímetros) é para desprezar.[13]

Essa relação dos estímulos com a situação é o que se chama *"pattern"*.[14]

1. A motivação sexual [48]

a. Indução hormonal. Sabemos que a presença de hormônios sexuais (essencialmente, testosterona e foliculina) suscita a atividade sexual:

• injeção fora da fase de atividade;

• injeção antes ou depois da idade.[15]

Ora, esses hormônios são neurotrópicos (= agem por intermédio do sistema nervoso); reduzem o limiar de excitabilidade das estruturas sensório-motoras implicadas no comportamento sexual.

Esse limiar, contudo, não é o mesmo, conforme as estruturas: no galo, por exemplo, ele é bastante baixo para o comportamento apetitivo em geral, depois para a atitude combativa, depois para o canto; por fim, é elevado, sobretudo para a copulação propriamente dita.[16]

Além disso, esse limiar baixa com a não execução do ato consumatório, a tal ponto que a qualidade do engodo pode reduzir-se consideravelmente: Tinbergen observou um comportamento sexual do esgana-gata num aquário vazio.[17]

---

* Michel Foucault, seguindo Louis Bounoure, escreve "Kirkmann", mas se trata de Frederick Bernulf Kirkman. Fizemos a correção.

68   *A sexualidade*

b. Indução por estímulos físicos

A periodicidade sazonal da atividade sexual deve-se a fatores externos. É apagada nos países quentes e muito acentuada no Norte.[18]

[49]   Papel da luz (empiricamente conhecido),[19] estudado por Benoît (1951), que mostrou [...] a ação da luz das vias ópticas, que atravessam o cérebro até o hipotálamo e, a partir dali, agem sobre a hipófise. Os raios cor de laranja e vermelhos são os mais eficazes (por causa de seu comprimento de onda mais curto).[20]

c. Indução pelos efeitos de grupo

Durante muito tempo, considerou-se que o instinto social ("o impulso interno que conduz o animal para seus semelhantes")[21] era o desenvolvimento do instinto sexual, ou ainda, que este era apenas uma especificação do primeiro (o instinto social garantindo a associação específica com os congêneres, o instinto sexual garantindo a persistência da espécie pela descendência). De fato, há, sim, uma relação, porém muito diferente, e que é analisável:

– sexualidade e sociabilidade não existem em função direta uma da outra:

• muitas manadas (elefantes) são unissexuais;

• muitas manadas/bandos unissexuais ou bissexuais desagregam-se quando começa a atividade sexual (pardais, chapins, lobos, renas).

– [*Na margem*: "estimulações sensoriais"] Por outro lado, a presença de congêneres dá lugar a estímulos ópticos, olfativos e táteis que, pela ação das relações neuroendócrinas, provocam descargas de hormônios.[22]

[50]   • No pombo, o isolamento da fêmea suspende a ovulação, mas esta é retomada quando se põe a fêmea na presença de um espelho.[23]

• [*Na margem*: "incitação de grupo"] Nas colônias de animais (gaivotas), a ovulação ocorre mais cedo quando elas são numerosas. Todos os indivíduos de uma mesma colônia chegam simultaneamente à mesma fase do ciclo de reprodução, ao passo que as colônias diferentes apresentam entre si defasagens cronológicas.[24]

• [*Na margem*: "indução simpática"] Por último, além dessa "incitação social", há uma "indução simpática". Soulairac (1952) mostrou que um

Aula 3

grupo de ratos pouco ativos sexualmente é estimulado pela presença de um indivíduo singularmente ativo.[25]

Em nenhum desses casos se trata de imitação, pois não há aprendizagem, e sim o desencadear de um comportamento instintivo e inato por um comportamento do mesmo tipo, que serve de estímulo. A sociabilidade age na sexualidade não pela ação de uma imitação, de um "gregarismo", e sim pela força de estimulações precisas.[26]

2. O desenrolar do ato sexual

[51]

O desenrolar do ato sexual, na maioria dos animais, é extremamente complexo. Por um lado, comporta toda uma série de condutas que ultrapassam largamente a simples fecundação e até os atos que a possibilitam. Por outro lado, ele apresenta, com uma enorme estereotipia específica, certa margem adaptativa, sem dúvida em decorrência do fato de que ele se encadeia, de que as ligações de uma fase a outra do ato são estímulos perceptivos, o que os articula com o mundo externo.

Há, portanto, toda uma relação com o espaço circundante, com os estímulos visuais, auditivos, olfativos, com os congêneres do sexo oposto e do mesmo sexo, com os objetos do campo comportamental, que se integra ao ato sexual.

Assim, vemos uma desvinculação entre as induções hormonais e os desempenhos neuromotores. A predominância de um hormônio único e universal acarreta comportamentos extremamente diferenciados, conforme as espécies. E essa desvinculação se manifesta de modo cada vez mais [claro] quando subimos na escala dos seres vivos.

• De um lado, porque, à medida que nos voltamos para animais mais [52] aperfeiçoados, o esquema neuromotor do ato sexual foge mais do determinismo hormonal e se articula mais com estímulos sensoriais diferenciados.

• De outro, porque a atividade sexual passa da obediência dos centros nervosos inferiores para os centros superiores. No pato, o comando sexual é sobretudo paleoencefálico (corpo estriado); no [gato],* o comando [é] diencefálico; nos primatas e no homem, é cortical.[27]

Assim, podemos dizer que, mesmo que nos animais o comportamento sexual se localize no tempo pela fase de cio, [a sexualidade]** se manifesta em desempenhos gerais do comportamento; lança mão da maioria dos esquemas neuromotores do organismo e o faz de maneira ainda mais acentuada quando nos voltamos para espécies mais aperfeiçoadas.

[Como se fosse preciso todo o peso de nossa moral para supormos que a sexualidade deve ter um lugar cada vez menor, conforme nos voltemos para seres mais aperfeiçoados.]***

[53] Estes esclarecimentos não são indiferentes para compreendermos as significações da descoberta freudiana.

Como se desenrola o ato sexual em sua melodia completa?

1. *Atividade de apetência***** (ou "comportamento apetitivo" de Craig).[28]

Diz respeito sobretudo ao macho que deixa sua morada "em busca da fêmea", como se costuma dizer. Essa atividade tem uma ordem e uma regulação.

A ordem é interna (a quantidade de secreção hormonal) e externa: há alguns fatores do meio ambiente que agem indiretamente (pela ação sobre os hormônios, como a luz para os patos) ou diretamente (as águas doces e oxigenadas para os peixes anádromos).[29] A regulação é feita por estímulos-sinais que guiam a atividade de busca e orientam para um objetivo preciso:

– estímulos visuais: que podem ser uma cor (esgana-gata) ou um movimento, como entre as borboletas (cf. a *Eumenis*, que é sensível à cor, no entanto, na busca de alimentação);[30]

---

* Foucault omite uma palavra aqui: o texto de Bounoure, *IS* (p. 152), permite restabelecer o "gato".

** Foucault escreve "ela".

*** Os colchetes são de Foucault.

**** Grifo no manuscrito; inicialmente, Foucault tinha escrito "fase de atividade de apetência".

Aula 3

– estímulos auditivos: cantos dos pássaros, chichiar dos insetos [54] (exemplo de Regen, em 1913, sobre o grilo com o telefone);[31] – estímulos olfativos em muitos insetos, que chegam a encontrar a fêmea quando são cegos.[32]

2. Estabelecimento de um território sexual*

A atividade sexual comporta, na maior parte do tempo, o estabelecimento de um espaço privilegiado, no qual se desenrolam as fases sucessivas de atividade sexual e reprodução. Esse espaço pode cruzar [outros tipos de território], mas não é idêntico, genética e funcionalmente, ao território de caça nem à residência (por exemplo, o ninho dos pássaros não é forçosamente o território sexual: no caso do pato, eles são muito distantes).[33]

Esse território é uma "área defendida por uma ave que combate os indivíduos da *mesma espécie* e do *mesmo sexo* que ela, [pouco] antes e durante [...] o ato sexual"** (Tinbergen).[34]

• Em geral, ele é estabelecido pelo macho e serve de ponto de reunião para a fêmea.[35]   [55]

• É o lugar de eventuais combates; Darwin via nele uma transcrição instintiva da velha luta pela vida. Na verdade, foi possível constatar que esses combates eram bem fictícios, uma espécie de exibição;[36] que o proprietário se beneficiava de uma dominação que lhe permitia resistir até aos mais fortes que ele; que, acima de tudo, os machos em período de atividade sexual não apenas arranjavam um território para si, como respeitavam os dos outros; que são os jovens, ou os que não estão em fase de atividade, que invadem o [território]*** ocupado.[37]

---

* Grifo no manuscrito.

** A citação proposta por Foucault é ligeiramente diferente, introduzindo um "e, eventualmente, [depois?] do ato sexual". Restabelecemos aqui a citação de Tinbergen, fornecida em Bounoure, *IS*, p. 54. O grifo é de Foucault.

*** Foucault, sem dúvida por erro, escreve "caráter". Restabelecemos "território", que parece mais coerente.

3. Exibição sexual*38

A fase imediatamente pré-nupcial é dedicada a danças que costumam ser tarefa dos machos e, às vezes, de ambos os sexos. Essa dança pode ser um movimento mais ou menos violento, uma apresentação das plumas, nas aves, ou uma oferta de alimento.

Essa atividade apresenta as seguintes características:

a. Concatena-se com estimulações internas e externas.

b. Não tem, ao contrário do que pensavam os darwinianos, um papel de sedução (em geral, a fêmea não lhes presta atenção) nem de rivalidade (os combates são falsos).

c. Desempenha um papel vicariante: é tão mais desenvolvida quanto mais o parceiro se esquiva. Atividade de espera.[39]

[56] *4. O ato consumatório***

Há diversas estruturas, conforme as espécies:

• Emissão dos produtos genitais (gametas) no meio vital, a qual se dá separadamente nos dois sexos (em alguns invertebrados marinhos).

• Fecundação dos ovos pelos machos.

• Absorção dos gametas machos pelas fêmeas, que os atraem e os recolhem em seu oviduto.

• Copulação, isto é, fecundação interna da fêmea pelo macho.[40]

N.B.: Na maioria das espécies, a copulação se faz com qualquer indivíduo da mesma espécie e do sexo oposto. Nas aves, entretanto, encontramos hábitos monogâmicos (andorinha, cegonha, cisne; Tinbergen observou que o alcatraz reconhece seu parceiro sexual num grupo de vários outros, a uma distância de trinta metros).[41]

[57] Concluindo, vemos que o comportamento sexual animal, tal como se pode defini-lo a partir dos conhecimentos atuais, apresenta-se como uma estrutura de comando duplo:

---

* Grifo no manuscrito.

** Grifo no manuscrito.

Aula 3 73

– Um, indispensável, mas maciço, homogêneo, indiferenciado e inespecífico, é hormonal. Tem o mesmo valor para todas as espécies, nas quais separa apenas dois sexos, dando a cada um caracteres sexuais secundários e temas neuromotores gerais.

– O outro comando, [em] certo sentido, é menos indispensável, uma vez que a taxa hormonal, por si só e sem outra estimulação, pode, em alguns casos e a partir de determinado limiar quantitativo, provocar o comportamento sexual. Mas este, nesse caso, não é completo nem orientado, nem realmente organizado.[42]

Para que seja orientado, organizado e completo, ele deve articular-se num conjunto de estímulos perceptivos que, quando obedecem a certo *pattern* [padrão], desencadeiam respostas motoras bem precisas. Pois bem, esses *patterns* constituem-se de elementos signaléticos sucessivos. O que significa três coisas:

1. A cada instante do desenrolar do ato há um sinal cuja presença desencadeia a resposta e cuja ausência a impede. Por [exemplo], é indispensável uma mancha vermelha no ventre do esgana-gata macho. [58]

2. Esses sinais não desencadeiam a mesma resposta num sexo e no outro. A mancha vermelha desencadeia a aproximação do esgana-gata fêmea [e desencadeia] a batalha no outro esgana-gata macho.[43] Vogt (1935) observou uma toutinegra fêmea; ela desencadeia o comportamento de copulação no macho e nada em outra fêmea; com um capuz preto (atributo masculino), ela desencadeia a batalha no macho e o comportamento sexual em outra fêmea.[44]

3. Os sinais são eficazes no desencadeamento quando se produzem em série. Por exemplo, a postura de cabeça baixa do esgana-gata agressor não provoca reação alguma se o outro ainda não houver demarcado seu território.[45] Inversamente, alguns elos podem ser saltados quando a série de estímulos é bem contínua. Há um limiar de saturação suficiente.

Ora, essas três características são exatamente as de uma mensagem, isto é, elementos-sinais que obedecem a um código (ou seja, a uma lei de correlação com respostas) e a uma sintaxe (ou seja, a uma lei de encadeamento que dá a cada elemento um valor preciso na série).

74   *A sexualidade*

[59]   O comportamento sexual, portanto, obedece a uma estimulação
hormonal interna e a um conjunto de mensagens perceptivas codificadas
que nascem do mundo externo, pelas vias da estimulação perceptiva.
E, como a estimulação hormonal talvez também atue sobre o sistema
nervoso, à maneira de um estímulo codificado, vemos que o comportamento sexual, em seu conjunto, é uma resposta a uma mensagem
dupla, fisiológica e perceptiva, interna e externa. Ele obedeceria às leis
gerais da informação.[46]

Pois bem, essa mensagem que liga a atividade sexual ao mundo externo (incluindo o congênere) é, ao mesmo tempo, aquilo que faz [com
que] as espécies não possam se misturar. Ao contrário do que se supôs,
muitas espécies poderiam unir-se anatomicamente e cruzar fisiologicamente. Pelo menos, a atividade sexual dos animais poderia ser perfeitamente desordenada, se não fosse desencadeada pela mensagem perceptiva da qual somente ou quase somente o congênere da outra espécie é
portador.[47] Isso faz com que, através dessa mensagem, o comportamento
sexual se mostre ligado aos estímulos perceptivos do meio e limitado a
indivíduos isomórficos. Mensagem perceptiva rigorosamente específica,
que determina e deixa clara uma motivação hormonal indiferente.

[60]   O que podemos concluir do que dissemos a propósito da sexualidade
biológica e animal?

1. Que é preciso distinguir duas formas da determinação sexual:

• a determinação propriamente dita, que se deve à estrutura cromos-
sômica dos gametas;

• a diferenciação sexual, que também é feita em dois tempos: a formação
dos caracteres sexuais primários (fase embrionária); o aparecimento e
desenvolvimento dos caracteres sexuais secundários (puberdade).[48]

2. Que os hormônios masculinos e femininos (cujas fórmulas diferem
muito pouco entre si) desempenham seu papel em três níveis:

• na formação dos caracteres sexuais primários (em suas fases mais
arcaicas, o embrião pode tornar-se masculino ou feminino);

• na formação dos caracteres sexuais secundários e, eventualmente,
em sua dispersão ou até sua inversão total (castração);

Aula 3

• na incitação da atividade sexual, e isto, de duas maneiras: [61]
– no nível do desencadeamento (a taxa dos hormônios acelera ou
retarda seu desencadeamento, eleva ou abaixa o limiar a partir do
qual os esquemas neuromotores se desenrolam);
– eles exercem um papel na intensidade dessa atividade (mais ou
menos frequente; mais ou menos longa; mais ou menos completa).

3. Que, se o comportamento sexual se desenvolve a partir desses limiares
hormonais, ele está longe de ser inteiramente comandado por tais determinações:

• Os hormônios simplesmente distinguem os sexos (diferenciação binária e maciça), ao passo que os comportamentos sexuais são muito
variados, conforme as espécies, e implicam numerosíssimos desempenhos motores, também estes diferentes no interior de uma mesma
espécie. É a partir do mesmo hormônio que se fazem as condutas de
nidificação, de exibição, de combate e de canto.

• O comportamento sexual articula-se com todo um conjunto de estímulos visuais, auditivos e olfativos; está ligado a condutas espaciais; a
condutas sociais e interindividuais; a condutas temporais. Em suma, aparece ligado a quase todas as etapas do comportamento dos indivíduos.

Sem dúvida, na maioria das espécies, essa atividade sexual é localizada [62]
no tempo, mas, a partir do momento em que é desencadeada, ela implica
todas as estruturas perceptivas e motoras do indivíduo. E esse fato é ainda
mais manifesto e marcante quanto mais subimos na escala dos seres.

Buscou-se na biologia e na psicologia animal um modelo puramente
instintivo da sexualidade; paradoxalmente, encontrou-se, apesar do caráter
efetivamente instintivo dessa atividade, uma atividade global que se serve
de todas as ligações do indivíduo com seu meio comportamental.

Isso tem importância, porém importância limitada, para a psicologia
humana. Essa importância consiste em que a sexualidade humana não
constitui um hápax no mundo biológico.

• Ela é aculturável, isto é, adaptável a estímulos depositados ao redor [63]
do indivíduo pela sociedade. Nesse aspecto, é [do] mesmo tipo que a
sexualidade animal (apenas os estímulos são de natureza diferente).

76 *A sexualidade*

A sexualidade animal também é sensível ao comportamento dos congêneres, ou a estímulos artificiais como os espelhos (que provocam fenômenos de quase ciúme ou de quase narcisismo).

• Ela se difunde através do comportamento; e também isso não é único, nem é tão paradoxal quanto se acreditou no momento em que Freud a descobriu. A sexualidade animal, assim como a sexualidade humana, intrica-se com a percepção, com as efetuações motoras; em suma, com a totalidade do comportamento.

São estes os vínculos positivos que podemos estabelecer entre a sexualidade animal e a sexualidade humana. Mas também é preciso nos apressarmos para estabelecer os cortes.

[64] É muito difícil fazer inferências do comportamento animal para o comportamento humano. Isto é verdade de um modo geral: na aprendizagem, na percepção e até nos fenômenos de maturação. Há duas razões para isso:

• A corticalização dos esquemas neuromotores, muito acentuada no homem, implica processos de incitação, inibição e coesão diferentes dos observáveis entre os animais, nos quais a corticalização é menos acentuada.

• O meio humano é muito mais aberto que o meio animal. A filtração perceptiva é estreita entre os animais (poucas excitações ultrapassam o limiar), por estar submetida a ordens subcorticais; é grande no homem, que "percebe" tudo: tudo tem um sentido, tudo está presente. Se, na prática, o comportamento do ser humano recorta o que deve ser percebido, ele sempre pode perceber o que ultrapassa esse corte.[49]

[65] Por estas duas razões, nunca é possível fazer com total certeza uma transposição do que podemos observar no animal para o que podemos supor no ser humano.

No entanto, a propósito da sexualidade, há uma razão suplementar. É que a sexualidade, dentre todos os comportamentos humanos, é o mais regulado, o mais altamente normatizado. O mais fortemente submetido a uma lei, a uma partilha do permitido e do proibido que, evidentemente, não existe no mundo animal.[50] Sem dúvida, muitas outras condutas hu-

Aula 3   77

manas são regulamentadas. Mas ainda cabe estabelecer uma diferença essencial.

1. Há condutas que só existem a partir da regra. São a lei e o conjunto de regras que fundam a própria possibilidade da conduta. Se não houvesse normas, não haveria conduta alguma. Por exemplo, todas as condutas de tipo político, as condutas de ordem, as condutas econômicas. Por definição, toda troca é regulamentada. Se a troca não fosse regulamentada, não haveria troca. A regra e a conduta coexistem de modo sintético.

2. Há condutas às quais a regra *parece** superpor-se, como se houvesse um fenômeno de sobreimpressão posterior. Por [exemplo], a alimentação. Ela é regulamentada por proibições (sobre a natureza, ou o modo de preparo, ou o período de consumo dos alimentos); é também regulamentada por sistemas de valorização preferencial; e é regulamentada, enfim, por formas de comunhão. Ainda assim, é verdade que, não regulamentada, ela existiria. [66]

O mesmo se dá com a sexualidade, regulamentada por proibições (parceiros, natureza do ato, momento da consumação); ela é regulamentada por sistemas de valorização, regulamentada por formas comunitárias. E, no entanto, também existiria.

Isso permitiria supor, e de fato levou a se imaginar, que a regra surgiu historicamente, a posteriori. Foi possível observar:

1. Que nenhuma sociedade, por mais antiga que seja, por mais dura e pouco organizada, permite essas condutas sem delimitar regras muito estritas para elas. O mito de uma sexualidade primitiva e livre não passa de uma utopia. Mais ainda, as regras parecem ser tão mais fortes, rigorosas e intangíveis quanto mais a sociedade é elementar. A liberalização viria a posteriori.[51]

2. Por outro lado, as condutas que, como se diz, respondem a uma necessidade fundamental, e às quais a lei parece apenas superposta, em geral ficam expostas a sanções muito mais fortes, a reações sociais muito mais violentas que as outras, quando transgridem a regra. [67]

---

* Grifo no manuscrito.

78   *A sexualidade*

É certo que os crimes políticos, as desobediências e o roubo, em algumas sociedades, são punidos com a pena de morte. Mas a violência da reprovação social é muito mais forte em relação àqueles que, pelo menos nas sociedades arcaicas, transgridem as proibições alimentares ou sexuais. Há até reações específicas, que permitem distinguir a série crime-delito e a transgressão (entre as duas, o assassinato).

Ora, tudo isso é bastante paradoxal: as regras impostas a necessidades fundamentais parecem mais invioláveis do que as que são contemporâneas [das condutas]* a que dão origem. É mais grave, mais horroroso, satisfazer fora das regras uma das grandes funções, como a sexualidade ou a alimentação, do que fazer uma conduta social desviar-se em relação à regra que a possibilita. Roubar, como diz Kant, é contradizer a regra da troca, é negá-la radicalmente.[52] Pois bem, isso é menos grave do que suspender a proibição do incesto ou a proibição da antropofagia para satisfazer as exigências irrefreáveis — ou, pelo menos, biologicamente fundamentadas — da fome e do sexo.

[68]   Um chefe de Estado que viole a Constituição pode cometer um crime, talvez, mas nenhuma sociedade experimenta em relação a ele o horror suscitado pelo homem que viola sua irmã. Um, no entanto, contradiz e abole a regra que o faz existir, enquanto o outro aplaca uma necessidade sexual que é inscrita nele por uma determinação hormonal.

Tudo isto [é para dizer] que a sexualidade apresenta-se à experiência sob uma forma paradoxal e imediatamente contraditória.

• Por trás de toda regra, de toda proibição, ela é como que o impulso sombrio de uma natureza anterior à lei e ao castigo; tem como que uma positividade essencial, que ultrapassa qualquer cultura humana. E é por isso que reconhecemos nela nossa ligação com o mundo animal, com a vida em geral; ela [é] nosso elo interespecífico, nossa comunicação sincrônica com o mundo; o amor é mais vivenciado como a

---

* Acrescentamos estas palavras porque, de outro modo, o sentido da frase não seria alcançável.

inocência da primavera do que como um contrato acordado. Também é por isso que reconhecemos nela nossa ligação com uma história que nos domina por toda parte; ela nos liga ao tempo como se fosse, por trás de todas as formas históricas imagináveis, a trama contínua da história.

• E, por outro lado, ela sempre surge ligada à regra, vivenciada e re-   [69] conhecida por aquilo que é no movimento de transgressão.[53] Dizem que não existe amor feliz. Na verdade, não há amor lícito. O amor permitido é um caso excepcional em relação à essência da sexualidade, que consiste em ser proibida: ele é a casa vazia que deixa aparecer, em meio a sua rede complexa, a grade das proibições.

Bem podemos ser favoráveis ao amor livre, mas do modo como seríamos partidários da neve preta. Contradição nos termos e incansável quimera poética.

Essa contradição fundamental na experiência da sexualidade explica por que, ao longo de toda a história ocidental, nunca vimos aparecer senão dois tipos de linguagem ou de formulação para a sexualidade:

1. Um lirismo que encontra os recursos de sua linguagem na positividade do amor: no vínculo que o estabelece no cerne da natureza e do tempo, no coração do mundo; mas tal linguagem só expressa essa positividade através dos limites que lhe são impostos pela lei, pelo ódio, pelo casamento, pela morte.

Tristão, Romeu, Pelléas.[54]

2. Um erotismo que encontra a possibilidade de sua linguagem nas trans-   [70] gressões, quer pelo enunciado do que é proibido, quer enunciando o que [é] proibido enunciar. Mas esse erotismo só verbaliza essa negatividade remetendo-a à força da natureza, à singularidade do instinto.

Foi nessas duas linguagens que a sexualidade se exprimiu até o século xix — até o começo do século xix, quando a quase contemporaneidade de Sade, Laclos e Rétif de La Bretonne, de um lado,* e de Shelley, Goethe e Lamartine, [de outro], foi característica dessa dualidade.

---

* Passagem riscada: "e dos pré-românticos, de outro".

80   *A sexualidade*

Pois bem, o século xix descobriu uma nova linguagem sobre a sexualidade. Uma linguagem que não era nem a do lirismo amoroso nem a do erotismo. Trata-se de uma linguagem discursiva que entrecruza os temas fundamentais do lirismo e do erotismo.[55]

[71]   É que ela busca essencialmente:

• A relação que pode haver entre o amor como sentimento e a lei da natureza, o "instinto" que o erotismo sempre invoca como razão de ser, justificativa e fundamento de todas as suas transgressões.

• A relação que pode haver entre as proibições, os limites com que o sentimento de amor não cessa de deparar e as transgressões que o erotismo manifesta.

Essas duas buscas, durante o século xix, levaram ao desenvolvimento de três séries de trabalhos:

a. Pesquisas sobre o instinto sexual

b. Pesquisas sobre os desvios sexuais

c. Pesquisas sobre as relações entre eles

Ulrichs, Krafft-Ebing, Möbius, Havelock Ellis, Magnus Hirschfeld.[56]

NOTAS

1. Cf. *supra*, Aula 2, nota 8, p. 57.

2. Esses dois pontos seguem os argumentos de Freud em seu livro *Introduction à la psychanalyse* (trad. [francesa] S. Jankélévitch, Paris: Payot, 1962 [1916-7], Cap. 20: "La vie sexuelle de l'homme" [*Conferências introdutórias sobre psicanálise*, trad. Sergio Tellaroli, em *Obras completas*, v. 13, São Paulo: Companhia das Letras, 2014]). Mas eles são destacados, acima de tudo, tal como a tensão entre "frequência" e "normalidade", nos famosos relatórios produzidos por Alfred C. Kinsey (*Sexual Behavior in the Human Male*, Bloomington: Indiana University Press, 1948, e *Sexual Behavior in the Human Female*, Filadélfia: Saunders, 1953 [*Conduta sexual da mulher*, trad. Antônio Vespasiano Ramos, Rio de Janeiro: Liv. Atheneu, 1967]). Na França, esses dois relatórios provocaram, a partir de meados dos anos 1950, intensas controvérsias em torno da sexualidade e foram objeto de análises, entre outros, de Daniel Guérin (*Kinsey et la Sexualité*, Paris: R. Julliard, 1955) e de Georges Bataille ("La révolution sexuelle et le 'Rapport Kinsey' i et ii", *Critique*, n. 26 e 27, jul. e ago. 1948). Sobre o contexto da recepção dada aos relatórios na

Aula 3 81

França, cf. Sylvie Chaperon, "Kinsey en France: les sexualités féminine et masculine en débat", *Le Mouvement social*, 2002/1, n. 198, pp. 91-110. Assim, a análise de Kinsey destaca, apoiada em estatísticas, a existência de "minorias sexuais", em particular os homossexuais — sendo 3% a 16% dos homens apresentados como exclusivamente homossexuais. Mais que tudo, porém, Kinsey inova ao dar uma imagem das divisões binárias entre categorias — heterossexuais versus homossexuais — e ao analisar ainda, numa escala de 1 a 6, o número de experiências homossexuais ou heterossexuais na população, e de acordo com uma perspectiva que varia conforme os períodos da vida. É a isso que se liga o segundo ponto de Foucault, sobre a "frequência, nos indivíduos majoritários, de atos sexuais não conformes ao esquema": assim, Kinsey mostra que práticas sexuais como as relações homossexuais, mas também a masturbação, as relações bucogenitais etc., acham-se muito largamente presentes na população, e analisa sua distribuição estatística de acordo com as diversas situações sociais ou os períodos da vida.

3. Mais uma vez, trata-se, ao mesmo tempo, de uma alusão aos resultados da psicanálise, que Foucault detalharia em seguida (cf. *infra*, Aulas 4 e 5, pp. 94-100 e pp. 115-27) e que mostram que a sexualidade humana passa por um conjunto de fases não genitais, pela masturbação etc., antes de atingir a fase genital e o coito (cf., por exemplo, S. Freud, *Introduction à la psychanalyse*, op. cit., pp. 374 ss.), bem como dos estudos estatísticos de Kinsey, que sublinham, por exemplo, que 92% da população masculina já se entregou à masturbação, em particular durante a pré-adolescência e a adolescência.

4. Cf. *supra*, pp. 69 ss. Um dos objetivos da presente aula é provar esse ponto através de uma análise detalhada do comportamento sexual dos animais. A recusa a reduzir a sexualidade à procriação é, evidentemente, característica da análise freudiana (cf., por exemplo, S. Freud, *Introduction à la psychanalyse*, op. cit., p. 366).

5. Cf. *supra*, Aula 1, p. 22; e *infra*, pp. 76-9. A análise dessas diversas proibições foi conduzida, em especial, por Lévi-Strauss (*Les Structures élémentaires de la parenté*, Berlim: Walter de Gruyter, 2002 [1949] [*As estruturas elementares do parentesco*, trad. Mariano Ferreira, Rio de Janeiro: Vozes, 5. ed., 2009]), no que concerne às proibições relativas ao parentesco, e por antropólogos como Malinowski ou Mead, no que concerne às proibições que visam certas fases da vida.

6. Desses dois "capítulos", Foucault acabaria desenvolvendo apenas o primeiro, sobre os desvios patológicos que viriam a ser objeto de um saber psiquiátrico no fim do século xix, e depois, sobre seu estudo pela psicanálise (cf. *infra*, pp. 89 ss.). A "psicossociologia", que abarca aqui as análises das regras e proibições culturais que visam a sexualidade nas diversas culturas, conforme a encontramos na antropologia e na etnografia, não seria estudada (cf. *supra*, Aula 1, nota 2, p. 34).

7. Em toda esta parte, Foucault segue estritamente o livro de L. Bounoure, *L'Instinct sexuel. Étude de psychologie animale*, Paris: PUF, 1956 (doravante designado por Bounoure, *IS*).

8. Essas duas características são sublinhadas por Bounoure: o comportamento instintivo tem "como *primum movens* um fator fisiológico de motivação interna, criador de uma necessidade específica e desencadeador da atividade". Além disso, ele é uma "atividade complexa, na qual devemos distinguir [...] dois componentes consecutivos: 1º A atividade de apetência ou de busca [...] 2º A ação de execução ou consumatória" (Bounoure, *IS*, p. 14). As referências foram extraídas do mesmo livro. Trata-se de Konrad Lorenz, "Über die Bildung des Instinktbegriffes", *Die Naturwissenschaften*, v. 25, n. 19, 1937, pp. 289-300, e Niko Tinbergen, *An Objectivistic Study of the Innate Behaviour of Animals*, Leyde: E. J. Brill, 1942.

9. Sobre essas duas fases, cf. Bounoure, *IS*, pp. 14-6.

10. Trata-se de uma referência à técnica utilizada, por exemplo, por Harald Lassen e Else Toltzin ("Tierpsychologische Studien in Radnetzspinnen", *Zeitschrift für Vergleichende Physiologie*, v. 27, n. 5, 1940, pp. 615-30), para diferenciar as significações dos elementos sensoriais nas aranhas. Quando se faz sua teia vibrar em contato com o diapasão, atrai-se a aranha, que age como se houvesse uma presa capturada; quando se faz o diapasão vibrar nas camadas de ar, a aranha foge ou se deixa cair da teia, agindo como se um inimigo (uma vespa, por exemplo) estivesse presente. Cf. Bounoure, *IS*, p. 17.

11. O método do engodo, do qual o caso anterior é um exemplo, consiste, na etologia, em utilizar imitações, às vezes extremamente grosseiras, que não têm, por exemplo, nem a forma nem a aparência do modelo natural (gravação de som, cubo de madeira colorida, diapasão etc.), mas que reproduzem um estímulo sensorial (som, odor, cor etc.) cujo papel se deseja testar no desencadeamento de um comportamento animal. Tinbergen o utilizou em numerosas ocasiões e o formalizou para testar os comportamentos do esgana-gata macho ao se confrontar com outros congêneres machos durante as exibições nupciais. Assim, mostrou que era a cor vermelha — na barriga vermelha do esgana-gata macho em trajes nupciais — que desencadeava a luta: cf., por exemplo, N. Tinbergen, *Étude de l'instinct*, trad. [franc.] B. de Zélicourt e F. Bourlière, Paris: Payot, 1953, pp. 49-51 (doravante designado por Tinbergen, *EI*). O "engodo" baseia-se no princípio de que o animal reagirá a "um estímulo relativamente simples [...], caso este seja significativo de uma situação que faça parte do universo perceptivo do animal e caso represente para ele um valor funcional" (Bounoure, *IS*, p. 18). Portanto, ele implica a ideia de "estímulos-sinais", evocada em seguida por Foucault.

12. Sobre os "estímulos-sinais", cf. Tinbergen, *EI*, pp. 47 ss. Eis como Bounoure os descreve: os estímulos do mundo circundante "agem sobre o animal, ao lhe revelar ou evocar a existência de uma situação que tem um interesse direto para a necessidade que motiva sua atividade instintiva: presença de alimento, movimento de uma presa [...]; assim, eles assumem o valor de sinais: são estímulos-sinais" (Bounoure, *IS*, p. 16).

13. Esses dois exemplos foram tirados de Bounoure, *IS*, p. 17. O segundo faz referência aos estudos de Frederick Bernulf Kirkman sobre o comportamento das aves, a

Aula 3   83

partir do caso das gaivotas-de-cabeça-preta (*Bird Behaviour. A Contribution Based Chiefly on a Study of the Black-Headed Gull*, Londres: Nelson, 1937).

14. Bounoure, *IS*, p. 18: "A conduta do animal não é relativa a um mundo de objetos idêntico ao nosso; relaciona-se com configurações, 'formas unitárias' (*Gestalten*) ou 'quadros' (*patterns*), elaborados pelo animal a partir de suas percepções sensoriais, e que o solicitam para determinada ação".

15. Bounoure, *IS*, p. 22, cita, por exemplo, casos de injeção de hormônios, em pintinhos ou frangos capões, que induziram manifestações do instinto sexual.

16. Bounoure, *IS*, pp. 23-4.

17. Bounoure, *IS*, pp. 25-6; cf. também Tinbergen, *EI*, p. 94.

18. Bounoure, *IS*, p. 28. Segundo Bounoure, "conforme as espécies, a pulsão sexual é permanente ou periódica. O primeiro caso é observado sobretudo nos organismos que habitam as regiões quentes do globo [...] tais seres mostram-se capazes de se reproduzir durante o ano inteiro".

19. Como escreve Bounoure, "há um velho costume, entre os amantes de pássaros, de expor os machos a uma ilustração artificial para levá-los a cantar em determinada época" (Bounoure, *IS*, p. 28).

20. Bounoure, *IS*, p. 29. Trata-se de uma referência aos trabalhos do neuroendocrinologista Jacques Benoît sobre os efeitos da luz na atividade sexual do pato. Bounoure faz referência a Benoît, *Titres et travaux scientifiques*, Estrasburgo: Imprimerie des Dernières nouvelles, 1951. O papel dos comprimentos de onda do laranja e do vermelho foi demonstrado em J. Benoît et al., "Contribution à l'étude du réflexe opto-hypophysaire gonado-stimulant chez le canard soumis à des radiations lumineuses de diverses longueurs d'onde", *Journal of Physiology*, n. 42, 1950, pp. 537-41.

21. Cf. Bounoure, *IS*, p. 31. Essa definição foi tirada de William Morton Wheeler, *Les Sociétés d'insectes. Leur origine, leur évolution*, Paris: Doin, 1926, que fala de apetência social. A discussão seguinte, sobre as relações entre instinto social e instinto sexual — a necessidade de distingui-los, mesmo que eles mantenham relações entre si — e os exemplos citados retomam Bounoure, *IS*, pp. 31-2, que, por sua vez, retranscreveu as análises de Pierre-Paul Grassé ("Sociétés animales et effet de groupe", *Experientia*, v. 2, n. 3, 1946, pp. 77-82, e "Le fait social: ses critères biologiques, ses limites", em *Structure et physiologie des sociétés animales*, Paris: Éd. du CNRS, 1952, pp. 7-17).

22. Bounoure, *IS*, p. 32.

23. Bounoure, *IS*, p. 33. Trata-se de uma referência aos trabalhos de L. Harrison Matthews, "Visual stimulation and ovulation in pigeons", *Proceedings of the Royal Society of London*. Series B — Biological Sciences, v. 126, n. 845, 1939, pp. 557-60.

24. Referência aos trabalhos de Frank Fraser Darling, *Bird Flocks and the Breeding Cycle. A Contribution to the Study of Avian Sociality*, Cambridge: Cambridge University Press, 1938, citados em Bounoure, *IS*, pp. 33-4.

25. Cf. André Soulairac, "L'effet de groupe dans le comportement sexuel du rat mâle", em *Structure et physiologie des sociétés animales*, op. cit., pp. 91-102; citado em Bounoure, *IS*, pp. 35-6.

26. Bounoure, *IS*, pp. 36-7.

27. Esse trecho sobre a existência de uma desvinculação entre um fator hormonal singular e indiferenciado e a complexidade dos comportamentos sexuais, bem como sobre a existência de uma hierarquia dos centros de comando neurológicos em função das espécies, resume as páginas 148-52 de Bounoure, *IS*.

28. Cf. os artigos clássicos de Wallace Craig, "Appetites and aversions as constituents of instinct", *Proceedings of the National Academy of Sciences of the USA*, v. 3, n. 12, 1917, pp. 685-8, e *Biological Bulletin*, v. 34, n. 2, 1918, pp. 91-107, bem como Bounoure, *IS*, pp. 41 ss., e Tinbergen, *EI*, pp. 149-53.

29. Cf., por exemplo, Maurice Fontaine, "Facteurs externes et internes régissant les migrations des poissons", *Annales de Biologie*, v. 27, n. 3, 1951, pp. 569-80.

30. O caso do esgana-gata foi evocado antes (cf. *supra*, nota 11, p. 82) e é estudado em detalhe, por exemplo, em Tinbergen, *EI*. A borboleta *Eumenis semele* foi objeto de pesquisas de N. Tinbergen, B. J. D. Meeuse, L. K. Boerema e W. W. Varossieau ("Die Balz des Samfalters, *Eumenis* (= *Satyrus*) *semele* (L.)", *Zeitschrift für Tierpsychologie*, v. 5, n. 1, 1942, pp. 182-226), que mostram, através do método dos engodos, a importância do contraste e do caráter ondulatório do movimento para desencadear a busca sexual. Ver Tinbergen, *EI*, pp. 66-7 e 69, no que concerne a sua sensibilidade à cor para a alimentação, a *Eumenis* escolhe as flores azuis e amarelas para se alimentar. Cf. também Bounoure, *IS*, pp. 50-2, quanto aos estímulos visuais em geral.

31. Trata-se de uma alusão ao trabalho de Johann Regen, "Über die Anlockung des Weibchens von *Gryllus campestris L.* durch telephonisch übertragene Stridulationslaute des Männchens. Ein Beitrag zur Frage der Orientierung bei den Insekten", *Pflügers Archiv — European Journal of Physiology*, v. 155, n. 1, 1913, pp. 193-200, que mostrou a fêmea do grilo sendo atraída pelo canto de um macho que ouviu pelo receptor do telefone e tentando entrar no telefone. Cf. Bounoure, *IS*, pp. 47-50.

32. Esses estímulos olfativos foram apresentados por Bounoure, *IS*, pp. 42-7, que evocou, por exemplo, os machos do *Bombyx mori*, capazes de encontrar as fêmeas mesmo quando cegados pela aplicação de um verniz opaco, ao passo que a ablação de suas antenas, que impede a olfação, torna-os incapazes.

33. Bounoure, *IS*, p. 61.

34. A citação exata foi extraída de N. Tinbergen ("The Behavior of the Snow Bunting in Spring", *Transactions of the Linnæan Society of New York*, v. 5, 1939): *"An area that is defended by a fighting bird against individuals of the same species and sex shortly before and during the formation of the sexual bond"* ["uma área defendida por uma ave em combate com indivíduos da mesma espécie e sexo, pouco antes e durante a formação do vínculo sexual"], traduzida em Bounoure, *IS*, p. 54. Havia debates

Aula 3 85

consideráveis sobre a definição de "território" em etologia na época, em particular a partir das definições propostas por Henry Eliot Howard nos anos 1910-20 (cf. seu livro clássico, *Territory in Bird Life*, ilustrado por George Edward Lodge e Henrik Grönvold, Londres: John Murray, 1920). Tinbergen inscreve-se numa crítica da definição de Howard e insiste no fato de que convém distinguir funções e situações diferentes para analisar o problema do "território", que não pode ser pensado em geral (cf., a esse respeito, D. R. Röell, *The World of Instinct. Niko Tinbergen and the Rise of Ethology in the Netherlands (1920-1950)*, trad. M. Kofod, Assen: Van Gorcum, 2000, pp. 82-6). Daí a insistência nas especificidades do território sexual, retomada por Foucault seguindo Bounoure, *IS*, pp. 54-7.

35. Bounoure, *IS*, p. 54.

36. Essa crítica ao darwinismo foi feita por Tinbergen e retomada por Bounoure, *IS*, p. 68.

37. Cf. Bounoure, *IS*, p. 55, que, seguindo Tinbergen, cita o caso dos cães esquimós: são os "cães que não atingiram a maturidade [que] penetram com frequência em outros feudos"; "na semana que sucede o primeiro acasalamento, eles aprendem a repelir os cães estranhos e a evitar os outros territórios".

38. O caso das exibições sexuais é analisado em detalhe em Bounoure, *IS*, pp. 69-103.

39. Foucault retoma aqui as diferentes características da exibição resumidas por Bounoure, *IS*, pp. 99-103. O papel "vicariante", ou de substituição, no qual a exibição parece servir de válvula de escape para uma motivação sexual muito importante, em particular quando a fêmea se esquiva, é ilustrado pelo exemplo do esgana-gata macho, que faz movimentos frenéticos de ventilação do ninho quando a fêmea não responde a seus apelos. A expressão "atividade de deslocamento" é mais utilizada que "atividade de espera".

40. Esses diferentes modos são resumidos em Bounoure, *IS*, pp. 104-5. Em termos mais gerais, ver pp. 104-37 quanto à multidimensionalidade de modos de emissão dos produtos genitais e de fecundação.

41. Cf. Tinbergen, *EI*, p. 205 e, sobre a monogamia de algumas espécies de pássaros em geral, Bounoure, *IS*, pp. 153-5.

42. Bounoure, *IS*, pp. 145-6.

43. Cf., a esse respeito, Bounoure, *IS*, pp. 176-8, que analisa os resultados das experiências de Tinbergen. A cor vermelha, quando combinada com uma postura especial (corpo mantido em posição vertical e cabeça baixa), vale como sinal de ataque, no caso do macho, ao qual o defensor masculino responde. Diante de uma fêmea, ligada a um movimento (a dança em zigue-zague), ela tem valor de excitante para preparar a fecundação.

44. Trata-se de uma referência à experiência descrita em Gladwyn Kingsley Noble e William Vogt, "An Experimental Study of Sex Recognition in Birds", *The Auk*, v. 52, n. 3, 1935, pp. 278-86, e relatada em Bounoure, *IS*, pp. 174-5. Uma fêmea de toutinegra empalhada foi posta no território de um macho em atividade, que fez tentativas de cobri-la; colocou-se nela uma máscara de papel preto, que reproduzia

o sinal mais marcante dos machos da espécie: o macho suspendeu suas tentativas de coito e atacou. No entanto, como assinalou Bounoure, seguindo David Lack, não se trata, nesse caso, de uma capacidade de reconhecimento do sexo propriamente dito: o que se reconhece "não é o parceiro como um 'todo' sexuado, e sim uma postura particular, ou certo caráter ornamental, que age como estímulo-sinal para desencadear a resposta apropriada".

45. Tinbergen, *EI*, pp. 62-3.

46. Aqui se reconhece o vocabulário da cibernética, ainda em voga na época. Sabemos que Foucault se interessou muito pela cibernética, assim como pelas ideias de sinal, código, mensagem e informação, dedicando-lhes, ao que parece, um curso inteiro em Lille (BNF, Caixa 42b-C2) e tendo até pensado em lhes dedicar sua tese complementar em "Étude psycho-physique du signal et l'interprétation de la perception" (D. Eribon, *Michel Foucault*, 3. ed. rev. e ampliada, Paris: Flammarion, 2011 [1989], p. 128 [*Michel Foucault: 1926-1984*, trad. Hildegard Feist, São Paulo: Companhia das Letras, 1990]). Reencontramos esse interesse em alguns textos mais tardios, como "Message ou bruit?" [1966] (em *Dits et écrits*, v. 1, *1954-1975*, org. D. Defert e F. Ewald, com a colab. de J. Lagrange, Paris: Gallimard, 2001 [1994], n. 44, pp. 585-8 [*Ditos e escritos I*, trad. Vera L. Avellar Ribeiro, Rio de Janeiro: Forense Universitária, 1999]), onde a ideia de mensagem é definida de maneira idêntica: "Para haver mensagem, é preciso: que haja, primeiro, ruído [...]; que esse ruído seja 'constituído por' ou, pelo menos, 'portador de' diversos elementos descontínuos, isto é, isoláveis uns dos outros por critérios seguros; [...] por fim, que esses elementos se apresentem ligados uns aos outros, de acordo com certas regularidades. Ora, [...] a mensagem depende de um 'código' estabelecido segundo as regras precedentes" (p. 586). Reencontraremos esse interesse mais tarde, em particular quando das reflexões de Foucault sobre a sexualidade e a hereditariedade, a propósito do livro de François Jacob (cf. Situação dos cursos, p. 311). No presente caso, essa análise apoia-se fortemente nas elaborações do próprio Bounoure e nas citações que ele fornece de Edward Allworthy Amstrong (*Bird Display and Behaviour. An Introduction to the Study of Bird Psychology*, Londres: Lindsay Drummond Limited, 1947), comparando o comportamento sexual das aves a um código marítimo baseado num sistema de sinais, ou em dois aparelhos de transmissão sem fio regulados no mesmo comprimento de onda (Bounoure, *IS*, pp. 178-9 e 194-6).

47. Cf. Bounoure, *IS*, pp. 196-202, que faz dessa uma das principais finalidades do instinto sexual. Foucault, por sua vez, abstém-se de qualquer finalismo.

48. Cf. *supra*, aula anterior, pp. 52-4.

49. Cf., a esse respeito, as obras clássicas de Jakob von Uexküll, *Mondes animaux et monde humain* (seguido por *Théorie de la signification*, ilustr. de G. Kriszat, trad. [franc.] P. Muller, Paris: Gonthier, 1965 [1956]) ou de F. J. J. Buytendijk, *L'Homme et l'animal. Essai de psychologie comparée* (trad. [franc.] R. Laureillard, Paris: Gallimard, 1965 [1958], em especial pp. 54-60), bem como as páginas que Maurice Merleau-

Aula 3 87

-Ponty dedicou a essas questões em *La Structure du comportement* (Paris: PUF, 1942, caps. 2 e 3 [*A estrutura do comportamento*, trad. Márcia Valéria Martinez de Aguiar, São Paulo: Martins Fontes, 2006]).

50. A importância das proibições — do jogo do permitido e do proibido e, por conseguinte, da possível transgressão deles, a título de elementos constitutivos da sexualidade humana em relação à sexualidade animal — está no cerne da concepção do erotismo em Bataille (*L'Érotisme*, Paris: Minuit, 1957, pp. 35-62 [*O erotismo*, trad. Fernando Scheibe, Belo Horizonte/São Paulo: Autêntica, 2013]). Está também no cerne da análise de Lévi-Strauss, uma vez que a proibição do incesto define precisamente a passagem entre natureza e cultura, na medida em que é uma regra universal (*Les Structures élémentaires de la parenté*, op. cit., pp. 9-29). Cf. *supra*, Aula 1, nota 1, p. 33.

51. Também nesse ponto Foucault prolonga a análise de Lévi-Strauss, que sublinha a extrema simplicidade das regras de parentesco nas sociedades europeias, em contraste com a maioria das chamadas sociedades "primitivas". Cf. C. Lévi-Strauss, *Anthropologie structurale*, Paris: Plon, 1973 [1958], v. 1, pp. 79-82 e 93-7 [*Antropologia estrutural*, trad. Beatriz Perrone-Moisés, São Paulo: Cosac Naify, 2008], bem como o curso de Vincennes, *infra*, Aula 4, p. 180 e nota 3, pp. 186-7.

52. A posição de Immanuel Kant sobre o furto é exprimida em *Métaphysique des mœurs*, v. 1, *Doctrine du droit* (introd. e trad. [franc.] A. Philonenko, 3. ed. Paris: Vrin, 1985, pp. 215-6 [*Fundamentos da metafísica dos costumes*, trad. Lourival de Queiroz Henkel, Rio de Janeiro: Ediouro, 1993]): "Aquele que rouba torna incerta a propriedade de todos os outros: usurpa de si mesmo, portanto (conforme a lei de talião), a segurança de qualquer propriedade possível".

53. O conjunto dessa análise sobre o caráter "paradoxal" da experiência da sexualidade deve ser aproximado da análise de Bataille em *O erotismo* (op. cit.). Nele, a sexualidade aparece como que aprisionada num jogo de "passagens do contínuo ao descontínuo, ou do descontínuo ao contínuo. Somos seres descontínuos, indivíduos que morrem isoladamente numa aventura ininteligível, mas temos a nostalgia da continuidade perdida" (ibid., pp. 21-2). Ora, a sexualidade é, ao mesmo tempo, princípio de descontinuidade — são seres descontínuos que se encontram e seres descontínuos que são produzidos — e momento, experiência da continuidade do ser, tendendo ao desaparecimento, à fusão dos seres descontínuos. Daí, em Bataille, sua relação privilegiada com a morte e a violência: "O que significa o erotismo dos corpos senão uma violência do ser dos parceiros, uma violação que confina com a morte, que confina com o assassinato?" (ibid., p. 24). Isso explica, ao mesmo tempo, a instauração da regra e da proibição — incidente na sexualidade, na medida em que ela se relaciona com a morte e com a violência — e o fato de o erotismo se dar como uma "experiência [...] igual e contraditória da proibição e da transgressão". Como observa Bataille, a experiência de libertação da proibição constituída pela transgressão deve ser distinguida "de um pretenso retorno

à natureza, à qual a proibição se opunha". A transgressão "suspende a proibição, sem a eliminar"; ela "a mantém para usufruir dela" (ibid., pp. 42-5).

54. Ver, a esse respeito, a obra clássica de Denis de Rougemont, *L'Amour et l'Occident*, Paris: Plon, 1956 [1939] [*História do amor no Ocidente*, trad. Paulo Brandi e Ethel Brandi Cachapuz, Rio de Janeiro: Ediouro, 2. ed., 2003], que faz de Tristão e Isolda um caso emblemático desse lirismo do amor.

55. Essa dualidade do lirismo do amor e do erotismo da transgressão, ilustrada pela contemporaneidade de Sade ou de Rétif de La Bretonne e de Goethe ou Lamartine, pode ser posta em paralelo com a dualidade da literatura, sublinhada por Foucault na mesma época: entre a experiência da transgressão encarnada por Sade e a de uma morte que acede ao sentido, ao inscrever a escrita, para além do túmulo, "[n]essa espécie de eternidade poeirenta que é a biblioteca absoluta", encarnada por Chateaubriand, cuja "contemporaneidade" com Sade Foucault sublinha (cf. *supra*, Aula I, nota 31, p. 39, e Situação dos cursos, pp. 289-91). Além disso, a análise que Foucault propõe aqui da emergência de uma nova linguagem sobre a sexualidade no século XIX — o saber sobre a sexualidade —, bem como de sua relação com o lirismo e o erotismo, pode ser aproximada da que ele escreveu a propósito do surgimento de um saber sobre a morte e a doença: assim, ele associa a anatomopatologia de Bichat à linguagem transgressora de Sade e, ao mesmo tempo, ao lirismo da finitude de Hölderlin ou de Rilke (*Naissance de la clinique. Une archéologie du regard médical*, Paris: PUF, 1963, conclusão [*O nascimento da clínica*, trad. Roberto Machado, Rio de Janeiro: Forense Universitária, 5. ed., 1998]). Pensamos também nas análises que Foucault desenvolveu, a partir da *História da loucura*, sobre o fato de que a emergência de um saber sobre a doença mental, como objeto, caminhou de mãos dadas com a rejeição da experiência da loucura no limite extremo da linguagem, de Sade a Artaud, passando por Nietzsche e Roussel (cf. *Histoire de la folie à l'âge classique*, Paris: Gallimard, 1976 [1961], pp. 549-57 [*História da loucura na idade clássica*, trad. José Teixeira Coelho Netto, São Paulo: Perspectiva, 2003]). Cf. Situação dos cursos, pp. 275-95.

56. Essa lista de nomes remete a uma série de autores clássicos na emergência de uma *scientia sexualis*, concernente à homossexualidade e às perversões sexuais, no fim do século XIX e início do século XX. Foucault voltaria à maioria deles, em particular em *Les Anormaux (Cours au Collège de France, 1974-1975)*, ed. estabelecida por V. Marchetti e A. Salomoni, org. F. Ewald e A. Fontana, Paris: Gallimard/ Seuil/Éd. de l'EHESS, 1999 [*Os anormais: Curso no Collège de France (1974-1975)*, trad. Eduardo Brandão, São Paulo: Martins Fontes, 2001], ao se interessar pela emergência de um saber sobre as perversões sexuais. O caso de Richard von Krafft-Ebing é desenvolvido na aula seguinte (cf. *infra*, pp. 92-3).

AULA 4

As perversões

A própria ideia de sexualidade formou-se apenas a partir do saber sobre as perversões. A experiência da sexualidade está longe de ser evidente: só se dá, a princípio, através das negatividades. A. História do saber sobre as perversões sexuais: até o século XVIII, confundidas no mundo da desrazão e do confinamento; no fim do século XVIII, o confinamento se diferencia: o doente ou o criminoso. Que status dar à quase loucura ou quase delinquência sexual? Caso de Sade em Charenton. A transgressão sexual tem um status flutuante. É relacionada com a doença, sem se confundir com ela. Exemplo de Krafft-Ebing: classificações e origem das perversões. B. No fim do século XIX: estados intersexuais e teoria de Marañón. C. A análise freudiana das perversões. Sua importância e sua originalidade. 1. Uma análise formal das perversões segundo o objeto e segundo o objetivo: a perversão não é sintoma de outra coisa; é, como a sexualidade, um processo com um objeto e um objetivo; 2. Uma análise de seu conteúdo; 3. Uma análise das relações entre perversões, doenças e vida normal: há sempre elementos de perversão presentes na vida normal; relações de significação e de esquiva entre as neuroses e as perversões. A perversão congênita como base comum entre neuroses, perversões e sexualidade normal: a sexualidade infantil.

A análise da sexualidade só foi feita a partir das perversões. (Mais ainda, [72] a própria ideia de sexualidade só se formou a partir do momento em que a perversão tornou-se objeto de saber.)[1]

– Há uma tendência a crer que a perversão seria apenas um desvio, uma inflexão, uma forma derivada da sexualidade normal; esta teria sido conhecida primeiro e, pouco a pouco, ao começarem a se desatar os pudores e as reticências religiosas e morais, as perversões teriam entrado no campo do saber.

– Na verdade, aconteceu exatamente o contrário: as perversões foram conhecidas antes da sexualidade; a bem da verdade, a ideia de sexualidade só se constituiu, só apareceu através da análise das perversões.

[73]   Durante muito tempo, existiu uma linguagem lírica do amor; durante muito tempo, existiu uma linguagem erótica da transgressão. Depois, começou-se a estudar [como] objeto de saber as perversões (e isto coincidiu mais ou menos com o século xix, de Sade a Freud). Em seguida, foi simplesmente com Freud, na virada do século xx, que o pensamento se inverteu e que apareceu algo como a ideia positiva de sexualidade (*Três ensaios*, 1905).[2]

Ora, curiosamente, esse fenômeno histórico seguiu o mesmo movimento que a formação da sexualidade no indivíduo, pelo menos tal como esta é traçada pela psicanálise. Em sua positividade normal, a sexualidade não passa do resultado de um conjunto de componentes parciais que, tomados isoladamente e em sua ordem de sucessão, afiguram-se diversas perversões. Veremos mais adiante que, para a psicanálise, o erotismo oral ou anal, o sadismo ou o masoquismo e o autoerotismo entram necessariamente na composição de uma sexualidade normal, desenvolvida e adulta, ou seja, não parcial.[3]

[74]   Não faço esta observação sobre o paralelismo entre a história e a psicologia, entre a consciência refletida e científica e a ontogênese, para retomar um dos esquemas de Piaget,[4] mas apenas para indicar que a sexualidade, em sua forma positiva, está longe de ser uma ideia, ou uma conduta, ou [uma] experiência imediata. Um dos temas constantes da opinião pública ou da crítica moral é que o mundo moderno é guiado pela preocupação com a sexualidade. Na verdade, a sexualidade só se desenha através das negatividades, tanto para a consciência reflexiva da cultura ocidental quanto para a experiência individual do homem europeu.

Aula 4   91

A. Historicamente

Como se formou o discurso científico da perversão?

1. Até o fim do século xviii, as perversões não eram objeto de reflexão nem de saber, porque as transgressões sexuais estavam presas no interior de práticas mudas, isentas de qualquer teoria. O confinamento da era clássica abrangia, de modo indiferente, pessoas como os desempregados, os feiticeiros, algumas categorias de desviantes religiosos, os loucos, os incapazes (os débeis mentais) e, mais tarde, os libertinos, os devassos, os "sodomitas" etc.[5] Logo, ponto de singularização da perversão em relação a uma proibição cuja base de sustentação era infinitamente maior do que a transgressão sexual.

2. A partir do século xviii, um problema se impôs. O mundo homogêneo e [75] fervilhante do confinamento começou a se dissociar; a internação, que então se constituiu no sentido estrito, já não devia concernir senão aos doentes mentais: tratava-se, em princípio, de uma hospitalização. Quanto às outras categorias, elas se dividiram: ou se libertaram, pura e simplesmente, ou foram utilizadas nas oficinas, ou recrutadas pelo exército etc., ou, enfim e acima de tudo, [foram] entregues aos tribunais (Código Penal).[6]

Pois bem, vimos surgir o caso da quase delinquência ou da quase loucura sexual. Mas, na verdade, não se tratava de uma coisa nem de outra. O caso mais puro e mais célebre foi o de Sade. Dois delitos sexuais passíveis de citação judicial. Um delito político.[7] E todo o resto de sua internação teve uma condição estranha: de Sainte-Pélagie, ele foi transferido para o sanatório de Charenton. Mas, no Charenton, houve protestos contra sua presença, e Royer-Collard ressaltou:

• que ele não estava doente e não podia permanecer num hospital;

• que ele era afetado pelo "delírio do vício" e que, para esse caso, incurável, conviria prever detenções sem qualquer libertação.[8]

Foi através da medicalização do confinamento que a perversão apa- [76] receu desnudada:

• o Código Civil, como vimos, desinstitucionalizou a sexualidade e, por conseguinte, foi "liberal";[9]

• o confinamento, por outro lado, foi medicalizado.

92 *A sexualidade*

A transgressão sexual, portanto, permaneceu sem um estatuto: uma espécie de fenômeno flutuante e que, por causa disso, tornou-se um problema científico e teórico. Se a cultura ocidental foi, sem dúvida, a única a fazer da sexualidade um objeto de ciência, com certeza é a essa série de fenômenos históricos e sociais que o devemos. Na maioria das outras culturas e ainda na nossa, até o começo do século xix, a sexualidade não podia ser objeto [da ciência], por estar envolvida demais em práticas mudas.

Assim, durante todo o século xix, o desvio sexual guardaria essa condição de marginalidade, entre o crime e a doença, não sendo totalmente uma coisa nem outra.[10] Evidentemente, todo o esforço da reflexão científica consistiria em ligá-lo à doença, mas (e o importante é isso) não para fazer dele um componente da doença, e sim para encontrar na doença um modelo abstrato e geral que permitisse classificar e explicar as perversões.

[77] Em outras palavras, não se integrou a perversão à doença (ou a doença à perversão); foram estabelecidas duas séries paralelas, que não se comunicam na substância nem à maneira da interação. Trata-se de duas séries independentes, que só têm em comum formas, princípios explicativos, modos de inteligibilidade. O sinal desse paralelismo sem comunicação é dado pelo seguinte fato: quando, ao cuidarem das histerias pelo método da hipnose, os médicos do século xix viam aflorar conteúdos sexuais, eles interrompiam a hipnose, convencidos de haverem atingido [falta aqui uma palavra] que já não eram as da doença.[11]

Entretanto,

1. a única relação aceita era uma causalidade de tipo geral:
  • a devassidão acarretava a doença mental;[12]
  • a doença mental acarretava a perversão sexual.[13]
2. Havia, sim, um princípio comum que era chamado de degenerescência, o que é apenas o declínio fora do normal.[14]

[…]*

[78]** Krafft-Ebing:[15]

---

* Trecho riscado: "dois problemas: classificação/origem".
** Falta a p. 78. As duas folhas que se seguem (79 e uma segunda, não paginada) parecem ter sido tiradas de uma ficha que Foucault teria feito a partir do livro de Richard von Krafft-Ebing.

Aula 4   93

– Neuroses periféricas: [79]

   1. Sensitivas:
- anestesia;
- hiperestesia;
- nevralgia.

   2. Secretória[s]:
- aspermia;
- polispermia.

   3. Motora[s]:
- espasmos;
- paralisia.[16]

– Neuroses espinhais:

   • Afecções do centro de ereção:
- excitação;
- paralisia.[17]

   • Afecções do centro de ejaculação:
- fácil;
- difícil.[18]

– Neuroses cerebrais:

   • paradoxia: emoções sexuais produzidas nas partes genitais fora da época dos processos anatomofisiológicos;

   • anestesia: todos os impulsos orgânicos e todas as representações deixam o indivíduo indiferente;[19]

   • hiperestesia: excitabilidade exagerada, de origem interna ou externa;[20]

   • parestesia: excitação sexual por objetos inadequados.[21] [...] "estado mórbido das esferas de representação sexual, com manifestação de sentimentos que fazem com que representações que habitualmente devem provocar sensações físico-psicologicamente desagradáveis sejam, ao contrário, acompanhadas por sensações de prazer."[22]

Exemplo. Homossexualidade, fenômeno congênito: inclinação para a homossexualidade ou a bissexualidade que, para aparecer, precisa ser influenciada por causas acidentais.[23]

   • A simples perversão (velhice, coerção).[24]

94   *A sexualidade*

- *Eviratio* e *defeminatio*: "mudança profunda de caráter, sentimentos e inclinações".[25]
- Transmutação *sexualis*: sentimento, impressão física de ser mulher.[26]
- Metamorfose sexual paranoica (delírio hipocondríaco e depreciador).[27]

[80] **B. No fim do século XIX**

A importância assumida pela (ou melhor, a importância descoberta na) homossexualidade e a série de descobertas que deveriam conduzir à hormonologia fizeram com que a possibilidade das perversões fosse buscada na fragilidade das fronteiras biológicas, e sua origem real na ruptura do desequilíbrio definido como normal.

- Estudos dos estados intersexuais (que, sob sua forma manifesta, dão o hermafroditismo). Teoria do equilíbrio.[28]
- Estudos de Marañón. Existe um ciclo sexual completo (o do homem); existe um ciclo mais lento, que se detém muito cedo: é o ciclo feminino.[29]

[81] **C. A análise freudiana da perversão**

Ela é importante, dizem, por ter integrado as perversões* e a sexualidade normal numa espécie de unidade em que as divisões seriam imprecisas. Na verdade, não é [a] isso que se deve seu caráter radicalmente importante (Havelock Ellis e Marañón já o tinham feito).

Ela é importante:

- [Porque é] não biológica.**
- Porque inverte a relação ética que fazia da perversão o desvio da sexualidade; ela faz da sexualidade um desenvolvimento das perversões.

---

* Trecho riscado: "Como componentes de". Foucault fez diversas correções nessa frase.
** Acrescentado posteriormente.

Aula 4   95

• Porque analisa a relação neurose/perversão, pela primeira vez, conforme um esquema que não é de simples paralelismo nem de causalidade:
 – ela não faz da perversão um efeito da doença mental, embora descubra em toda neurose um componente de perversão;
 – não faz da neurose o efeito de uma perversão, embora descubra na neurose o negativo da perversão.
• Porque, pela primeira vez, liga as perversões à descoberta da sexualidade infantil.

São estas quatro razões, e não a "descoberta" das ligações, das passagens e das formas intermediárias entre a sexualidade normal e a perversa, que compõem o essencial da doutrina freudiana.

A análise freudiana das neuroses consiste: [82]
1) *Na análise formal das perversões*, sem nenhuma busca de etiologia ou de caracterização psicológica. Freud distingue tipos diferentes de perversões.[30]
• Segundo o objeto:
 a. inversão (mesmo sexo);
 b. crianças;
 c. animais.
• Segundo o objetivo sexual (definido como contato dos órgãos sexuais e [emissão]* dos líquidos seminais, ou saciação do instinto):[31]
 a. transgressões anatômicas:
 ○ outras partes do corpo;
 ○ superestimação do objeto sexual;
 ○ fetichismo.
 b. fixação de alvos sexuais provisórios:
 ○ toques e contemplação;
 ○ sadismo e masoquismo.

Essa simples tipologia das perversões já é muito importante, em si mesma, por duas razões:

---

* Foucault havia escrito "emissões", riscado, depois escrito "com", riscado, e não havia acrescentado nada. Restabelecemos "emissão".

1. Primeiro, por dissociar, ao menos provisoriamente (e sobretudo a propósito dos homossexuais), a perversão de qualquer outra conduta anormal. Ela nunca é tratada como sintoma de outra coisa, elemento numa configuração mais complexa.

[83]   2. Por propor uma definição absolutamente singular do objeto sexual. O objeto e o objetivo são distinguidos. Enquanto o objetivo é definido pelo órgão, ou por tudo que pode substituí-lo, e pelo ato, ou tudo que pode lhe servir de substituto ou de anteparo,[32] o objeto tem uma definição muito mais ampla, muito mais flutuante: é um pouco o parceiro, um pouco o outro (nunca é a própria pessoa).[33]

Logo:

1. A perversão, como fenômeno da sexualidade autônoma (ou, pelo menos, que tem suas próprias formas), [não] é sintoma de outra coisa.

2. A perversão e a sexualidade têm um objetivo e um objeto, sendo definidas, por conseguinte, num certo desenrolar que é finalizado e por certo objeto = x.

[84]   2) *Numa análise do conteúdo das perversões.**

De maneira geral, chamamos de "tendência" o equivalente psíquico de uma fonte de movimento que é interna no organismo [e] que se opõe, portanto, às excitações externas.[34] Essa tendência encontra-se, portanto, "no limite do físico e [do] psíquico".[35]

A especificidade delas** não está em sua qualidade interna, mas se deve à sua origem somática [e] a seu objetivo. Ora, há uma tendência que [tem] por origem somática os órgãos sexuais e por objetivo o aplacamento da excitação orgânica.[36]

---

* Encontramos no verso uma versão riscada dessa página: "2) Numa análise do conteúdo das perversões

Todas as tendências (das quais a própria sexualidade faz parte) estão 'no limite dos campos psíquico e físico'

– quer por todas as tendências serem do mesmo tipo;

– quer por todas as tendências poderem ser classificadas em duas ordens, 'conforme sua natureza química'.

Quanto a suas outras especificações, trata-se das diferentes partes do corpo".

** Entenda-se "das pulsões" ou "tendências".

Aula 4   97

1. Essa tendência pode transpor-se para outras partes do corpo, que deixam de ser apenas isso e se tornam "partes do aparelho genital". "Aparelho genital secundário."[37]

a. Esse aparelho genital secundário (que comumente abrange a boca e o ânus, bem [como], no caso da histeria, muitas outras partes do corpo) é sede dos mesmos fenômenos de excitação e satisfação (ou inibição) dos próprios órgãos sexuais.[38]

[*Na margem*: "anestesia histérica como frigidez do aparelho genital secundário".]

b. Daí o caráter "parcial" das perversões que tomam essas regiões como as únicas.

2. Também pode suceder que o objetivo se desloque, como na obsessão.[39]

3) *Numa análise das relações entre a perversão e a doença, de um lado, [e] a vida* [85]
normal, do outro.

A. Vida normal

— Por um lado, a perversão é frequente como complemento da atividade sexual normal. "Não falta em nenhum indivíduo normal um elemento do que podemos chamar de perversão, somando-se ao objetivo sexual normal."[40]

— Por outro, toda perversão implica "a participação psíquica na transformação da tendência". "Onipotência do amor que transfigura."[41]

B. Patologia

— As psiconeuroses não são efeito de perturbações sexuais, e as perversões não florescem de maneira privilegiada no clima das psiconeuroses. Mas "a contribuição sexual é a fonte de energia mais constante e mais importante da neurose".[42]

a. A vida sexual se expressa totalmente ou [em] parte através de sintomas.

b. Todos os sintomas são a expressão da vida sexual.[43]

Qual é essa expressão? [Não é]* um reflexo; não é uma simples lin- [86]
guagem codificada, mas uma esquiva. Exemplo da histérica que tem

---

* Foucault parece haver escrito, inicialmente, "menos um reflexo, menos...", e depois, corrigido o segundo "menos" por "não", mas se esquecendo de corrigir o primeiro. Fizemos a correção.

instintos sexuais fortes e uma forte aversão, decorrente dos recalcamentos; solução que se esquiva dos conflitos por uma "conversão das tendências sexuais em sintomas mórbidos".[44] A esquiva é, ao mesmo tempo, uma solução [e] um esconderijo. Decorre, portanto, de uma análise em termos de economia e em termos de significação.[45]

c. Os sintomas que fazem a esquiva (que trazem uma solução, porém mascaram) formam-se à custa de quê? Não da sexualidade normal. O que se recalca não é a sexualidade normal, mas a perversão. Os sintomas se formam à custa das perversões. Tornamo-nos neuróticos para não mais sermos perversos; é na medida em que deixamos de ser perversos que nos tornamos neuróticos. "A neurose é, por assim dizer, o negativo da perversão."[46] (É fácil não ser perverso — é por isso que a moral sempre tem pregadores; mas não é fácil não ser neurótico — é por isso que os psiquiatras sempre têm clientes.)

O que acarreta como consequências:[47]

a. Em toda neurose, a presença inconsciente de uma perversão no objetivo (essencialmente, a transgressão anatômica).

b. Em toda neurose, a presença inconsciente de uma perversão no objeto (isto é, a homossexualidade).

[87] c. A presença, em algumas neuroses, de outras perversões (exibicionismo, sadomasoquismo).

d. A presença de um dos elementos de uma dualidade perversa sempre acarreta a presença mais ou menos manifesta do outro elemento do par.[48]

e. Há, em toda neurose, ao menos um vestígio de todas as perversões.

A isso cabe acrescentar duas coisas:

– Deve-se concluir daí que os neuróticos são essencialmente pervertidos? Muitos deles não mostram perversão no nível aparente e nunca a mostraram antes de se tornarem neuropatas.

– Caberá concluir que os neuróticos são os que não mostram perversão, por ter havido uma esquiva de tudo? O exemplo o contradiria, já que alguns são pervertidos.

À segunda pergunta, podemos responder com a teoria da colateralidade.[49] Uma vez recalcados os instintos sexuais, parte da sexualidade, sem

Aula 4

desaparecer, passa para condutas colaterais: daí algumas perversões do mesmo tipo das que podemos encontrar no adulto normal (um acessório da sexualidade), porém que são mais frequentes do que no normal, já que o neurótico só tem uma sexualidade colateral.

Quanto à primeira pergunta: caberá admitir que os neuróticos, mesmo [88] sem nunca o terem mostrado, são especialmente pervertidos, por terem erigido toda a sua neurose sobre sua perversão?

De fato, há uma perversidade* congênita a que todos os homens estão sujeitos, e que:

- em alguns casos, torna-se [um] fator determinante da sexualidade perversa, por causa de [sua] "intensidade";**
- em outros casos, é recalcada e produz sintomas neuróticos;***
- por último, nos casos satisfatórios, através de uma "repressão afetiva", constitui-se uma "vida sexual normal".[50]

Pervertidos	Neuróticos (com suas perversões)	Normais (de lado)
– Não recalcamento – Intensidade	Recalcamento/derivação Perversão	Repressão

Ora, o que é essa *perversão****** congênita sobre a qual se erigem, como [89] que sobre um solo comum, a perversidade dos pervertidos, a neurose e as perversões dos doentes, e a sexualidade normal e, vez por outra, normalmente perversa (de lado) dos sujeitos normais? O que é esse grande ruído de fundo da perversão, que sustenta toda forma de sexualidade, seja ela normal, seja perversa, seja esquivada no sintoma patológico?

A sexualidade infantil.

---

* Foucault parece haver corrigido "perversão congênita" por "perversidade congênita". No entanto, conservou, mais adiante, a expressão "perversão congênita".
** Grifo no manuscrito.
*** Foucault havia acrescentado "[e] perversões colaterais", mas depois riscou esse trecho.
**** Grifo no manuscrito.

Mas, antes de examiná-la, convém observar que há cinco posições possíveis da perversão:

- Entendida como sexualidade infantil.
- Entendida como perversão do pervertido.
- Entendida como conteúdo recalcado do sintoma.
- Entendida como sexualidade colateral.
- Entendida como sexualidade lateral.

(As duas últimas são muito próximas, embora uma seja fixada e a outra não.)

NOTAS

1. Seria exatamente essa a tese defendida por Michel Foucault em *Les Anormaux* (*Cours au Collège de France, 1974-1975*), ed. estabelecida por V. Marchetti e A. Salomoni, org. F. Ewald e A. Fontana, Paris: Gallimard/Seuil/Éd. de l'EHESS, 1999, pp. 155-8 e sobretudo pp. 249-74 [*Os anormais: Curso no Collège de France (1974--1975)*, trad. Eduardo Brandão, São Paulo: Martins Fontes, 2001], quando se trata de analisar a emergência de uma *scientia sexualis* e, em particular, de pensar a irrupção da sexualidade nos discursos médicos. Essa irrupção se deu inicialmente pela análise do campo das anomalias do instinto. Podemos notar que essa tese prolonga muito estritamente, aqui, a posição reiterada por Foucault em várias ocasiões de que a psicologia é, de início, um saber sobre as negatividades (cf. *supra*, Aula 2, nota 8, pp. 57-8, e Aula 3, pp. 62-3). Ver, para uma tese da mesma ordem, Arnold I. Davidson, *L'Émergence de la sexualité. Épistémologie historique et formation des concepts*, trad. [franc.] de P.-E. Dauzat, Paris: Albin Michel, 2005 [2001]. Sobre a história do conceito de "perversão" no século XIX, cf. também Claude-Olivier Doron, "La formation du concept psychiatrique de perversion au XIXe siècle", *L'Information Psychiatrique*, v. 88, n. 1, 2012, pp. 39-49; Georges Lantéri-Laura, *Lecture des perversions. Histoire de leur appropriation médicale*, Paris: Masson, 1979 [*Leitura das perversões: História de sua apropriação médica*, trad. Vera Ribeiro, Rio de Janeiro: Zahar, 1994]; e Julie Mazaleigue-Labaste, *Les Déséquilibres de l'amour. La genèse du concept de perversion sexuelle de la Révolution française à Freud*, Paris: Ithaque, 2014.
2. Cf. *supra*, Aulas 2 e 3, pp. 45-6 e pp. 79-80. A referência a Freud remete aos *Três ensaios sobre a teoria da sexualidade* (1905), aos quais Foucault voltaria abundantemente nessa aula e na seguinte.
3. Cf. *infra*, pp. 115-6.

Aula 4

4. Cf. Jean Piaget, *La Naissance de l'intelligence chez l'enfant*, Paris: Delachaux et Niestlé, 1936 [*O nascimento da inteligência na criança*, trad. Álvaro Cabral, Rio de Janeiro: Guanabara, 4. ed., 1987], e idem, *La Psychologie de l'intelligence*, Paris: Armand Colin, 1947 [*A psicologia da inteligência*, trad. Guilherme João de Freitas Teixeira, Petrópolis: Vozes, 2013]. Como observou Foucault, "Piaget atribui o máximo ao desenvolvimento necessário de estruturas a um tempo biológicas e lógicas; procura mostrar, no desenvolvimento das primeiras — desde as que são irreversivelmente concretas até as que são reversíveis e abstratas [...] —, um processo que refaz em sentido inverso a marcha da história das ciências — da geometria euclidiana ao cálculo vetorial e tensorial: o devir psicológico da criança nada mais é que o avesso do devir histórico do espírito" ("La psychologie de 1850 à 1950" [1957], em *Dits et écrits, 1954-1988*, v. 1, *1954-1975*, org. D. Defert e F. Ewald, com a colab. de J. Lagrange, Paris: Gallimard, 2001 [1994], p. 159 [*Ditos e escritos I*, trad. Vera L. Avellar Ribeiro, Rio de Janeiro: Forense Universitária, 1999]). O esquema seria o mesmo aqui: as descobertas históricas do saber da sexualidade — das perversões e tendências parciais até o conhecimento "positivo" da sexualidade normal — seguiriam as diversas etapas do desenvolvimento sexual na criança.

5. Cf. *Histoire de la folie à l'âge classique*, Paris: Gallimard, 1976 [1961] [*História da loucura na idade clássica*, trad. José Teixeira Coelho Netto, São Paulo: Perspectiva, 2003], em particular o Capítulo 3, que detalha toda a "população matizada" — "portadores de doenças venéreas, devassos, dissipadores, homossexuais, blasfemos, alquimistas, libertinos", mendicantes etc. — que povoa o "mundo correcional" (p. 116). Todas essas figuras são ligadas por uma experiência comum: a da desrazão. É essa experiência que funda o caráter "homogêneo" do mundo do confinamento: "Durante toda a era clássica, existe apenas um confinamento; em todas essas medidas tomadas, e de um extremo a outro, oculta-se uma experiência homogênea" (ibid., Capítulo 4, p. 125).

6. Cf. *História da loucura*, op. cit., em particular a terceira parte, Capítulos 3 a 4.

7. Os dois delitos sexuais "passíveis de citação judicial" remetem, por um lado, às sevícias infligidas por Sade à mendiga Rose Keller (o caso foi julgado em junho de 1768 e Sade foi condenado a seis meses de detenção), e por outro, à acusação de que ele teria dado pastilhas envenenadas a várias de suas parceiras sexuais, numa noite de devassidão em Marselha em 1772 (acusado de envenenamento e sodomia, foi condenado por contumácia à pena de morte). O delito político refere-se, por sua vez, à condenação de Sade à morte pelo Tribunal Revolucionário no dia 8 de termidor, ano II, por "entendimento e correspondência com os inimigos da República". Ele seria finalmente preso, mais uma vez, em 1801, e confinado na prisão de Sainte-Pélagie, depois na de Bicêtre e, por último, no sanatório de Charenton.

8. Ver, a esse respeito, a carta endereçada por Antoine-Athanase Royer-Collard, médico-chefe do sanatório de Charenton, ao ministro da Polícia Geral do Império, em 8 de agosto de 1808. Nela, ele assinala que Sade "não é alienado. Seu único delírio é o do vício, e não é numa casa dedicada ao tratamento médico da alienação

que essa espécie de delírio pode ser reprimida. É preciso que o indivíduo atacado por ela seja submetido à mais severa sequestração, ou seja, para isolá-lo de todos os objetos que possam exaltá-lo ou alimentar sua paixão hedionda" (em D. A. F. de Sade, *L'Œuvre du marquis de Sade. Zoloé, Justine, Juliette...*, introd. e notas de G. Apollinaire, Paris: Bibliothèque des curieux, 1912 [1909], p. 50). Foucault evoca a carta de Royer-Collard na *História da loucura*, apresentando-a como sinal de que a experiência da desrazão, que compunha a unidade do modo de confinamento na época clássica, tinha perdido sentido, em prol de uma vontade de "fazer uma ciência positiva da loucura, ou seja, de silenciar as colocações da desrazão, para não mais escutar senão as vozes patológicas da loucura". "Royer-Collard já não compreende a vida correcional; busca seu sentido do lado da doença e não o encontra ali; remete-a ao mal em estado puro, um mal sem outra razão senão seu próprio desatino" (*Histoire de la folie*, op. cit., pp. 122-3). Foucault também voltou a esse episódio na transmissão radiofônica que dedicou em 1963 ao "silêncio dos loucos" (art. citado, pp. 41-5). Royer-Collard aparece ali como sinal de uma "gagueira" da razão, de um "embaraço" da nossa cultura, "que já não nos deixa desde o século XIX, diante da loucura e diante da linguagem da loucura". Uma loucura racional, para a qual "não mais se encontra um lugar exato a que destiná-la". É desse mesmo embaraço e do entre-dois institucional dele decorrente que Foucault se apodera, em *Os anormais* (op. cit.), a propósito do problema criado pela monomania homicida e pelos diversos desvios do instinto sexual. Sainte-Pélagie foi durante muito tempo uma casa correcional para mulheres, antes de se tornar, na Revolução, uma casa de detenção. Sade passaria por Bicêtre — outro local histórico de confinamento no século XVIII, transformado numa casa de reclusão em que coexistiram doentes e delinquentes até o primeiro terço do século XIX — antes de ser definitivamente internado no Charenton, antiga casa de reclusão transformada em asilo de loucos mais afortunados, no começo do século XIX.

9. Cf. *supra*, Aula 1, pp. 27-30.

10. Ver *Os anormais* (op. cit.), que aprofunda amplamente essa questão.

11. Foucault daria uma leitura muito diferente desse fenômeno no final de *Le Pouvoir psychiatrique (Cours au Collège de France. 1973-1974)*, org. J. Lagrange, sob a direção de F. Ewald e A. Fontana, Paris: Gallimard/Seuil/Éd. de l'EHESS, 2003 [*O poder psiquiátrico: Curso dado no Collège de France, 1973-1974*, trad. Eduardo Brandão, São Paulo: Martins Fontes, 2006]. Analisando a emergência do "corpo neurológico" no fim do século XIX e fazendo da histeria um ponto de confronto e luta entre alienistas e histéricos, Foucault retorna ao fato de que, no trabalho de identificação dos traumas que permitiam fundamentar a realidade da histeria como doença, durante as hipnoses, os neurologistas da Salpêtrière esbarravam perpetuamente em conteúdos sexuais, mas os afastavam e não falavam deles. Sua explicação, nesse momento, foi que esses conteúdos sexuais eram uma "contramanobra" da histérica em relação ao poder de injunção dos médicos, e a histérica tirava proveito deles para, "na brecha aberta por essa injunção, precipitar [... sua] vida

Aula 4 103

real [...], isto é, [sua] vida sexual". E, se Charcot e seus discípulos não o admitiam, era porque isso questionaria completamente o seu esforço de dar à histeria um valor de doença incontestável e respeitável. "Por conseguinte, essa sexualidade não é um resto indecifrável, é o grito de vitória da histérica, é a manobra final pela qual as histéricas finalmente triunfam sobre os neurologistas e os fazem calar" (*Le Pouvoir psychiatrique*, op. cit., pp. 320-4).

12. Isso é particularmente verdadeiro no caso da paralisia geral. Ver, a respeito, o curso de Vincennes, *infra*, Aula 6, nota 7, p. 223; e já a *Histoire de la folie*, op. cit., p. 541, onde Foucault assinala que, "na paralisia geral, a culpa, sob a forma da falta sexual, foi designada com muita precisão".

13. Para um grande número de autores, com efeito, a perversão sexual pode provir de uma doença mental e ser um sintoma dela. Nos primeiros debates sobre os "desvios do apetite venéreo", a propósito do caso do soldado François Bertrand, por exemplo, Ludger Lunier sustentou a posição de que a "perversão do apetite venéreo" não passa de um "epifenômeno da doença [...], análogo aos apetites depravados que são muito comuns nos alienados". Sobre esse ponto, cf. C.-O. Doron, "La formation du concept psychiatrique de perversion...", art. citado, p. 44, e M. Foucault, *Les Anormaux*, op. cit., pp. 268-9, que contrasta as posições de Charles-Jacob Marchal e Claude-François Michéa sobre o assunto.

14. A teoria da degenerescência e a ideia de hereditariedade mórbida, tais como se imporiam na psiquiatria com os trabalhos de Bénédict-Augustin Morel (*Traité des dégénérescences physiques, intellectuelles et morales de l'espèce humaine et des causes que produisent ces variétés maladives*, 2 vols., Paris: J.-B. Baillière, 1857) e de Valentin Magnan (*Recherches sur les centres nerveux*, 2 v., Paris: G. Masson, 1876-93), fornecem, com efeito, um princípio comum a um conjunto de doenças mentais — das neuroses à idiotia — e às mais diversas perversões sexuais. Esse princípio baseia-se num desvio hereditário do tipo específico (no caso de Morel) ou num desequilíbrio progressivo e hereditário dos centros nervosos (em Magnan). Durante muito tempo, como o próprio Freud observou sem cessar para criticar essa visão, as perversões foram entendidas como "sinais de degenerescência" (cf., por exemplo, S. Freud, *Conferências introdutórias sobre psicanálise*). Foucault voltaria à tese da degenerescência, notadamente, em *Le Pouvoir psychiatrique* (op. cit., pp. 219-21 e 272-4) e em *Les Anormaux* (op. cit., pp. 275-301). Como ele sublinhou, a degenerescência define o campo da anomalia e de suas transformações hereditárias, em cujo seio a loucura ou as perversões sexuais podem instalar-se. Para mais detalhes, cf., em especial, Jean-Christophe Coffin, *La Transmission de la folie, 1850-1914*, Paris: L'Harmattan, 2003, e C.-O. Doron, *Races et Dégénérescence. L'émergence des savoirs sur l'homme anormal*, v. ii., tese de doutorado de filosofia na Universidade Paris--Diderot, 2011, sob a orientação de D. Lecourt (texto datilografado).

15. Foucault copia aqui, quase literalmente, o "quadro esquemático das neuroses sexuais" estabelecido por Richard von Krafft-Ebing em seu *Étude médico-légale, "Psychopathia sexualis". Avec recherches spéciales sur l'inversion sexuelle* (trad.

[franc.] da 8. ed. alemã por É. Laurent e S. Csapo, Paris: G. Carré, 1895, pp. 50-3 [*Psychopathia sexualis: As histórias de caso*, trad. Claudia Berliner, São Paulo: Martins Fontes, 2001]. As duas páginas seguintes parecem ter sido diretamente tiradas de um fichamento feito por Foucault a partir do livro de Krafft-Ebing. Elas começam por um trecho riscado que aponta "dois problemas: classificação/origem", e que nos permite rastrear um pouco a lógica de Foucault. O modelo abstrato da doença levanta dois problemas: o da etiologia (ou da origem), que foi evocado na página anterior (durante muito tempo, foi a degenerescência que forneceu a etiologia das perversões sexuais) e o da classificação. É aí que Foucault introduz, como melhor ilustração, a classificação das "neuroses sexuais" de Krafft-Ebing. A importância da classificação no modelo geral da doença já é analisada, em relação à loucura, em l'*Histoire de la folie* (op. cit., pp. 208-16), quanto à idade clássica; e, em relação à "medicina classificatória", em *O nascimento da clínica* (Capítulo 1).

16. Krafft-Ebing esclarece: poluções (nos espasmos) e espermatorreia (na paralisia).

17. A excitação designa, na verdade, o priapismo; a paralisia, por sua vez, é ligada a uma destruição dos centros ou vias de comunicação nas afecções da medula espinhal; ou, sob uma forma mais atenuada, uma forma de diminuição de sensibilidade ligada à estafa ou a excessos (*Étude médico-légale...*, op. cit., p. 50). Krafft-Ebing acrescenta os fenômenos de "entrave" da ereção, ligados a certas emoções (nojo, medo de doenças etc.).

18. Ibid., pp. 52-3.

19. Ibid., p. 53. A citação exata é "anestesia (falta de pendor sexual). Nesse caso, todos os impulsos orgânicos dados pelos órgãos genitais, bem como todas as representações, todas as impressões ópticas, auditivas e olfativas, deixam o indivíduo na indiferença sexual".

20. Ibid. "Hiperestesia (pendor aumentado até a satiríase). Nesse caso, há uma aspiração anormalmente viva pela vida sexual, desejo este que é provocado por excitações orgânicas, psíquicas e sensoriais. (Acuidade anormal do [sic] libido, lubricidade insaciável.) A excitação pode ser central (ninfomania, satiríase), periférica, funcional, orgânica."

21. Ibid. "Parestesia (perversão do instinto sexual), isto é, excitação do sentido sexual por objetos inadequados." O conjunto das parestesias é detalhado em seguida, nas pp. 77 ss.

22. Ibid., p. 77. Trata-se da definição geral das parestesias.

23. O caso da inversão do sentido sexual, ou homossexualidade, é tratado por Krafft-Ebing nas pp. 243 ss. Foucault refere-se aqui à p. 246, na qual Krafft-Ebing sublinha que, nos casos de homossexualidade, o não desenvolvimento de um pendor sexual "normal" pelo sexo oposto não se explica por um mau desenvolvimento dos órgãos sexuais, mas encontra sua origem em "uma anomalia das condições centrais, numa disposição psicossexual", que é, por sua vez, o estigma de uma degenerescência funcional. Como ele observa: "Essa sexualidade perversa manifesta-se, espontaneamente e sem nenhum impulso externo no momento do de-

Aula 4

senvolvimento da vida sexual [...] e então nos dá a impressão de ser um fenômeno congênito, ou só se desenvolve no correr de uma vida sexual que, no começo, seguiu os caminhos normais, e foi produzida por certas influências manifestamente prejudiciais: nesse caso, ela se nos afigura uma perversão adquirida [...]. Parece provável, após o exame minucioso dos chamados casos adquiridos, que também neles a disposição consista numa homossexualidade, ou, pelo menos, numa bissexualidade latente que, para se tornar aparente, precisou ser influenciada por causas acidentais e motoras que a fizeram sair de seu estado de sonolência".

24. Trata-se do primeiro grau de inversão sexual, segundo Krafft-Ebing, "a simples inversão do sentido genital": "quando uma pessoa do mesmo sexo produz num indivíduo um efeito afrodisíaco e este experimenta pelo outro um sentimento sexual. Mas o caráter e o gênero do sentimento ainda continuam conformes ao sexo do indivíduo. Ele se sente num papel ativo" (ibid., p. 251). É difícil ver a que Foucault faz referência com os termos "velhice" e "coerção", exceto, talvez, aos mecanismos pelos quais esse primeiro grau de inversão, apresentado por Krafft-Ebing como reversível, pode ser combatido: através de coerções externas ou da força de vontade das pessoas, ou desaparecendo com o envelhecimento.

25. Segundo grau de inversão sexual para Krafft-Ebing: "o doente experimenta uma mudança profunda de caráter, especialmente em seus sentimentos e suas inclinações, que se tornam os de uma pessoa de sentimentos femininos" (na *eviratio*) (ibid., p. 259). Esse grau é caracterizado, em particular, pela adoção perpétua do papel passivo no ato sexual.

26. *Rectius: transmutatio sexus.* Trata-se do terceiro grau, o que faz a transição para a *metamorphosis sexualis paranoia*. Nesse caso, "as sensações físicas também se transformam, no sentido de uma *transmutatio sexus*" (ibid., p. 266).

27. É o quarto e último estágio, o da "monomania da metamorfose sexual" (ibid., p. 284).

28. Trata-se da teoria do equilíbrio genético proposta por Calvin B. Bridges ("Hoploid Drosophila and the theory of genic balance", *Science*, n. 27, 1930, pp. 405-6), segundo a qual a determinação do sexo é o resultado de um equilíbrio entre uma série de genes localizados nos autossomos, na determinação masculina, e de genes situados nos X, na determinação feminina.

29. Cf., em especial, Gregorio Marañón, *L'Évolution de la sexualité et les états intersexuels*, trad. [franc.] J. S. d'Arellano, Paris: Gallimard, 1931. A posição de Marañón foi resumida em J. Carles, *La Sexualité*, Paris: Armand Colin, 1953, pp. 160-2. Para Marañón, o sexo fisiológico não é uma realidade estável, nitidamente partilhada entre dois sexos, mas um processo único que passa por fases diferentes, evoluindo ora para o polo masculino, ora para o polo feminino. O homem "normal" passa muito depressa, desde a infância, por uma fase preliminar feminina, enquanto a mulher "normal" só tende a atingir a virilidade no fim de sua evolução, após a menopausa. "No homem, a fase inicial feminoide é breve e pouco intensa, e a fase viril, bem diferenciada, é longa. Na mulher, a fase feminina é longa e diferenciada e a fase viriloide terminal é breve e pouco enérgica" (G. Marañón, *L'Évolution de la sexualité*, op. cit., p. 243).

30. Foucault retoma aqui as diferentes categorias de perversões sexuais tais como Freud as divide formalmente no primeiro dos *Trois essais sur la théorie sexuelle* (1905), em S. Freud, *Œuvres complètes. Psychanalyse*, org. A. Bourguignon, P. Cotet e J. Laplanche, v. 6, Paris: PUF, 2006, referente às "aberrações sexuais", notadamente pp. 67-94 [*Três ensaios sobre a teoria da sexualidade*, trad. rev. Vera Ribeiro, ESB, v. VII, 2. ed., Rio de Janeiro: Imago, 1989; *Três ensaios sobre a teoria da sexualidade e outros textos*, trad. Paulo César de Souza, em *Obras completas*, v. 6, São Paulo: Companhia das Letras, 2016]. Foucault utiliza uma tradução do texto que apresenta como particularidade, em especial, traduzir *Trieb* por "tendência", e não por "pulsão". Por comodidade, citamos a tradução mais recente das *Œuvres complètes* aqui mencionada.

31. "Considera-se como objetivo sexual normal a união dos órgãos genitais no ato designado como copulação, que conduz à resolução da tensão sexual e à extinção temporária da pulsão sexual (satisfação análoga à saciedade na fome)" (ibid., p. 82).

32. Cf. a definição precedente do "objetivo", no que concerne aos "órgãos", entendendo-se que existe uma multiplicidade de "alvos sexuais" preliminares, intermediários, que são acompanhados por certo prazer e, ao mesmo tempo, são tidos como aumentando a tensão para chegar ao objetivo sexual terminal; esses objetivos podem levar a fixações. Quanto ao objetivo como ato, na definição dada por Freud (ibid., p. 67), o objetivo sexual é "a ação a que a pulsão impele".

33. O objeto sexual é apresentado como "a pessoa de quem emana a atração sexuada" (ibid.).

34. Foucault transcreve aqui os elementos essenciais da parte V, "Pulsões parciais e zonas erógenas", do primeiro dos *Trois essais sur la théorie sexuelle*, datada da edição de 1915, numa tradução em que o termo *"Trieb"* é vertido [para o francês] por "tendência", e não por "pulsão". Na tradução atual das *Œuvres complètes*, o trecho a que é feita referência aqui é: "Em se tratando de 'pulsão', só podemos entendê-la, antes de mais nada, como a representação psíquica de uma fonte de estímulo intrassomática, de escoamento contínuo, diferentemente do 'estímulo' que é instaurado por excitações isoladas e provenientes de fora" (op. cit., p. 101).

35. Cf. ibid., pp. 101-2: "delimitação entre o anímico e o corporal".

36. Foucault copia literalmente o trecho seguinte (na trad. das *Œuvres complètes*, op. cit., p. 102): as pulsões "não possuem em si nenhuma qualidade [...] o que diferencia as pulsões umas das outras e as dota de propriedades específicas é sua relação com suas fontes somáticas e seus objetivos. A fonte da pulsão é um processo excitador num órgão, e o objetivo imediato da pulsão reside na eliminação desse estímulo orgânico".

37. Ibid., p. 102. Nas psiconeuroses (em particular, a histeria) e nas perversões, "zonas erógenas" como a cavidade bucal ou o orifício anal tornam-se "parte[s] do aparelho sexuado", tornam-se "aparelhos marginais e como que sucedâneos dos órgãos genitais".

38. Ibid., pp. 102-3.

39. Ibid., p. 85. "Na neurose de compulsão, o caráter significativo dos impulsos que criam novos alvos sexuais e que aparecem independentemente das zonas erógenas é o que mais impressiona."

40. Ibid., p. 94.

41. Ibid., p. 95. "Talvez seja precisamente nas perversões mais abomináveis que convém admitir a maior participação psíquica na transformação da pulsão sexual [...]. Em parte alguma a onipotência do amor se manifesta com mais força do que nessas aberrações que lhe são próprias."

42. Ibid., p. 97.

43. Ibid.

44. O caso da histeria, tomada como "modelo de todas as psiconeuroses", é analisado por Freud na Parte IV do primeiro dos *Trois essais sur la théorie sexuelle*, "A pulsão sexual nos neuróticos", em especial nas pp. 98-101. A citação foi tirada da p. 98. Cf. também Sigmund Freud e Joseph Breuer, *Études sur l'histerie*, trad. [franc.] A. Berman, Paris: PUF, 1956 [*Estudos sobre a histeria*, trad. rev. Vera Ribeiro, ESB, v. II, 2. ed. rev., Rio de Janeiro: Imago, 1987; *Estudos sobre a histeria*, trad. Paulo César de Souza e Laura Barreto, em *Obras completas*, v. 2, São Paulo: Companhia das Letras, 2016].

45. Foucault atribui uma relevância muito particular ao fato de que "nenhuma forma de psicologia deu mais importância à significação do que a psicanálise" ("La psychologie de 1850 à 1950" [1957], art. citado, p. 155). A relação de Freud com a interpretação dos signos — dos quais o inconsciente é, ao mesmo tempo, o portador e a chave — foi evocada por Foucault na mesma época em "Philosophie et psychologie" (em *Dits et écrits*, v. I, 1954-1975, org. D. Defert e F. Ewald, com a colab. de J. Lagrange, Paris: Gallimard, 2001 [1994], pp. 469-71 [*Ditos e escritos I*, trad. Vera L. Avellar Ribeiro, Rio de Janeiro: Forense Universitária, 1999]) e na intervenção que ele dedicou às técnicas de interpretação em Nietzsche, Freud e Marx, no Colóquio de Royaumont sobre Nietzsche, em julho de 1964 ("Nietzsche, Freud, Marx" [1967], em *Dits et écrits*, op. cit., v. I, n. 46, pp. 592-607). Os laços entre o econômico ("energético") e a significação em Freud foram estudados em detalhe por Ricœur, numa série de conferências feitas por ele em 1961-2 e que formaram a trama de *De l'interprétation. Essai sur Freud*, Paris: Seuil, 1965 [*Da interpretação: Ensaio sobre Freud*, trad. Hilton Japiassú, Rio de Janeiro: Imago, 1977].

46. Toda essa análise sobre as relações entre neurose e perversão encontra-se nos *Trois Essais sur la théorie sexuelle*, op. cit., pp. 99-100.

47. Essas consequências foram detalhadas por Freud em ibid., pp. 99-101.

48. Entenda-se: quando encontramos no inconsciente uma tendência passível de se ligar à tendência contrária (ativa-passiva; por exemplo, voyeurismo-exibicionismo), uma dada tendência é sempre acompanhada de sua contrapartida, uma ocupando um lugar mais ou menos dominante em relação à outra.

49. Sobre essa teoria, cf. S. Freud, Parte vi do primeiro dos *Trois Essais sur la théorie sexuelle*, "Explicação da aparente predominância da sexualidade perversa nas psiconeuroses", pp. 103-4.

50. Foucault segue nesse ponto a Parte vii do primeiro dos *Trois Essais sur la théorie sexuelle*, "Indicação do infantilismo da sexualidade", pp. 105-6, de onde foram extraídas as diversas citações. A escolha do termo "perversidade", em vez de "perversão", no entanto, não é de Freud, que se contenta em assinalar que "algo inato se encontra, efetivamente, na base das perversões", "raízes inatas da pulsão sexual, dadas pela constituição", que são compartilhadas pelo conjunto dos homens e que, em alguns casos, dão lugar a perversões.

AULA 5

A sexualidade infantil[1]

I. Longo desconhecimento e resistência ao estudo direto da sexualidade infantil. 1. Razões culturais: história da infância (séculos XVIII-XIX). Postulado da pureza da criança no século XIX. A guerra e a crise econômica do começo do século XX formularam de uma nova maneira a questão da pedagogia. 2. Razões psicológicas: amnésia e relações neuróticas na infância: a infância é sempre apreendida de maneira indireta pelos adultos. 3. Técnica psicanalítica: dificuldades levantadas pela psicanálise infantil. II. Análise da sexualidade infantil. A. Os elementos: uma sexualidade não genital, incidente sobre o próprio corpo, ligada a zonas erógenas diferentes e feita de tendências parciais. Ela pressupõe intensas atividades interpretativas. Distinguir interpretações e fantasias. As diversas interpretações. Relação do conhecimento e da linguagem com o sadismo e o assassinato. A sexualidade e a história: relação com a Lei, relação com os outros e experiência trágica. B. As formas de organização: 1. A organização oral; 2. A organização sádico-anal; 3. A organização genital. A questão da sexualidade feminina.

O estudo da sexualidade infantil é um belo testemunho do sistema de chi- [90] canas que a cultura ocidental opôs à análise da própria sexualidade (adulta, normal, positiva). Vimos que a sexualidade só se [constituiu]* através das perversões. Tínhamos a impressão ou a esperança de que essa análise nos colocaria na presença da sexualidade em si. Na verdade, ela nos pôs na presença de certo número de fenômenos negativos (as diversas perversões, as diversas neuroses, as sexualidades laterais, a sexualidade normal, que

---

* Acrescentamos "constituiu".

é composta a partir de uma perversão reprimida). E depois, na base disso tudo, uma perversão congênita — a que a criança traz ao nascer, ou, pelo menos, a que ela manifesta desde o nascimento.[2]

Pois bem, esse estudo da sexualidade infantil, que agora seria preciso empreender durante muito tempo, não foi feito diretamente; e ainda hoje, até podemos duvidar de que assim possa ser feito. Esse caráter indireto do estudo da sexualidade infantil é marcado por certo número de fatos dos quais alguns se atêm, sem dúvida, à história de nossa cultura, outros, à psicologia do indivíduo, e outros, enfim, à técnica psicanalítica. [91]

(A bem da verdade, essas três razões se ligam umas às outras: a psicologia do indivíduo e a história cultural se reforçam, determinam-se mutuamente; a técnica psicanalítica está ligada a essas duas primeiras razões.)

A. As razões culturais[3]

1. Até o fim do século XVIII, a infância havia constituído uma entidade autônoma, um recorte da vida; mas era um recorte maciço, sem escalonamento interno. Estava-se na infância ou fora da infância. Não havia hierarquia interna das classes etárias. (O que, pedagogicamente, se traduziria por uma indiferença ao amadurecimento.)[4]

Quanto à sexualidade, havia certo número de coisas toleradas, sem questionamento sobre a natureza dessa sexualidade.

2. A partir do século XIX, a infância desdobrou-se em classes etárias (permitindo e prescrevendo uma pedagogia diacrônica); ao mesmo tempo, entretanto, foi separada do mundo adulto, formando um microcosmo adjacente ao universo maior dos homens-feitos. Na verdade, um duplo microcosmo: o da aprendizagem [e] o da educação dos colégios.[5] [92]

3. Só tardiamente, depois da guerra, é que os problemas concretos da educação se reapresentaram:

    a. Certo número de perturbações sociais:

      – Aichhorn[6] – Makarenko;[7]

      – Bernfeld: *Kinderheim* para crianças sem pais.[8]

Aula 5

b. A crise econômica (superprodução), que acarretou:

– muito desemprego entre os jovens;

– necessidade de uma reconversão e de uma formação em profissões técnicas.

Foi sob a pressão dessas mutações sociais que o problema da infância se apresentou com urgência renovada.

De modo que, durante todo o século XIX, reinou sobre a infância o postulado de sua pureza. Nenhuma relação com a sexualidade. A criança era apenas pura aprendizagem.

E, como ocorre que foi nessa época que se descobriu a sexualidade [93] adulta, compensou-se pelo lado das origens o que vinha à luz do lado do adulto. Ou melhor, enraizou-se do lado da natureza e se redescobriu do lado da degenerescência uma sexualidade que era negada no período da infância, que já não era apenas biológica e ainda não era decadente. O tema da pureza da criança protegeu contra a descoberta da impureza sexual do adulto.[9]

B. As razões psicológicas

1. A amnésia infantil que incide sobre os "6 ou 8" primeiros anos da infância.[10]

• Amnésia que é ainda mais marcante na medida em que ninguém antes de Freud havia se surpreendido com ela, como se houvesse uma amnésia dessa amnésia.

• Ela não pode ser considerada um esquecimento natural (devido a uma imaturidade do sistema nervoso), porque a infância é a idade da aprendizagem.

Ela incide, portanto, sobre uma categoria privilegiada de fatos:

a. Esses fatos, como tende a provar o seu retorno em certas circunstâncias, são os mais importantes.

b. São geralmente de natureza sexual. [94]

2. Ora, é preciso observar duas coisas:

– Esses fatos são esquecidos tal como o são, nos histéricos e de modo geral nos neuropatas, os acontecimentos recentes (cf. Dora: a tosse histérica e o beijo do [sr.] K ao pé da escada).[11]

– Por outro lado, as condutas sexuais esquecidas são da mesma natureza das que vemos manifestarem-se nos neuróticos:

• outros objetos sexuais (homossexualidade);

• outros alvos sexuais (objetivos parciais e derivados).[12]

Nesse ponto, convém prestar atenção. Temos o hábito de dizer que, para Freud, a infância e a neurose são exatamente homogêneas e se superpõem. A infância seria, para ele, uma espécie de neurose precoce; a neurose, uma infância fixada e detida em si mesma. As coisas são mais complicadas.

• É verdade que há nas crianças condutas que têm a mesma estrutura da neurose; que a neurose, por outro lado, comporta fixações infantis.

[95] • Mas, de fato, o que Freud mostra, antes de mais nada, o que é fundamental, é que a relação do adulto com a criança que ele foi é uma relação de tipo neurótico (isto é, uma relação que se estabelece de acordo com mecanismos que são quase todos encontrados na neurose). Não fomos histéricos, obsessivos ou fóbicos em nossa infância; somos histéricos ou obsessivos ou fóbicos em nossa relação com nossa infância; e é ao sair dela, para sair dela, que temos em ação um *"certo número"** de processos ou mecanismos fóbicos, obsessivos, histéricos. Quando digo "um certo número", temos aí o problema capital, porque é aí que se faz a separação entre o normal e o patológico.

Há um certo número de mecanismos que não funcionam no indivíduo normal (ou o fazem em grau menor: a fuga para a fantasia, a fragmentação da personalidade, a negação da realidade). Inversamente, há pelo menos um mecanismo que raras vezes funciona no doente: é a sublimação.

---

* Grifo no manuscrito.

Aula 5 113

Em contrapartida, há um certo número de mecanismos que encontramos no indivíduo normal e no doente: o recalcamento. A teoria do recalcamento está bem no cerne da psicanálise freudiana, com todos os enigmas que ela encerra.

Por causa desses mecanismos "neuróticos" que estruturam as relações [96] do adulto com sua infância, não é possível que a infância seja diretamente acessível através da observação ou das lembranças do adulto.

1. No nível da memória, não há lembrança infantil que seja pura, transparente e imediatamente liberada.

2. Quanto às observações que os adultos podem fazer sobre as crianças que os cercam e, em geral, sobre as que são seus filhos (dentre as que lhes servem de substitutos), também elas são filtradas por esses mecanismos transferidos da infância do sujeito para a dos outros. Essa transferência pode se dar de diversas maneiras:

• ou a criança desempenha o papel de objeto ou de objetivo sexual para o adulto — por exemplo, sabemos que o(a) filho(a) desempenha para a mãe o papel do órgão viril, assim funcionando na estrutura da castração, que, sem dúvida, é comum a todas as mulheres;

• ou a criança é um modo de reativar situações infantis: torna-se objeto sexual. Fixações homossexuais ou edipianas.

As relações com a criança, mesmo no caso do indivíduo normal, fazem [97] parte da sexualidade colateral que comumente integra a vida adulta. O amor que nutrimos pelos filhos é fundamentalmente perverso. Os primeiros sedutores da criança, os únicos, são os pais. Se saímos da infância violados, espancados, homossexuais, sadomasoquistas, exibicionistas, voyeurs, [é] por termos tido pais. Durante anos, fomos objetivo e objeto das perversões adultas.

A relação do adulto (normal) com a infância entra nos esquemas anteriores:

• repressão (é a relação com sua própria infância);

• sexualidade colateral (é a relação com as outras crianças).

Daí o fato de que, para a psicanálise, não há pedagogia possível:

• "Antes mesmo de ele vir ao mundo, eu sabia que nasceria um pequeno Hans que amaria sua mãe e odiaria seu pai."[13]

- "Não importa o que você faça, será ruim."[14]

Assim, por todas essas razões, o depoimento do adulto sobre sua infância e sobre as crianças não pode ser aceito diretamente e sem análise.

[98] ## C. A técnica psicanalítica

Durante muito tempo (e, na verdade, durante toda a sua vida), Freud se recusou a analisar crianças. O Pequeno Hans [foi analisado] através de um intermediário.[15] Historicamente, a análise direta de crianças surgiu em 1926, com uma série de conferências de A[nna] Freud no Instituto Psicanalítico de Viena.[16]

- 1927, no x Congresso Internacional de Psicanálise, em Innsbruck, relatório de A[nna] Freud. A partir dessa data, reuniões regulares em Viena. A Associação Internacional de Psicanálise organizou duas clínicas, uma para crianças (dirigida por Sterba),[17] outra para adolescentes (dirigida por Aichhorn).[18] Pouco antes da guerra, creche experimental para crianças de 1 a 2 anos (com Dorothy Burlingham).[19]

A que se deveu essa demora? E a que continuam a se dever as dificuldades encontradas na análise de crianças?

– Ao fato de que é difícil, impossível talvez, determinar os critérios do patológico na criança. Com efeito,[20]

[99] 1. Os critérios para o adulto, aquilo a partir do qual a consciência de sua doença lhe é transmitida, são sua sexualidade e seu trabalho. Ora, isso não pode servir de decisão para a criança (realidade, prazer).[21]

2. O adulto julga, em relação à criança, problemas importantes para ele (a anorexia).

3. Julga a patologia por sua própria perturbação. Considera grave a enurese noturna, mas vê a feminilidade passiva de um menino como um sinal positivo.[22]

4. Nem sempre ele tem consciência [da] doença na criança.[23]

– Além disso, uma vez iniciada a psicanálise, há algumas dificuldades que se apresentam:

Aula 5

- Nem sempre existe a vontade de ser curado(a) (são os pais que pedem o tratamento); e a doença, além disso, ainda com mais frequência que no adulto, é a única solução num meio em que não se é senhor.
- Não há linguagem.
- Não há um eu estruturado.

– Por fim, no curso da própria análise, encontram-se mecanismos de [100] defesa muito mais fortes que no adulto. Em particular:

- Negação da realidade externa.
- Amnésia.
- Fuga para a fantasia.
- Fragmentação da personalidade.
- Inibições motoras.[24]

ANÁLISE DA SEXUALIDADE INFANTIL

A. Os elementos

1. É uma atividade cuja natureza sexual não implica o caráter genital

É preciso atribuir à sexualidade muitas atividades que não têm nenhuma relação com o aparelho genital. O que permite reconhecê-las como sexuais? Certo número de características:

a. o caráter rítmico do gesto [...];*

b. a atenção absorta;

c. acompanhamento de uma tensão muscular mais geral;

d. relaxamento → sono;

e. por último, às vezes essas atividades são acompanhadas pelo toque nas partes genitais.

A sucção obedece a esses critérios.[25]

---

* Segue-se uma abreviatura "o", difícil de interpretar. Freud fala de "repressão rítmica".

[101] 2. *Trata-se de uma atividade que, em geral, não diz respeito a terceiros, mas ao corpo da própria criança*

É autoerótica (cf. também a sucção). Mas esse autoerotismo é digno de nota por quatro razões:

a. De um lado, é enxertado nas condutas alimentares: suas manifestações são exatamente do mesmo tipo do caráter rítmico que caracteriza a nutrição.

b. Liga-se, por isso, aos comportamentos indispensáveis à manutenção da vida.[26] Isto tem uma importância capital:

– porque reúne o princípio do prazer e o da realidade (ou melhor, eles ainda não estão separados);

– porque, quando o eu se constituir (como sede do princípio de realidade), poderá ser investido pela libido, dando lugar aos instintos do eu [e] ao narcisismo.[27]

[102] c. Esse autoerotismo deriva, portanto, de um prazer que passava por um objeto externo, o seio materno. E, em certo sentido, o autoerotismo é uma compensação e um substituto da perda provisória do objeto.[28] O próprio corpo, na análise freudiana, talvez nunca seja mais que o substituto do outro. Eu sou onde o outro não é. Nunca sou senão a ausência de meu objeto. O que tem consequências que convém assinalar:

– Amar, como um voltar o autoerotismo para o outro, é "dar o que [não] se tem".[29]

– Sendo o próprio corpo a ausência desse objeto, quando esse objeto é mau, o indivíduo desaparece: masoquismo, suicídio.

– Os processos de identificação se fazem com base numa experiência de ausência.

d. Ele marca a primeira dissociação entre o alimentar e o sexual. Nesse sentido, o sexual propriamente dito é como que desvinculado de um apetite que diz respeito à vida. Amamos porque não comemos.[30]

[103] Isso explica por que Freud pôde dizer que o autoerotismo é primário (o que Anna Freud retomou) e por que pôde situar a relação com o objeto antes do autoerotismo (como Melanie Klein).[31] É que, de fato,

Aula 5 117

o autoerotismo [marca a entrada]* na ordem da sexualidade, uma vez que esta só aparece com ele. Mas a condição de possibilidade do aparecimento da sexualidade é uma relação com o objeto; no vazio desse objeto desaparecido, a sexualidade se manifesta, e o faz como autoerotismo.[32]

3. É uma atividade que se localiza em diversas zonas do corpo[33]

Sendo não sexual e concernente ao próprio corpo, onde se localizará ela?

*1ª observação:*** em princípio, ela pode concernir a qualquer parte do corpo. Este pode ser, todo ele, uma zona erógena. Ora, se todo ele pode ser zona erógena, é no sentido de que qualquer parte sua pode ser erotizada, visto que o corpo nunca o é de uma vez só e simultaneamente, em sua totalidade. Por quê?

• É que o autoerotismo, desvinculado das condutas alimentares, concerne primeiramente à boca e à mão. E só será da esfera do autoerotismo aquilo que puder ser atingido pela boca ou pela mão.

• A possibilidade de uma erotização completa do corpo implicaria três experiências de que a criança não é capaz:

– ou uma relação completa com o outro (excetuada a mãe, quando ela segura a criança no colo); [104]

– ou a percepção de outra criança com a qual seja possível a identificação;

– ou o reconhecimento no espelho.

Pois bem, [d]essas experiências, a primeira confirma o desaparecimento do objeto e, se unifica a fragmentação, ela a exacerba quando ele desaparece. As outras duas são mais tardias. E são sempre decisivas.[34]

É compreensível, nessas condições, que a fragmentação do corpo possa aparecer:

---

* Foucault esqueceu um trecho da frase ao mudar de folha; nós o acrescentamos: "marca a entrada".

** Grifo no manuscrito.

118 *A sexualidade*

– ou nos casos de formação insuficiente, nos perversos. Com uma faceta de autoerotismo primário e uma faceta agressiva;

– ou nos de grave dissociação do eu, como na esquizofrenia.

Convém distinguir essas dissociações das reativações compensatórias dos histéricos. Estas últimas nada mais são que formas de sexualidades colaterais, ligadas ao recalcamento da sexualidade genital. É a retirada do circuito da frigidez. Esta acarreta a reativação das zonas de autoerotismo.

[105] *2ª observação:** vemos como o erotismo anal se constitui contra esse fundo de autoerotismo, uma vez que ele permite (seja pela retenção, seja pela evacuação) certa ação do corpo sobre ele mesmo. Há, portanto, a mesma estrutura do autoerotismo oral. Contudo, na medida em que a evacuação provoca prazer pelo desaparecimento do objeto, ela passa a se ligar ao mau objeto (àquele que se furta à necessidade alimentar). Rejeitamos aquilo que não comemos. Daí a valorização negativa da atividade anal e sua relação essencial com a agressividade.

Mas, por outro lado, como o que é evacuado faz parte do corpo (do corpo que é instrumento de prazer), há uma valorização positiva e uma angústia diante desse objeto que é perdido. Daí:

• a ambivalência do erotismo anal;

• a ligação da agressão com a angústia;

• a ligação do sadismo (o corpo que é rejeitado) com o masoquismo (o eu mesmo de que nos separamos).[35]

[106] O suicídio obsessivo deve ser distinguido do suicídio melancólico (que, este sim, é verdadeiro), uma vez que o primeiro é apenas fantasmático.

*3ª observação:*** é que o aparelho genital não tem razão para ser excluído desse erotismo por zonas, mas não tem uma situação privilegiada, pelo menos nesse momento. É esse autoerotismo que suscita a masturbação infantil, masturbação que tem sua importância particular no caso da sedução e que continuará a tê-la, depois, por ser a atividade proibida e recalcada.

---

* Grifo no manuscrito.
** Idem.

Aula 5   119

A histeria deve-se com frequência a esse recalcamento (e tendo por fundo a sedução). Freud se deu conta disso em sua etiologia da histeria.[36]

4ª observação: * tudo isso faz com que a sexualidade da criança se caracterize por "tendências parciais". Esta expressão deve ser entendida aqui em vários sentidos simultâneos:

1. No sentido de que algumas partes do corpo que não as genitais desempenham um papel tão importante quanto estas, se não [mais], ou mais primitivo, pelo menos.

2. No de que algumas condutas de tipo sexual se manifestam sem ser integradas, a título de componentes [ou de formas colaterais (sadismo, masoquismo)]** numa sexualidade genital.   [107]

3. No de que essas condutas, se é verdade que não têm um objeto sexual privilegiado e que as totalize, [não] são inteiramente desprovidas de objeto. O voyeurismo, o exibicionismo, o sadismo e o masoquismo se exercem diante ou a propósito de um objeto sexual. Não se deve confundi-lo com o objeto libidinal.[37]

4. No de que essas condutas podem ser ativadas — sem serem criadas, de modo algum — pela sedução. A criança torna-se então um "perverso polimorfo", que só difere do normal em termos quantitativos. Convém também observar que a sedução é uma questão quantitativa (existem pais "sedutores").[38]

É essa perversão que pode resultar seja na perversidade (por falta de recalcamento), seja em algumas neuroses de recalcamento (histeria).

*4. São atividades ligadas a intensas atividades interpretativas****   [108]

A. É preciso distinguir fantasias e interpretações:

– fantasia: é a atualização imaginária de um objeto com função simbólica e que abarca uma experiência angustiante;

– interpretação: é uma atividade intelectual que se destina a mascarar

---

* Idem.

** Trecho acrescentado posteriormente.

*** Primeiro, Foucault escreveu "a uma intensa produção fantasmática", depois se corrigiu.

experiências angustiantes e a satisfazer necessidades afetivas. É, ao mesmo tempo, um sistema de garantia em relação à angústia e um princípio de sistematização intelectual.

Uma é patológica; a outra tem um valor positivo. É um fator adaptativo.

É verdade que as interpretações e as fantasias muitas vezes se emaranham: as interpretações podem unir fantasias (como os contos de fadas: o ogro etc.), e as fantasias (o falo materno) podem confirmar interpretações. Mas é um erro de Melanie Klein, sem dúvida, tê-las confundido, ou pelo menos tê-las ligado como uma continuidade.[39] Elas funcionam em oposição uma à outra: quando a interpretação se mistura com as fantasias, é para neutralizá-las e torná-las suportáveis (o ogro de um conto de fadas é menos perigoso que o pai castrador). E, inversamente, quando a fantasia se produz (o falo materno), é por ter falhado a interpretação (todas as mulheres têm o mesmo aparelho genital que os homens).

[109] B. Quais são essas interpretações?

Elas não se referem de maneira primordial à genitalidade, pela simples razão de que esta não tem a importância que adquirirá depois.

– A primeira interpretação aparece a propósito do nascimento das crianças (medo de que venham outras, de que o objeto sexual que é a mãe desapareça e seja confiscado). De onde vêm os bebês? (Esse é o enigma da Esfinge.)[40] A interpretação universalmente dada (que depois pode ser recalcada ou travestida) é a mais próxima das estruturas que já estudamos: a criança se forma a partir da alimentação e nasce pelo intestino.[41] Isso:

• é muito "satisfatório", já que as outras crianças que nascerem serão assemelhadas à matéria da defecação. Serão objeto de agressão, naturalmente;[42]

• autoriza a crença em que os dois sexos podem ter filhos (e, eventualmente, a própria criança).

[110] – A segunda interpretação refere-se ao aparelho genital, que é admitido como idêntico em todo mundo:

Aula 5   121

• Os meninos supõem que as meninas têm pênis. E, quando têm que se render à evidência, interpretam-na como uma perda (com uma angústia subjacente que pode dar lugar a fantasias).

• As meninas acham que todo mundo tem o mesmo aparelho genital que elas. E, quando descobrem que não é assim, surge a crença na castração ou no atraso do desenvolvimento. De qualquer modo, há a "inveja do pênis".[43]

– A terceira série de interpretações refere-se às relações sexuais entre os pais. As crianças sempre as interpretam como sadismo e, muitas vezes, ligadas à micção e à defecação.[44]

Vemos que essa sistematização intelectual, em todos os seus temas e estruturas, é aparentada com o sadismo e, mais especialmente, com o sadismo anal. A fase sádico-anal, que se situa em torno dos dois ou três anos, é a época das grandes [sistematizações]* intelectuais, da aquisição maciça da linguagem e das primeiras grandes investigações.

Daí o conhecido fato de que os neuróticos obsessivos são sujeitos "inteligentes", ou, pelo menos, intelectuais, interpretativos, racionalizadores.[45] (Diferem dos paranoicos no sentido de que a interpretação paranoica comporta todo um sistema de projeções que se refere à estrutura do eu: é uma psicose; já aqui, trata-se apenas de racionalizar experiências de ordem sexual, portanto, libidinais: é uma neurose.) [111]

Daí também uma série de fatos mal conhecidos: relação do conhecimento e da linguagem com o sadismo e o homicídio.[46] Relação que vocês encontram:

• Nos grandes temas religiosos: o conhecimento que mata. A árvore do Gênesis, que deve trazer o conhecimento e que, na verdade, expulsa da vida eterna e da bem-aventurança. Árvore que, justamente, era interditada por uma proibição. Vejam também todos os esoterismos: não desvendar, não conhecer. E o fato de tantas ciências se haverem desenvolvido tendo por fundo uma ritualização esotérica: não desvendar para saber; não revelar o que se sabe; se aceitares não saber, saberás.

---

* Falta uma palavra nesse ponto: restabelecemos "sistematizações".

[112] • Também encontramos vestígios dessa relação em todas as proibições da linguagem.[47] As palavras que não [se] deve empregar. As palavras que matam. As palavras sagradas, cuja simples revelação seria perigosa. E o tema muito difundido dos nomes próprios que não devem ser articulados, seja porque mataríamos aqueles que [os] portam, seja porque nos exporíamos a seus golpes. A linguagem é, com certeza, dentre todas as nossas atividades, a mais receptiva às defesas obsessivas. É daí, sem dúvida, que ela extrai seu poder mágico e suas capacidades de contágio. É impróprio dizer coisas impróprias. Evidência que só é possível tendo por fundo uma defesa obsessiva.

E, se considerarmos que a sexualidade, em nossa cultura e em muitas outras, é aquilo que não deve ser dito, não mais do que tudo o que se refere à micção ou à defecação, vocês verão que reunimos aí, de uma só vez, a formação da linguagem e a interpretação sádico-anal da sexualidade. Daí também a vivacidade do escândalo (do prazer e da defesa contra o prazer) diante do palavrão grosseiro ou do desvelamento verbal da sexualidade.

[NP]* [Vimos as características gerais da sexualidade:
• Não genital
• Relacionada com o próprio corpo
• Localizada em diferentes partes do corpo
• Ligada a atividades interpretativas importantes

Isso quer dizer que a sexualidade está ligada à constituição da experiência do corpo (e a seu inverso, a morte) [e] à constituição do conhecimento e da linguagem.[48]

Mas há uma dimensão própria dessa sexualidade. Ela tem uma história, e essa história tem por característica, em primeiro lugar, orientar-se para um fim normativo, e em segundo, escolher seus objetos. Ou seja, ela

---

* Folha não paginada na frente nem no verso (página seguinte), com o cabeçalho (no verso) "Universidade de Clermont/Faculdade de Letras e Ciências Humanas/Instituto de Filosofia". Trata-se de uma folha de recapitulação, sem dúvida anexada posteriormente. Só a folha de número 121 (última página do curso) também seria escrita numa folha com o timbre da universidade. É muito possível, portanto, que Foucault tenha inserido essas páginas a título de conclusão e que o resto do curso não tenha sido lecionado, pois, como veremos, ele se encerrou abruptamente.

Aula 5

define para o indivíduo a relação com a Lei e a relação com os Outros. Com outros que, ao mesmo tempo, são constituídos pela sexualidade e se furtam a ela. Da mesma forma que essa lei é aquela que se pode transgredir.

Só obedecemos ao que podemos destruir; só amamos o que podemos perder. É nesse universo ameaçado que o homem se desenvolve e se desloca. É aí que assume seu volume próprio. [NP/2]

E a sexualidade redescobre* a tragédia grega (os Outros e o Destino). Mas essa tragédia estava encravada** no naturalismo, ao passo que a sexualidade (com Freud) fez destacarem-se da natureza as grandes potências trágicas que dominam o homem.

Vivemos, sonhamos, falamos no trágico que é o da sexualidade. O trágico que nos ensinaram Proust, Genet ou Faulkner. E, se disserem que, na era da bomba atômica, o trágico sexual é muito fraco, responderemos que a experiência trágica sempre esteve à margem dos perigos reais (os gregos, Shakespeare).***[49]]

B. As formas de organização**** [113]

As tendências parciais e o caráter ora fragmentado da sexualidade (no corpo), ora ligado a outras atividades (como a alimentação), não impedem que a atividade sexual se componha numa "organização". O que Freud entende por "organização"?[50]

1. A forma de atividade sexual mais importante + as que lhe estão ligadas em caráter subordinado + as (não sexuais) com que ela se associa. Trata-se de um núcleo de atividade que comporta uma hierarquia no interior da sexualidade, ou de associações entre a sexualidade e o que não é sexual.

---

* Foucault havia escrito, primeiro, "refaz às avessas".
** Palavra difícil de ler.
*** O segundo termo é de leitura difícil, mas parece ser "Shakespeare".
**** Voltamos aqui ao desenrolar normal do curso.

2. A definição de objeto sexual.

3. A definição de objetivo sexual.

Essas organizações não são diretamente visíveis durante a infância; só podem ser decifradas através dos sinais. Não aparecem com clareza senão nos casos patológicos — quando há uma fixação do adulto numa organização sexual (ou melhor, numa forma de organização não genital, pois é esta última que se considera normativa).

[114] a. A primeira organização é *oral*.*[51] Essa fase se caracteriza facilmente

• pela subordinação de todas as atividades sexuais à da preensão dos alimentos (pela boca e pela mão);

• pela associação estreita das atividades sexuais com a alimentação;

• por um objeto, ou melhor, uma série de objetos, isto é, todos os que fornecem a alimentação;

• por um objetivo, que é a incorporação.

A importância dessa fase se deve:

• [a] que ela é substituída muito rapidamente pelo autoerotismo e pelos comportamentos de sucção. Em outras palavras, tem em si apenas uma "existência virtual". Logo de saída, é penetrada e atravessada pelo desaparecimento do objeto, portanto:

– pela posição do corpo como objeto sexual;

– pela dispersão do corpo;

– pela fase depressiva do desaparecimento do objeto;

– pela agressividade, a um tempo como maneira de recuperar o objeto e de destruí-lo.[52]

• a que ela é a base da identificação. O mecanismo da identificação se faz com base no modelo das captações alimentares. Com todas as oscilações que podem produzir-se. O seio materno como objeto ativo e fecundante é de polaridade masculina; ora, no menino, a identificação com o seio materno deve excluir a identificação com a sexualidade materna. O seio materno deve equivaler ao sexo paterno, mas não à maneira da passividade feminina para a criança.[53]

---

* Grifo no manuscrito.

Nesse sentido, podemos dizer com Melanie Klein que o Édipo se [115] forma nesse momento.[54]

b. A segunda organização é de tipo sádico-anal:[55]

• Associada a atividades intestinais que são da ordem da retenção e da defecação.

• Subordinação a uma atividade sexual bipolar, mas que não é a oposição dos sexos, e sim [a] de atividade e passividade:

– a atividade é assegurada pela atividade muscular, o que acarreta uma modificação na experiência do próprio corpo. Constituição de uma experiência unitária;

– a passividade é representada pela cavidade e pelo orifício intestinal, o que acarreta uma experiência do interior do corpo.

Portanto, são dois aspectos da experiência do corpo: a atividade (externa e muscular) e a passividade (interna, intestinal).

– Importância para a formação do eu (estrutura perceptivo-muscular).

– Importância para a formação de hipocondrias (componentes fortemente homossexuais).

Logo, importância também para a distinção entre atividade e passivi- [116] dade, que não coincide com virilidade e feminilidade. É por isso que a organização sádico-anal é essencial na gênese das homossexualidades.

• O objeto sexual é um objeto interno do corpo, mas que se destina a ser expulso, e por isso também causa a satisfação do adulto (da mãe) e sua sedução.

Daí a estrutura inversa do objeto sexual oral: este é externo ao corpo, mas é inteiramente destinado a satisfazer o corpo (associa, portanto, o princípio do prazer e o princípio de realidade; e é reabsorvido no autoerotismo). O objeto sexual, na organização sádico-anal, é interno ao corpo, mas deve ser expulso, doado, para satisfazer o outro.

a) Logo, ele é inteiramente dominado pelo princípio do prazer.

b) Esse prazer é ambivalente, pois é a perda que dá prazer (ao outro), ao passo que é a retenção (desprazer para o outro e castigo) que dá prazer.

126 *A sexualidade*

c) Daí a intervenção da lei, que doravante estará ligada (com a ambivalência do prazer) à atividade sexual.

[117]* • Quanto ao objetivo sexual, é claro que ele é o sadomasoquismo:
– a agressão, como retenção ou liberação fora de hora, gerando prazer;
– o sofrimento, como perda ou retenção voluntária, sendo recompensado.

Essa fase, portanto, é capital para a organização do eu, para a constituição do próprio corpo (que pode tornar-se objeto de narcisismo) e para uma atividade sexual bipolar (que ignora, no entanto, a oposição masculino-feminino), pela constituição do sadomasoquismo.

c. A organização genital:[56]

Subordinada a uma atividade sexual definida pela masculinidade e pela feminilidade. O que implica:

a) privilégio dos órgãos sexuais como zona erógena (modificação na experiência do corpo);

b) a não independência do prazer preliminar (excitação), que passa a ser destinado a preparar o "prazer de satisfação" (isto é, a emissão dos produtos genitais);[57]

c) a existência de um objeto sexual de certo tipo, que é o sexo oposto.

[119/118]* Isso traz o problema da distinção da sexualidade masculina e da sexualidade feminina.[58]

1. O que é a libido?[59]

Força que mede processos e transformações no campo da excitação sexual:
• diferente das outras energias psíquicas;
• mas sempre positiva e ativa.

Portanto, a libido feminina não é passiva. O que explica que as interpretações da menina sobre seu sexo sejam sempre de tipo masculino.[60]

---

* Há aqui um erro de paginação: não há dúvida de que essa página segue-se imediatamente à anterior, mas Foucault escreveu 119, depois de ter escrito 117 na página anterior. Toda a numeração das últimas folhas está deslocada. Indicaremos à esquerda a numeração original e, à direita, a numeração correta.

Aula 5 127

2. Pois bem, a libido feminina, fixada na zona erógena, implica um objeto sexual em relação ao qual ela é passiva. Donde:
- um conflito entre um erotismo clitoridiano e um erotismo vaginal;
- uma "repressão" e uma regressão;
- um narcisismo característico da mulher.[61]

3. O terceiro problema concerne ao paralelismo da história libidinal.　　[120/119]

a. Na primeira concepção freudiana, sendo as libidos idênticas e ativas, sua história não poderia ser a mesma. Em particular, a castração não tem a mesma posição nos meninos e nas meninas:
- nos meninos, ela conclui o Édipo; o apego à mãe → a ameaça do pai. Formação do supereu — Recalcamento seguido por latência;
- nas meninas, a castração deve permitir, ao contrário, o apego ao pai:* aceitar a feminilidade pela castração. A castração é o elemento constitutivo do Édipo. Importância do clitóris; o prazer vaginal é secundário.

b. Na segunda concepção, Freud descobre o apego da menina à mãe, "como a civilização micênica antes da grega".[62]

c. É essa fase que Melanie Klein analisa por conta própria, dando-lhe [121/120]** uma importância privilegiada, que lhe permite relacionar a castração com o fim do Édipo e, portanto, restabelecer um paralelismo entre os sexos, mas fazendo a libido pender para o lado da passividade e da feminilidade.[63]

O desejo de incorporação do pênis é que seria o primeiro — a alimentação seria seu substituto —, donde:
- a rivalidade precoce com a mãe (porém com a mãe fálica);[64]
- o medo da destruição do corpo;
- o desmame como retirada punitiva.[65]

A sexualidade clitoridiana seria um substituto. Identificação com o pai. Posição masculina da libido.[66]

---

* Todo um trecho foi riscado aqui — "fazer passar do apego primitivo à mãe (sendo a filha rival do pai) ao apego ao pai" — e substituído por "permitir o apego ao pai".
** Trata-se da última folha, redigida em papel timbrado da Universidade de Clermont-Ferrand, como as duas não paginadas anteriores (cf. *supra*, nota *, p. 122).

NOTAS

1. A temática da sexualidade infantil, cuja importância vemos aqui em ligação com a emergência de um saber sobre a sexualidade, voltaria a ocupar Foucault quando ele retomasse a história da sexualidade de um ponto de vista genealógico. Assim, *Le Pouvoir psychiatrique (Cours au Collège de France, 1973-1974)*, org. J. Lagrange, sob a direção de F. Ewald e A. Fontana, Paris: Gallimard/Seuil/Éd. de l'EHESS, 2003 [*O poder psiquiátrico: Curso dado no Collège de France, 1973-1974*, trad. Eduardo Brandão, São Paulo: Martins Fontes, 2006], foi amplamente dedicado ao tema da psiquiatrização da infância e à relação entre a figura da criança, o problema dos instintos e o da anomalia (pp. 123-41 e 199-221). *Os anormais* detém-se longamente na questão da masturbação e da sexualidade infantis entre o fim do século XVIII e o início do século XIX, como ponto de irrupção da sexualidade no interior do saber médico, antes de analisar a maneira de a *scientia sexualis* integrá-lo num saber maior sobre o instinto sexual e suas perversões (*Les Anormaux (Cours au Collège de France, 1974-1975)*, ed. estabelecida por V. Marchetti e A. Salomoni, org. F. Ewald e A. Fontana, Paris: Gallimard/Seuil/Éd. de l'EHESS, 1999, pp. 217-303 [*Os anormais: Curso no Collège de France (1974-1975)*, trad. Eduardo Brandão, São Paulo: Martins Fontes, 2001]). Sabemos, por fim, que o projeto inicial da *História da sexualidade* contemplado por Foucault integrava um volume inteiramente consagrado à história da cruzada contra o onanismo infantil nos séculos XVIII e XIX, e ao modo como essa cruzada constituiu um campo em cujo seio o saber sobre a sexualidade apareceria: "Do mito médico formulado pela onanística, em torno dos anos 1760-70, destacou-se aos poucos um discurso [...] que ultrapassou aquele do qual ele havia saído. Ele se deu por campo a sexualidade em geral e, por tarefa, a análise dos efeitos específicos que é possível identificar nela [...]. A sexualidade como campo de saber constituiu-se a partir da onanística [...]. No discurso da onanística, produziu-se uma série de transformações numerosas e complexas, ao cabo das quais, tomando por referência os anos 1870-1900 — ou seja, um século depois —, [produziram-se] um discurso e uma técnica que têm a sexualidade por referência e por campo de intervenção" (*La Croisade des enfants*, manuscrito inédito, BNF, Caixa 51, f. 64-5). Veremos que a releitura foucaultiana dos anos 1970 se fez em parte contra a leitura dada nesse curso, em particular sobre o caráter pretensamente oculto da sexualidade das crianças até a "descoberta" que Freud teria feito dela. Cf. *infra*, nota 9, pp. 129-30.

2. Cf. *supra*, Aula 4.

3. É útil aproximar essas análises das que Foucault propôs em *Doença mental e psicologia*, a propósito do modo como se deve interpretar o fato de a doença mental, na cultura do Ocidente, traduzir-se em termos de regressão a condutas infantis. Como ele destacou, "o evolucionismo erra ao ver nesses retornos a própria essência do patológico [...]. Se a regressão se manifesta nas neuroses, isso é apenas um efeito". Efeito de uma cultura e de uma história social particulares — as de uma

Aula 5 129

sociedade que, a partir do século xviii, separou nitidamente a criança do adulto e se preocupou em "constituir para a criança, com regras pedagógicas que acompanhem seu desenvolvimento, um mundo que seja proporcional a ela" (*Maladie mentale et psychologie*, Paris: puf, 2. ed., 1962, pp. 95-6 [*Doença mental e psicologia*, trad. Lilian Rose Shalders, Rio de Janeiro: Tempo Brasileiro, 2. ed., 1984]).

4. Cf. Philippe Ariès, *L'Enfant et la vie familiale sous l'Ancien Régime*, Paris: Plon, 1960, em particular a segunda parte, que insiste nas relações entre a evolução das mentalidades sobre a infância e a das instituições escolares e dos métodos pedagógicos.

5. Ibid.

6. August Aichhorn (1878-1949) foi um educador especializado em cuidar de crianças abandonadas, na Áustria, no período imediatamente posterior à Primeira Guerra Mundial. Desenvolveu uma clínica e um acompanhamento psicanalíticos da delinquência juvenil e das crianças abandonadas (cf., em particular, sua obra principal, *Jeunes en souffrance. Psychanalyse et éducation spécialisée*, trad. [franc.] de M. Géraud, pref. de S. Freud, Lecques: Champ Social, 2002 [1925]). Ele dirigiu os centros de educação especializada de Oberhollabrunn, depois Eggenburg. Sobre Aichhorn, cf. Florian Houssier e François Marty (orgs.), *August Aichhorn. Cliniques de la délinquance*, trad. [franc.] de C. Haussonne e A. Zalvidéa, Nîmes: Champ Social, 2007.

7. Anton Semenovitch Makarenko (1888-1939), educador e diretor russo de escolas primárias, também se encarregou de montar colônias especializadas em cuidar de crianças órfãs depois da Primeira Guerra Mundial, da Revolução e da guerra civil na Rússia (dentre as quais as mais célebres foram a colônia Gorki, 1920-8, e a comuna Dzerjinski, 1927-35). Seus trabalhos pedagógicos, inspirados no coletivismo e no mutualismo educativo, foram objeto de diversas publicações em francês na década de 1950, em particular na revista *Enfance*, com um artigo intitulado "L'Éducation sexuelle" (*Enfance*, v. 3, n. 1, 1950, pp. 457-65).

8. Siegfried Bernfeld (1892-1953), tal como Aichhorn, foi um educador e psicanalista austríaco, também engajado nos movimentos sionistas e socialistas. Foucault faz referência, nesse ponto, ao *Kinderheim Baumgarten*, ativo entre 1919 e 1920, um acampamento escolar especializado para crianças sem lar, amiúde apresentado como uma das primeiras experiências educacionais inspiradas na psicanálise, mas enfatizando também o trabalho manual e a criatividade das crianças cuidadas; cf. Anna Freud, *Le Traitement psychanalytique des enfants*, trad. [franc.] de É. Rochat e A. Berman, Paris: puf, 1951, p. viii [*O tratamento psicanalítico de crianças*, trad. Marco Aurélio de Moura Matos, Rio de Janeiro: Imago, 1971], que propõe um pequeno histórico da psicanálise de crianças, no qual Foucault se inspirou nessa aula. Cf., mais recentemente, Peter Maas Taubman, *Disavowed Knowledge. Psychoanalysis, Education and Teaching*, Londres: Routledge, 2012.

9. Sobre essa questão, a postura de Foucault mudaria radicalmente. Quer em *La Croisade des enfants*, quer em *Os anormais*, ele faria da luta contra a masturbação infantil, a partir do fim do século xviii, um momento-chave na emergência do saber sobre a sexualidade. Como observou em *La Croisade des enfants*: "Diz uma lenda

que a sexualidade das crianças foi negada desde o século XVIII. Negada ou reconhecida apenas sob formas monstruosas e patológicas. Teria sido preciso esperar o fim do século XIX, Freud e o Pequeno Hans para que a evidência se impusesse a um puritanismo que a recusava; os adultos teriam sentido necessidade da pureza de seus filhos, ou o desejo de seus filhos lhes teria causado medo ou vergonha. Daí, durante quase um século e meio, o período de latência histórica ao longo do qual a sexualidade infantil teria sido sistematicamente empurrada para a sombra. Essa latência [...] é um mito" (op. cit., f. 36). O questionamento desse mito aliou-se a outro, mais profundo, da "hipótese repressiva", que seria abordado no primeiro volume de sua *Histoire de la sexualité: La Volonté de savoir*, Paris: Gallimard, 1976 [*História da sexualidade: I. A vontade de saber*, trad. Maria Thereza da Costa Albuquerque e J. A. Guilhon Albuquerque, Rio de Janeiro: Graal, 6. ed., 1985].

10. Sobre essa "amnésia infantil", Foucault segue as análises de Freud no início de "A sexualidade infantil", o segundo dos *Trois essais sur la théorie sexuelle* (1905), em S. Freud, *Œuvres complètes. Psychanalyse*, org. A. Bourguignon, P. Cotet e J. Laplanche, v. 6, Paris: PUF, 2006, pp. 107-11 [*Três ensaios sobre a teoria da sexualidade*, trad. rev. Vera Ribeiro, ESB, v. VII, 2. ed., Rio de Janeiro: Imago, 1989; *Três ensaios sobre a teoria da sexualidade e outros textos*, trad. Paulo César de Souza, em *Obras completas*, v. 6, São Paulo: Companhia das Letras, 2016].

11. Trata-se de uma referência ao caso Dora, estudado por Freud em *Cinq Psychanalyses*, trad. [franc.] J. Altounian et al., Paris: PUF, 2008 [1905], pp. 8-141 [ver S. Freud, *Fragmento da análise de um caso de histeria*, ESB, v. VII, trad. e rev. Vera Ribeiro, Rio de Janeiro: Imago, 2. ed., 1985]. Dora apresentava acessos recorrentes de tosse nervosa nos quais Freud viu um sintoma histérico, o qual ligou a uma masturbação infantil esquecida e, principalmente, ao recalcamento dela, por volta dos oito anos, que levou à sua substituição pelo sintoma histérico de dispneia nervosa. Freud aproximou esse sintoma do fato de que, na época, Dora teria espiado o contato sexual dos pais e percebido, com excitação, a "respiração ofegante" do pai. Quanto à cena do beijo na escada, ela remete à cena, inicialmente esquecida por Dora, na qual o sr. K, amigo da família, lhe teria imposto um beijo e a teria estreitado com força ao pé de uma escada, quando Dora estava com catorze anos. Freud viu na repugnância então sentida pela adolescente um sinal de histeria, ligado a uma conversão das zonas erógenas orais e genitais em sintomas histéricos (nojo e pressão no tórax), e remetendo a uma experiência anterior (infantil) da sexualidade, mas que Dora havia esquecido.

12. Sobre esse ponto, ver, por exemplo, S. Freud, *Introduction à la psychanalyse* (trad. [francesa] S. Jankélévitch, Paris: Payot, 1962 [1916-7], pp. 370-4 [*Conferências introdutórias sobre psicanálise*, trad. Sergio Tellaroli, em *Obras completas*, v. 13, São Paulo: Companhia das Letras, 2014]).

13. Trata-se de uma citação aproximada, extraída da análise do "Pequeno Hans": "Muito tempo antes que ele viesse ao mundo, eu já soubera que me viria um pequeno Hans que gostaria tanto de sua mãe que, por isso, deveria forçosamente

Aula 5   131

sentir medo do pai" (S. Freud, *Cinq Psychanalyses*, op. cit., p. 188 ["Análise de uma fobia em um garoto de cinco anos", em *O delírio e os sonhos na Gradiva e outros textos*, trad. Paulo César de Souza, em *Obras completas*, v. 10, São Paulo: Companhia das Letras, 2015]). Nos cursos que dedicou a Freud e à psicanálise nos anos 1950 (BNF, Caixa 46), Foucault se comprazia em retomar essa citação, tanto para ilustrar "a ligação do medo com o amor, da angústia com o erotismo" que caracterizava a psicanálise, quanto para aproximá-la da formulação de são Paulo: "Antes mesmo que os filhos nascessem e tivessem feito algo de bom ou de mau [...], foi dito a Rebeca: 'O mais velho servirá ao mais novo', conforme está escrito: 'Amei mais a Jacó do que a Esaú'" (Romanos, 9,11-13).

14. Referência a um dito com frequência atribuído a Freud (sem que seja realmente possível rastrear sua origem), que assim teria respondido à pergunta de uma mãe sobre a educação dos filhos: "Faça a senhora o que fizer, será ruim". Foucault também gostava de repetir essa citação, que ele retomou, por exemplo, em 1966-7, em seu curso de Túnis sobre a ideia do homem na cultura ocidental moderna (BNF, Caixa 58), para sublinhar mais uma vez a separação entre psicanálise e pedagogia.

15. Na verdade, Herbert Graf, o "Pequeno Hans", foi analisado por seu pai, Max Graf, jornalista e crítico musical, membro da Sociedade Psicanalítica de Viena, sob a supervisão de Freud. Cf. S. Freud, *Cinq Psychanalyses*, op. cit., pp. 144-282.

16. Todas as informações seguintes sobre o breve histórico da psicanálise de crianças foram extraídas do prefácio do livro de Anna Freud, *Le Traitement psychanalytique des enfants*, op. cit., pp. viii-ix. Esse livro reúne, além disso, os textos das conferências de 1926 e do relatório de 1927 mencionados aqui por Foucault. Para histórias mais recentes, cf., por exemplo, Claudine Geissmann-Chambon e Pierre Geissmann, *Histoire de la psychanalyse de l'enfant. Mouvements, idées, perspectives*, Paris: Bayard, 1992, e Xavier Renders, *Le Jeu de la demande. Une histoire de la psychanalyse d'enfants*, Bruxelas: Universidade De Boeck, 1991.

17. Trata-se de Edith Sterba (1894-1986), psicanalista e musicóloga, companheira do psicanalista Richard Sterba, que viria a analisar Bruno Bettelheim. Sobre essa clínica, cf. A. Freud, *Le Traitement psychanalytique des enfants*, op. cit., p. viii.

18. Cf. *supra*, nota 6, p. 129.

19. Dorothy Burlingham (1891-1979), amiga e associada de Anna Freud: elas fundaram juntas, durante a guerra, o Berçário e Creche de Guerra Hampstead, do qual extraíram diversas observações publicadas num livro em 1943, *Infants Without Families* [A. Freud e D. Burlingham, *Meninos sem lar*, s/ind. trad., Rio de Janeiro: Ed. Fundo de Cultura, *c.* 1960]. A creche experimental aqui mencionada foi criada em Viena em 1937. Cf. A. Freud, *Le Traitement psychanalytique des enfants*, op. cit., p. ix.

20. Esses limites diferentes parecem ter sido tirados de um texto de A. Freud, "Indications pour le traitement psychanalytique des enfants", em *Le Traitement psychanalytique des enfants*, op. cit., pp. 86 ss. Também encontraremos um resumo útil dos desafios levantados pela psicanálise infantil no momento em que Foucault redigiu esse curso, no capítulo escrito por Serge Lebovici, René Diatkine et al.,

"La psychanalyse des enfants", em Sacha Nacht (org.), *La Psychanalyse d'aujourd'hui*, Paris: PUF, 1956, v. I, pp. 169-235.

21. Foucault resume aqui as análises de Anna Freud (*Le Traitement psychanalytique des enfants*, op. cit., pp. 91-3). Na criança, a avaliação do caráter "normal" da sexualidade é dificultada, de um lado, porque ainda não há maturidade e, portanto, possibilidade de gozo pleno; de outro, porque a relação entre satisfação narcísica e amor ligado aos objetos externos é difícil de avaliar. Quanto à questão do trabalho, um análogo proposto no caso das crianças poderia ser a brincadeira, mas, "como a brincadeira é regida pelo princípio do prazer, e o trabalho, pelo princípio de realidade, decorre daí que cada uma das duas funções tem uma significação diferente".

22. Os casos de anorexia, enurese noturna e feminilidade passiva são elaborados em ibid., pp. 88-90, para sublinhar o quanto o critério do sofrimento não é pertinente na psicanálise infantil, pois é frequente ele dizer respeito mais aos pais do que às próprias crianças.

23. Cf. ibid., pp. 3-4, que se preocupa, por conseguinte, com os meios de suscitar uma consciência da doença na criança e produzir uma demanda.

24. Todos esses mecanismos de defesa são descritos em ibid., pp. 106-12.

25. Com efeito, a sucção serve de modelo, para Freud, das manifestações sexuais infantis. As diferentes características listadas por Foucault são assim apresentadas: 1. Caráter rítmico do gesto: "ritmicamente repetido"; 2. Atenção absorta: "a sucção voluptuosa liga-se a uma absorção completa da atenção"; 3. Tensão muscular mais geral: "pulsão de agarrar"; 4. Relaxamento, sono: "conduz [...] ao adormecimento"; 5. Toque das partes genitais: "não é raro que [...] o contato por fricção com alguns lugares sensíveis do corpo, como o seio, os órgãos genitais externos", acompanhe a sucção. Cf. ["A sexualidade infantil", em *Trois essais sur la théorie sexuelle*, op. cit., pp. 114-5.

26. Ibid., pp. 116-8.

27. Cf., em especial, "Pour introduire le narcissisme" [1914], que analisa justamente essa "relação do narcisismo [...] com o autoerotismo" (S. Freud, *La Vie sexuelle*, trad. [franc.] D. Berger, J. Laplanche et al., Paris: PUF, 1969, p. 84 [ver *Introdução ao narcisismo, ensaios de metapsicologia e outros textos*, trad. Paulo César de Souza, em *Obras completas*, v. 12, São Paulo: Companhia das Letras, 2010]).

28. Como observa Freud em *Introduction à la psychanalyse*, "o seio materno forma o primeiro objeto do instinto sexual", "o ato que consiste em sugar o seio materno torna-se [...] o ideal nunca atingido de qualquer satisfação sexual posterior", sendo ele substituído, em seguida, por "uma parte do próprio corpo" (op. cit., p. 379).

29. Essa é uma alusão à célebre formulação de Lacan, "amar é dar o que não se tem", que data, sob essa forma, do seminário de 1960-1 sobre a transferência ("Há duas coisas que observei em meu discurso passado, referentes ao amor [...]. A primeira é que o amor é um sentimento cômico [...]. A segunda [...] é que o amor é dar o que não se tem" (*Le Transfert, 1960-1961. Séminaire VIII*, org. J.-A. Miller, Paris: Seuil, 1991, p. 46 [*O Seminário*, livro 8, *A transferência*, trad. Dulce Duque Estrada, Rio

Aula 5 133

de Janeiro: Zahar, 1992]). Ela remete, de fato, a uma tema mais antigo em Lacan, que já encontramos em 1957 no seminário sobre a relação de objeto, no qual o amor é caracterizado como "o dom do que não se tem". O amor, portanto, é uma relação marcada pela falta, e não pela comunicação e pela troca intersubjetiva. Essa fórmula seria posteriormente completada da seguinte maneira: "Amar é dar o que não se tem a alguém que não o quer" (*Les Problèmes cruciaux de la psychanalyse, 1964-1965. Séminaire XII*, 2 v., s.l., s.n., 1985).

30. Sobre essa dissociação, cf. por exemplo, S. Freud, *Trois essais sur la théorie sexuelle*, op. cit., p. 117 e *Introduction à la psychanalyse*, op. cit., p. 379.

31. Sobre a oposição entre Anna Freud e Melanie Klein, na época das "grandes controvérsias" (1941-5), ver agora Pearl King e Riccardo Steiner (orgs.) *Les Controverses Anna Freud-Melanie Klein, 1941-1945*, trad. [franc.] L. E. Prado de Oliveira et al., Paris: PUF, 1996 [1991] [*As controvérsias Freud-Klein: 1941-45*, trad. Ana Mazur Spira, Rio de Janeiro: Imago, 1998]. Aos olhos de Anna Freud, com efeito, o autoerotismo vem primeiro e precede qualquer diferenciação entre o eu e o objeto; para Melanie Klein, ao contrário, a criança estabelece desde o início uma relação de objeto com a mãe e, em particular, com o seio materno, que tanto assume a forma do "objeto bom", o seio que nutre e gratifica, quanto do "objeto mau", o seio mau que é recusado, retirado e perseguidor. Cf., por exemplo, "Quelques conclusions théoriques au sujet de la vie émotionnelle des bébés" [1952], em Melanie Klein et al., *Développements de la psychanalyse*, trad. [franc.] W. Baranger, Paris: PUF, 1966, Capítulo 6, que resume as posições de Melanie Klein sobre o assunto [*Os progressos da psicanálise*, trad. Álvaro Cabral, Rio de Janeiro: Zahar, 2. ed., 1978].

32. A pulsão sexual propriamente dita satisfaz-se, num primeiro tempo, apoiada na função de autoconservação (a fome) e através de um objeto (o seio materno); só se torna independente através da perda desse objeto e de sua substituição pelo próprio corpo como lugar de investimento da pulsão. Cf. Jean Laplanche e Jean-Bertrand Pontalis, *Vocabulaire de la psychanalyse*, sob a orientação de D. Lagache, Paris: PUF, 1967, verbete "Autoérotisme" [*Vocabulário da psicanálise*, trad. Pedro Tamen, Lisboa: Moraes, 4. ed., 1977, verbete "Autoerotismo"], para um esclarecimento.

33. Como no restante dessa aula, Foucault acompanha os diferentes momentos da elaboração de Freud nos *Trois essais sur la théorie sexuelle*, op. cit. (aqui, por exemplo, a parte intitulada "Características das zonas erógenas", pp. 118-9), mas ligando a elas algumas considerações pessoais ou provenientes de outros psicanalistas (Jacques Lacan, Melanie Klein, Karl Abraham, em especial).

34. Isso se aplica, em particular, ao reconhecimento no espelho, objeto de análises de Henri Wallon em *Les Origines du caractère chez l'enfant. Les préludes du sentiment de personnalité*, Paris: Boivin, 1934 [*As origens do caráter na criança: os prelúdios do sentimento de personalidade*, trad. Pedro da Silva Dantas, São Paulo: Difel, 1971] e sobretudo do célebre estudo de Lacan, elaborado em 1936 e publicado, em especial, em "La famille: le complexe, facteur concret de la psychologie familiale. Les complexes familiaux en pathologie" (*Encyclopédie française*, t. VIII, *La Vie mentale*,

Paris: Larousse, 1938, reproduzido em *Autres Écrits*, Paris: Seuil, 2001 ["Os complexos familiares na formação do indivíduo", em *Outros escritos*, trad. Vera Ribeiro, Rio de Janeiro: Zahar, 2003]).

35. Sobre o erotismo anal, cf. S. Freud, *Trois essais sur la théorie sexuelle*, op. cit., pp. 121-3. Freud retornou várias vezes a esse assunto, que constitui a primeira etapa de uma polarização fundamental em sua interpretação da sexualidade (a polaridade atividade/passividade). No erotismo anal predominam, segundo ele, as dimensões sádicas, às quais Freud liga muito particularmente a neurose obsessiva (cf., em particular, "La prédisposition à la névrose obsessionnelle" [1913], em *Névrose, psychose et perversion*, 13. ed., Paris: PUF, 2010, pp. 190-218 ["A disposição à neurose obsessiva", ESB, v. XII, I. ed., Rio de Janeiro: Imago, *c.* 1970]). Foucault, no entanto, parece introduzir elementos inspirados na leitura proposta por Karl Abraham (sobretudo em seu "Esquisse d'une histoire du développement de la libido fondée sur la psychanalyse des troubles mentaux" [1924], em *Œuvres complètes*, t. II, *1913--1925. Développement de la libido, formation du caractère, études cliniques*, trad. [franc.] I. Barande, com a colab. de É. Grin, Paris: Payot, 1966 [Karl Abraham, *Teoria psicanalítica da libido: Sobre o caráter e o desenvolvimento da libido*, trad. Christiano Monteiro Oiticica, Rio de Janeiro: Imago, 2. ed., 2002]), que insiste mais claramente na ambivalência e na agressividade características dessa fase. Abraham distingue nela duas vertentes: uma passiva, que corresponde ao prazer das mucosas, e outra ativa, ligada à contração muscular; depois, mais tarde, duas fases: a primeira marcada pela perda do objeto e a segunda marcada pela retenção, às quais ele associa, respectivamente, a melancolia e a neurose obsessiva. Sobre a relação com o masoquismo, cf. Rudolph M. Loewenstein, "A contribution to the psychoanalytical theory of masochism", *Journal of the American Psychoanalytic Association*, v. 5, n. 2, 1957, pp. 197-234.

36. Foucault segue aqui as elaborações de S. Freud, *Trois essais sur la théorie sexuelle*, op. cit., pp. 113-8, a propósito da atividade das zonas erógenas genitais e das diversas fases da masturbação infantil. O próprio Freud evoca aí seu artigo de 1896 sobre a etiologia da histeria, no qual insiste efetivamente no papel da sedução (por adultos ou por outras crianças) na retomada de uma atividade sexual genital masturbatória na criança, bem como na etiologia da histeria. Nos *Três ensaios*, ele sustenta a importância da sedução, mas sublinha que ela nem sempre é necessária. A questão do lugar da sedução na etiologia das neuroses (e, principalmente, de seu relativo abandono por Freud após 1897) daria margem a uma controvérsia considerável nos anos 1970-80, controvérsia esta em que Freud foi acusado de ter virado as costas, propositalmente, à sua teoria da sedução, a fim de negar a importância dos abusos sexuais (cf., em especial, J. Moussaieff Masson, *The Assault on Truth. Freud's Suppression of the Seduction Theory*, Nova York: Farrar, Strauss and Giroux, 1984 [*Atentado à verdade: A supressão da teoria da sedução por Freud*, trad. Ana Maria Sarda e Heloisa Gonçalves Barbosa, Rio de Janeiro: José Olympio, 1984]).

Aula 5   135

37. Cf. S. Freud, *Trois essais sur la théorie sexuelle*, op. cit., pp. 123-6, que descreve um conjunto de pulsões parciais incidentes sobre outras pessoas, as quais, desse modo, desempenham o papel de objetos, mas pulsões que se manifestam, a princípio, de maneira independente diante da atração sexual erógena (a fortiori genital). Trata-se da tendência da criança a se exibir, ou, ao contrário, da pulsão escópica e da curiosidade, bem como do prazer extraído pelas crianças da crueldade e da dominação. A distinção do "objeto libidinal" aqui estabelecida por Foucault parece remeter ao fato de que os "objetos" aos quais se ligam essas pulsões parciais não se confundem com as zonas erógenas a que diz respeito a libido, nas diferentes fases pré-genitais.

38. Cf. ibid., p. 118, que esclarece, com efeito, que é "sob a influência da sedução" que a criança "pode tornar-se um perverso polimorfo, podendo ser desviada para todas as transgressões possíveis".

39. Alusão às análises de Melanie Klein, em particular em "O desenvolvimento precoce da consciência na criança" [1933], no qual ela vê, em "todos os monstros dos mitos e contos de fadas que abundam na vida fantasística da criança", outros tantos objetos fantasísticos que representam os "pais das crianças", porém carregados de um conjunto de angústias ligadas a pulsões de agressão recalcadas, e que constituem as formas de um supereu precoce. A "mãe fálica" é uma figura recorrente na análise de Melanie Klein, em que a mãe aparece como havendo incorporado o pênis paterno, o que determina sentimentos tanto de inveja quanto de ódio e agressividade por parte das crianças (cf., por exemplo, *La Psychanalyse des enfants*, trad. [franc.] J.-B. Boulanger, Paris: PUF, 1959 [*Psicanálise da criança*, trad. Pola Civelli, São Paulo: Mestre Jou, 1969]). O comentário crítico de Foucault ecoa as críticas, em particular, de René Diatkine e Serge Lebovici, que denunciaram regularmente esse estabelecimento de uma continuidade e as confusões que Melanie Klein teria feito entre imagens e fantasias, entre "o que é fantasia alucinada e o que é imagem subjacente à fantasia". Por trás dessa crítica, Diatkine e Lebovici visam o uso que Klein faz do material obtido por ela em brincadeiras com as crianças, nas quais ela vê a "própria expressão [das] fantasias" da criança, ao passo que "uma das funções essenciais da brincadeira é fornecer uma saída para a fantasia, solução intermediária entre as exigências da realidade e as do id" (S. Lebovici e R. Diatkine, "Étude des fantasmes chez l'enfant", *Revue française de psychanalyse*, v. 18, n. 1, 1954, pp. 108-59, citando aqui as pp. 117-8; cf. também R. Diatkine, "La signification du fantasme en psychanalyse d'enfants", *Revue française de psychanalyse*, v. 15, n. 3, 1951, pp. 325-43).

40. Foucault retoma aqui as diferentes fases das "pesquisas sexuais infantis" expostas por Freud na Parte V do segundo dos *Trois essais sur la théorie sexuelle*, op. cit., pp. 131-2. O enigma "de onde vêm as crianças" é apresentado por Freud como uma versão deturpada do enigma da Esfinge dirigido a Édipo. Ver também "Les théories sexuelles infantiles" [1907], em *La Vie sexuelle*, op. cit., pp. 14-27.

41. Cf. S. Freud, *Trois essais sur la théorie sexuelle*, op. cit., p. 132.

136   *A sexualidade*

42. Um exemplo pode ser fornecido pelo caso, evocado por Melanie Klein, de Erna, que agride fantasisticamente o interior do corpo da mãe e, em particular, as fezes dela, as quais associa a filhos. Cf. M. Klein, *La Psychanalyse des enfants*, op. cit., p. 68.

43. Cf. S. Freud, *Trois essais sur la théorie sexuelle*, op. cit., p. 132.

44. Ibid., pp. 132-3.

45. Cf., por exemplo, S. Freud, "La prédisposition à la névrose obsessionnelle", art. cit.

46. Essa relação íntima entre sadismo, violência, conhecimento e linguagem — que Foucault pode efetivamente encontrar estabelecida em Freud (cf. S. Freud, "La pulsion de savoir", em *Trois essais sur la théorie sexuelle*, op. cit., p. 130) e na literatura psicanalítica (ver as páginas que lhe são dedicadas por M. Klein em "Le développement d'un enfant" [1921], em *Essais de psychanalyse, 1921-1945*, trad. [franc.] M. Derrida, Paris: PUF, 1968, pp. 48-56 [*Contribuições à psicanálise*, trad. Miguel Maillet, São Paulo: Mestre Jou, 1981]), bem como em Bataille, que mostra que a violência e a proibição constituem as próprias condições de possibilidade da ciência, rompendo a comunicação entre sujeito e objeto, afastando o objeto de nós e, ao mesmo tempo, tornando-o um objeto de conhecimento possível (G. Bataille, *L'Érotisme*, Paris: Minuit, 1957, pp. 42-5 [*O erotismo*, trad. Fernando Scheibe, Belo Horizonte/São Paulo: Autêntica, 2013]) —, essa relação iria desempenhar um papel considerável nas reflexões do próprio Foucault, ao longo de seus trabalhos, até o momento em que ele se articularia com o tema nietzschiano da "vontade de saber". Assim, tanto em *Doença mental e psicologia* quanto na *História da loucura*, Foucault sublinha que "todo saber está ligado a formas de crueldade [...] essa relação, a propósito da loucura, [é] de importância singular. Porque foi ela que possibilitou, inicialmente, uma análise psicológica da loucura, mas sobretudo porque foi ela que fundou, secretamente, a possibilidade de toda a psicologia" (*Maladie mentale et psychologie*, op. cit., p. 87). O mesmo princípio entra em ação em *O nascimento da clínica*, onde são a morte e o cadáver que possibilitam o conhecimento da vida e do indivíduo, o que é sublinhado pela contemporaneidade de Bichat e Sade: "Acaso Bichat [...] não é contemporâneo daquele que fez entrar de repente, na mais discursiva das linguagens, o erotismo e seu ápice inevitável, a morte? Mais uma vez, o saber e o erotismo denunciam [...] seu parentesco profundo. [...] Conhecer a vida só é dado a um saber cruel e já infernal, que só a deseja morta" (*Naissance de la clinique. Une archéologie du regard médical*, Paris: PUF, 1963, p. 175 [*O nascimento da clínica*, trad. Roberto Machado, Rio de Janeiro: Forense Universitária, 5. ed., 1998]). Essa mesma temática é evocada em "Un si cruel savoir" [1962], texto quase contemporâneo do curso, no qual Foucault sublinha que "a narrativa da iniciação [deve] o mais forte de seus prestígios eróticos à ligação que ela torna sensível entre o Saber e o Desejo. Ligação obscura, essencial, à qual erramos em só dar um status no 'platonismo', ou seja, excluindo um dos dois termos. De fato, cada época tem seu sistema de 'conhecimento erótico', que põe em jogo (num único e mesmo jogo) a experiência do Limite e da Luz" (em

Dits et écrits, v. i, *1954-1975*, org. D. Defert e F. Ewald, com a colab. de J. Lagrange, Paris: Gallimard, 2001 [1994], n. 11, pp. 243-6, citando-se aqui a p. 247 [*Ditos e escritos I*, trad. Vera L. Avellar Ribeiro, Rio de Janeiro: Forense Universitária, 1999]). No começo dos anos 1970, Foucault retomou esse tema, para fazer dele um fio condutor de sua análise, ligado a suas reflexões sobre as ideias nietzschianas de "vontade de saber" e "vontade de verdade". Como observaria numa entrevista inédita de 1971, "a universalidade de nosso saber foi adquirida ao preço de exclusões, proibições, recusas, rejeições, ao preço de uma espécie de crueldade a respeito da realidade" (entrevista com Fons Elders na televisão holandesa, 28 nov. 1971). Justamente essa "maldade radical do conhecimento" — esse fato de que, "por trás do conhecimento, há uma vontade [...] não de trazer o objeto para si, de fazer uma identificação com ele, mas, ao contrário, uma vontade obscura de tomar distância dele e destruí-lo" ("La vérité et les formes juridiques" [1974], em *Dits et écrits*, op. cit., v. i, n. 139, pp. 1406-514, citada aqui a p. 1416) — é que viria a guiar as primeiras reflexões de Foucault sobre a "vontade de saber".

47. Sobre essa questão das proibições da interpretação, cf. "La folie, l'absence d'œuvre" [1964], em *Dits et écrits*, op. cit., v. i, n. 25, pp. 440-8, citadas aqui as pp. 444 ss.

48. Todos terão reconhecido as duas grandes experiências de formação de um ponto de vista histórico que Foucault se esforçou por explicar — o corpo individual e a morte, em *O nascimento da clínica*; a linguagem e o conhecimento (e seu avesso: a loucura, que Foucault liga então à história das proibições da linguagem, cf "La folie, l'absence d'œuvre" [1964], art. cit., p. 443) — no que viria a se transformar em *As palavras e as coisas*. Vê-se toda a importância da sexualidade, que se situa, através da questão do erotismo, no cruzamento da linguagem com a morte. A "morte" e a "sexualidade" se tornariam, junto com a "história", que Foucault introduziu logo depois, três noções cuja importância ele frisaria para o "pensamento do século XIX", tanto do lado dos saberes biológicos quanto das "reações" humanistas que eles provocariam na filosofia e nas ciências humanas. A esse respeito, cf. *infra*, curso de Vincennes, pp. 219-20; e Situação dos cursos, pp. 309-12; cf. também "La situation de Cuvier dans l'histoire de la biologie" [1970], em *Dits et écrits*, op. cit., v. i, n. 77, pp. 898-934, citadas aqui as pp. 932-3.

49. Essa ideia de "trágico" está no cerne de um conjunto de trabalhos de inspiração existencialista ou marxista, em particular em Karl Jaspers ou Lucien Goldmann (*Le Dieu caché. Étude sur la vision tragique dans les "Pensées" de Pascal et dans le théâtre de Racine*, Paris: Gallimard, 1955), que Foucault conhece muito bem. Mas está sobretudo no cerne do próprio projeto foucaultiano: este, desde o prefácio da *História da loucura*, acha-se totalmente colocado "sob o sol da grande busca nietzschiana", que confronta "as dialéticas da história com as estruturas imóveis do trágico" ("Préface" à *Folie et Déraison. Histoire de la folie à l'âge classique* [1961], em *Dits et écrits*, op. cit., v. i, n. 4, pp. 187-95, citada aqui a p. 189). Vemos como esse curso visa prolongar essas análises pelo lado da sexualidade. Sobre esse ponto, cf. Situação dos cursos, pp. 278-83. Mais uma vez, é preciso aproximá-lo das análises da sexualidade feitas

por Foucault em "Préface à la transgression" [1963] em *Dits et écrits*, op. cit., v. i; cf. *supra*, Aula i, nota 35, pp. 40-2), onde ele assinala: "O que caracteriza a sexualidade moderna é ela não ter encontrado, de Sade a Freud, a linguagem de sua razão ou de sua natureza, mas ter sido, e pela violência dos discursos deles, 'desnaturalizada' — lançada num espaço vazio em que só encontra a forma frágil do limite, e onde não tem além nem prolongamento senão no frenesi que a rompe." A sexualidade moderna aparece como uma "fissura" que "traça o limite em nós e nos desenha como limite", "única divisão que ainda é possível" (pp. 261-2). Quando Foucault sublinha que Freud fez "brotarem da natureza as grandes potências trágicas que dominam o homem", ele alude à interpretação que costuma dar de Freud desde seus cursos da década de 1950, fazendo deste um autor aprisionado numa tensão entre seu projeto naturalista inicial — ligado ao evolucionismo de Charles Darwin ou de John Hughlings Jackson — e uma análise das significações e de sua gênese, que questiona completamente esse naturalismo. Segundo Foucault, o sujeito da psicanálise torna-se então uma "sede de conflitos" de forças que o ultrapassam, "imprensado entre uma vontade-pulsão, presa no anonimato dos instintos, [e] uma vontade-inibição que só se configura nas formas de restrição do meio social", sujeito este que só tem por liberdade "duas formas de alienação: a liberdade das casas de tolerância ou a das prisões". Essa contradição é "vivida pela psicanálise à moda do trágico. O trágico, derradeiro tom da obra de Freud" (BNF, Caixa 46). O curso de Vincennes e o anexo "Sexualidade, reprodução, individualidade" prolongarão em parte essa reflexão: a formação de um saber biológico sobre a sexualidade inscreve-se numa perspectiva anti-humanista que faz da sexualidade uma lei e um destino que ultrapassam o indivíduo-sujeito, o qual não é mais que um "prolongamento precário, provisório, rapidamente apagado". Foucault mostra nesse texto, além disso, sob que formas a "filosofia humanista" esforçou-se por "reagir" a essa experiência trágica, reintegrando-a numa filosofia do amor, da comunicação e da reprodução (cf. *infra*, curso de Vincennes, Aula 6, pp. 219-20; "Sexualidade, reprodução, individualidade", pp. 266-72; e Situação dos cursos, pp. 309-12). A referência à bomba atômica é um eco direto do livro de Karl Jaspers, *La Bombe atomique et l'avenir de l'homme* (trad. [franc.] R. Soupault, precedido por *Le Philosophe devant la politique*, de Jeanne Hersch, Paris: Plon, 1958 [*A bomba atômica e o futuro do homem: Conferência radiofônica*, trad. Marco Aurélio Matos e Ronaldo Vertis, Rio de Janeiro: Agir, 1958]), que levanta justamente o problema de uma "situação-limite", de forma trágica, na qual se trata de decidir entre a possibilidade de aniquilação radical da humanidade, pelo uso da arma atômica, e a possibilidade da morte de qualquer liberdade humana, pela vitória do totalitarismo; e talvez também ecoe a crítica que Blanchot dedicou a esse livro na revista *Critique* ("L'apocalypse déçoit" [1964], em *L'Amitié. Essais*, Paris: Gallimard, 1971, pp. 118-27).

50. Foucault segue aqui as análises de Freud na parte vi do segundo ensaio de *Trois essais sur la théorie sexuelle*, op. cit., "Les phases de développement de l'organisation sexuelle", pp. 133-4.

Aula 5

51. Cf. ibid., p. 134.

52. Essas dimensões de agressividade e depressão na organização oral foram objeto, em particular, dos trabalhos de K. Abraham (*Œuvres complètes*, op. cit.) e de M. Klein (cf., por exemplo, "Contribution à la psychogénèse des états maniaco--dépressifs" [1934], em *Essais de psychanalyse*, op. cit., pp. 311-40 ["Uma contribuição à psicogênese dos estados maníaco-depressivos", *Contribuições à psicanálise*, trad. Miguel Maillet, São Paulo: Mestre Jou, 1981]), que enfatizam tanto a frustração e a depressão ligadas à perda do objeto (o seio materno) quanto os componentes sádicos da fase oral.

53. Ver, a esse respeito, S. Freud, *Un souvenir d'enfance de Léonard de Vinci* [1910], em *Œuvres complètes. Psychanalyse*, v. x, trad. [franc.] sob a dir. de A. Bourguignon, P. Cottet e J. Laplanche, Paris: PUF, 1993, pp. 79-164 ["Uma recordação de infância de Leonardo da Vinci", trad. Paulo César de Souza, em *Obras completas*, v. 9, São Paulo: Companhia das Letras, 2013]; e M. Klein, *La Psychanalyse des enfants*, op. cit., pp. 251-91.

54. Melanie Klein, na verdade, distinguiu-se muito cedo da posição freudiana, ao afirmar a existência precoce de um complexo de Édipo nas crianças, situando suas primeiras etapas no fim da fase oral, por volta dos seis meses de idade. Esse primeiro momento foi inicialmente ligado por ela às pulsões de agressividade e de ódio associadas ao desmame do seio materno e ao desejo de apropriação do pênis paterno, no contexto de exacerbação das pulsões sádicas que caracterizam o fim da fase oral e da fase anal (cf., em particular, "Les stades précoces du conflit œdipien" [1928], em *Essais de psychanalyse*, op. cit., pp. 229-41, e *La Psychanalyse des enfants*, op. cit., especialmente pp. 137-62). A sequência dos trabalhos de Melanie Klein insistiria mais no apego e no medo da perda do objeto, este ligado à fase depressiva, na formação inicial do complexo de Édipo.

55. Cf. S. Freud, *Trois essais sur la théorie sexuelle* , op. cit., pp. 134-6. Sobre essa organização e suas características, aqui elaboradas por Foucault, cf. *supra*, pp. 118-9; e *supra*, nota 35, p. 134.

56. Ver, quanto a esse ponto, "Les métamorphoses de la puberté", em ibid.

57. Cf. ibid., pp. 148-51.

58. Cf. "Différenciation de l'homme et de la femme", em ibid., pp. 157-60.

59. Cf. "La théorie de la libido", em ibid., que Foucault segue estritamente nesse ponto.

60. Cf., sobre esse aspecto, a quarta parte dos *Três ensaios sobre a teoria da sexualidade*, op. cit., que sublinha o caráter sempre "ativo" e, portanto, "masculino" da libido. Freud insiste na distinção entre três sentidos da oposição masculino/feminino, quer no sentido de uma oposição atividade/passividade, quer no sentido do sexo biológico, quer, ainda, no sentido do gênero sociológico.

61. Ver a Parte IV do terceiro dos *Trois essais sur la théorie sexuelle*, op. cit., especialmente pp. 159-60. A puberdade é marcada, na mulher, por um recalcamento da sexualidade clitoridiana, que antes primava na atividade masturbatória infantil.

Essa tese psicanalítica de que a maturidade sexual da mulher pressupõe a passagem da sexualidade clitoridiana para uma sexualidade centrada na vagina viria a suscitar debates intensos nos anos 1960-70. Cf., a esse respeito, S. Chaperon, "Kinsey en France: les sexualités féminine et masculine en débat", *Le Mouvement social*, 2002/1, n. 198, pp. 103 ss.

62. Trata-se de uma referência ao texto de Freud "Sur la sexualité féminine" [1931], em que ele observa que "a penetração no período pré-edipiano da menina surpreende-nos como, em outro campo, a descoberta da civilização micênica por trás da civilização dos gregos" (em *La Vie sexuelle*, op. cit., p. 140).

63. Ver M. Klein, *Psicanálise da criança*, op. cit., em especial os Capítulos 11 e 12, que detalham o desenvolvimento sexual da menina e o do menino. Melanie Klein insiste, com efeito, na "fase feminina" atravessada pelo menino.

64. A "mãe fálica" aparece como a que incorporou o pênis paterno. A rivalidade com essa mãe fálica acha-se presente tanto na menina quanto no menino, segundo Klein.

65. O desmame do seio é descrito por Melanie Klein como uma forma de castigo que provoca um sentimento de frustração e de agressividade. O pênis do pai, nesse contexto, torna-se um substituto do seio materno, mais uma vez, tanto na menina quanto no menino.

66. Cf. M. Klein, *La Psychanalyse des enfants*, op. cit., pp. 224-31. A identificação com o pai, em especial com o pai sádico, é extensamente detalhada. O clitóris assume então a significação de um pênis nas fantasias masturbatórias da menina, papel este que o órgão conserva durante toda a fase sádica. A posição de Melanie Klein, que sustenta a primazia de uma sexualidade vaginal, mas faz dela o término de um processo muito diferente do contemplado por Freud, liga-se à "escola inglesa", em especial a Karen Horney e Ernest Jones, e se opõe às análises propostas na França por Helene Deutsch (*La Psychologie des femmes, étude psychanalytique*, trad. [franc.] H. Benoit, Paris: PUF, 1953-5 [1944]) e Marie Bonaparte (*De la sexualité de la femme*, Paris: PUF, 1951) sobre a sexualidade feminina.

O discurso da sexualidade

Curso dado na Universidade de Vincennes
(1969)

AULA I

O discurso da sexualidade

Distinguir a análise do discurso da sexualidade: 1. De uma análise da maneira pela qual o discurso é lugar de emergência ou objeto de investimento do desejo; 2. de uma história da ciência da sexualidade (biologia, psicologia, antropologia da sexualidade). Fazer uma análise da sexualidade como referencial possível de diferentes discursos (fenômeno histórico recente). Indagar como a sexualidade se epistemologizou: como se tornou campo de saber e campo de libertação. Cinco grupos de estudos: a. Transformações da experiência da sexualidade no fim do século XVIII; b. Epistemologização da sexualidade; c. Descoberta da etiologia sexual das neuroses; d. Sexualidade como referencial do discurso literário; e. Tema da liberação sexual.

A distinguir de várias outras análises possíveis. [1]

1. O desejo e o discurso

– O discurso como lugar de emergência do desejo; lugar em que ele assume suas formas simbólicas; em que sofre seus deslocamentos, suas metáforas, suas metonímias; onde se repete e onde é reprimido.
   • por exemplo, poderíamos estudar como, na criança, o desejo se articula na linguagem:
     – no funcionamento dos pronomes pessoais e sua utilização;
     – nas palavras (inventadas, impostas ou deturpadas) com que são designadas as partes do corpo ou os objetos do desejo;
     – na valorização das expressões, nas palavras proibidas, nas coisas de que não se fala.[1]

[2]   • Também poderíamos fazer estudos comparativos: mostrar como essa articulação é diferente conforme as culturas (cristã ≠ muçulmana).

– O discurso como objeto de investimento pelo desejo; a maneira como o discurso é erotizado por si mesmo:

> – quer por intermédio da boca, como zona erógena;
>
> – quer como instrumento de satisfação simbólica;
>
> – quer como objeto pertencente ao outro (e através do qual podemos receber satisfação ou proibição). O discurso* do outro é o presente e é a lei.[2]

Vê-se que esses dois aspectos do discurso** se reúnem na ideia de lei. O discurso é a lei.

(Distinguir linguagem e discurso. As coisas ditas.)[3]

[3] **2. A ciência da sexualidade**

Seria o estudo da maneira pela qual foram constituídos, corrigidos, purificados e organizados os conceitos de uma ciência da sexualidade.

• Poderíamos estudar a maneira pela qual a sexualidade foi utilizada com princípio de classificação:

> – não apenas o binário macho-fêmea (e talvez em muitos seres não viventes);
>
> – mas também taxonômica quanto às espécies viventes.[4]

• Poderíamos estudar como se constitui a ciência da sexualidade:

> – os respectivos papéis do macho e da fêmea na procriação (→ óvulo e espermatozoide);
>
> – o processo de desenvolvimento dos embriões (→ embriologia);
>
> – a transmissão dos caracteres específicos ou individuais na reprodução sexuada (→ genes);
>
> – a relação entre os caracteres primários e os secundários (→ hormônios).

---

* Substitui "linguagem", riscado.
** Idem.

Aula 1   145

Fisiologia — embriologia — genética — hormonologia — psicologia.[5]

• Poderíamos também estudar como se constituiu uma psicologia [4]
sexual:

 – a partir das perversões sexuais;

 – a partir dos estados passionais (ciúme; erotomania);

 – a partir dos déficits da conduta sexual (neurastenia; histeria).

→ até a concepção freudiana da libido.[6]

• Poderíamos, por fim, [estudar] os temas de uma antropologia sexual:

α. O que significa, para o homem, ser um ser sexuado? Que tipo de
relação com o mundo é implicado pelo fato de ele ser sexuado?

β. O que significam masculinidade e feminilidade. O que são o modo
de ser feminino e o masculino.

γ. Quais são os tipos de comportamentos sexuais que podemos encontrar nas diferentes formas de culturas? Quais são os efeitos, numa
cultura, das diferentes formas de estruturação da sexualidade?[7]

O estudo feito aqui não seria totalmente uma coisa nem a outra, mas [5]
se situaria entre esses dois limites.

1. Não se trata de saber como a sexualidade é investida no discurso,
mas como a sexualidade pode tornar-se objeto do discurso. Não se trata
do discurso como objeto do desejo ou lei dos objetos do desejo, mas,
ao contrário, da sexualidade como objeto do discurso, não da sexualidade no discurso (ou vice-versa), mas da sexualidade como correlata
do discurso.

Assim, não se trata da maneira como, numa dada língua, designamos,
metaforizamos ou metonimizamos a sexualidade (por exemplo, a deturpação dos termos sexuais nas crianças), mas de discursos em que
se trata da sexualidade como tal (por exemplo, o que é dito em Sade
ou nos *Três ensaios* de Freud).

Mas isso pede um esclarecimento. O que significa "discursos em que [6]
se trata da sexualidade"?

Afinal, trata-se da sexualidade no que diz o "Pequeno Hans"; trata-se
da sexualidade em *Gradiva*; trata-se da sexualidade nos *Três ensaios*.[8]
Mas, justamente, de três maneiras distintas:

146   *O discurso da sexualidade*

- num caso, ela é* o designado (o referente);
- em outro, é o conotado (o tema, o horizonte);
- no terceiro, é o referencial, ou seja, o campo geral e regular em que aparecem:
  - conceitos como libido, organizações, objetos, tendência parcial;
  - objetos (como as perversões, o masoquismo, a sucção).

É a sexualidade como referencial do discurso que será estudada.[9]

Por exemplo, Sade:

- não o que é designado (as diferentes formas de perversões):
- não o que é conotado (como a sexualidade se metaforiza nas cenas, ou como se faz presente nas análises filosóficas);
- mas como a sexualidade é o referencial do discurso. Como Sade fala não dos vícios e da virtude, não de tal ou qual personagem imaginário, mas da sexualidade.[10]

[7]   Ora, isso implica uma análise histórica, pois a instauração da sexualidade como referencial dos discursos não é um fato muito antigo. Com certeza, fazia muito tempo que ela era designada (desde sempre, sem dúvida), muito tempo [que] tinha sido conceituada. Mas o ter-se tornado referencial dos discursos, o existir uma literatura que não é apenas lugar de investimento do desejo, mas que fala dele [, isto é que constitui uma novidade].**

Seria este o primeiro ponto a estudar: a emergência histórica da sexualidade como referencial de um discurso possível. O que implica duas ordens de perguntas:

a. O que deve ter sido a sexualidade (em que deve ter-se transformado) na sociedade; quais devem ter sido sua prática e sua institucionalização; o que devem ter sido o casamento, a divisão dos sexos e sua desigualdade estatutária; o que deve ter sido a lei — com seus rigores e suas transgressões — para que a sexualidade se tornasse referencial

---

* Michel Foucault acrescenta acima desse ponto duas palavras ilegíveis.
** Acrescentamos o trecho entre colchetes para completar a frase.

Aula 1   147

dos discursos? Ao passo que, na cultura europeia, ela nunca tinha sido senão designada ou conotada; nunca tinha sido senão metaforizada ou conceituada.

b. E a pergunta recíproca: em que devem ter-se transformado os discur- [8] sos — o discurso literário, filosófico, científico — para poderem, tanto uns quanto os outros, tomar a sexualidade como referencial?

Daí uma série de estudos sobre o fim do século XVIII e o início do século XIX, sobre a emergência da sexualidade como referencial do discurso.

2. Por outro lado, trata-se de saber não como se organizou a ciência da sexualidade, mas como a sexualidade foi epistemologizada. Ou seja, como esse discurso da sexualidade (esse discurso que tinha como referencial a sexualidade) sempre tendeu a ser um discurso de saber (e cada vez menos um discurso de valorização) e, ao mesmo tempo, um discurso da transgressão (e cada vez menos um discurso da prescrição).

Em outras palavras, ao se tornar referencial do discurso, a sexualidade deixou de ser conotada por uma valorização ou designada por uma prescrição; tornou-se campo de saber e campo de libertação.

Outra série de estudos: como a jurisprudência deu lugar a um saber da [9] sexualidade; como a psiquiatria pôde estender seu domínio à sexualidade; como a sexualidade pôde tornar-se objeto filosófico; como um campo psicológico autônomo pôde se constituir; como pôde se constituir o tema político-filosófico de uma liberação sexual?

Cinco grupos de estudos:

a. As transformações da experiência da sexualidade no final do século XVIII:

  1. As regras práticas do casamento, da regulação dos nascimentos, da escolha do cônjuge nas diferentes classes sociais.

  2. A instituição jurídica do casamento (passagem para o contrato).[11]

  3. A casuística.*

---

* "A casuística" aparece no começo dessa lista numerada, mas Foucault parece ter acrescentado um "3" que dá a entender que conviria colocá-la onde a colocamos.

b. A epistemologia da sexualidade:

1. A jurisprudência.
2. A sexualidade como objeto da psiquiatria.
3. A reflexão filosófica sobre a sexualidade (Schopenhauer, Nietzsche).
4. A biologia da sexualidade.[12]

c. A descoberta da etiologia sexual das neuroses em Freud:

- *Estudos sobre a histeria.*
- Cartas a Fliess.
- O Pequeno Hans.
- Os *Três ensaios.*[13]

d. A sexualidade como referencial do discurso literário:

- Sade, [Sacher-]Masoch, Lawrence, Genet.[14]

e. O tema de uma liberação sexual:

- De [...]* a Hirschfeld, Reich e Marcuse.
- A sexualidade e a revolução.[15]

[10]

NOTAS

1. Cf. *supra*, curso de Clermont-Ferrand, onde o problema das "palavras proibidas" é evocado a propósito da sexualidade infantil, Aula 5, p. 109. Ali encontraremos um conjunto de referências psicanalíticas que ilustram o propósito de Foucault. Cf.. por exemplo, o "Pequeno Hans", em S. Freud, *Cinq Psychanalyses*, trad. [franc.] J. Altounian et al., Paris: PUF, 2008 ["Análise de uma fobia em um garoto de cinco anos", em *O delírio e os sonhos na Gradiva e outros textos*, trad. Paulo César de Souza, em *Obras completas*, v. 10, São Paulo: Companhia das Letras, 2015], ou M. Klein, *La Psychanalyse des enfants*, trad. [franc.] J.-B. Boulanger, Paris: PUF, 1959 [*Psicanálise da criança*, trad. Pola Civelli, São Paulo: Mestre Jou, 1969], para duas ilustrações da maneira como a psicanálise estuda as palavras inventadas pelas crianças para designar partes do corpo e investi-las de desejo.

2. Essa é uma referência direta a Lacan, para quem "o inconsciente é o discurso do Outro" (em *Écrits*, Paris: Seuil, 1966, p. 16 [*Escritos*, trad. Vera Ribeiro, Rio de Janeiro: Zahar, 1998]). O fato de o discurso ser "objeto de uma erotização" e poder ser veículo de uma satisfação é evocado, por exemplo, por Lacan em seu Discurso

---

* Deixado em branco no texto: poderia tratar-se de Fourier?

Aula 1   149

de Roma ("Função e campo da fala e da linguagem", em ibid., especialmente p. 301, com referência aos trabalhos de K. Abraham e Wilhelm Fliess). A relação entre o discurso do Outro (isto é, do "inconsciente estruturado como uma linguagem") e a Lei, no sentido de que ele constitui a lei e a ordem simbólica pelas quais o sujeito se constitui, acha-se no cerne de toda a análise lacaniana (cf., por exemplo, "Função e campo da fala e da linguagem", art. cit.).

3. O manuscrito atesta hesitações iniciais de Foucault entre "linguagem" e "discurso" nesse começo de texto, onde o termo "linguagem" é riscado em vários pontos para dar lugar a "discurso". Desde seu curso de Túnis sobre o problema do homem no discurso filosófico e na cultura modernos (1966-7), Foucault se esforçava por distinguir "linguagem" e "discurso", mas o fazia num sentido diferente do que faz aqui, opondo então a "linguagem humana", enunciada por um sujeito e que visava significar ou representar algo, ao "discurso não humano", sem sujeito, "que não é do homem, mas lhe é externo" e se compõe de um "conjunto de elementos [...] que obedecem a regras 'sintáticas'", a um código (cf. BNF, Caixa 58). Em outras palavras, ele jogava então com a oposição, ligando o "discurso" à análise estrutural. A distinção estabelecida aqui deve ser aproximada, antes, das páginas da *Arqueologia do saber*, onde Foucault opõe a análise da língua e da linguagem e a dos enunciados e do discurso. Se a língua constitui "um conjunto finito de regras que autoriza um número infinito de desempenhos" e de enunciados possíveis, o discurso e os enunciados constituem, ao contrário, um "conjunto sempre finito e atualmente limitado unicamente pelas sequências linguísticas que foram formuladas" (*L'Archéologie du savoir*, Paris: Gallimard, 1969, p. 39). Interessar-se pelos enunciados é levar a sério a "existência singular e limitada" de um dado conjunto de eventos discursivos (ibid., p. 146). O discurso designa para Foucault, portanto, "um conjunto de enunciados como decorrentes da mesma formação discursiva [...] ele é constituído por um número limitado de enunciados, para os quais podemos definir um conjunto de condições de existência [...] ele é inteiramente histórico" (ibid., p. 53). Cf. também "Sur les façons d'écrire l'histoire" [1967], onde Foucault sublinha que, diferentemente dos estruturalistas, ele não está interessado nas "possibilidades formais oferecidas por um sistema como a língua, [mas...], antes, obcecado com a existência dos discursos, com o fato de as palavras terem lugar [... Seu] objeto não é a linguagem, e sim o arquivo, ou seja, a existência acumulada dos discursos" (em *Dits et écrits, 1954-1988*, v. 1, *1954-1975*, org. D. Defert e F. Ewald, com a colab. de J. Lagrange, Paris: Gallimard, 2001 [1994], n. 48, pp. 613-28, aqui indicada a p. 623 [*Ditos e escritos I*, trad. Vera L. Avellar Ribeiro, Rio de Janeiro: Forense Universitária, 1999]). Para uma contextualização dessa recentralização no projeto de uma análise do discurso da sexualidade, no contexto das reflexões de Foucault nessa época, cf. Situação dos cursos, pp. 296-303.

4. Cf. *supra*, curso de Clermont-Ferrand, Aula 2, p. 47, e nota 11, p. 58. Trata-se de uma alusão ao método taxonômico de Carl von Lineu, que se baseou nos órgãos sexuais das plantas para estabelecer sua taxonomia. Em *As palavras e as coisas*,

150   *O discurso da sexualidade*

Foucault sublinha, por outro lado, a modificação desse método, no fim do século xviii, através dos trabalhos de Antoine de Jussieu, para quem o número de cotilédones é fundamental em seu método natural de classificação das plantas, dessa vez "porque eles exercem um papel decisivo na função de reprodução [e] indicam uma função que comanda toda a disposição do indivíduo" (*Les Mots et les Choses. Une archéologie des sciences humaines*, Paris, Gallimard, 1966, p. 240 [*As palavras e as coisas: Uma arqueologia das ciências humanas*, trad. Salma Tannus Muchail, São Paulo: Martins Fontes, 3. ed., 1985]).

5. Sobre essa série de estudos possíveis, cf. *supra*, curso de Clermont-Ferrand, Aulas 2 e 3. Os primeiros (fisiologia) remetem à querela entre ovistas e espermistas desde o século xvii, que levaria a definir o papel dos espermatozoides e dos óvulos na fecundação. Os segundos (embriologia) referem-se aos debates entre a tese da pré-formação e do desenvolvimento dos embriões (evolução) e a da epigênese, que levariam ao desenvolvimento da embriologia no século xix (cf., sobre esse tema, Georges Canguilhem et al., *Du développement à l'évolution au XIXe siècle*, 2. ed., Paris: puf, 1985 [1962]). Os terceiros (genética) remetem ao problema da hereditariedade e da transmissão dos caracteres, que começou a se colocar na história natural em meados do século xvii e que, através de uma série de rupturas, levaria à constituição da genética. Foucault interessou-se muito particularmente nessa época pela emergência de conhecimentos sobre a hereditariedade, à qual voltou nesse curso e que viria a constituir a base de seu projeto para o Collège de France (cf. *infra*, Aula 6; e Situação dos cursos, pp. 298-302). O quarto tipo de estudos (hormonologia) convocou a história da hormonologia, que foi abordada em parte no curso de Clermont-Ferrand. Todos esses estudos se inseririam na tradição canguilhemiana de uma história epistemológica dos conceitos, da qual Foucault tomou o cuidado aqui de distinguir sua perspectiva arqueológica. Convém aproximar esse esforço para fazer uma distinção entre sua arqueologia do discurso da sexualidade e uma história conceitual da ciência da sexualidade das distinções que, na mesma época, Foucault fazia entre a "história epistemológica das ciências", que "se situa no limiar da cientificidade e se interroga sobre a maneira como foi possível transpô-lo a partir de figuras epistemológicas diversas. Trata-se de saber [...] como um conceito — ainda carregado de metáforas ou de conteúdos imaginários — purificou-se e pôde ganhar status e função de conceito científico" e a "história arqueológica" do saber, "que toma como ponto de ataque o limiar de epistemologização [...] o que tentamos desnudar [...] são as práticas discursivas, na medida em que elas dão margem a um saber e em que esse saber assume a condição e o papel de ciência" (*L'Archéologie du savoir*, op. cit., pp. 248-9; cf. também "Sur l'archéologie des sciences. Réponse au Cercle d'épistémologie" [1968], em *Dits et écrits*, op. cit., v. i, n. 59, pp. 724-59). Foucault voltará a essas questões nas Aulas 3 e 6 deste curso.

6. Mais uma vez, ver o curso de Clermont-Ferrand, *supra*, que realiza esse projeto, em parte, ao se interessar pela gênese de um saber psicológico e psiquiátrico sobre a sexualidade, através do estudo das perversões sexuais e, depois, concentrando-se

Aula 1 151

na análise freudiana da libido. Foucault retomaria essa questão desde o começo em seus cursos no Collège de France e, em particular, em *Le Pouvoir psychiatrique (Cours au Collège de France. 1973-1974)*, org. J. Lagrange, sob a direção de F. Ewald e A. Fontana, Paris: Gallimard/Seuil/Éd. de l'EHESS, 2003 [*O poder psiquiátrico: Curso dado no Collège de France, 1973-1974*, trad. Eduardo Brandão, São Paulo: Martins Fontes, 2006] (pp. 299-325, sobre a histeria), e sobretudo em *Les Anormaux (Cours au Collège de France, 1974-1975)*, ed. estabelecida por V. Marchetti e A. Salomoni, org. F. Ewald e A. Fontana, Paris: Gallimard/Seuil/Éd. de l'EHESS, 1999, pp. 249- -301 [*Os anormais: Curso no Collège de France (1974-1975)*, trad. Eduardo Brandão, São Paulo: Martins Fontes, 2001] quanto à gênese de um saber psiquiátrico sobre a sexualidade e as perversões sexuais, bem como em *A vontade de saber* (op. cit.).

7. Esse tema da antropologia sexual foi objeto de alguns tratamentos no curso de Clermont-Ferrand (cf. *supra*, Aula 1 e notas 2, 3 e 33, pp. 34 e 40), mesmo que nele Foucault não tenha abordado, como havia anunciado inicialmente, as "divergências e dispersões interculturais" descritas pela etnologia. Na verdade, esse tema abrange aqui dois campos diferentes. De um lado, a antropologia no sentido filosófico, referente, por exemplo, à antropologia da sexualidade, que Foucault evoca através dos casos de Hegel ou Comte no curso de Clermont-Ferrand. Os problemas propostos — o que implica o fato de o homem ser sexuado? Que tipo de relações com o mundo isso pressupõe? O que são a feminilidade e a masculinidade? — remetem a questões levantadas, em especial, na tradição da antropologia filosófica alemã em torno da relação entre essência do homem e sexualidade, tais como são tratadas, por exemplo, em Hans Kunz ("Idee, Wesen und Wirklichkeit des Menschen. Bemerkungen zu einem Grundproblem der philosophischen Antropologie", *Studia Philosophica*, v. 4, n. 147, 1944, pp. 147-69; cf. BNF, Caixa 42b) ou Max Scheler ("Zur Idee des Menschen" [1914], em *Vom Umsturz der Wert*, Leipzig: Der neue Geist, 1919, v. 1, pp. 271-312). É sabido que Merleau-Ponty também dedicou um capítulo de sua *Fenomenologia da percepção* ao "corpo como ser sexuado" e à maneira como nosso mundo percebido fica carregado de significações eróticas (*Phénoménologie de la perception* [1945], em *Œuvres*, org. C. Lefort, Paris: Gallimard, 2010, pp. 839 ss. [*Fenomenologia da percepção*, trad. Carlos Alberto Ribeiro de Moura, São Paulo: Martins Fontes, 1994]). Encontramos esse mesmo tema antropológico nos trabalhos de Buytendijk (*La Femme, ses modes d'être, de paraître, d'exister, essai de psychologie existentielle* (trad. [franc.] A. de Waelhens e R. Micha, pref. de S. Nouvion, Paris: Desclée de Brouwer, 1954) ou de Jeannière (*Anthropologie sexuelle*, Paris: Aubier-Montaigne, 1964), mencionados *supra*, pp. 34-5. Mas, por outro lado, a antropologia sexual também remete aqui aos trabalhos de antropólogos como Malinowski ou Mead (cf. *supra*, pp. 34-5), bem como, através da referência à estruturação da sexualidade, aos trabalhos de Lévi-Strauss e à antropologia das estruturas de parentesco.

8. Sobre o "Pequeno Hans", cf. *supra*, curso de Clermont-Ferrand, Aula 5, p. 114-5. *Gradiva* remete ao estudo de Freud intitulado "Delírios e sonhos na *Gradiva* de

Jensen" [1907] (em *Œuvres complètes. Psychanalyse*, v. 8, 1906-8, Paris: PUF, 2007 [*Obras completas*, v. 8, trad. Paulo César de Souza, São Paulo: Companhia das Letras, 2015]), onde Freud analisa o romance do escritor Wilhelm Jensen (*Gradiva, uma fantasia pompeiana*) e o erotismo sexual de que ele é carregado. Os *Três ensaios sobre a teoria da sexualidade* foram abundantemente comentados por Foucault no curso de Clermont-Ferrand, cf. *supra*.

9. Essa ideia de "referencial" foi introduzida por Foucault em seu texto de resposta ao Círculo de Epistemologia da Escola Normal Superior, onde ele afirmou que a unidade de um discurso não deve ser buscada num objeto a que ele se refira, mas no "espaço comum em que diversos objetos se perfilam e se transformam continuamente", isto é, no funcionamento das regras que regem a formação e a "dispersão de diferentes objetos ou referentes postos em ação por um conjunto de enunciados" ("Sur l'archéologie des sciences" [1968], art. citado, pp. 739-40). Ela seria retomada em *A arqueologia do saber*, para designar o correlato a que todo enunciado se refere: não um objeto ou um indivíduo singulares, não uma realidade, mas "um 'referencial' que não é constituído por 'coisas', 'fatos', 'realidades' ou 'seres', mas por leis de possibilidade, regras de existência dos objetos que ali são nomeados, designados, descritos, das relações que são afirmadas ou negadas" (op. cit., p. 120).

10. Foucault retorna detalhadamente a Sade na Aula 7 deste curso, cf. *infra*. Ele retomaria a questão da relação entre o discurso de Sade e a sexualidade e o desejo na segunda conferência que fez em Buffalo, em março de 1970. Dessa vez, Foucault notou, ao contrário, que "os discursos de Sade não falam do desejo; não falam da sexualidade, a sexualidade e o desejo não são objetos do discurso [sadiano]". Mas existe entre o discurso e o desejo, em Sade, um vínculo de ordem totalmente diversa: "vê-se o discurso funcionar, em relação ao desejo, como motor e princípio do desejo. [...] O discurso e o desejo [...] encadeiam-se um no outro, sem que o discurso fique acima do desejo, para dizer a verdade" (em *La Grande Étrangère. À propos de littérature*, org. e apres. de P. Artières et al., Paris: Éd. de l'EHESS, 2013, pp. 175-7).

11. Esse estudo é levado a bom termo nas Aulas 2 e sobretudo 4 deste curso, cf. *infra*.

12. Dessa série de estudos possíveis, Foucault acabaria só conservando aqui a história da biologia da sexualidade (cf. *infra*, Aula 6). O caso da sexualidade como objeto da psiquiatria foi brevemente abordado no curso de Clermont-Ferrand (cf. *supra*, pp. 89-94) e em seguida seria amplamente tratado, assim como, em menor medida, a jurisprudência (em matéria de determinação dos sexos, por exemplo), em *Os anormais* (op. cit.), *A vontade de saber* (op. cit.), "Le vrai sexe" [1980] (em *Dits et écrits*, op. cit., v. II, n. 287, pp. 934-42), bem como no manuscrito inédito *La Croisade des enfants* (BNF, Caixa 51). A reflexão filosófica sobre a sexualidade no século XIX nunca seria objeto de um estudo específico. Entretanto, note-se que Foucault havia se engajado nessa análise através da leitura dos textos da *Naturphilosophie* (em particular, da fisiofilosofia de Lorenz Oken) e de Schopenhauer (BNF, Caixa 45-C2).

Aula 1 153

13. Foucault não retornaria a Freud e à descoberta das neuroses nesse curso, embora na mesma época tenha se dedicado a uma releitura detalhada de numerosos textos freudianos sobre o assunto (BNF, Caixa 39-C3, arquivos "Les premiers textes [de Freud]" e "Freud. Théorie de la sexualité"). Para um esboço mais antigo sobre esse tema, cf. *supra*, curso de Clermont-Ferrand, 95-6, e os numerosos cursos que Foucault dedicou a Freud no final dos anos 1950 (BNF, Caixa 46).

14. Desses autores, Foucault aqui evoca apenas Sade, sob o ângulo da utopia sexual (cf. *infra*, Aula 7), que ele já havia citado em profusão no curso de Clermont--Ferrand e em diversos textos dos anos 1960 (cf. *supra*, Aula 1 e notas 31 e 35, pp. 39 e pp. 40-2, e Aula 4, p. 91). Genet, próximo de Foucault, foi evocado em diversas ocasiões nessa mesma década (cf. sobretudo "Folie, littérature, société" [1970], em *Dits et écrits*, op. cit., v. 1, n. 82, pp. 972-96, apontando aqui as pp. 987-91, onde Foucault se distancia da transgressão sexual na literatura, por estimar que ela tira demais o sabor da transgressão real). Sabemos que, quando esteve em Uppsala, ele dedicou uma série de conferências ao tema "O amor na literatura francesa, de Sade a Genet". Leopold von Sacher-Masoch mal reteve a atenção de Foucault propriamente, mas em 1967 foi objeto de uma reedição, acompanhada de um ensaio célebre de Gilles Deleuze (*Présentation de Sacher-Masoch. Le froid et le cruel* [*Sacher-Masoch: O frio e o cruel*, trad. Jorge Bastos, Rio de Janeiro: Zahar, 2009], seguido pelo texto integral de L. von Sacher-Masoch, *La Vénus à la fourrure*, trad. [franc.] Aude Willm, Paris: Minuit, 1967 [*A Vênus das peles*, trad. Saulo Krieger, São Paulo: Hedra, 2008]); este último também dedicou um estudo a David Herbert Lawrence ("Nietzsche et Saint Paul, Lawrence et Jean de Patmos" [1966], em *Critique et Clinique*, Paris: Minuit, 1993, pp. 50-70), que é uma referência recorrente nele.

15. Este último tema é tratado na Aula 7 (cf. *infra*), em particular através de uma análise de Herbert Marcuse, e mais sucintamente evocado, no âmbito de uma alusão às críticas de Leon Trótski e Alexandra Kollontaï ao casamento burguês, na Aula 4 (cf. *infra*, p. 181). Vimos que Foucault evocava o tema da "revolução sexual" desde o curso de Clermont-Ferrand (cf. *supra*, Aula 1, pp. 32-3, e nota 36, p. 42). É evidente que os acontecimentos de maio de 1968 puseram esse tema no cerne da atualidade, na época do curso de Foucault em Vincennes (cf. *infra*, Aula 7, e Situação dos cursos, pp. 312-5).

AULA 2

As mudanças do século XVIII[1]

As transformações da sexualidade como prática no nível econômico. 1. Rompimento dos equilíbrios demográficos e crescimento econômico. Séculos XV e XVI: colapso seguido por expansão que esbarrou em diversos entraves: malthusianismo de fato, inovações técnicas, centralização política. Estagnação-depressão. 2. Século XVIII: crescimento econômico e estagnação demográfica: necessidade de mão de obra; demanda de população de uma classe para outra. Consequências: instituições assistenciais, estatística, teoria populacionista, campanha contra o celibato, tema da natalidade natural, controle da própria sexualidade pela burguesia (contrato matrimonial). A sexualidade torna-se uma ciência natural e um conhecimento normativo. 3. Observação metodológica sobre as relações ideologia/ciência: como pensar a articulação entre os processos que afetam uma formação social e a epistemologização da sexualidade?

[11] Podemos classificá-las* sob três rubricas:
- a sexualidade como prática que funciona no nível econômico;
- [a sexualidade] como prática codificada por uma legislação;
- [a sexualidade] como prática codificada pela moral.

A. O rompimento dos equilíbrios demográficos e o crescimento econômico[2]

Tomando os movimentos amplos da demografia, temos:

---

* Entenda-se: "as mutações do século XVIII".

Aula 2   155

1. O grande colapso do século xv (guerra, peste), que, com a descoberta do ouro americano, foi [um] poderoso estímulo econômico: mais mercadorias, mais circulação, mais racionalização técnica (redistribuição das forças de trabalho).

Daí uma grande expansão no século xvi, mas que, a partir de 1570, deparou com certo número de entraves:

- extensões cultiváveis;
- rarefação monetária;
- inércia técnica (90% de analfabetos).[3]

2. Esses entraves (e as dificuldades que se seguiram) acarretaram:

a. No nível das forças de trabalho:

- Um malthusianismo de fato, cujos componentes foram muito varia- [12] dos: mortalidade natural, casamento tardio,[4] aborto.[5]

- E, por outro lado, a busca técnica de novas forças de produção: agronomia, canalização.[6]

b. No nível das instituições políticas, constituição de um poder central que atendia à demanda da burguesia (reabsorção do desemprego, aumento das reservas monetárias e crescimento da produção). Mas que respondeu a ela nas formas feudais: aumento da renda, que agravou a resistência dos entraves. Daí uma estabilidade por baixo, uma longa depressão que perdurou até o início do século xviii.[7]

3. O século xviii, período de expansão lenta:

a. A acumulação do capital (através do aumento da renda) e as transferências para a burguesia permitiram o desenvolvimento da indústria. [*Na margem*: "aumento de 100% da renda; afolhamento quadrienal".][8]

b. A busca de novos meios técnicos entra no campo da rentabilidade. [*Na margem*: "– Os preços aumentam 50-60%; – os salários estagnam; – a população aumenta em ⅓".][9]

c. Mas o equilíbrio demográfico permanece relativamente estável, por- [13]* que o padrão de vida do camponês não muda.

---

* Encontramos, anexadas a essa aula (cf. *infra*, pp. 158-9), as páginas 17-8 do manuscrito, que contêm uma longa passagem riscada por Michel Foucault, que é uma variante das elaborações seguintes.

Daí a necessidade de mão de obra para o exército de reserva do capitalismo.[10]

Essa demanda populacional — e este é seu caráter específico — não está diretamente ligada à expansão dos recursos, mas a um certo tipo de produção que altera os equilíbrios econômicos e sociais. Trata-se de uma demanda de repovoamento feita por uma parte da população a uma outra. A uma classe por outra. E isso se mostra com clareza pela maneira como a demanda é formulada (não apenas na teoria, mas também na prática).

a. A saúde, a assistência.[11]

b. Um começo* de cálculo estatístico.[12]

c. Uma teoria populacionista que já não se liga ao tema geral da força dos Estados (e do enriquecimento mercantilista), mas que está ligada ao problema da produção e do consumo [e] que levanta o problema da regulação (Boisguillebert, Moheau, Bruckner, Grimm, Malthus).[13]

[14] d. Reivindicação a favor da família e contra o celibato.**[14]

e. Tema ideológico geral [de que] todos esses movimentos populacionais, essa natalidade demandada, são um efeito da natureza:

a) Teoria "científica" de Buffon. A sociedade é efeito do crescimento demográfico: enquanto os homens não eram numerosos, era inútil ter uma sociedade.[15]

b) Tema moral: a natalidade livre é encontrada nos camponeses, que, longe da depravação das cidades, estão mais perto da natureza.***[16]

[15] f. Por fim, último elemento: a burguesia quer controlar, no seu próprio nível, os efeitos da demografia (no nível da repartição dos bens). Essa

---

* O sinal de abreviação não é claro. As NDI indicam "esclarecimento das técnicas que permitem a localização demográfica (a estatística social)".

** Segue-se uma linha riscada: "Contra ou a favor do divórcio (cf. Cerfvol)".

*** Segue-se a seguinte passagem riscada, que anuncia as análises que Foucault iria desenvolver a partir da página 20 do manuscrito: "População = moral = natureza = limitação espontânea. Operação ideológica que inverte a ordem das demandas reais. Estas – demanda de limitar:
– que substitui a necessidade econômica pela natureza;
– que apresenta o crescimento social como regra imperativa".

Aula 2

limitação da pobreza que ela espera para as outras classes, ela quer dominá-la para si: o casamento como contrato e a possibilidade do divórcio.[17]

[16-17]*

Passa-se, pois, a naturalizar a sexualidade. A lhe dar "direito de cidadania" numa natureza que é, de fato, a ideologia da cidade. No momento em que se faz do casamento um contrato e um ato civil.

[18]

Comentários

1. Encontramos os dois termos, contrato-natureza, que haviam assombrado a ideologia política, mas defasados no tempo:

a. No momento do desenvolvimento da sociedade industrial, a burguesia tem de fazer crer que a sociedade não resulta de um contrato, mas de uma ligação orgânica.

b. Na mesma época, ela precisa fazer acreditar que a natalidade de que necessita é um efeito da natureza [e] que a concentração das riquezas, cujo controle ela quer conservar, deve ser enquadrada pelo contrato.

c. Não existe contradição e se desenvolve uma ideologia da família que vai da procriação (natural) ao contrato civil (como expressão última e acabada desse grande impulso orgânico). Por meio da família, a ideologia organicista, que concerne à natalidade, e o tema do contrato, que caracteriza o casamento burguês, são articulados com exatidão.[18]

[19]

2. Essa naturalização da sexualidade vai implicar certo número de coisas:

a. Ela só é natural na medida em que é procriadora (tema que aparece no século xviii).

---

* O fim da página 15 e o conjunto da página 16 do manuscrito contêm uma longa elaboração riscada, que anuncia as análises que Foucault iria desenvolver na aula seguinte, a partir da página 21 do manuscrito. O próprio Foucault indicou "remeter à p. 20". Assim, seguimos sua indicação e transpusemos as folhas riscadas para um anexo da aula seguinte, como variante da página 21. Cf. *infra*, pp. 171-2. A página 17 e o começo da página 18, por sua vez, foram inteiramente riscados e constituem uma variante das páginas 13 a 15. Por isso, optamos por reproduzi-los como anexo desta aula, como variantes das citadas páginas. Cf. *infra*, pp. 158-9.

158   *O discurso da sexualidade*

b. Ela só é natural quando é conforme à ordem.

c. E quando, por conseguinte, é objeto do saber que é saber de sua naturalidade (biológica) e delimitação do que não é natural (saber normativo e repressivo).

O saber da sexualidade será "ciência natural" e "conhecimento normativo".[19]

[20] 3. Metodologicamente, não se trata de dizer [...] nem que o conhecimento da sexualidade é ideológico nem que é a luta de classes que constitui sua condição de possibilidade, mas de mostrar quatro níveis desses efeitos ideológicos:

• Como a sexualidade pôde constituir-se como objeto, dentro de determinada formação social e como efeito dos processos que nela se desenrolam.

• Como uma certa ideologia exigiu a edificação de um saber como o saber biológico.

• Como ela exigiu certo modo de funcionamento do saber (funcionamento normativo e repressivo).

• Como, por fim, ela impôs temas (como o caráter natural da procriação).

Logo, não se pode falar em *ciência* contra *ideologia*.* Numa dada formação social, a atuação delas é muito mais complexa.

Domínio da ideologia sobre um campo de saber.[20]

ANEXO À AULA 2

[*Inserimos aqui a página 17 e o começo da página 18 do manuscrito, que contêm uma longa passagem riscada por Michel Foucault, variante das análises desenvolvidas a partir da página 13.*]

[17] c. Mas o equilíbrio demográfico permanece exatamente o mesmo, porque o padrão de vida do camponês não muda. Daí a necessidade de mão de obra para o exército de reserva do capitalismo, que vai se manifestar:

---

* Grifo no manuscrito.

Aula 2 159

- Pela teoria populacionista.
- Por uma ideologia da natureza (longe da depravação das cidades).
- Por uma vigilância da saúde da população.
- Por uma reivindicação a favor da família e contra o celibato.

Em outras palavras, pela primeira vez, o destravamento demográfico já não está diretamente ligado à expansão dos recursos, mas à criação, ou pelo menos ao desenvolvimento, de certo tipo de produção, que modifica os equilíbrios sociais e econômicos. Trata-se de uma demanda de repovoamento dirigida a uma parte da população por outra, a uma classe por outra.

Com efeito, a burguesia não altera suas próprias normas demográficas. Cria um contrato matrimonial e um divórcio que devem permitir-lhe regular economicamente as consequências de sua demografia.

Por outro lado, ela pede a uma outra classe social um esforço de po- [18] voamento que não é consequência de um aumento dos recursos, mas que deve permitir um aumento dos recursos da burguesia. E esse aumento, que é efeito de uma demanda, é apresentado como devendo ser resultante de um retorno à própria natureza.

NOTAS

1. Um dos textos datilografados provenientes de anotações de estudantes sobre essa aula (doravante designados por NDI) indica: "Mudança do regime da sexualidade — fim do século XVIII".
2. Para essa subparte, que constitui uma novidade significativa em relação à análise proposta no curso de Clermont-Ferrand, Foucault se apoia nos trabalhos da Escola dos Anais, cuja importância ele sublinha, nesses mesmos anos, do ponto de vista da análise histórica (cf. "Sur l'archéologie des sciences. Réponse au Cercle d'épistémologie" [1968], em *Dits et écrits, 1954-1988*, v. I, *1954-1975*, org. D. Defert e F. Ewald, com a colab. de J. Lagrange, Paris: Gallimard, 2001 [1994], n. 59, p. 725 [*Ditos e escritos I*, trad. Vera L. Avellar Ribeiro, Rio de Janeiro: Forense Universitária, 1999]); "Michel Foucault explique son dernier livre" [1969], em ibid., n. 66, pp. 799-807, em particular a p. 801]; e sobretudo, mais tarde, "Revenir à l'histoire" [1972], em ibid., n. 103, pp. 1136-49, em particular pp. 1144-9). Além das obras clássicas de Emmanuel Le Roy Ladurie (*Les Paysans de Languedoc*, 2 v.,

Paris: SEVPEN, 1966) e de Pierre Goubert (*Beauvais et le Beauvaisis de 1600 à 1730. Contribution à l'histoire sociale de la France du XVIIe siècle*, Paris: SEVPEN, 1958; *Louis XIV et vingt millions de Français*, Paris: Fayard, 1966), nas quais Foucault se apoia aqui, por seus resultados de demografia histórica, é bom lembrar que os Anais lançaram, a partir de 1961, uma categoria especial de pesquisas abertas sobre "vida material e comportamentos biológicos", na qual aparecem regularmente trabalhos sobre a história biológica das populações e comportamentos sexuais ou alimentares. Em 1969, além disso, saiu um número especial dedicado à "História biológica e sociedade", no qual encontramos um artigo de Jean-Louis Flandrin e outro de Jacques Dupâquier sobre a história da contracepção (J.-L. Flandrin, "Contraception, mariage et relations amoureuses dans l'Occident chrétien", e J. Dupâquier e M. Lachiver, "Les débuts de la contraception en France ou les deux malthusianismes", *Annales ESC*, v. 24, n. 6, resp. pp. 1370-90 e pp. 1391-406). Como sublinhou Luca Paltrinieri, esses trabalhos de demografia histórica e de história biológica das populações — sejam os de Philippe Ariès (*Histoire des populations françaises et de leurs attitudes devant la vie depuis le XVIIIe siècle*, Paris: Self, 1949), os de Jacques Dupâquier e de Jacqueline Hecht, no Instituto Nacional de Estudos Demográficos (Ined), sejam os da Escola dos Anais — desempenharam um papel importante na elaboração, por Foucault, de suas reflexões posteriores sobre o biopoder e a biopolítica (cf., por exemplo, L. Paltrinieri, "Biopouvoir, les sources historiennes d'une fiction politique", *Revue d'histoire moderne et contemporaine*, v. 60, n. 4/4bis, 2013, pp. 49-75).

3. Foucault apoia-se aqui nas análises de Le Roy Ladurie em sua tese sobre os camponeses do Languedoc, para quem 1570 representa uma data-limite em relação ao impulso do século XVI: "o poderoso impulso do início do século XVI realmente se 'quebrou' depois de 1560-70" (*Les Paysans de Languedoc*, op. cit., v. I, p. 194). Sobre o colapso do século XV e o impulso demográfico e econômico que se seguiu no século XVI, cf. ibid., pp. 139-236. O obstáculo representado pela falta de terras cultiváveis é descrito em especial nas pp. 222-6 (cf. a ficha "Mouvement de population et régime des naissances sous l'Ancien Régime", BNF, Caixa 39-C2/F3).

4. As NDI indicam ainda: "fome, más condições de saúde, doenças; 50% das crianças não chegam à idade adulta". Todas essas informações foram tiradas do livro de P. Goubert, *Louis XIV et vingt millions de Français*, op. cit., pp. 25-9. Como observou Foucault em sua ficha citada há pouco, a taxa de natalidade era da ordem de 40/1000, com gestações a cada 25 ou trinta meses. Ao todo, nas famílias com cinco filhos por casal, dois ou três atingiam a idade adulta. "A regulação era obtida: — pela morte: com uma expectativa de vida de 25 anos, aproximadamente 25% morriam antes do primeiro ano de vida, 50% antes do vigésimo; 75% antes dos 45 anos; — pelo casamento tardio; — pelo alistamento militar." O papel do casamento tardio também é sublinhado por Pierre Chaunu, que lembra que "a idade do casamento das moças é a verdadeira arma contraceptiva da idade clássica" (*La Civilisation de l'Europe classique*, Paris: Arthaud, 1966).

Aula 2 161

5. As NDI acrescentam: "práticas contraceptivas moderadas (Le Roy Ladurie registra, para cada mulher do Languedoc, uma gestação a cada 27 meses)" (cf. E. Le Roy Ladurie, *Les Paysans de Languedoc*, op. cit., pp. 556-7).

6. Sobre a agronomia, tal como se desenvolveu a partir do fim do século XVI e no século XVII, acabava de ser lançado o livro fundamental de André Jean Bourde, *Agronomie et agronomes en France au XVIIIᵉ siècle. Thèse pour le doctorat ès lettres*, 3 v., Paris: SEVPEN, 1967. Os grandes trabalhos de secagem dos pântanos (*Édit pour le désseichement des marais*, 1599) e de construção dos principais canais franceses (canal de Briare, canal de Orléans, canal dos Dois Mares) estenderam-se por todo o século XVII.

7. As NDI fornecem uma exposição muito mais detalhada: "Assim, assistimos a uma institucionalização política do capitalismo nascente. Ela visa: 1. Superar a estagnação econômica europeia: surgimento de um aparelho de Estado cuja função é estimular a economia: — o Estado é encarregado de desenvolver as indústrias de produção; — encarrega-se também da irrigação; — e da salvaguarda da moeda e dos postos alfandegários. 2. Manter artificialmente o ferrolho demográfico, para evitar o desemprego, as greves e os motins. Por isso se instaura um Estado mercantilista repressivo; em 1659 [*rectius*: 1699], invenção da polícia estatal. 3. O Estado mercantilista se constitui segundo um modelo feudal. A monarquia apoia-se nas classes existentes: efetua-se um aumento dos direitos que os camponeses têm de pagar aos nobres e à Igreja. Nobreza e Igreja tornam-se as guardiãs do poder. Como as riquezas são despendidas no mesmo lugar e não investidas, a burguesia sente-se frustrada em seu esforço político, em prol do clero e da nobreza. *Fechamento econômico de fato*: — a renda da terra aumenta 100%; — os preços das mercadorias aumentam 50% a 60%; — os salários não recebem nenhum aumento. Os salários reais diminuem, portanto; — a população aumenta 30%. Efeitos políticos desses fenômenos: — luta entre a burguesia e a aristocracia; — a revolução burguesa é repetida por uma revolução popular que não dá resultado; — ao longo de todo o século XVIII, a burguesia se esforça por contornar os obstáculos que lhe são impostos. Ela está na origem: — da fisiocracia; — das pesquisas técnicas capazes de permitir o cultivo das terras; — dos investimentos nas manufaturas. Esses fatores estabelecem uma nova situação, no contexto da qual o capitalismo pode deslanchar". Em numerosas ocasiões, Foucault volta às transformações político-econômicas do século XVIII, desde a *História da loucura*, na qual o "grande encarceramento" e a criação das diversas instituições de internação são intimamente ligados ao mercantilismo e às instituições monárquicas (*Histoire de la folie à l'âge classique*, Paris: Gallimard, 1976 [1961], pp. 56-91 [*História da loucura na idade clássica*, trad. José Teixeira Coelho Netto, São Paulo: Perspectiva, 2003]), até *Teorias e instituições penais*, cuja primeira parte é inteiramente dedicada às tensões e sedições do princípio do século XVII, depois ao nascimento de um novo aparelho repressivo de Estado, no fim do século XVII (*Théories et institutions pénales. Cours au Collège de France, 1971-1972*, org. B. E. Harcourt, sob a direção de F. Ewald e

A. Fontana, com E. Basso, C.-O. Doron e D. Defert, Paris: Gallimard-Seuil-Éd. de l'EHESS, 2015, pp. 3-109).

8. Sobre o aumento de 100% da renda, cf., por exemplo, François Crouzet, "Angleterre et France au XVIIIe siècle. Essai d'analyse comparée de deux croissances économiques", *Annales ESC*, v. 21, n. 2, 1966, pp. 254-91: "o aumento das rendas feudais e dos lucros agrícolas enriqueceu [...] uma parcela não desprezível da população [...]. Daí um estímulo para o comércio [...], a indústria, o desenvolvimento das cidades e um aumento das rendas não agrícolas" (ibid., p. 279).

9. Encontram-se números dessa ordem no artigo de F. Crouzet que compara, no século XVIII, o crescimento inglês e o francês ("Angleterre et France au XVIIIe siècle...", art. citado). Assim, o aumento da população francesa no período de 1701--81 foi avaliado em 35%; o crescimento do "produto material" no século XVIII foi estimado, segundo Paul Bairoch, em 69% (ibid., p. 270). No tocante aos salários, os salários médios aumentaram na primeira parte do século e depois estagnaram, ou melhor, no tocante aos salários reais, baixaram, em vista da progressão mais acentuada dos preços agrícolas e da renda fundiária (ibid., p. 279).

10. Cf. F. Crouzet, "Angleterre et France au XVIIIe siècle...", art. citado, pp. 287-8. "O exército de reserva do capitalismo" é uma referência a Marx, para quem a lei de acumulação do capital induz a uma superpopulação relativa crescente, que cria um "exército industrial de reserva" para o capitalismo: "Se a acumulação produz necessariamente, portanto, uma superpopulação trabalhadora, esta, por sua vez, torna-se a alavanca mais potente da acumulação, uma condição de existência da produção capitalista em seu desenvolvimento integral. Ela forma um exército de reserva industrial que pertence ao capital, de maneira tão absoluta quanto se tivesse sido criado e disciplinado à sua custa. Supre suas necessidades flutuantes de valorização e, independentemente do crescimento natural da população, supre a matéria humana sempre explorável e sempre disponível" (*Le Capital*, v. 1, trad. [franc.] J. Roy, org. L. Althusser, Paris: Garnier-Flammarion, 1969, p. 461 [*O capital: Crítica da economia política*, livros primeiro a terceiro, trad. Reginaldo Sant'Anna, 6 v., Rio de Janeiro: Civilização Brasileira, 2003-8]). Esta aula e a seguinte devem ser relacionadas com as reflexões de Marx sobre a lei da população própria do modo de produção capitalista e com suas críticas a Thomas R. Malthus. Cf. *infra*, p. 163.

11. As NDI especificam: "novas práticas sociais: assistência aos pobres, aos doentes; aumento muito acentuado das técnicas e das instituições médicas". Cf., a esse respeito, as análises de Foucault, desde a *História da loucura* e *O nascimento da clínica* até "Crise de la médecine ou crise de l'antimédecine?" [1976] (em *Dits et écrits*, op. cit., v. II, n. 170, pp. 40-58) e "L'incorporation de l'hôpital dans la technologie moderne" [1978] (em ibid., n. 229, pp. 508-22).

12. Foi a partir da segunda metade do século XVII que se instalaram os procedimentos (pesquisas administrativas, numeração e tabulação dos fenômenos biológicos, econômicos e sociais, cálculo das probabilidades baseadas nessas séries estatísticas etc.) que levaram ao desenvolvimento do que foi chamado, no fim do século

Aula 2   163

xviii, de aritmética política moral, isto é, a estatística social. Sobre o desenvolvimento dessas técnicas, ver o importante trabalho de publicação e comentários dos clássicos da demografia e da economia política feito pelo Ined, sob o impulso de Jacqueline Hecht, a partir do fim dos anos 1950; ver também, mais recentemente, por exemplo, os trabalhos de Alain Desrosières (*La Politique des grands nombres. Histoire de la raison statistique*, Paris: La Découverte, 1993), de Ian Hacking (*The Taming of Chance*, Cambridge: Cambridge University Press, 1990) ou de Andrea A. Rusnock (*Vital Accounts. Quantifying Health and Population in Eighteenth-Century England and France*, Cambridge: Cambridge University Press, 2002). Foucault voltaria ao assunto, de maneira mais detalhada, em seu curso do Collège de France intitulado *Sécurité, territoire, population* (*Cours au Collège de France, 1977-1978*), ed. estabelecida por M. Senellart sob a dir. de F. Ewald e A. Fontana, Paris: Gallimard-Seuil-Éd. de l'EHESS, 2004 [*Segurança, território, população*, trad. Eduardo Brandão, São Paulo: Martins Fontes, 2008], no âmbito de uma análise da biopolítica e da instauração de dispositivos de segurança, com vistas a conhecer e regular os fenômenos vitais passíveis de afetar as populações.

13. Os autores aqui evocados por Foucault são Pierre Le Pesant de Boisguilbert (ou Boisguillebert) (1646-1714), economista crítico da política mercantilista conduzida por Colbert no reinado de Luís xiv, autor, em particular, do *Détail de la France* (1695), frequentemente apresentado como o precursor da economia política na França, e ao qual J. Hecht havia acabado de dedicar um livro (*Pierre de Boisguilbert ou la Naissance de l'économie politique*, 2 v., Paris: Ined, 1966); Jean-Baptiste Moheau (1745-94), autor de um dos principais tratados sobre a população e a demografia no século xviii (*Recherches et considérations sur la population de la France*, Paris: Moutard, 1778), de quem Foucault voltaria a falar em *Sécurité, territoire, population* (op. cit., p. 24, e notas, p. 29); John Bruckner (1726-1804), autor de uma *Théorie du système animal* (Leiden: Jean Luzac, 1767), apresentado por Marx como um dos primeiros teóricos da população e sobretudo um dos precursores da luta pela vida como fator de regulação das populações animais; e Friedrich Melchior Grimm (1723-1807), próximo de Denis Diderot e dos enciclopedistas, autor de uma abundante *Correspondance littéraire, critique et philosophique* (Paris: Furne-Ladrange, 1829-30), que se engajou, em particular, em debates contra os fisiocratas. Thomas R. Malthus (1766-1834) é o autor do célebre *Essai sur le principe de population* (3 v., trad. [franc.] P. Prévost, Paris: J. J. Paschoud, 1809 [1798]), no qual postula como lei natural a contradição entre o crescimento aritmético dos meios de subsistência e o crescimento geométrico da população. Segundo seu ponto de vista, essa lei é um fator de regulação da população humana, que conduz mecanicamente a população excedente — caso ela seja privada dos auxílios artificiais organizados pela assistência aos pobres na Inglaterra — a desaparecer ou a restringir sua reprodução. De Sismondi a Marx, muitos economistas do século xix criticaram a leitura de Malthus como algo que fazia passar por lei natural o que era, na verdade, obra de um dado modo de produção (capitalista), o qual gera uma superpopu-

lação relativa que lhe é específica (em decorrência da concentração do capital e, portanto, dos meios de produção e de subsistência). Foucault inscreve-se aqui na continuação dos críticos que veem nessa naturalização uma operação ideológica, que ele se empenha em ressituar num jogo mais complexo de operações da mesma ordem. As notas dos estudantes (NDI) permitem esclarecer as distinções que Foucault estabelece entre a problemática da população e de sua regulação, tal como se desenvolveu no século XVIII, e a que foi trazida pelo mercantilismo: "desenvolvimento de toda uma economia política fundamentada no problema da população. Diálogo entre os fisiocratas e Ricardo: deve uma população ser forte ou fraca, para que a situação econômica seja melhor? *Logo, é o circuito econômico que vai determinar o valor do índice populacional.* Surge um problema: o de conhecer o nível ótimo do desenvolvimento demográfico" *(sublinhado no manuscrito).* Para os mercantilistas, a taxa populacional é um fator essencial para a riqueza e o poder de um Estado. A posição dos fisiocratas é muito diferente: segundo eles, a população depende da produção e, no caso, do crescimento do produto líquido da agricultura — sendo o setor agrícola o único setor produtivo, para os fisiocratas. A partir daí, abre-se efetivamente o debate sobre o ótimo do índice populacional, em função de um conjunto de fatores definidores do circuito econômico — fatores de produção (terra, trabalho ou capital), consumo etc. Foucault insistiu muito nessas transformações das reflexões econômicas em *As palavras e as coisas,* onde Ricardo e Malthus, ao introduzirem a questão da escassez como situação antropológica fundamental, condição do trabalho e do desenvolvimento econômico, são apresentados como pontos de ruptura em relação à "analítica das riquezas" que foi típica da era clássica, na qual os fisiocratas continuavam situados, na ocasião. Em *Sécurité, territoire, population* (op. cit., pp. 70-9), dessa vez, a ruptura se dá claramente entre mercantilistas e fisiocratas, precisamente na questão da população como objeto de saber e sujeito de governo: se os mercantilistas ficam do lado da "análise das riquezas", fazendo o sujeito-objeto população entrar no campo teórico e prático da economia, os fisiocratas instalam-se do lado da "economia política".

14. As NDI esclarecem: "Reivindicação política: retomada pelo Estado da situação da família. A jurisdição civil não mais deve modelar-se nas legislações religiosas. Demandam-se medidas concernentes: — ao celibato; — ao divórcio; — às famílias numerosas". Trata-se de uma referência aos diversos autores que, desde Montesquieu, pelo menos, atacam o celibato (em particular o dos padres) como obstáculo à população, incentivam as medidas de assistência às famílias numerosas e, no caso particular de Cerfvol, autor de um *Mémoire sur la population* (Londres, 1768), visam promover o divórcio como melhor meio de aumentar e melhorar a população. Sobre este assunto, cf., por exemplo, Carol Blum, *Strength in Numbers. Population, Reproduction, and Power in Eighteenth-Century France,* Baltimore: Johns Hopkins University Press, 2002.

15. Cf., por exemplo, Buffon, "Époques de la nature. 7ᵉ et dernière époque", em *Suppléments à l'Histoire naturelle générale et particulière,* v. V, Paris: Imprimerie roy-

Aula 2 165

ale, 1778, pp. 226-7. Os homens se mantiveram relativamente selvagens enquanto estavam dispersos, "enquanto haviam formado apenas pequenas nações, compostas de algumas famílias, ou melhor, de parentes saídos de uma mesma família, como ainda hoje vemos entre os selvagens [...]. Mas, em todos [os lugares] em que o espaço foi confinado pelas águas ou cercado por montanhas elevadas, essas pequenas nações, ao se tornarem demasiadamente numerosas, foram forçadas a compartilhar seu território entre elas, e foi a partir desse momento que a Terra tornou-se domínio do homem; ele se apoderou dela para seus trabalhos de cultivo, e o apego à pátria seguiu muito de perto os primeiros atos de sua propriedade: dado que o interesse particular fazia parte do interesse nacional, a ordem, a polícia e as leis tiveram que se seguir, e a sociedade teve que ganhar consistência e força".

16. Esse tema, clássico na literatura de inspiração fisiocrática ou médica, está presente em Rousseau e em Rétif de La Bretonne, por exemplo.

17. As NDI assinalam, de modo um pouco diferente: "Tema ideológico segundo o qual a sexualidade é um *fenômeno da natureza* que não deve mais inscrever-se no registro do pecado. E é liberando a sexualidade que todos os mecanismos demográficos encontrarão sua regulação espontânea. A burguesia que quer controlar o sistema dessa demografia preconiza, ao mesmo tempo: — o tema da família camponesa, pura, natural etc.; — a definição do casamento como um contrato integrado à jurisdição civil. Essa temática dupla está profundamente ligada; o casamento cristão, em virtude disso, é desarticulado. *Consequências*: a sexualidade é diferente do casamento: — casamento: objeto de um contrato civil; — sexualidade: fenômeno da natureza" (*grifos no manuscrito*).

18. Foucault volta à questão do casamento como contrato civil e à ideologia organicista da família na Aula 4 deste curso, cf. *infra*, pp. 184-5.

19. Vemos aí anunciadas as duas linhas de análise que Foucault passaria a seguir. O saber da sexualidade como "ciência natural" foi objeto da Aula 6 deste curso (cf. *infra*) e encontraria seus prolongamentos no programa de pesquisas anunciado pelo Collège de France. O saber da sexualidade como "conhecimento normativo" daria lugar, nos anos seguintes, às pesquisas que levaram à *História da sexualidade* (*A vontade de saber*, op. cit.), em particular através do curso do Collège de France sobre *Les Anormaux (Cours au Collège de France, 1974-1975)*, ed. estabelecida por V. Marchetti e A. Salomoni, org. F. Ewald e A. Fontana, Paris: Gallimard/Seuil/Éd. de l'EHESS, 1999 [*Os anormais: Curso no Collège de France (1974-1975)*, trad. Eduardo Brandão, São Paulo: Martins Fontes, 2001] e do manuscrito inédito *La Croisade des enfants* (BNF, Caixa 51).

20. As notas datilografadas de estudantes n. 2 (doravante designadas por ND2) permitem saber que Foucault introduziu aí duas ideias, a de episteme e a de operações ideológicas, que encontramos na aula seguinte. Aliás, não é certo que as duas aulas tenham sido proferidas separadamente, pois a Aula 3 desempenha mais o papel de intermediária metodológica e teórica, antes que a Aula 4 retome o fio da análise das mudanças do século XVIII, dessa vez do lado das práticas matrimoniais e do sis-

tema jurídico. Assinalam as ND2: "A ideologia exerce influência sobre o saber, não sobre a ciência → a oposição ciência/ideologia não é pertinente. *Episteme*: aquilo a partir do qual se constitui um saber que ainda não é uma ciência. *Operações ideológicas*: como a classe dominante codifica, mascara e traveste as necessidades econômicas do sistema em que é dominante. As instituições, códigos, práticas e normas, bem como o saber e a ciência, podem ser entendidos como a expressão dessas operações" (*grifos no manuscrito*). Com efeito, o final dessa aula e toda a aula seguinte devem ser ressituados na reflexão feita por Foucault, na época, para especificar suas críticas à alternativa ideologia/ciência tematizada por Louis Althusser e aprimorar seu próprio discurso sobre a articulação entre saberes, relações econômicas e poderes, problema que o acompanharia ao longo de seus cursos no Collège de France, pelo menos até 1976-7. A "influência da ideologia sobre um campo de saber" deve ser aproximada da passagem da *Arqueologia do saber* em que Foucault observa que "a influência da ideologia no discurso científico e o funcionamento ideológico das ciências não se articulam no nível de sua estrutura ideal [...], nem no nível de sua utilização técnica numa sociedade [...], nem no nível da consciência dos sujeitos que a constroem; articulam-se onde a ciência se destaca do saber", na maneira como a ciência "se inscreve e funciona no elemento do saber" (op. cit., p. 241). Cf. *infra*, Aula 3, na qual todas essas questões são aprofundadas.

AULA 3

O discurso da sexualidade (3)

I. Resumo do curso anterior. Como um processo econômico dá origem a elementos heterogêneos (instituições, direito, temas ideológicos, objetos de conhecimento). II. Observações metodológicas. Esses elementos formam um sistema funcional. Esse sistema pressupõe uma série de operações que devem ser analisadas em seus conteúdos, suas formas e seus efeitos. Essas operações definem a "codificação ideológica primária" de um processo econômico, que não é nem a ideologia no sentido estrito nem o sistema dos elementos heterogêneos, mas as regras que asseguram sua formação. A distinguir do "efeito ideológico específico", isto é, das proposições não científicas produzidas por essa codificação; e do "funcionamento ideológico secundário", isto é, de como esse efeito específico atua nos diversos elementos do sistema, inclusive nas ciências, e não apenas como obstáculo. III. Conclusões. Não há campo ideológico unitário: a oposição ideologia/ciência não é pertinente; a codificação ideológica primária não é nem um conjunto de representações nem um inconsciente, mas um conjunto de regras implementado por uma classe social; é uma prática de classe sem sujeito. A luta ideológica não é uma questão de consciência nem uma questão de ciência, mas de práticas sociais: não pertinência do modelo bachelardiano-althusseriano do "corte" e do trabalho teórico.

1. Vimos o desenrolar de um processo econômico. [21]

– A constituição de uma acumulação primitiva (graças a um colapso demográfico).

– Um desenvolvimento econômico e demográfico bloqueado por impossibilidades estruturais e técnicas.

168   *O discurso da sexualidade*

– A constituição de um poder político destinado a suspender esse bloqueio, mas que levou, em parte, a que ele fosse aferrolhado (em termos demográficos).

Daí: • desenvolvimento capitalista

   • insuficiência demográfica

– A demanda de mão de obra.[1]

2. Indicamos como esse processo tinha dado origem a múltiplos elementos:*

   • instituições → assistência;

   • princípios jurídicos → casamento, contrato;

   • temas ideológicos (a única sexualidade normal é a procriadora);

   • por fim, um objeto de conhecimentos possíveis: a sexualidade.

[22]   É preciso fazer várias observações a esse respeito:[2]

– O processo econômico não dá lugar a algo como uma ideologia, mas a um feixe de elementos de natureza, estatuto [e] função diversos. O efeito ideológico é apenas um desses elementos.

– Esses elementos não se dispersam nem se justapõem, uns ao lado dos outros, como efeitos divergentes. Ocupam funções precisas, uns em relação aos outros.[3] Em particular, o tema ideológico:

   • reforça o contrato;

   • cliva** o saber da sexualidade;[4]

   • previne o malthusianismo das classes pobres.

– Mas, para que esse processo econômico dê lugar a esses efeitos, e não a outros (por exemplo, à união livre), é necessária certa operação ou grupo de operações:

---

* Encontraremos anexados a esta aula o fim da página 15 e a página 16 do manuscrito, que Michel Foucault indicou que convinha remeter à página 20 (cf. *supra*, aula anterior, p. 156). Eles oferecem uma variante das elaborações que se seguem.

** Esse é o termo provável. As ND2 indicam: "clivagem ética e médica da sexualidade".

Aula 3 169

capitalização ⇒	déficit ⇒	necessidade de ⇒	limitação
	demográfico	mão de obra	espontânea
d	c	b	a
⇓	⇓	⇓	⇓
sistema ⇐	saúde médica ⇐	lei moral ⇐	natureza
jurídico	e moral	(sexualidade:	
		procriação)	
⇓	⇓	⇓	⇓
casamento	repressão	ideologia	teoria malthusiana:
como	e assistência	moral	ciência da
contrato			sexualidade[5]

1. Esse conjunto de operações consiste, em seu *conteúdo*:* [23]
   - em a: confusão de uma lei econômica com uma lei natural;
   - em b: transformação de uma demanda de classe em princípio moral;
   - em c: retificação de uma situação econômica por princípios éticos e médicos;
   - em d: tradução dos processos econômicos num sistema jurídico.

2. Em sua *forma*,** essas operações consistem:
   - numa inversão geral na ordem das implicações;
   - em deslocamentos de nível ou de ordem (economia, moral);
   - em generalizações abstratas (mecanismos econômicos, mecanismos naturais);
   - em traduções ou deturpações (capitalização, estrutura jurídica, déficit);
   - em intervenções compensatórias ([...]*** ética e médica);

3. Em seu *efeito*,**** [essas operações consistem] em fazer funcionar como sistema coerente, indo da natureza ao direito, da espontaneidade à instituição, e passando pela moral e pela medicina, um conjunto de mecanismos e exigências econômicos.

---

* Grifo no manuscrito.
** Idem.
*** Palavra ilegível.
**** Grifo no manuscrito.

[24] Esse conjunto de operações é o que poderíamos chamar de *codificação ideológica primária** de um processo econômico. É o grupo de transformações mediante as quais determinada classe social (a que detém o poder político, econômico, cultural) possibilita a constituição de um conjunto epistemológico, moral, jurídico, institucional, a partir de um dado processo econômico. Essa codificação ideológica não é uma ideologia no sentido estrito, nem tampouco o conjunto das instituições, representações e regras morais e jurídicas. É sua condição de possibilidade histórica, é o conjunto das regras que garantem sua formação.[6]

Chamaremos de *efeito ideológico específico*** o conjunto das proposições ou das teorias (de caráter não científico) que são produzidas por essa codificação e que podemos encontrar tanto em textos inteiramente ideológicos (como a moral) quanto em textos que não o são inteiramente (medicina, jurisprudência).

Por fim, chamaremos de *funcionamento ideológico secundário**** a maneira de esse efeito ideológico se distribuir e funcionar nas instituições, nos sistemas jurídicos e nas ciências, exercendo, por exemplo, um papel de justificação (para as instituições e os sistemas jurídicos) [ou] um papel de obstáculo, de limitação, mas também, eventualmente, de estímulo e meio favorável para uma ciência.[7]

[25] a. Esses três níveis não devem ser confundidos e não se deve falar de um campo ideológico unitário.

b. Não podemos opor maciçamente ideologia e ciência:

• a codificação ideológica pode perfeitamente dar lugar ao objeto de uma ciência possível, embora as operações que permitem a esse objeto aparecer não sejam operações científicas (isto é, susce[tíveis] de entrar num sistema formalizável).[8] Uma coisa é a emergência histórica de um objeto de saber. Outra é a determinação de um objeto num campo epistemológico;

---

* Idem.
** Idem.
*** Grifo no manuscrito.

Aula 3

- por outro lado, se o efeito ideológico específico nunca é uma ciência, seu funcionamento secundário pode efetuar-se no interior de uma ciência, e não simplesmente sob a forma de um obstáculo.

c. A codificação ideológica primária não é nem totalmente um sistema de representações que esteja presente no espírito dos homens nem totalmente um inconsciente. É um conjunto de regras implementadas por uma classe social na formação das instituições, dos discursos, dos preceitos.[9]

É uma prática, portanto, mas que não tem lugar numa consciência nem seu ponto de referência num sujeito; é uma prática de classe que funciona numa formação social. Não tem sujeito, mas sim um lugar, uma distribuição e um funcionamento.[10]   [26]

d. É preciso, pois, demolir com o máximo cuidado a ideia de que a ideologia é uma espécie de grande representação coletiva, que constitui, em relação à prática científica, sua exterioridade e seu obstáculo, e da qual a prática científica deve desvincular-se através de um *corte*.*

Esse modelo bachelardiano é inoperante para determinar o funcionamento da ideologia, e só pode valer regionalmente (para mostrar como uma ciência se livra de seus obstáculos ideológicos).[11]

[...]**

A ideologia não é uma questão de consciência nem de ciência; é uma questão de prática social. É por isso que a luta ideológica não pode ser simplesmente uma luta teórica, no nível das ideias verdadeiras.[12]

ANEXO À AULA 3

[Inserimos aqui o final da página 15 e a página 16 do manuscrito, que contêm uma longa passagem riscada que Michel Foucault indica que deve ser recolocada na altura da página 20, e que constitui uma variante do começo desta aula.]

---

* Idem.
** Parágrafo riscado: "Pode haver ciências que são efetivamente ciências e que funcionam a partir de determinada codificação ideológica".

172   *O discurso da sexualidade*

[15] Vemos erigir-se, portanto, todo um edifício de elementos muito diferentes:

- práticas sociais (assistência);
- técnicas de saber;
- teorias econômicas;
- reivindicações sociais;
- reformas jurídicas;
- temáticas morais e literárias.

Ora, não basta dizer: tudo isso é ideologia (certos elementos não são de natureza ideológica), e sim mostrar como a ideologia faz esses elementos funcionarem e como os relaciona. A ideologia é o sistema funcional dos elementos, não é a natureza dos elementos. Operação ideológica.[13]

Vemos como a ideologia faz esse conjunto funcionar e que relações estabelece entre seus elementos.

- Inverte a ordem dos processos: moral → natureza → limitação [...]*
- Ela substitui a necessidade econômica pela natureza.
- Apresenta sob a forma de regra moral o que é uma exigência social.

[16] - Divide o campo social, mas faz aparecer uma unidade fictícia pelo direito.

NOTAS

1. Foucault resume aqui os principais resultados do curso anterior. A "acumulação primitiva" se explica pela crise demográfica do século xv. Segundo as notas datilografadas de estudantes (NDI), Foucault indicou que, "no século xvi, o desenvolvimento econômico se deveria a essa baixa demográfica [...] a quantidade das terras cultiváveis foi relativamente mais importante do que tinha sido na Idade Média. Uma acumulação primitiva de capital foi a consequência".
2. Essas observações prolongam as observações metodológicas feitas na aula anterior e na variante anexada àquela aula (cf. *supra*, pp. 157-9). Elas visam deixar clara a

---

* "Substitui", riscado.

Aula 3 173

posição de Foucault no debate sobre as relações entre ciência e ideologia e, mais profundamente, entre prática e trabalho teórico, que então campeava entre intelectuais marxistas-leninistas e maoistas, debates estes exacerbados depois de maio de 1968. Para uma análise desse contexto essencial à compreensão das numerosas alusões e referências implicitamente presentes nestas páginas metodológicas, cf. Situação dos cursos, pp. 303-9.

3. Cf. a variante anexada, *supra*, pp. 171-2, que insiste neste ponto: "A ideologia é o sistema funcional dos elementos, não a natureza dos elementos."

4. Essa ideia de que o saber da sexualidade é "clivado" deve ser relacionada com o que Foucault disse na aula anterior (cf. *supra*, pp. 157-8): de um lado, uma sexualidade "natural", objeto de um saber biológico, e de outro, a delimitação do que é não natural, objeto de um saber normativo e repressivo.

5. Inserimos aqui o esquema indicado nas notas datilografadas de estudantes (ND2), que é diferente e mais claro:

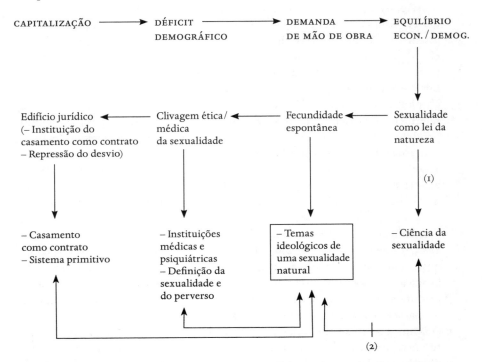

* Para que se constitua uma ciência, é preciso que um processo lhe dê lugar e assegure uma posição para o sujeito que sustenta o discurso (1), e que um corte epistemológico (2) assegure sua especificação.

6. A maneira como é caracterizada essa codificação ideológica primária a aproxima dos deslocamentos efetuados por Foucault em "Sur l'archéologie des sciences.

Réponse au Cercle d'épistémologie" [1968], em *Dits et écrits, 1954-1988*, v. I, *1954--1975*, org. D. Defert e F. Ewald, com a colab. de J. Lagrange, Paris: Gallimard, 2001 [1994], n. 59 [*Ditos e escritos I*, trad. Vera L. Avellar Ribeiro, Rio de Janeiro: Forense Universitária, 1999] e em *L'Archéologie du savoir*, Paris: Gallimard, 1969, p. 39, quando insiste no fato de que é preciso deslocar a análise de um dado objeto, um dado estilo ou um dado elemento para o conjunto das regras que garantem sua formação e sua dispersão. Mais precisamente, essa codificação ideológica primária aproxima-se do modo como Foucault refletiu, na época, sobre *O nascimento da clínica*, ao sublinhar que "a medicina clínica tanto era um conjunto de prescrições políticas, decisões econômicas, regulamentos institucionais e modelos de ensino quanto um conjunto de descrições", ou seja, o discursivo e o não discursivo. Nesse texto, ele assinala que é preciso analisar "o conjunto das regras que possibilitaram, simultânea ou sucessivamente", esses fenômenos heterogêneos. De fato, as análises que se seguem inscrevem-se no esforço feito por Foucault, nessa ocasião, para passar de uma análise descritiva dos sistemas discursivos para o que ele viria a chamar de "dinástica dos saberes", isto é, "ver como esses tipos de discurso puderam formar-se, historicamente, e sobre quais realidades históricas eles se articulam [...] a relação existente entre os grandes tipos de discurso que podemos observar numa cultura e as condições históricas, as condições econômicas e as condições políticas de seu aparecimento e de sua formação" ("De l'archéologie à la dynastique" [1973], em *Dits et écrits*, op. cit., v. I, n. 119, pp. 1273-84, referindo-se aqui à p. 1274). Elas levariam em 1977 à ideia de "dispositivo", muito próxima da maneira de Foucault caracterizar a "codificação ideológica primária": "um conjunto decididamente heterogêneo, que comporta discursos, instituições, arranjos arquitetônicos, decisões regulamentares, leis, medidas administrativas, enunciados científicos, proposições filosóficas, morais e filantrópicas, em suma: o dito, bem como o não dito, são os elementos do dispositivo. O dispositivo em si é a rede que se pode estabelecer entre esses elementos" (ver "Le jeu de Michel Foucault (entretien sur l'*Histoire de la sexualité*)" [1977], em ibid., v. II, n. 206, pp. 298-329, referência aqui à p. 299). Mas com uma diferença considerável: se o dispositivo tem uma "função estratégica dominante", ela não está explicitamente ligada a uma dominação de classe (Foucault adota a esse respeito, em 1977, uma postura mais flexível, cf. ibid., pp. 306-7), ao passo que a codificação ideológica primária é claramente obra de uma classe social hegemônica.

7. Foucault confunde aqui duas coisas que viria a distinguir em *Théories et institutions pénales* (*Cours au Collège de France, 1971-1972*, org. B. E. Harcourt, sob a direção de F. Ewald e A. Fontana, com E. Basso, C.-O. Doron e D. Defert, Paris: Gallimard-Seuil-Éd. de l'EHESS, 2015, p. 198) quanto às práticas penais: de um lado, as "operações ideológicas", entendidas como "o conjunto dos procedimentos pelos quais as práticas e as instituições penais são justificadas, explicadas, retomadas [...] dentro de um sistema de racionalização", e de outro, os "efeitos de saber", isto é, "o recorte, a distribuição e a organização daquilo que se dá a

Aula 3

conhecer na prática penal; [...] a posição e a função de sujeitos aptos a conhecer, [...] a forma de conhecimento [...] que atua ali", ou, dito de outra maneira, como uma prática social pode definir um campo e formas de saber que constituem potencialmente um "meio favorável para uma ciência" possível. A ideia de que o ideológico exerce um papel de obstáculo e limitação para uma ciência, obstáculo de que é preciso nos libertarmos necessariamente através de um trabalho teórico de corte, é recorrente nas análises de Althusser e seus alunos. Pierre Macherey escreveu, por exemplo: "Uma problemática ideológica, mais do que nos fazer conhecer alguma coisa, é um *obstáculo* ao conhecimento: impede a produção de um conhecimento e exprime, ao mesmo tempo, certa impossibilidade de pensar" (P. Macherey, *Cours de philosophie pour scientifiques*, n. 6, 8 jan. 1968, p. 3, *grifo no original*). Mesmo Michel Pêcheux ou François Regnault, que atribuem maior positividade às ideologias na formação de uma ciência e destacam os "efeitos de conhecimento ideológicos", insistem no fato de que uma ciência é "precedida por ideologias, sistemas de representações [...] que lhe criam obstáculos" (F. Regnault, ibid., n. 11, 26 fev. 1968, p. 2). Isso decorre da maneira como o próprio Althusser aborda, na época, a relação entre o ideológico e o científico: uma proposição ideológica, segundo sua definição — que Foucault conhece e critica, na mesma época, em seus cadernos (cf. *infra*, Aula 6, nota 22, pp. 226-7, e Situação dos cursos, p. 303) —, é "uma proposição que, sendo sintoma de uma realidade diferente daquilo que ela visa, é uma proposição falsa, na medida em que se refere ao objeto que ela visa" (L. Althusser, ibid., 20 nov. 1967, p. 4). Ela implica necessariamente, portanto, um efeito de desconhecimento e de obstáculo em relação ao conhecimento dessa realidade. Foucault, ao contrário, não para de insistir no fato de que, se nos situamos no limiar da epistemologização (ou seja, se nos formulamos a questão das condições de emergência de um saber), a ideologia tem um papel de "estímulo" ou de "meio favorável" na formação desse saber e, por conseguinte, de uma ciência possível; e de que, mesmo no seio de uma ciência, o efeito ideológico tem apenas um papel negativo de obstáculo ou de ameaça ao "científico". Cf., a esse respeito, *L'Archéologie du savoir*, op. cit., pp. 242-3; e *infra*, Aula 6.

8. Essa definição de "científico" merece ser sublinhada. Para Foucault, o "limiar da cientificidade" é transposto "quando a figura epistemológica [...] obedece a certo número de critérios formais, quando seus enunciados [obedecem] a certas leis de construção das proposições". É sabido, por outro lado, que esse "limiar" pode prolongar-se num "limiar de formalização", quando "esse discurso científico [...] passa a poder definir os axiomas que lhe são necessários, os elementos que ele utiliza" etc. (*L'Archéologie du savoir*, op. cit., p. 244). Essa concepção formalista e axiomática da ciência, amplamente herdada de Jean Cavaillès e Georges Canguilhem, repousa numa visão idealizada da matemática como horizonte final da cientificidade, da qual Foucault se esforça para se livrar (quanto a isso, cf. David Rabouin, "L'exception mathématique", *Les Études philosophiques*, v. 3, n. 153, 2015, pp. 413-30).

9. A caracterização da ideologia como "sistema de representações [...] presente no espírito dos homens" remete à definição tradicional da ideologia desde *A ideologia alemã* (1845-6), na qual Marx e Engels opuseram à realidade das relações materiais entre os homens as representações e as ideias que os indivíduos fazem em sua consciência, de sua relação com a natureza, entre eles ou com sua própria natureza. Essas representações foram apresentadas como o reflexo invertido ou deformado das relações reais. Tal concepção da ideologia, como sistema de representações mais ou menos falseadas e deturpadas, alojadas na consciência do sujeito individual ou coletivo ("ideologia de classe", "concepção do mundo"), ainda prevalecia amplamente nos anos 1960, em particular no marxismo oficial. Foucault sempre se mostraria crítico a respeito dessa concepção, tanto por ela pressupor como dada a relação de conhecimento entre um sujeito e um objeto, relação esta que as condições econômicas e sociais viriam simplesmente deturpar ou embaralhar (cf., por exemplo, "La vérité et les formes juridiques" [1974], em *Dits et écrits*, op. cit., v. I, n. 139, p. 1420), quanto por ela se concentrar nas representações e nas ideias, enquanto Foucault insistiria no fato de que as relações de poder precedem a constituição do sujeito consciente e passam pelos corpos (cf., por exemplo, "Les rapports de pouvoir passent à l'intérieur des corps" [1977], em *Dits et écrits*, op. cit., v. II, n. 197, pp. 228-36). Em 1969, Foucault ainda estava no início da elaboração de sua reflexão crítica sobre esse assunto, que é preciso ressituar nos debates contemporâneos sobre a natureza da ideologia. A esse respeito, cf. Situação dos cursos, pp. 303-9. Nesses debates, uma posição alternativa é precisamente aquela que, depois de Althusser, tentou elaborar uma teoria geral da ideologia que fosse coerente com um esforço para repensar o assunto à luz da psicanálise lacaniana e do estruturalismo. É a esse esforço que Foucault alude, ao esclarecer que a codificação ideológica primária não é "totalmente um inconsciente". Desde seu artigo sobre "Freud e Lacan", de 1964, Althusser censurava regularmente, de fato, a ordem simbólica do inconsciente e a estrutura da ideologia (para análises detalhadas desses pontos, cf. Pascale Gillot, *Althusser et la Psychanalyse*, Paris: PUF, 2009 [*Althusser e a psicanálise*, trad. Pedro Eduardo Zini Davoglio, Fábio Ramos Barbosa Filho, Marie-Lou Lery-Lachaume, São Paulo: Ideias & Letras, 2018], e Situação dos cursos, pp. 304-6). Esse paralelo também é onipresente nos trabalhos de alguns estudantes próximos de Althusser e de Lacan que foram colaboradores dos *Cahiers pour l'analyse* (*CPA*). Em Althusser, ele caminha de mãos dadas com a tese dupla de que a ideologia em geral, assim como o inconsciente em geral, é a-histórica, e de que, como observa P. Gillot, a "categoria de sujeito", "ela própria constitutiva de qualquer ideologia", "já não é atribuível a uma determinada sequência da história da filosofia" (ibid., pp. 120-1). Essa tese entra em tensão com outras análises de Althusser, mas sobretudo com a desenvolvida por Foucault, o que explica que este caracterize a codificação ideológica primária como um conjunto de regras historicamente situadas e impostas por uma classe social definida.

Aula 3

10. Cf. nota anterior. Estas observações visam qualquer teoria "humanista" que estime que basta o sujeito tomar consciência de sua situação no mundo para se livrar da alienação. Elas também fazem eco às reflexões dos que, no cruzamento de Lacan com Althusser, criam a ilusão da soberania do sujeito no cerne da ideologia. Para uma análise dessa questão, cf. Situação dos cursos, pp. 303-9.

11. Foucault visa explicitamente, dessa vez, o conceito seminal empregado pelos althusserianos para distinguir o que provém do ideológico e do científico e para descrever o processo pelo qual se opera a produção dos conhecimentos científicos. Se não há dúvida de que Althusser e alguns de seus discípulos concordariam que o corte epistemológico deve ser analisado "regionalmente", visto que todo discurso que fala da ciência é apresentado por Althusser como "ideológico", persiste o fato de que os althusserianos, a partir das proposições de Althusser em *Pour Marx* e em *Lire Le Capital* (ambos lançados pela editora Maspero em 1965 [*A favor de Marx*, trad. Dirceu Lindoso, rev. téc. Paulo de Melo Jorge Filho, Rio de Janeiro: Zahar, 1979; e *Ler O capital*, trad. Nathanael C. Caixeiros, Rio de Janeiro: Zahar, 1979]), efetivamente erigem a ideia bachelardiana de "corte epistemológico" como o modelo geral do processo de produção do conhecimento científico e da demarcação do científico e do ideológico. O caso do "corte" representado por Galileu constitui uma ilustração disso. A esse respeito, cf. o conjunto dos *Cours de philosophie pour scientifiques* [Cursos de filosofia para cientistas] lecionados na Escola Normal Superior em 1967-8 e, em particular, o que François Regnault consagrou especificamente a "Que é um corte epistemológico?". O mesmo princípio dominou as contribuições dos *CPA*, adornado pela leitura do referido corte feita por Lacan em "La science et la vérité" (*CPA*, n. 1, pp. 7-28). Assim como Foucault aceita de bom grado a dimensão da descontinuidade implicada por essa ideia de corte (cf. "Sur l'archéologie des sciences" [1968], art. cit.), ele também parece desconfiar de sua função de demarcação geral entre ciência e não ciência: esta impede uma análise efetiva da formação dos saberes e da maneira pela qual uma ciência se constitui neles (cf. *L'Archéologie du savoir*, op. cit., pp. 240-7), e retoma, sem interrogá-la em suas condições e seus efeitos históricos, políticos e sociais, a divisão entre a verdade e o não verdadeiro (cf. *Leçons sur la volonté de savoir. Cours au Collège de France, 1970-1971*, seguido de *Le savoir d'Œdipe*, ed. estabelecida por P. Defert, sob a dir. de F. Ewald e A. Fontana, Paris: Gallimard-Seuil-Éd. de l'EHESS, 2011 [*Aulas sobre a vontade de saber: Curso no Collège de France (1970-1971)*, seguido de *O saber de Édipo*, trad. Rosemary Costhek Abílio, São Paulo: WMF Martins Fontes, 2014]) e mascara os mecanismos de poder que agem na formação dos saberes e na constituição das ciências (*Théories et institutions pénales*, op. cit.). O curso de Vincennes, sob esse ponto de vista, foi o primeiro momento em que Foucault também se distanciou claramente da ideia de "corte epistemológico" (cf. Situação dos cursos, pp. 303-9).

12. Essas frases, no contexto da Universidade de Vincennes em 1969, marcaram, por parte de Foucault, uma tomada de posição crítica perante o que era então denunciado como o "teorismo" de Althusser. Nos anos 1960, ele havia feito do

trabalho teórico e da necessidade de dar uma teoria adequada à prática marxista a orientação fundamental de suas reflexões. A partir dos anos 1966-7, essa primazia do trabalho teórico começou a ser contestada por uma parte dos membros da União das Juventudes Comunistas Marxistas-Leninistas (com destaque para Robert Linhart), sob o impulso do modelo maoista, o que levou à cisão entre os *Cahiers marxistes-léninistes* e os *CPA*. Essa controvérsia viria a aumentar depois de 1968, marcando a evolução de um conjunto de antigos parceiros próximos de Althusser na Universidade de Vincennes, doravante hostis a seu "teorismo" e seu "cientificismo", em nome de uma preeminência da prática e da luta política em contato com as massas populares. Essa evolução foi perceptível nos diversos membros da Esquerda Proletária, assim como em Jacques Rancière, que em 1969 redigiu um artigo admirável, por suas intuições críticas ("Sur la théorie de l'idéologie politique d'Althusser", *L'Homme et la Société*, n. 27, 1973, pp. 31-61), antes de fazer o balanço desse rompimento em seu célebre livro *La Leçon d'Althusser* (Paris: Gallimard, 1974). Se o distanciamento foucaultiano do "teórico" foi bastante alusivo aqui, ele viria a ser amplamente reforçado nos anos seguintes, tanto em seus primeiros cursos no Collège de France como em seus compromissos políticos, com a criação, em 1971, do Grupo de Informação sobre as Prisões (GIP) e com sua relativa proximidade dos maoistas. Para mais detalhes sobre todos esses desafios, cf. Situação dos cursos, pp. 303-9.

13. A ideia de "operação ideológica" que aparece aqui, e que Foucault retoma em sua análise da "codificação ideológica primária" como conjunto de operações (cf. *supra*, pp. 168-71) e, mais tarde, em *Teorias e instituições penais* (op. cit.), merece ser aproximada das análises de Michel Pêcheux (Thomas Herbert, segundo seu pseudônimo), que, no esforço de distinguir duas formas de ideologia (empirista, especulativa), também sublinha que "os *elementos* do campo têm menos importância do que a *forma* de seu arranjo" (T. Herbert, "Remarques pour une théorie générale des idéologies", *CPA*, n. 9, 1968, p. 77, *grifado no original*). Pêcheux estabelece então uma distinção entre duas modalidades funcionais da ideologia: a função metafórico-semântica, na qual a ideologia é "um sistema de marcas [...] um sistema de sinais que balizam [...] o conjunto dos gestos e das palavras efetiváveis" (dimensão que se reencontraria na "dinástica" desenvolvida por Foucault em *Teorias e instituições penais*, op. cit.); e sobretudo a função metonímico-sintática, na qual a ideologia é um "sistema de operações sobre os elementos", o qual lhes dá coerência e liga os significantes entre si, e que se apoia em "estruturas reais", nas "instituições e nos discursos". Pêcheux descreve então os diversos processos de "deslocamentos metafóricos", de "deturpação" e de harmonização que atuam nessas operações, de um modo próximo da análise das diversas operações aqui descritas por Foucault (cf. ibid., pp. 79 ss.).

AULA 4

As formas jurídicas do casamento até o Código Civil

A sexualidade e o casamento se inscrevem num conjunto de regularidades. Regras matrimoniais fracas das sociedades indo-europeias. Mas, a partir da Idade Média, tendência a tornar o casamento mais complicado (imposições jurídicas, em especial); isso caminha pari passu com uma crítica ideológica do casamento e uma vontade de liberação da sexualidade. I. O casamento cristão: tardio, superpõe o casamento-sacramento ao casamento romano; inicialmente, casamento fácil e sem coerção social. II. Aumento do custo social do casamento: Concílio de Trento: endurecimento dos controles sociais e das imposições; o peso da família aumenta. Exemplo do casamento entre os pequenos camponeses (Bourdieu). III. O casamento na sociedade burguesa: 1. A Revolução: temas ideológicos e medidas jurídicas: o casamento-contrato e o divórcio. 2. O Código Civil: o casamento não é assemelhável a um contrato; a autorização do divórcio não é resultado do contrato, mas da fraqueza humana. O casamento, elemento natural e estruturante da sociedade; a sexualidade como ameaça perturbadora, que deve ser enquadrada pelo casamento e excluída socialmente.

Introdução [27]

Em toda sociedade, o casamento é contido num conjunto de regularidades.[1] Essas regularidades ligam-se a duas ordens de fatos, cada uma das quais tem incidências econômicas:

a. O fato de que a sexualidade implica o gozo — portanto, o desejo — portanto, a falta — portanto, o objeto — portanto, um bem.[2]

179

b. O fato de que a sexualidade tem consequências na proliferação da espécie — logo, na demografia — logo, na quantidade dos recursos e das forças de produção.

A sexualidade [está] nos confins do gozo e das forças de produção. A sexualidade atua num sistema de bens e modifica o sistema de bens.

Podemos identificar essas regularidades:

– No nível demográfico: o casamento pode ser facilitado ou não; sua fecundidade pode ou não ser favorecida.

[NP/28] – No nível da circulação dos bens: o casamento pode ser acompanhado por compensações, isto é, pela transferência de propriedades.

– No nível da escolha do cônjuge: idade, grupo social.

– No nível dos atos jurídicos que o acompanham: monogamia, dissolução.

As sociedades não indo-europeias comportam enormes regularidades matrimoniais, que permitem equilíbrios sociais muito sutis. As sociedades indo-europeias instaladas na Europa não comportam regras muito rígidas: a estruturação matrimonial mais fraca que conhecemos:[3]

• Talvez graças à abundância de recursos e a sua grande elasticidade demográfica.

• Talvez em função de que a tripartição originária que deu lugar a um sistema de castas, na Índia, deu lugar, aqui, a grupos essencialmente econômicos.

[29] Ora, toda a evolução das sociedades desde a Idade Média consiste em tornar o casamento mais complicado.

• A população escassa, a abundância dos recursos e a mortalidade acentuada permitiram, durante muito tempo, uma demografia de ciclos longos. Mas o capitalismo tinha exigências e deparou com limitações.

• As prestações econômicas eram pequenas, mas a acumulação do capital implicou que a burguesia retomasse as formas "dispendiosas" encontradas no feudalismo.

• A escolha do cônjuge, que era livre, foi limitada (pelo menos no nível da homogamia).

Passou-se de uma sociedade de casamento fácil a uma sociedade de casamento mais difícil. E isso, numa sociedade que "enriquecia" e "se

Aula 4　　181

liberalizava". Esse aumento da dificuldade e, por conseguinte, da importância do casamento levou:

- a uma institucionalização jurídica cada [vez mais] pesada do casamento (tendo a regulação social, nas sociedades capitalistas, a forma jurídica);
- a um desacoplamento entre as formas jurídicas pelas quais se limitava o casamento e uma consciência da sexualidade como fato da natureza, não social, não econômico e não jurídico;
- a dois sistemas de recuperação destinados a mascarar essa ruptura:　[NP/30]
a. Uma ideologia do amor, da livre escolha;
b. Uma institucionalização da família, que desempenha, ao mesmo tempo, o papel de aparente reunificação (natureza → sociedade; sexualidade → sentimento) e o de uma distância cuidadosamente mantida pela repressão da sexualidade.[4]
- por fim, [a] um duplo movimento de protesto:
  – uma reação ideológica, quer a favor de outra forma de casamento (combinação caracterológica à moda de Fourier), quer a favor de uma liberação institucional da sexualidade;[5]
  – uma contestação revolucionária que, sem dúvida, não levou nem mesmo a uma coerência da formulação (Trótski, A. Kollontaï).[6]

1. O casamento cristão　　　　　　　　　　　　　　　　[31]

1. O "casamento cristão", como instituição jurídico-religiosa, foi tardio (séculos IX-X).[7]
- Na origem, os cristãos permitiam que fosse feito o casamento de tipo romano. E aceitavam sua dissolução.[8]
- Eles o duplicavam com um sacramento que consagrava a entrada do casal no grupo [e] sacralizava a não castidade.[9]
- Esse casamento duplicado implicava [a] indissolubilidade e [a] divulgação perante a comunidade.

A instauração do casamento cristão foi uma superposição do casamento romano e do casamento-sacramento.*

[NP/32]   • Na medida em que era um casamento civil: o consenso.

• Na medida em que havia uma questão de castidade, o ato sexual era exigido: *copula carnalis*.[10]

2. *Era um casamento facilitado.***[11]

– A sociedade cristã é uma sociedade de casamento fácil:

a. não há exigência econômica;

b. as proibições de parentesco são complexas, mas pouco rigorosas.[12]

– É um casamento sem coerção social:

a. casamentos clandestinos (donde uma poligamia de fato);

b. casamentos de menores sem o consentimento da família.

O que explica que a família tenha pouca importância, não seja a célula da sociedade.[13]

[33] **II. Aumento do custo social do casamento***

1. Adotadas ou não, as medidas contempladas disseminam-se por toda a Europa:[14]

• Anulação dos casamentos clandestinos:

– divulgação do casamento;[15]

– obrigação da paróquia (com o consentimento do padre);[16]

– constituição de livros de registro civil.[17]

• Discussão sobre a anulação do casamento de filhos que tenha sido contraído sem o consentimento dos pais. A legislação civil na França a pratica a partir do século XVI.[18]

O custo social do casamento aumenta consideravelmente.[19]

---

* Trecho riscado: "a. o lado contrato nunca é esquecido; b. as regras da comunidade estendidas à sociedade. O casamento é 'facilitador'".

** Grifo no manuscrito.

*** Tratava-se primeiro de um 3 (riscado, substituído por II), cujo título inicial era "O concílio de Trento".

Aula 4   183

2. Ao mesmo tempo, difunde-se o sistema de prestações econômicas, que só tinha curso na aristocracia.

Exemplo do casamento entre pequenos proprietários camponeses.[*20]
Enquanto nos países muçulmanos a regra de partilha levou ao casamento consanguíneo,[21] no Ocidente (com a propriedade individual), um conjunto de regras [foi estabelecido] para manter a terra:

1) Direito de primogenitura: $\frac{2}{3}$, $\frac{1}{3}$ ou $\frac{P}{4}+\frac{P-\frac{P}{4}}{n}$ [22]   [NP/34]

No entanto, substituição das partes menores** por dinheiro ou bens móveis.[23] Dote.

[*Na margem*: "o que implica uma economia monetária, além de uma economia de subsistência".]

2) O dote circula:

• É com ele que se casam as filhas e os filhos varões caçulas.

• Uma vez que serve para dotar os sucessores (da família que o recebe), ele tem que ser tão maior quanto mais numerosa for a família.[24]

• Em caso de falecimento sem filhos, o dote é restituível; por isso, não deve ser grande demais.[25]

• Por fim, o sistema só se sustenta porque [os] caçulas se casam com [os] primogênitos e vice-versa,[26] [e] porque os solteiros vão embora ou servem de mão de obra.[27]

[*Na margem*: "sistema muito complexo, que garante: — a dimensão das propriedades; — o equilíbrio dinheiro/população; — o nascimento de filhos (para evitar que o dote retorne à família da mulher); — e ainda a continuidade da família através do tempo".]

– Daí um sistema de restrições muito pesadas.

– A necessidade de atribuir ao casamento um estatuto jurídico preciso.

– A necessidade de torná-lo estável e indissolúvel.

– A necessidade de libertá-lo das regras de exogamia.

---

* Grifo no manuscrito.
** Palavra difícil de decifrar.

184   *O discurso da sexualidade*

– A necessidade de considerá-lo interessante para a família.

– A necessidade de estabelecer um controle social geral.

Tudo isso explica que se tornem obsoletas:

a. As regras exogâmicas (cf. toda a literatura sobre o incesto nos séculos XVII-XVIII).[28]

b. A exigência da *copula carnalis*.

Aparentemente, uma "liberação"; na verdade, por outro lado, resultado de um custo social mais elevado.

[NP/35]* ### III. O casamento na sociedade burguesa

1. A Revolução[29]

– Os temas:

• Favorecer o casamento e lutar contra o celibato.

• Reduzir o máximo os limites do incesto.

• Fazer do casamento um ato propriamente civil (nem religioso nem sexual).[30]

• Manter as mulheres em condição de inferioridade (apesar das campanhas feministas de Rose Lacombe e Olympe de Gouges).[31]

– As medidas jurídicas:

a. "A lei só considera o casamento como um contrato civil" (Constituição de 1791, v. II, art. 7).[32]

b. A lei autoriza o divórcio em setembro de 1792:

• por causa determinada,

• por consentimento mútuo,

• por vontade de um só.[33]

c. No mês floreal do ano II, divórcio por motivos políticos.[34]

---

* Não paginado por Michel Foucault, mas aparece como o verso da página 35. Foucault inverteu claramente a frente e o verso da página. Nós os restabelecemos em sua ordem lógica e cronológica.

Aula 4

2. O Código Civil

[35/ *rectius* 36]*

Estamos habituados a dizer que o Código Civil fez do casamento um contráto e permitiu o divórcio. Na verdade, nem em seu conteúdo nem em sua forma podemos assemelhar [o casamento] a um contrato.[35]

a. Em seu conteúdo: não especificado: "trazer ajudas mútuas".[36] Quanto a sua finalidade real, "perpetuar a espécie", ela não é sancionada no nível contratual.[37]

b. Em sua forma:

1. No que concerne à vontade dos indivíduos:

– ele é perpétuo;[38]

– a maioria dos rapazes tem apenas 25 anos;[39]

– a mulher torna-se juridicamente incapaz.[40]

Portanto, a autonomia da vontade não domina os efeitos do contrato.[41]

2. No que concerne à intervenção da sociedade: o oficial do registro civil não é apenas uma testemunha qualificada, ele declara** o casamento.[42]

Quanto ao divórcio, ele não é a consequência jurídica imediata do [37] casamento-contrato.

• O divórcio não deveria existir. É um mal ligado à fraqueza humana.

• O divórcio deve ser apenas tolerado, portanto, e tolerado dentro de limites estritos.[43]

O casamento é definido pelos redatores do Código Civil como:

– Sendo natural, antes de ser civil. O casamento faz parte da natureza, o que tem por consequências:

• Que a família é anterior à sociedade; que esta se baseia naquela e, portanto, não tem nenhum direito e nenhuma possibilidade de dissolvê-la; que deve, inclusive, ter a tarefa de preservá-la, como seu núcleo essencial e natural.

• Que a natureza recomenda o casamento; que a sexualidade natural, e portanto normal, é matrimonial, ou seja, monogâmica e procriadora.[44]

---

* Cf. *supra*, nota precedente.
** Grifo no manuscrito.

186   *O discurso da sexualidade*

    – Devendo ser objeto de toda uma solicitude social. Deve haver um enquadramento social e legislativo rigoroso.

[NP/38]   E isto, para evitar que o casamento seja corrompido pela natureza ruim dos indivíduos. O casamento é o elemento natural e bom da sociedade. A sexualidade é o elemento perturbador da sociedade, é o que deve ser socialmente reprimido.

    Portanto, toda a sexualidade, como natureza, é integrada ao casamento como contrato e a seu sistema econômico; e toda a sexualidade, como comportamento, é excluída do sistema jurídico-social da família e do casamento.[45]

NOTAS

1. Segundo as notas datilografadas de estudantes (NDI), Foucault parece haver começado essa aula evocando a descoberta das chamadas regularidades no casamento pela estatística social do século XIX: "1. No século XIX, [Quételet] demonstrou estatisticamente que a frequência dos casamentos é mais regular que a frequência dos falecimentos. ['Entre os fatos relativos ao homem, não há nenhum em que seu livre-arbítrio intervenha mais diretamente do que no ato do casamento [(...) não obstante,] podemos dizer que a população belga pagou seu tributo ao casamento com mais regularidade do que à morte; mas não pesamos os prós e os contras para morrer, como fazemos para casar' (Adolphe Quételet, *Du système social et des lois qui le régissent*, Paris: Guillaumin, 1848, pp. 65-6).] 2. Até então, só se quantificava o anormal. 3. A existência de uma realidade propriamente social, que não remete a outra coisa, implica a existência de mecanismos normativos autônomos na sociedade".

2. As NDI indicam "valor" no lugar de "bem" e esclarecem: "implicação econômica: a mulher é considerada como bem". Essa análise faz eco tanto às considerações de Lacan sobre a relação entre gozo, desejo e falta quanto às análises de Lévi--Strauss sobre a troca das mulheres, paralelamente à troca de bens (cf. *Les Structures élémentaires de la parenté*, reimpr. da ed. de 1967, Berlim: Walter de Gruyter, 2002 [1949] [*As estruturas elementares do parentesco*, trad. Mariano Ferreira, Rio de Janeiro: Vozes, 5. ed., 2009]).

3. Aqui encontramos as análises desenvolvidas por Lévi-Strauss nos capítulos 2 e 3 de *Antropologia estrutural* (*Anthropologie structurale*, Paris: Plon, 1973 [1958], v. I [*Antropologia estrutural*, trad. Beatriz Perrone-Moisés, São Paulo: Cosac Naify, 2008]): as sociedades indo-europeias são descritas ali como apresentando o má-

Aula 4

ximo de simplicidade, em termos de regulamentação dos casamentos (algumas prescrições negativas), porém unidades sociais organizadas de acordo com uma estrutura extremamente complexa (à maneira da família ampliada); já as sociedades da área sino-tibetana, por exemplo, apresentam um sistema de regras matrimoniais muito mais denso e complexo, que tem, inversamente, uma estruturação social bem mais simples, organizada em torno de clãs ou linhagens.

4. As NDI oferecem uma apresentação um tanto diferente: "Nas sociedades antiga e cristã, as exigências matrimoniais eram pequenas. A mortalidade espontânea e o desenvolvimento econômico possibilitaram uma proliferação e uma fecundidade praticamente ilimitada dos casamentos. A Igreja ratificava e sacralizava todos os casamentos que pudessem ser contraídos; proibição de todas as formas sexuais não passíveis de procriação. Na Idade Média, as prestações econômicas eram extremamente reduzidas para a grande maioria da população. Única exceção: a aristocracia feudal. Pois bem, o modelo do casamento aristocrático, que implicava dotes etc., foi retomado pela burguesia [cf. *supra*, pp. 183-4]. *Evolução da escolha do cônjuge*: a sociedade atual aparece como menos liberal que a sociedade da Idade Média. *Na Idade Média*: as regras da exogamia eram extremamente pouco restritivas, em decorrência do desconhecimento das regras de parentesco pela população. As regras da endogamia são muito mais rigorosas atualmente, em decorrência da multiplicação de grupos sociais diferentes. *Atualmente*: o casamento é um ato social complexo, que se aproxima das regras observadas nas chamadas sociedades primitivas: a. código jurídico; b. desvinculação entre: – casamento: contrato – sexualidade: fora de contrato; c. recuperação 'ideológica': ideologia do amor, da paixão, tida como garantia da liberdade do indivíduo, possibilidade de chegar ao casamento pelo contrato. – Institucionalização da família. A família, em sua configuração atual, é relativamente recente. Aparece no século XVII. As gerações começam a coabitar uma mesma casa. O filho é uma justificativa para isso. Aparecimento de um movimento de protesto em direção à unidade perdida: casamento/sexualidade" (*grifos no manuscrito*). Vemos como a ideia de que, a partir de certo momento (o final do século XVIII), opera-se uma clivagem entre o casamento (e as formas jurídicas) e a sexualidade, como "natureza" fora do contrato, retoma em parte a tese desenvolvida no curso de Clermont-Ferrand, cf. *supra*, pp. 29-30. Foucault resgatou e desenvolveu essa análise em seu curso de Túnis (cf. BNF, Caixa 58), no qual apresentou a sexualidade no século XIX como a "esfera do privado" que escapa ao contrato e à "família contratual". Segundo ele, a "desinstitucionalização da sexualidade" induziu em especial a "uma espécie de grande impulso de 'falar' da sexualidade" e a "um desejo de conhecer a sexualidade como problema, em vez de tirar proveito dela, pura e simplesmente".

5. Foucault volta a esse ponto em detalhe em sua última aula, cf. *infra*, Aula 7.

6. Nesse ponto, Foucault alude às reflexões desenvolvidas por Leon Trótski sobre a transformação da família e das relações entre homens e mulheres, numa série de artigos publicados no *Pravda* em 1923 (especialmente "Da família antiga à nova",

13 jul. 1923) e nas questões 4 a 12 das "Relações familiares sob os sovietes" [1932/1934], bem como às análises elaboradas por Alexandra Kollontaï (1872-1952), principal promotora de uma crítica da família tradicional e do casamento, defensora da união livre e de uma transformação radical das relações homens/mulheres na nova sociedade comunista. Cf., em particular, *O comunismo e a família* [1919] e *A nova moral* [1919], assim como Kendall E. Bailes, "Alexandra Kollontai et la nouvelle morale", trad. [franc.] de M.-J. Imbert, *Cahiers du monde russe et soviétique*, v. 6, n. 4, 1965, pp. 471-96.

7. Sobre a história do casamento cristão como casamento-sacramento, inicialmente paralelo ao casamento civil romano, depois substituindo-o, a partir dos séculos IX-X, cf. Adhémar Esmein, *Études sur l'histoire du droit canonique privé. Le mariage en droit canonique*, Paris: L. Larose et Forcel, 1891, v. I, pp. 3-31 (fichas BNF, Caixa 39-C2/D12, "La législation du mariage Chrétien").

8. Cf. ibid., v. II, pp. 45 ss.

9. Trata-se de uma referência ao princípio de que é a consumação do casamento (*copula carnalis*), representando a união de Cristo com a Igreja, que funda a indissolubilidade absoluta do casamento. Cf., por exemplo, ibid., v. II, p. 66.

10. Sobre a dimensão contratual do casamento cristão como distinta de seu valor de sacramento, cf. ibid., v. II, pp. 78-83; sobre o papel fundamental da cópula carnal na concepção do casamento canônico, cf. ibid., v. II, pp. 83-5 e, mais recentemente, Michel Rouche (org.), *Mariage et séxualité au Moyen Âge. Accord ou crise?*, Paris: Presses de l'Université de Paris-Sorbonne, 2000, pp. 123 ss. Como observa Foucault em suas fichas, "a *copula carnalis* [é um dos quatro elementos da formação do casamento cristão, com o consentimento, o noivado e a bênção nupcial]. Seu caráter indispensável é fundamentado em dois textos: um, apócrifo, de Santo Agostinho, e outro, a epístola de são Leão a Rústico. Pois bem, neste último texto, interpolou-se um nome que altera o sentido do texto. Encontramos essa interpolação em Ivo de Chartres. Mas, em seu estado originário, o texto já era interpretado em sentido contrário (Hincmar). Para Hincmar, um casamento realizado, mas não consumado, não é um sacramento". Sabe-se que Foucault deu essas explicações no curso (NDI).

11. Cf. A. Esmein: "o direito canônico [...] favorece a conclusão dos casamentos [...]. Facilitou tanto a formação do casamento quanto havia dificultado sua dissolução" (*Études sur l'histoire du droit canonique privé*, op. cit., v. II, p. 85).

12. Essas proibições são assim apresentadas por Foucault numa ficha conservada na BNF, Caixa 39-C2/D12, f. "O direito canônico favorece o casamento": "o parentesco até o sétimo grau; a adoção; o parentesco (sétimo grau) dos noivos; o parentesco espiritual".

13. Cf. A. Esmein, que, depois de citar o caso dos casamentos clandestinos como prova da facilidade matrimonial, assinala: "[O direito canônico] fez ainda mais: para facilitar os casamentos na idade em que as paixões têm mais força, enfraqueceu o poder paterno e a autoridade familiar. Afastou, no que concerne ao casamento, todas as incapacidades civis de contraí-lo que repousavam na idade

Aula 4 189

ou no sexo, e declarou capazes de se casar, por sua simples autoridade, todas as pessoas púberes" (*Études sur l'histoire du droit canonique privé*, op. cit., v. II, pp. 85-6). As NDI mostram que Foucault acrescentou a seguinte elaboração: "O Império Carolíngio confiou cada vez mais à Igreja tarefas administrativas que, pouco a pouco, substituíram o casamento civil. Consequência: regulamentação jurídica do casamento pelos teólogos: – não há casamento sem consenso; – necessidade do ato sexual; – noivado facultativo; – bênção facultativa. A partir disso, tudo é permitido. Proibição do casamento de padres e de pessoas com primeiro e segundo graus de parentesco".

14. Trata-se das diversas medidas de restrição adotadas quando da oitava sessão do Concílio de Trento (1563), às quais Esmein retornou detalhadamente (cf. *Études sur l'histoire du droit canonique privé*, op. cit., v. II, pp. 137-240). Foucault também se apoia diretamente em Gabriel Du Préau, *Les Décrets et canons touchant le mariage...* (Paris: J. Macé, 1564), para descrever essas medidas.

15. A. Esmein, *Études sur l'histoire du droit canonique privé*, op. cit., v. II, pp. 170-1. O Concílio de Trento retomou e especificou, quanto a esse ponto, a regulamentação do Concílio de Latrão e determinou, em particular, que se dessem três proclamas, feitos pelo padre da paróquia.

16. Ibid., v. II, p. 77. O casamento deve ser celebrado com o consentimento do vigário da paróquia dos dois cônjuges.

17. Trata-se, dessa vez, de uma medida civil, ligada aos artigos 50-56 do decreto de Villers-Cotterêts (1536), que prescreveu que os curas mantivessem um registro dos falecimentos e batismos. O decreto de Blois (1579) acrescentou a eles os casamentos. Cf. ibid., v. II, pp. 203-5.

18. Essa proibição, na verdade, permaneceria em discussão e não seria aprovada no Concílio de Trento (cf. ibid., v. II, pp. 156 e 163-5). Esmein destaca o papel da legislação secular do século XVI, na França, na anulação desses casamentos (ibid., p. 165).

19. As NDI acrescentam: "a família controla o casamento, portanto. *O casamento torna-se um ato social. De que modo o casamento e a sexualidade vão invadindo o interior dos processos econômicos e sociais?*" (*grifos no manuscrito*).

20. Para desenvolver esse exemplo, Foucault apoiou-se com certeza no artigo de Pierre Bourdieu "Célibat et condition paysanne", *Études rurales*, n. 5-6, 1962, pp. 32-135, que descreveu os costumes dos camponeses dos Altos Pirineus. É difícil saber se Foucault realmente desenvolveu esse exemplo em seu curso. Nas notas datilografadas dos estudantes (ND2), encontramos uma versão bem diferente, que explicita unicamente a orientação desses desdobramentos: "o capitalismo e a sociedade burguesa fizeram do casamento um ato econômico complexo e dispendioso: – problema da posse de terras no nível individual; – constituição do casamento com dote. Regime fundamentalmente ligado ao direito de primogenitura, isto para não reduzir a propriedade. A circulação dos dotes é uma condição dessa manutenção da propriedade: parte da herança que o filho caçula poderá levar no momento do casamento, essencialmente sob a forma de moeda. Assim,

a herança é mantida *em benefício de um indivíduo*. Graças a esse sistema, a propriedade fundiária evitou o fracionamento. Esse sistema implica: – uma importante representação monetária de riqueza – uma parcela de riqueza mobiliária estável. O nascimento de filhos estabiliza a propriedade, mas a procriação muito grande traz inconvenientes → necessidade de equilíbrio → necessidade de uma circulação monetária importante → necessidade de uma parcela de disponibilidade importante. As despesas suntuárias são excluídas, pela necessidade de capitalização. Constituição de uma família piramidal, na qual as gerações instauram um elo diacrônico: – o capitalismo não instaura um desmembramento da família, mas, muito pelo contrário, institucionaliza esse tipo de família; – complicação do casamento. O ato do casamento deixa de independer da vontade familiar; – necessidade de que o indivíduo se case dentro de certa *faixa econômica*; – aparecimento de classes homogâmicas extremamente estáveis e fechadas" (*grifos no manuscrito*).

21. Foi essa a tese defendida por Lévi-Strauss em sua intervenção de 1959, "O problema das relações de parentesco", em *Systèmes de parenté. Entretiens pluridisciplinaires sur les Sociétés musulmanes*, Paris: EPHE, 1959, pp. 13-20. Para Lévi-Strauss, a ordem de desposar a prima paralela, presente nos países muçulmanos, não pode ser explicada apenas pelas regras elementares do parentesco; é preciso fazer com que intervenham fatores sociológicos e econômicos, em particular concernentes à transmissão dos títulos e bens, para dar conta deles. Essa posição articula-se com o problema mais amplo das relações entre estrutura e história, estruturas de parentesco e modos de produção, intensamente debatido no fim dos anos 1960. Ela foi criticada, em particular, por Jean Cuisenier ("Endogamie et exogamie dans le mariage arabe", *L'Homme*, v. 2, n. 2, 1962, pp. 80-105), que se esforçou por reafirmar a relativa independência das estruturas de parentesco quanto às relações econômicas e sociais, por reintegrar o caso, aparentemente aberrante, do casamento da prima paralela num formalismo estruturalista. Bourdieu, ao contrário, retomaria esse mesmo caso e as análises de Lévi-Strauss para estendê-las a todos os estudos sobre o parentesco, insistindo na necessidade de analisar as práticas efetivas de parentesco e sua inserção nas estratégias socioeconômicas, o que também faria no caso dos camponeses bearneses (cf. Alban Bensa, "L'exclu de la famille. La parenté selon Pierre Bourdieu", *Actes de la recherche en sciences sociales*, v. 5, n. 150, 2003, pp. 19-26). A opção de Foucault por se apoiar nos trabalhos de Bourdieu não tem nada de inocente, portanto: para ele, trata-se de analisar a regularidade de práticas diretamente inseridas nos jogos econômicos e sociais, e não as regras formais de um parentesco ideal (cf. Situação dos cursos, pp. 301-2).

22. Segundo Bourdieu, "quando a família tinha apenas dois filhos, [...] queria o costume local que, por contrato de casamento, fosse concedido um terço do valor da propriedade ao filho caçula [é isso que é representado aqui pelo esquema ⅔ (para o primogênito), ⅓ (para o caçula)]. Quando havia n filhos ($n > 2$), a parte do caçula era $\dfrac{P-\dfrac{P}{4}}{n}$ e a parte do primogênito era $\dfrac{P}{4}+\dfrac{P-\dfrac{P}{4}}{n}$, onde P designava o

Aula 4 191

valor atribuído à propriedade" (P. Bourdieu, "Célibat et condition paysanne", art. citado, p. 37).

23. Por exemplo, no artigo de Bourdieu, a parte dos filhos caçulas se converte "em 3 mil francos entregues em espécie e 750 francos de roupa-branca e enxoval, lençóis, panos de prato, guardanapos" etc. (ibid., p. 38).

24. Ibid., p. 40: "A escolha do noivo ou da noiva, do herdeiro ou da herdeira, tem importância capital, já que contribui para determinar o montante do dote que poderá ser recebido pelos filhos mais novos, o casamento que eles poderão fazer e se poderão casar-se; em contrapartida, o número de filhos mais novos, sobretudo de filhos caçulas para casar, pesa fortemente nessa escolha".

25. Ibid., p. 42: "Todo dote era gravado por um direito de devolução (*tournedot*), caso se extinguisse a descendência do casamento em vista do qual ele fora constituído, e isso durante várias gerações. [...] O *tournedot* fazia uma ameaça pesada pairar sobre as famílias, particularmente as que haviam recebido um dote muito elevado. Era mais uma razão para se evitarem os casamentos muito desiguais".

26. Ibid., p. 45.

27. Ibid., p. 38: "O costume sucessorial repousava, de fato, na primazia do interesse do grupo ao qual os filhos mais novos deviam sacrificar seus interesses pessoais, [...] quer renunciando a eles por completo, ao emigrarem em busca de emprego, quer ao passarem a vida, celibatários, trabalhando na terra dos ancestrais, ao lado do primogênito".

28. Foucault havia reunido um conjunto de arquivos sobre a legislação em matéria de atos sexuais, e os debates sobre incesto, poligamia, sodomia etc. nos séculos XVII e XVIII (BNF, Caixa 39-C2). Aqui, ele parece referir-se, em particular, ao "Discurso ou tratado do incesto", de Nicolas Fardoil (em *Harangues, discours et lettres*, Paris: S. Cramoisy, 1665, pp. 119-95) e às reflexões de Jacques-Pierre Brissot de Warville sobre o incesto (*Théorie des lois criminelles*, Berlim: 1781), ambos favoráveis a uma restrição das proibições do incesto unicamente aos colaterais de segundo grau. Sobre Brissot de Warville, cf. *infra*, nota 30, pp. 191-2.

29. Sobre o período revolucionário, Foucault apoiou-se essencialmente em Julien Bonnecase, *La Philosophie du Code Napoléon appliquée au droit de famille. Ses destinées dans le droit civil contemporain*, 2. ed. rev. e ampliada, Paris: Boccard, 1928 (BNF, Caixa 39-C2). Ver também Gérard Thibault-Laurent, *La Première Introduction du divorce en France sous la Révolution et l'Empire (1792-1816)*, Imp. Moderne, 1938, e, mais recentemente, Francis Ronsin, *Le contrat sentimental. Débats sur le mariage, l'amour, le divorce de l'Ancien Régime à la Restauration*, Paris: Aubier, 1990.

30. Segundo as ND2 e as fichas da BNF, para definir esses diversos temas, Foucault se apoiou essencialmente nas proposições do futuro líder dos girondinos, Brissot de Warville, em sua *Théorie des lois criminelles* (op. cit.). Assim, o celibato é o único crime que Brissot classifica como tal, ao mesmo tempo, no estado de natureza e na sociedade: "O celibato é um crime na natureza e o é também na sociedade. [...] Guardar o celibato, portanto, é ser duplamente criminoso" (ibid., v. I, pp. 250-1).

Quanto ao incesto, sua posição é que não se trata de um crime contra a natureza, de modo algum, mas que varia, ao contrário, conforme as sociedades: "Ouçamos apenas a razão, despojada de qualquer preconceito: ela nos diz que o incesto permitido na natureza é apenas um crime de sociedade; que os Estados que o proíbem têm razão; que aqueles que o permitem não estão errados" (ibid., p. 223). Brissot recomenda restringi-lo apenas aos colaterais de segundo grau. Quanto ao projeto de uma legislação puramente civil nessa matéria, livre em particular dos "preconceitos" e dos "crimes factícios" inventados pela religião, esse é o próprio sentido do projeto de Brissot.

31. Ver J. Bonnecase, *La Philosophie du Code Napoléon*..., op. cit., pp. 97-101, em quem Foucault se apoia nesse ponto (ficha BNF, "Le féminisme sous la Révolution"). Olympe de Gouges fundou o primeiro jornal feminista (*L'Impatient*); Rose Lacombe fundou a Sociedade das Mulheres Republicanas e Revolucionárias. "De fato, a Convenção é hostil. Proíbe a presença de mulheres nas tribunas da Convenção (20 de maio de 1793) e em todas as assembleias políticas (20 de maio de 1793)."

32. "A lei considera o casamento apenas como um contrato civil. O Poder Legislativo estabelecerá para todos os habitantes, sem distinção, o modo pelo qual os nascimentos, casamentos e falecimentos serão constatados, e designará os funcionários públicos que receberão os registros" (Constituição de 3 de setembro de 1791, art. 7, título II, citado em Ernest Glasson, *Le Mariage civil et le divorce dans l'Antiquité et dans les principales législations modernes de l'Europe*, 2. ed. rev. e ampl., Paris: G. Pedone-Lauriel, 1880, p. 253). Cf. sobretudo, a respeito do que vem a seguir, J. Bonnecase, *La Philosophie du Code Napoléon*..., op. cit., pp. 85 ss., que comenta a obra da Revolução em matéria de direito de família, antes de contrastá-la com o Código Civil.

33. Trata-se da lei de 20 de setembro de 1792, que organiza, com efeito, três divórcios diferentes: "um por causas determinadas, outro por consentimento mútuo, e o terceiro, pela vontade de apenas um dos cônjuges, por incompatibilidade de gênios" (E. Glasson, *Le Mariage civil*..., op. cit., p. 257. Cf., mais amplamente, pp. 254-9, a respeito dessa lei, de seus fundamentos e suas disposições, J. Bonnecase, *La Philosophie du Code Napoléon*..., op. cit., p. 86). Essa autorização decorre diretamente da definição do casamento como contrato civil e do princípio de que uma união indissolúvel é contrária à liberdade humana.

34. Foucault apoia-se em Bonnecase, ibid., pp. 86-7, que cita a exposição de motivos de Charles-François Oudot a propósito do decreto de 4 floreal do ano II: "A diferença de opiniões causou desde a Revolução uma multidão de divórcios, e, com certeza, são eles os mais bem fundados na razão; pois, se outrora se dizia que um mau casamento era o suplício do morto ligado ao vivo, quão mais impressionante não é essa comparação quando se trata do vínculo que prende um escravo da tirania ao destino de um verdadeiro republicano. A Convenção deve apressar-se a facilitar a extinção das cadeias [...] a esses cônjuges que, além dos trabalhos da

Aula 4 193

Revolução, tiveram que combater sem cessar, em sua própria casa e sob o mais caro nome, um inimigo da República". As disposições de 4 floreal do ano II passíveis de ser interpretadas nesse sentido concernem à possibilidade de pronunciar o divórcio sem demora se ficar provado, por ato autêntico ou notoriedade pública, que os cônjuges estão separados de fato há mais de seis meses, ou se um houver abandonado o outro sem dar notícias, o que visa em particular os emigrados (este último ponto seria retomado na lei de 24 vendemiário do ano III).

35. A questão da natureza contratual do casamento civil foi objeto de numerosos debates desde o século XIX, opondo, sobretudo no início do século XX, em pleno debate sobre a introdução do divórcio por consentimento mútuo, os que apoiavam o casamento no modelo geral dos contratos entre indivíduos, e deduziam daí a legitimidade do divórcio e das uniões livres, e os que distinguiam nitidamente o casamento civil dos outros contratos, ou contestavam sua assimilação a um contrato, amiúde para destacar seu caráter indissolúvel, socialmente coercitivo, ou seu valor procriador (cf., por exemplo, Charles Lefebvre, "Le mariage civil n'est-il qu'un contrat?", *Nouvelle Revue historique du droit français et étranger*, v. XXVI, 1902, pp. 300-34; Alfred Détrez, *Mariage et Contrat. Étude historique sur la nature sociale du droit*, Paris: V. Giard et Brière, 1907; Louis Coirard, *La Famille dans le Code civil, 1804-1904*, tese de doutorado, Aix: Impr. de Mahaire, 1907, pp. 37 ss.). Encontramos um vestígio desses debates nos textos de Émile Durkheim "Le divorce par consentement mutuel" (*Revue bleue*, v. 44, n. 5, 1906, pp. 549-54) e "Débat sur le mariage et le divorce" [1909], onde Durkheim sublinha que o casamento não pode ser reduzido a um simples "contrato formado pelo consentimento das partes" que a sociedade se limitaria a constatar. A isso se acrescenta um terceiro — a sociedade, a autoridade pública — "que pronuncia as palavras que ligam; [...] que cria o vínculo conjugal. Esse vínculo depende, pois, em sua própria formação, de uma vontade, de uma outra força que não os indivíduos que se unem" (em *Textes*, v. II, *Religion, morale, anomie*, org. de V. Karady, Paris: Minuit, 1975, pp. 206-15). Essa oposição é encontrada, historicamente, nas diferenças de doutrina entre a legislação do período revolucionário (lei de 20 de setembro de 1792), que sublinha o caráter contratual do casamento civil e dele deduz o divórcio, e a do período do Consulado e, em seguida, do Império, que sublinha as particularidades do casamento em relação aos outros contratos e não deduz o divórcio de sua natureza contratual. Vimos que, no curso de Clermont-Ferrand, Foucault, apoiando-se em Marcel Planiol, retomou amplamente a ideia de que no Código Civil o casamento era um contrato que punha de lado a sexualidade (cf. *supra*, Aula 1, pp. 28-9 e nota 21, p. 38). Entrementes, ele reuniu uma documentação — extraída de Bonnecase, em particular — tanto sobre "La Révolution et le mariage" quanto sobre "Le mariage et le Code civil" (BNF, Boîte 39-C2/D10-11). Essa documentação o levou a complexificar esse esquema e a insistir na diferença entre a legislação do período revolucionário e o Código Civil. Bonnecase, que se opunha à interpretação do casamento como contrato, dedicou uma parte inteira

de sua obra, aliás, a contrastar e discutir a concepção do casamento-contrato e a do casamento como vínculo específico, para além do contrato (o que chamava de "casamento-instituição"), através do Código Civil e de suas interpretações (*La Philosophie du Code Napoléon...*, op. cit., pp. 83-218).

36. Trata-se de uma referência ao Capítulo 6, art. 212, que define os deveres dos cônjuges: "Os cônjuges devem um ao outro respeito, fidelidade, amparo, assistência". Foucault omite, porém, os artigos anteriores, que esclarecem esses deveres, assim como o Capítulo 5, que descreve as obrigações decorrentes do casamento no que concerne aos filhos. Ver também a definição dada por Portalis: "O casamento é a sociedade do homem e da mulher que se unem para perpetuar a espécie, para ajudar um ao outro através de socorros mútuos, a fim de arcar com o peso da vida, e para partilhar seu destino comum" (em P.-A. Fenet, *Recueil complet des travaux préparatoires du Code civil*, op. cit., v. ix, p. 140).

37. Como declarou Portalis em seu discurso perante o Conselho de Estado em 6 out. 1801: "O casamento, dizem, é um contrato; sim, em sua forma externa, ele é da mesma natureza que os outros contratos, porém já não é um contrato comum quando o consideramos em si mesmo, em seu princípio e seus efeitos. Estaríamos livres para estipular um prazo para a duração desse contrato, que é essencialmente perpétuo, visto que tem por objeto perpetuar a espécie humana? O legislador enrubesceria se autorizasse expressamente tal estipulação, estremeceria se ela lhe fosse apresentada" (ibid., p. 255).

38. Alusão à formulação de Portalis em seu *Discours préliminaire sur le projet de Code civil*, segundo a qual o casamento oferece "a ideia fundamental de um contrato propriamente dito, e de um contrato perpétuo por seu destino" (ibid., v. i, p. 485). Sobre esse ponto, cf. Sylvain Boquet, "Le mariage, un 'contrat perpétuel par sa destination'", *Napoleonica. La Revue*, v. 2, n. 14, 2012, pp. 74-110.

39. Trata-se da maioridade matrimonial, que tinha sido fixada em 21 anos (como a maioridade civil) em 1792 e que, para os homens, foi elevada pelo Código Civil para 25 anos (*Code civil* [1804], Título v, cap. i, art. 148).

40. Cf., em particular, o Capítulo 6, arts. 215 e 217, e o curso de Clermont-Ferrand, *supra*, Aula 1, p. 24.

41. Cf. L. Coirard, *La Famille dans le Code civil*, op. cit., pp. 45-50. Um dos argumentos mais fortes dos autores que contestam o caráter contratual do casamento prende-se ao fato de que se, nos contratos habituais, "o acordo da[s] vontade[s] [individuais] é [...] realmente e diretamente produtor das obrigações", de modo algum é esse o caso no casamento em que os dois cônjuges se limitam a aceitar um estado totalmente definido, em suas modalidades e obrigações, pela lei e pela autoridade pública. Cf. também J. Bonnecase, *La Philosophie du Code Napoléon...*, op. cit., pp. 161-7, que Foucault segue estritamente nesse ponto.

42. Esse argumento é particularmente destacado por Lefebvre, "Le mariage civil n'est-il qu'un contrat?", art. citado, p. 326. Ver também J. Bonnecase, *La Philosophie du Code Napoléon...*, op. cit., pp. 152-9.

Aula 4

43. Tais são os argumentos de Jean-Baptiste Treilhard na exposição de motivos que apresentou ao corpo legislativo no dia 20 ventoso do ano XI. O divórcio é apresentado ali como inútil nos povos nascentes, de costumes puros e simples, mas necessário nos povos de costumes desregrados, quando existem "a perversidade do coração [...] a corrupção dos costumes". O divórcio, portanto, é apresentado como um "remédio para o mal" e deve ser mantido. Em contrapartida, deve ser estritamente enquadrado, para evitar abusos (J.-B. Treilhard, "Exposé des motifs", em Jean-Guillaume Locré, *La Législation civile, commerciale et criminelle de la France*, v. V, *Code civil*, Título VI, *Du divorce*, Paris: Treuttel et Würtz, 1827, pp. 289 ss.). Lembremos que seria preciso esperar o ano de 1816 para que o divórcio fosse finalmente abolido.

44. Cf. J.-É.-M. Portalis, que declarou, por ocasião de seu discurso preliminar: "O casamento é uma sociedade, porém a mais natural, a mais santa, a mais inviolável de todas [...] estamos convencidos de que o casamento, que existia antes do estabelecimento do cristianismo, que precedeu todas as leis positivas e que deriva da própria constituição de nosso ser, não é um ato civil nem um ato religioso, mas um ato natural que prendeu a atenção dos legisladores [...] a sociedade, nesse contrato, vem enxertar-se na natureza: o casamento não é um pacto, mas um fato" (em P.-A. Fenet, *Recueil complet des travaux préparatoires du Code civil*, op. cit., v. I, p. 483).

45. As ND2 fornecem uma versão ligeiramente diferente dessa conclusão: "O casamento monogâmico e procriador é um fato natural ao qual convém conferir um status santo e sagrado. É dever da sociedade retomar o que é necessário e bom na natureza, e é seu dever zelar para que essa associação não seja dissolvida. Será natural toda sexualidade que tenha a forma natural do casamento. Se o divórcio tem seu lugar, é porque a natureza não é exatamente conforme ao modelo matrimonial: há a existência de uma outra natureza: *a sexualidade*" (*grifo no manuscrito*). Assim, vemos que, se, no curso de Clermont-Ferrand, Foucault via no Código Civil o momento em que a sexualidade foi excluída das formas jurídicas, afastada do contrato, agora passou a ver nele uma operação de retomada e clivagem da sexualidade, entre uma forma natural — monogâmica e procriadora —, erigida como natureza protegida por leis, e uma "outra natureza", que ultrapassa o modelo matrimonial e escapa a ele.

AULA 5

Epistemologização da sexualidade

Estudar como a sexualidade pode ter-se tornado objeto de práticas discursivas. Quais são as relações com a loucura? 1. Características comuns: presas entre o orgânico e o social; objetos de discursos diferentes; discursos na primeira pessoa, mas excluídos; desenvolvimento de práticas científicas visando libertá-las da ideologia. Dessas analogias decorre o tema recente de um parentesco entre loucura e sexualidade. 2. Mas também grandes diferenças: a. a loucura é sempre excluída; há uma divisão entre sexualidade tolerada e excluída; b. homogeneidade sincrônica dos diferentes discursos sobre a loucura; diversidade sincrônica das regras de formação dos discursos sobre a sexualidade; c. mudança dos referenciais dos discursos sobre a loucura em épocas diferentes; o referente da sexualidade permanece globalmente o mesmo. Portanto, há duas maneiras de fazer sua arqueologia. Lugar da psicanálise nesse quadro: ela pretende dar um referente único à loucura e fornecer uma homogeneidade discursiva à sexualidade. O que deve ser uma arqueologia da sexualidade?

[NP/39]* Curso anterior:

Instalação da sexualidade no interior dos processos econômicos de uma dada formação social.

[...]**

---

* A folha seguinte (frente e verso) não é numerada no manuscrito inicial, e depois dela encontramos uma folha numerada 39 por Michel Foucault. Essa folha 39, aliás, tem o mesmo título — "Epistemologização da sexualidade" — da folha não paginada, mas riscada. Portanto, Foucault acrescentou nesse ponto uma folha a que atribuímos os números 39 e 40.
** Parágrafo riscado: "Mas tratou-se apenas, afinal, da forma de sexualidade institucionalizada pelo casamento. Afinal, poderíamos levantar a questão das outras formas de sexualidade".

Aula 5   197

Isso ainda era apenas um esquema de estudos, uma identificação de questões possíveis.

• Conviria estudar mais de perto os processos de trocas reais e os fenômenos de circulação de bens relacionados com a circulação das mulheres. Uma coisa é certa: as regras do casamento são simples, as prestações econômicas são pesadas. Enquanto nas sociedades primitivas as regras e as prestações são igualmente complexas, aqui apenas as prestações o são: não têm necessidade de se apoiar em regras de endogamia. A economia de mercado as rege.[1]

• Também seria preciso estudar, dentro e fora do casamento, as formas   [NP/40]
de sexualidade.

Agora, o que convém estudar é a sexualidade nas práticas discursivas. Ou melhor, de que maneira a sexualidade pôde tornar-se objeto de certo número de práticas discursivas.[2]

Introdução   [39/41]*

*Relação com a loucura***

a. Também aqui, trata-se de um fenômeno complexo, localizável em diferentes níveis, tomado em práticas diferentes e passíveis de análises diferentes.

• Trata-se de fenômenos que estão ligados, pelo menos em parte, a processos orgânicos e que decorrem de uma fisiologia ou uma patologia.

• Mas [também se trata de fenômenos] ligados a práticas sociais.

[*Na margem*: "como a alimentação e o sistema de regulamentação".][3]

    – regras de casamento e proibição;

    – normas de comportamento e exclusão.

---

* Foucault retoma aqui sua numeração. Segue-se o título riscado: "Epistemologização da sexualidade. 1".

** Substitui "Diferença da loucura", riscado.

• Trata-se de fenômenos que emergem simultaneamente em diferentes estratificações discursivas:

[*Na margem*: "como a doença".]

 – o discurso cotidiano;

 – o discurso literário;

 – o discurso moral, religioso, jurídico;

 – o discurso científico.[4]

[NP/42] • São fenômenos que dão lugar a discursos na primeira pessoa e que, ao mesmo tempo, são discursos excluídos.[5]

• Enfim, são fenômenos aos quais se procura dar um status científico suscetível de libertá-los das formações ideológicas, ou mitológicas, e de dar margem a práticas sociais racionais.

Por exemplo, não mais considerar a loucura como resultado de uma falha, ou como uma vergonha, mas como uma doença; não mais considerar a sexualidade como um pecado. Ou ainda, proteger a sociedade da loucura (ao mesmo tempo, o fenômeno da loucura e os loucos) e da sexualidade (ao mesmo tempo, da perversão e da sexualização geral da existência).

Ora, essa analogia posicional da loucura e da sexualidade transcreveu-se pelo aparecimento do tema, hoje familiar, de que a loucura se aparenta com a sexualidade por um vínculo de causalidade [e] por um vínculo de expressão recíproca. Tema que é bem recente (século XVIII) e que quase só aparece na nossa cultura.[6]

[41/43] b. No entanto, há certo número de grandes diferenças:

1. A loucura, de qualquer modo, é o que deve ser suprimido; a sexualidade é o que deve ser tolerado e integrado.

Sem dúvida, há que destacar nuances: há uma parcela de loucura que é tolerada, que é até convocada (a loucura do herói, a loucura da arte). E há uma parte da sexualidade que não é tolerada e, sem dúvida, jamais o será. Há, portanto, uma divisão da loucura e da sexualidade. Mas:

• A divisão da loucura é feita a partir de uma exclusão geral; e a margem de tolerância é, sem dúvida, uma figura puramente ideológica.[7]

Aula 5

• A divisão da sexualidade é feita a partir de um funcionamento e uma integração reais da sexualidade. De modo que a sexualidade é realmente dividida.[8]

Há simplesmente uma figura imaginária da loucura tolerada; há uma fissura real da sexualidade praticada.

2. Existe uma segunda diferença: a loucura é tomada em discursos dis- [NP/44] tintos (literários, médicos, jurídicos), porém segundo uma continuidade que podemos reconstituir para cada época. Por exemplo, o que é dito no *Rei Lear*, na medicina do início do século XVII (Du Laurens) ou na jurisprudência.[9] As regras de formação do objeto [de discurso] são semelhantes. O único discurso em que a loucura se constitui de maneira diferente é o discurso sustentado pela própria loucura. Essa é a única heterogeneidade.[10]

Para a sexualidade, não há uma continuidade semelhante, mas sistemas de formação totalmente diferentes para falar da sexualidade: em termos de Império Otomano; em termos de psicanálise; em termos de moral e de direito; em termos literários.[11]

A loucura é um objeto de discurso que talvez não seja coerente, mas é unitário. A sexualidade não é um objeto de discurso; dá margem a sistemas de objetos diferentes em discursos diferentes: a hormonologia, a psicanálise.[12]

3. Isto nos conduz a uma terceira diferença. É que, se a loucura é [um] [43/45] objeto relativamente unitário nas práticas discursivas de uma época, o referente, em contrapartida, varia de uma época para outra e de uma cultura para outra.

A possessão e a feitiçaria.[13]

A sexualidade, que dá lugar a sistemas de objetos, possui, apesar de tudo, um conjunto único de referentes: os órgãos da reprodução; as diferenças individuais conforme os órgãos; os comportamentos dos indivíduos na utilização desses órgãos. Sem dúvida, nós diremos que esse campo de referência nem sempre é coberto da mesma maneira pelo campo dos objetos de discurso: por exemplo, a sexualidade infantil [foi] descoberta tardiamente.[14] Todavia o ponto de ancoragem da referência é o mesmo.

Portanto, a loucura não tem um campo fixo de referência, mas é definida por uma homogeneidade interdiscursiva. Fazer a arqueologia da loucura significará, portanto:

[NP/46] • Suspender o postulado de um referente único: a loucura em si e por si, semelhante a ela mesma, através do tempo e das culturas, e dando lugar apenas (conforme a tolerância ou o saber) a reações ou ideias diversas.

• E reconstituir a homogeneidade interdiscursiva que faz com que falemos da mesma loucura na jurisprudência, na literatura, na medicina.

Em contrapartida, a sexualidade é um campo fixo de referência, mas a partir do qual eclode uma heterogeneidade discursiva. Fazer sua arqueologia significará:

• situar a especificidade, o modo de funcionamento desses diversos discursos, e a maneira como se forma a sexualidade, a título de objeto bem caracterizado em cada um;

• tentar [compreender] o princípio dessa heterogeneidade: o que pode nos esclarecer o fato de, pelo menos em nossa sociedade, não haver homogeneidade discursiva da sexualidade. Entre a referência única e o polimorfismo da sexualidade, qual é a relação, qual é a barreira, qual é a lacuna — qual é a lei de difração?

[45/47] N.B.: esta última diferença entre loucura e sexualidade é um dos fatores que podem dar conta do funcionamento da psicanálise como teoria das relações entre a sexualidade e a doença mental. Ela procura dar um solo referencial à loucura: em todos os lugares em que se falava da loucura, era da sexualidade que se tratava. [E] ela tenta dar homogeneidade discursiva à sexualidade. Donde:

1. Vale, portanto, como a grande mutação epistemológica em relação ao discurso da loucura: dá-lhe um referente. Assim, ela permite colocar no interior do discurso da loucura (e de um modo específico, não trazido do exterior) a questão da verdade.

• Até então, a questão da verdade a propósito da loucura era sempre da ordem da analogia:

Aula 5   201

1) O que esse indivíduo diz assemelha-se ao que eu digo e ao que diz todo homem normal.*

2) Será a psiquiatria tão rigorosa quanto a anatomia patológica?[15]

• Doravante, vamos formular a questão da verdade por ela mesma:

1) É o discurso do paciente que diz a verdade (donde o fato de não mais ser um doente em oposição a um [normal],** e sim alguém que sofre e levanta a questão de seu sofrimento).

2) A verdade do discurso psicanalítico é específica, não ordenada por um modelo diferente, mas pelo processo de tratamento e, nele, pela ação da sexualidade.   [NP/48]

2. Por outro lado, ela vale como a grande elevação da barra que separava a unidade do referente dos polimorfismos do discurso. Dá lugar à presença da própria sexualidade (em sua unidade referencial) no mundo do discurso. É a presença do sexo na prática discursiva. Suspensão da barreira cultural.

Daí o fato:

• de que ela não é estranha à biologia (embora e justamente na medida em que já não tem que se constituir com base no modelo epistemológico da biologia ou da medicina);

• de que ela pode valer como teoria para uma análise possível dos discursos literários, éticos, religiosos;

• de que ela pode funcionar como princípio de modificações das formas sociais e jurídicas e institucionais tradicionais em que a sexualidade está presa.[16]

O fato de ser esse o modo de funcionamento da psicanálise não quer dizer que será ela que vai efetuar essas duas mutações. Ela apenas se encontra no espaço em que essas mutações são convocadas e tornadas necessárias.   [47/49]

---

* No manuscrito, o 1 e o 2 estão invertidos: Foucault começa pelo parágrafo 2 (que era numerado "1", inicialmente, mas o corrige), e então se segue o parágrafo 1 (que substitui um "doravante" que virá em seguida). Fica claro que, do ponto de vista lógico, assim como de seu ponto de vista, o § 1 vem antes do § 2, donde a correção.

** Foucault escreve "doente", o que parece contraditório. Fizemos a correção.

Ao término desta introdução, vemos que a arqueologia da sexualidade — ao menos num primeiro tempo da pesquisa — deverá, sem dúvida, dispor-se numa ordem dispersa. Percorrer níveis discursivos heterogêneos uns aos outros (a biologia, a jurisprudência, a literatura) sem tentar reuni-los à força, nem numa "mentalidade coletiva", num "espírito de época", nem num conjunto enunciativo homogêneo.

Também não convirá tentar ver como cada discurso traduz, à sua maneira (segundo um código específico), a unidade da sexualidade.*

[NP/50] Em particular: os processos históricos já analisados mostram como pôde nascer a exigência de uma teoria da sexualidade. Mas essa teoria da sexualidade (que tinha seus conceitos específicos) deixou que subsistissem muitos outros níveis do saber da sexualidade.

NOTAS

1. Cf. *supra*, aula anterior, p. 180.
2. Aí encontramos a ideia de "práticas discursivas", que está no cerne das reflexões metodológicas de Foucault na *Archéologie du savoir*, Paris: Gallimard, 1969, pp. 153-4, e que aqui é posta na sequência de outras práticas pautadas por regras. O estudo de como a sexualidade se tornou objeto de práticas discursivas prolonga análises desenvolvidas no curso de Túnis (BNF, Caixa 58). Nele, Foucault sublinhou que uma das características da cultura ocidental moderna era que "todo o tecido da vida concreta é duplicado pelo saber, entrecruzado com ele, penetrável e, até certo ponto, transformável por ele". Onde outrora existia "todo um conjunto de práticas mudas, que repousavam sobre certo número de conhecimentos, observações, técnicas empíricas, mas que não se refletiam em saber", o conjunto das práticas cotidianas, até as mais ínfimas, entra no que Foucault chamou de "espaço discursivo generalizado" a partir do fim do século XVIII. Isso se traduz, em especial, pelo fato de que "o saber [se constitui] de campos de objetos [...] onde não [se] pensava que jamais fosse digno do saber penetrar", como a vida cotidiana, o sonho ou, precisamente, a sexualidade. A aula seguinte examinará como algumas "práticas mudas" concernentes à sexualidade tornaram-se objetos de saber (cf. *infra*, pp. 207 ss.).

---

* Passagem que se segue, riscada: "mas, antes, como essas diferenças... a não presença dessa unidade se articula em discursos diferentes".

Aula 5

3. A história da alimentação, entre fenômeno biológico e práticas socioculturais, está no cerne de diversos trabalhos dos *Annales* na década de 1960 (cf. *supra*, Aula 2, nota 2, pp. 159-60) e, em especial, das pesquisas de Jean-Paul Aron, amigo de longa data de Foucault (cf., em particular, J.-P. Aron, "Biologie et alimentation au xviiie et au début du xixe siècle", *Annales ESC*, v. 16, n. 5, 1961, pp. 971-7, e *Essai sur la sensibilité alimentaire à Paris au XIXe siècle*, Paris: Armand Colin, 1967).

4. A distinção desses diferentes tipos de discurso, em particular o literário, o científico e o cotidiano, a análise das regras de seu funcionamento e sobretudo sua diferença em relação ao discurso filosófico foram objeto de um manuscrito inédito de Foucault (*Le Discours philosophique*, BNF, Caixa 58), que atesta sua preocupação, entre 1967 e 1970, de trabalhar o nível particular das práticas discursivas que encontramos em *A arqueologia do saber* (op. cit.) e, posteriormente, em *L'Ordre du discours* (*Leçon inaugurale au Collège de France, prononcée le 2 décembre 1970*, Paris: Gallimard, 1971).

5. Ver, quanto à loucura, *Histoire de la folie à l'âge classique*, Paris: Gallimard, 1976 [1961] [*História da loucura na idade clássica*, trad. José Teixeira Coelho Netto, São Paulo: Perspectiva, 2003] e "La folie, l'absence d'œuvre" [1964], que observa: "a loucura é a linguagem excluída" (em *Dits et écrits, 1954-1988*, v. i, *1954-1975*, org. D. Defert e F. Ewald, com a colab. de J. Lagrange, Paris: Gallimard, 2001 [1994], n. 25, p. 445 [*Ditos e escritos I*, trad. Vera L. Avellar Ribeiro, Rio de Janeiro: Forense Universitária, 1999]), ou as páginas que Foucault dedicou ao "princípio de exclusão" da loucura em *L'Ordre du discours* (op. cit., pp. 12-5). Sobre a sexualidade, cf. *supra*, curso de Clermont-Ferrand.

6. Cf. *supra*, curso de Clermont-Ferrand, Aula 4, pp. 91-2.

7. A *História da loucura* traz precisamente a história dessa divisão e dessa exclusão, situando-a nas práticas sociais e nos discursos a partir do século xvii. Numa entrevista intitulada "Folie, littérature, société" [1970], Foucault insistiu nos laços que unem o ato de exclusão da loucura e a entrada dela como tema literário no fim do século xviii, e marcou a mesma relação no que concerne à sexualidade, através da figura de Sade: "Há um certo tipo de sistema de exclusão que se enfureceu com a entidade humana chamada Sade, com tudo o que é sexual, com a anomalia sexual, com a monstruosidade sexual, em suma, com tudo o que é excluído por nossa cultura. É por ter existido esse sistema de exclusão que a obra dele foi possível" (em *Dits et écrits*, op. cit., v. i, n. 82, pp. 972-96, citada aqui a p. 977). Encontramos o elo, amiúde destacado por Foucault na década de 1960, entre exclusão no nível das práticas sociais e constituição da loucura, da morte ou da sexualidade, por um lado, como objetos de saber; e, por outro, como temas literários mais ou menos transgressivos. Aqui, no entanto, vemos que Foucault estabelece uma distinção clara entre o caso da loucura, maciçamente excluída e objeto de tolerância puramente imaginária, e o caso da sexualidade, no qual a exclusão assenta-se numa divisão no cerne da própria sexualidade, entre sexualidade realmente tolerada e sexualidade efetivamente excluída. O caráter puramente imaginário da figura

204   *O discurso da sexualidade*

da loucura tolerada na arte (e da debilidade de sua força subversiva) é sublinhado por Foucault na mesma entrevista e estendido ao caso das formas de sexualidade reprimidas (ibid., pp. 986-7).

8. Ver a aula anterior, que descreve precisamente essa integração e essa divisão do ponto de vista do direito, cf. *supra*, pp. 185-6.

9. O médico André Du Laurens (1558-1609), autor, em particular, de um discurso "Das doenças melancólicas e do meio de curá-las" (em *Discours de la conservation de la veue. Des maladies mélancoliques, des catarrhes et de la vieillesse*, Tours: J. Mettayer, 1594), é brevemente evocado por Foucault em *Histoire de la folie* (op. cit., pp. 256-7), para ilustrar as relações de semelhança entre sonho e loucura, tal como podiam ser pensadas até o século xvii, bem como na "Introdução" de *Le Rêve et l'Existence*, de Ludwig Binswanger [1954] (em *Dits et Écrits*, op. cit., v. i, n. i, pp. 93-147, citadas aqui as pp. 116-7), onde Foucault põe em paralelo as relações entre sonho e temperamento em Du Laurens e no discurso literário de sua época.

10. Podemos aproximar esse parágrafo, que afirma a homogeneidade das regras de formação do objeto "loucura" nos diferentes discursos, de uma época do desenvolvimento que Foucault consagrou em "Sur l'archéologie des sciences. Réponse au Cercle d'épistémologie" [1968], em *Dits et écrits*, op. cit., v. i, n. 59, pp. 738-40). A unidade dos discursos sobre a loucura numa dada época não é a "de um único e mesmo objeto", mas a do "conjunto das regras" que dão conta da formação e da dispersão de diversos objetos dos discursos sobre a loucura nessa época. Foucault acentua aqui, no entanto, a homogeneidade do objeto em relação a suas análises anteriores.

11. Foucault retomaria esse ponto em *Histoire de la sexualité: La Volonté de savoir*, Paris: Gallimard, 1976, pp. 46-7 [*História da sexualidade: I. A vontade de saber*, trad. Maria Thereza da Costa Albuquerque e J. A. Guilhon Albuquerque, Rio de Janeiro: Graal, 6. ed., 1985], dessa vez baseando tal heterogeneidade discursiva em diversos aparelhos de poder e instituições, e sublinhando como essa "explosão de discursividades distintas" arrebenta e desmultiplica o "discurso muito fortemente unitário" fornecido pelo "tema da carne e pela prática da penitência" na Idade Média. Essa "incitação regrada e polimorfa aos discursos" sobre a sexualidade seria oposta à pretensa censura e repressão global que teria sido imposta à sexualidade.

12. Esses dois sistemas são os que foram mais longamente analisados por Foucault no curso de Clermont-Ferrand, cf. *supra*, Aulas 2, 4 e 5.

13. Foucault interessou-se em várias ocasiões pelo problema da possessão e da feitiçaria, quase sempre para se interrogar sobre a maneira pela qual a medicina viera inserir-se na análise da feitiçaria nos séculos xvi e xvii ("Les déviations religieuses et le savoir médical" [1962/1968], em *Dits et écrits*, op. cit., v. i, n. 52, pp. 652-63, e "Médecins, juges et sorciers au xviie siècle" [1969], em ibid., n. 62, pp. 781-94), ou, mais tarde, para pôr em debate feitiçaria e possessão (*Les Anormaux (Cours au Collège de France, 1974-1975)*, ed. estabelecida por V. Marchetti e A. Salomoni, org.

Aula 5 205

F. Ewald e A. Fontana, Paris: Gallimard/Seuil/Éd. de l'EHESS, 1999, pp. 189-99 [*Os anormais: Curso no Collège de France (1974-1975)*, trad. Eduardo Brandão, São Paulo: Martins Fontes, 2001]). Mas, acima de tudo, convém aproximar essa alusão de *L'Archéologie du savoir* (op. cit., pp. 64-6), onde Foucault se distancia de "um tema explícito na *História da loucura* e presente [...] no Prefácio", que seria a busca de um referente original, de uma "experiência primitiva, fundamental, surda, mal articulada" da loucura, que postularia, portanto, a existência de um referente único e contínuo da "loucura", mais ou menos reconhecido e reprimido conforme as épocas e as culturas. Em *A arqueologia do saber*, essa busca é ligada aos que se perguntam "se os feiticeiros eram loucos ignorados ou perseguidos, ou se, num outro momento, uma experiência mística [...] não foi indevidamente medicalizada" (op. cit., p. 64). E é precisamente a uma crítica dessas questões — que pressupõem a unidade do referente "loucura" através das épocas e de sua verdade médica — que é dedicado o artigo "Médecins, juges et sorciers au XVIIᵉ siècle", publicado na mesma ocasião do curso de Vincennes. Foucault lhes opôs outro problema, o das condições históricas próprias do saber médico e de sua função social, que fizeram a possessão e a feitiçaria serem introduzidas como objetos de saber médico: "como os personagens de feiticeiros ou possessos, que estavam perfeitamente integrados nos próprios rituais que os excluíam e os condenavam, podem ter-se tornado objetos para uma prática médica que lhes dava outro status e os excluía de um outro modo?" (art. citado, p. 782). Na Aula 7 deste curso, Foucault voltará à questão dos feiticeiros, dessa vez do ponto de vista do sabá como entrecruzamento da utopia e da heterotopia (cf. *infra*, 238-9).

14. Cf. *supra*, curso de Clermont-Ferrand, Aula 5, pp. 109 ss.

15. Essa "questão da verdade formulada à loucura" é retomada por Foucault, mais uma vez, em *Le Pouvoir psychiatrique (Cours au Collège de France. 1973-1974)*, org. J. Lagrange, sob a direção de F. Ewald e A. Fontana, Paris: Gallimard/Seuil/Éd. de l'EHESS, 2003, pp. 233-98 [*O poder psiquiátrico: Curso dado no Collège de France, 1973- -1974*, trad. Eduardo Brandão, São Paulo: Martins Fontes, 2006], onde ele se interroga sobre as diversas técnicas empregadas pelo poder psiquiátrico para formular o problema da verdade e da loucura no século XIX (interrogatório e confissão, sugestão e hipnose etc.). Nesse quadro, Foucault volta à relação da psiquiatria com a anatomopatologia, através de uma discussão do modelo da paralisia geral proposto por Antoine-Laurent Bayle, na década de 1820, para pensar sobre uma correlação entre lesões orgânicas e distúrbios psíquicos, e sobre os limites desse modelo para a psiquiatria do século XIX. Como observa Foucault, a dificuldade própria da psiquiatria está em constituir-se como "uma medicina da qual o corpo está ausente". Ele distingue, de um lado, a anatomopatologia como um "procedimento de verificação na forma da constatação e da demonstração" e, do outro, um "teste de realidade" que visa fazer surgir, através de um conjunto de técnicas, a realidade da loucura. Essas duas dimensões são então examinadas pelo viés da distinção entre o corpo da anatomopatologia e o "corpo neurológico" que aparece

na psiquiatria dos anos 1860-80 (op. cit., pp. 299-325). Quanto ao procedimento que visa comparar o que diz um dado indivíduo em relação ao que diz "todo homem normal", há, por exemplo, a técnica geralmente mobilizada para identificar a loucura no âmbito de uma perícia médico-legal, e que seria posta em xeque por uma série de casos retomados por Foucault em *Os anormais* (op. cit.), onde um sujeito racional e que fala como qualquer homem normal cometeu um ato aberrante.

16. Podemos aproximar essa análise de um desenvolvimento comparável no curso de Túnis (op. cit.): segundo Foucault, assistimos, desde o início do século xx e notadamente através da psicanálise, a uma "reinstitucionalização da sexualidade", que se traduz, entre outras coisas, por sua "entrada no universo do discurso. A sexualidade é agora uma significação explícita". E mais, ela "aparece ao mesmo tempo como o significante universal e o significado universal". Significado que encontramos "nas doenças mentais e nos sonhos; nas relações familiares e sociais [...]; talvez até na política"; e significante pelo qual apreendemos nossa relação com o outro, com a morte e a realidade. A psicanálise é um vetor essencial dessa transformação.

AULA 6

A biologia da sexualidade[1]

Existência de um saber não epistemológico sobre a sexualidade, ligado a múltiplas práticas (sexualidade humana, agronomia, medicina, religião); verbalizado sob formas diferentes (justificação ad hoc, teorias); impossível opor prática verdadeira e falsa ideologia; a ciência da sexualidade não emerge como uma retomada racional dessas práticas, mas mantém algumas relações com elas. Manter a autonomia da ciência da sexualidade, localizando-a no seio de uma dada formação social. A sexualidade das plantas como fio condutor. I. Desconhecimento da sexualidade das plantas até o século XVII, embora existissem práticas visando-a, fossem admitidos sexos nas plantas etc. Esse desconhecimento não está ligado a analogias-obstáculos nem a uma falta de conceitos: explica-se pelas regras da prática discursiva dos naturalistas. II. Características dessa prática discursiva: 1. Continuidade dos fenômenos de crescimento individual e de reprodução: nenhuma especificidade da função sexual; 2. Status atribuído ao indivíduo: entre indivíduos, há apenas semelhanças e diferenças: nada de realidade biológica metaindividual, ditando sua lei aos indivíduos; 3. Os limites entre indivíduos são intransponíveis: não há continuum metaindividual nem indivíduo-meio. Consequência: impossibilidade de pensar uma função sexual própria. Em termos mais latos: um discurso é uma prática pautada por regras e suas resistências estão ligadas às regras que o organizam como prática (versus ideologia como representação). III. As transformações: 1. Dissociação entre os caracteres masculinos/femininos e os indivíduos; 2. A fecundação não é um estímulo, mas um transporte de elementos: importância do meio; 3. Inversão da relação entre sexualidade e indivíduos: a sexualidade é uma matriz metaindividual que dá aos indivíduos suas leis. Conclusão: a morte, a sexualidade e a história como constituintes do biológico. Descontinuidade e limite, conceitos fundamentais da

*biologia, contra o continuum da história natural. A filosofia humanista é uma
reação à estrutura epistemológica da biologia com vistas a dar sentido à morte,
à sexualidade e à história.*

[NP/51]* Esse saber, antes de ter lugar num conhecimento botânico ou zoológico,
ou numa ciência de tipo biológico, é investido e funciona, de acordo com
contextos e modos particulares, em outros níveis.

"Antes" não tem aqui um sentido cronológico.

A propósito desse saber não epistemologizado,[2] podemos observar:

1. A multiplicidade de seus pontos de atualização:

   • Na sexualidade humana:
     – controle dos nascimentos;
     – regulamentação dos casamentos (em função do parentesco);[3]
     – repressão de algumas formas de sexualidade (masturbação);[4]
     – pedagogia da sexualidade (proibição, aprendizagem).

   • Na prática agronômica:
     – a fecundação dos animais (busca de linhagens puras);[5]
     – a fecundação das plantas (as tamareiras).[6]

[NP/52]   • Na prática médica (o papel da insatisfação sexual nas doenças, ou
   ainda, o papel da "devassidão" na etiologia da paralisia geral).[7]

   • Na prática religiosa e moral (as regras do ascetismo, as técnicas de
   subjugação da concupiscência).[8]

2. A multiplicidade de suas formas de verbalização:

   • ora se trata de práticas quase mudas, que se transmitem sem justificação;

   • ora se trata de uma justificação "ad hoc" específica, que não está
   envolvida numa teoria (fecund[ação das] palmeiras);

   • ora se trata de uma [prática] retomada dentro de uma teoria (o ascetismo, em toda uma teoria do pecado, do corpo, da imaginação).

---

* A partir dessa folha, Michel Foucault não indica mais a paginação seguida, exceto em raros
momentos, que serão especificados.

Aula 6

3. O fato de muitas dessas práticas não serem corretas (isto é, não serem adaptadas a seus fins, por exemplo, as práticas pedagógicas ou as da repressão sexual). Assim sendo, não podemos distinguir um núcleo prático, que comporte uma racionalidade interna, e justificativas teóricas que sejam falsas e ideológicas.

4. O fato de essas práticas, que são de grande estabilidade e não mudaram [NP/53] muito, nem mesmo nos séculos XIX e XX, não constituírem o campo em que a ciência da sexualidade tem sua origem, seus contextos e suas formas. A ciência da sexualidade não é a retomada racional dessas práticas, não é sua transcrição num sistema conceitual mais ou menos rigoroso.

No entanto, há certo número de relações precisas, regionais, que podemos descrever. Por exemplo:

- a teoria e a prática da hibridação (no século XVIII);[9]
- a teoria da "energética" sexual e a prática médica e da pedagogia.[10]

A descrição histórica da ciência da sexualidade deve ser feita, portanto, levando em conta o papel, a posição e o funcionamento da sexualidade humana na formação social em que essa ciência se desenvolve, [também] levando em conta esse conjunto de práticas em que é investido um saber efetivo da sexualidade, mas deixando à prática científica a sua autonomia: seu modo específico de formar seus objetos, seus modelos de análise, seus conceitos, suas escolhas teóricas.

A análise deve incidir sobre essas relações entre o discurso científico [NP/54] da sexualidade, a posição da sexualidade nos processos característicos de uma formação social, e o conjunto das práticas mais ou menos teorizadas, mais ou menos justificadas, que concernem à sexualidade.

A SEXUALIDADE DAS PLANTAS

[1/55]*

O fato de a sexualidade vegetal ter sido desconhecida até os séculos XVII e XVIII: Camerarius reconhecia o papel dos estames e do pistilo.[11] Ora, esse desconhecimento tem uma estrutura muito particular.

---

* A numeração da esquerda é de Foucault.

(O "não dito" não é uma função homogênea e monótona; o não dito, num caso como esse, certamente não é do mesmo tipo, a menos que se trate da sexualidade humana, ou da economia política, ou da filosofia. O não dito, ou a ação do reprimido no discurso, não deve ser considerado como causa geral, ou como efeito monótono. Ele vale como princípio funcional dentro de uma determinada prática discursiva.)

1. [Esse desconhecimento] é acompanhado por uma prática perfeitamente estabelecida, codificada e transmitida:

    a. Sobre as plantas dioicas: tamareiras.[12]

    b. Sobre as plantas monoicas de flores separadas, é preciso não cortar muito cedo as panículas que têm estames, caso contrário, as espigas não darão grãos.[13]

[NP/56]   c. Para as hibridações, pratica-se a fecundação artificial.

    d. Por fim (porém talvez isso seja tardio demais), no caso de fecundação cruzada, os estames são suprimidos nas plantas que se deseja cruzar.[14]

2. Ele é acompanhado por uma distribuição semântica dos termos *masculino* e *feminino*, bem como por uma designação não aleatória dos indivíduos masculinos e femininos. Portanto, sabia-se utilizar tecnicamente a dissimetria sexual [e] não se rejeitava a ideia de planta masculina e feminina.[15]

3. Ele é acompanhado por uma consciência da analogia entre as plantas e os animais (Aristóteles/Cesalpino)[16] [ou entre] os grãos e o embrião (Hipócrates).[17]

Poderíamos dizer:

• que há um modelo "ruim" — o da figueira e da caprificação; mas poderíamos igualmente acreditar num mecanismo de fecundação simples nesse caso, no qual o fenômeno é muito mais complexo. O problema é justamente saber por que se remeteram a esse caso singular todos os casos de fecundação sexual simples;

• que as ideias de macho e fêmea empregadas o são a título metafórico (as plantas mais fortes são ditas masculinas).[18]

Aula 6

Mas o problema é saber por que existe a metáfora, ou por que, a partir   [2/57]
de um uso metafórico, não se chegou a uma determinação mais exata
dos sexos;

• que a analogia (planta / animal invertido, com órgãos reprodutores
na parte superior do indivíduo) foi uma analogia ruim e, portanto, um
obstáculo epistemológico:[19]

– analogia puramente espacial e não funcional.

Mas vimos muitas outras analogias se dissiparem. Não é que uma analogia em si constitua um obstáculo. Não é sua força nem sua insistência
imaginária que detém o princípio de sua manutenção e dá conta de
sua função de obstáculo.[20]

Também poderíamos dizer que faltam conceitos: [por exemplo, os] de
funções e de vida (com os requisitos da vida).[21]

Eu gostaria de mostrar que é a própria disposição* do discurso dos naturalistas que constitui o obstáculo. Disposição, isto é, modo pelo qual
ele forma seus objetos, suas enunciações, seus conceitos. E foi a partir daí
— dessa prática discursiva em sua regularidade específica — que pôde
haver investimentos imaginários e a organização de temas ideológicos.

• Em particular, o tema da inocência vegetal e da animalidade peca-   [NP/58]
dora. O vegetal reflete a parte do homem que é inocente; o animal, a
parte do homem que é violenta, carnívora e sexual.

• Ou então, o tema de que a natureza é ordem, ajustamento, imobili-
dade relativa, e não movimento, crescimento, espontaneidade e luta
pela existência.

É a partir daí que certos conceitos se tornam impossíveis de organizar
e definir. Em outras palavras, o não dito de um discurso científico não é
efeito nem de um mascaramento imaginário nem de uma falha conceitual,
mas é efeito das regras próprias de uma prática discursiva e empregadas
nessa prática.[22]

---

* Substitui "estrutura", depois "configurações", riscados.

[3/59] *I. Essa prática discursiva caracteriza-se:*

1. Pela constituição de uma série homogênea de fenômenos que envolve, da mesma maneira e pelos mesmos motivos, todos os processos de crescimento, ou seja, tanto os fenômenos de crescimento dos indivíduos (aumento das dimensões, dos volumes e dos pesos) quanto os fenômenos de multiplicação dos indivíduos.[23]

Numa época em que a matemática só conhecia as quantidades discretas, não se fazia diferença entre a passagem do pequeno para o grande e de 1 para 2.[24] A aritmética tinha que contar quantidades descontínuas: a ciência natural tinha que explicar crescimentos contínuos. A quantidade biológica é da ordem da impulsão.

• Daí a ideia de que a semente sai da medula. O alimento, em sua essência mais pura, vai para a medula. E esta, ao se desenvolver, forma a semente. "A nutrição e a fecundação são obra de um mesmo princípio, o da força vital."[25]

• Daí a ideia de que a reprodução é do mesmo tipo, seja ela por semente, vergôntea ou muda, visto que, na totalidade dos casos, podemos ter novos indivíduos a partir de uma espécie de excedente de desenvolvimento.[26]

[NP/60] Que a impulsão e o crescimento definem a grande série dos fatos decorrentes da história natural (e não da individualidade, de modo algum) é o que confirmam:

• o fato de que os minerais, à medida que crescem, sejam considerados seres vivos;[27]

• o fato de que a divisão animais-vegetais-minerais é oscilante;

• a ideia de que a sexualidade animal também é considerada um fenômeno do crescimento (Hipócrates considera o embrião um impulso geral do organismo).

[cf. Fiche]*[28]

Não há, pois, nenhuma especificidade da função sexual. Não há nem mesmo função sexual. Só existem órgãos sexuais onde há necessidade de

---

* A indicação é de Foucault.

Aula 6   213

um mecanismo complexo para converter o crescimento em reprodução. Na história natural, até o século XVIII, os órgãos sexuais não eram os órgãos da função sexual, mas o instrumento ou o órgão que transforma o crescimento intraindividual em proliferação pluri-individual. Pode-se dizer que a função sexual já não tem lugar no saber.[29]

2. A segunda característica da história natural — não como sistema de representação ou de conceitos, mas como prática discursiva — é o status [4/61] atribuído ao indivíduo.

[1)] O indivíduo é portador de caracteres que o inscrevem, por um lado, num parentesco,[30] e [que], por outro, lhe permitem atingir alguns fins. Esses caracteres são os órgãos que constituem, ao mesmo tempo, sinais e instrumentos. Daí duas faces da história natural:
- a face taxonômica → espécie, sistema;
- a face teleológica → vida, hierarquia.

Donde a história natural como ciência da ordem.

2) Esse funcionamento geral da história natural implica que há apenas semelhanças de um indivíduo para outro. Não há nenhuma realidade biológica metaindividual (fora da essência, entendida como forma ou sistema de caracteres), portanto não há funções idênticas, mas resultados semelhantes, através dos órgãos análogos. [E], a fortiori, não existe função que necessite, para seu exercício, da participação de dois indivíduos. Também a fortiori, não há elemento capaz de dar origem e lei aos indivíduos e de criar uma cepa, continuando permanentemente idêntico a si mesmo.[31]

3) Donde uma série de consequências: [NP/62]

a. Se os filhos se parecem com os pais e pertencem à mesma espécie, por quê? (epigênese [ou] pré-formação).[32]

b. Se dois indivíduos são indispensáveis para a procriação, por que isso? Um só pode ser coadjuvante do outro: ovistas [ou] espermatistas.[33]

c. E, por isso mesmo, a conjunção sexual, longe de ser a condição fundamental da procriação, é apenas uma complicação suplementar. Podemos muito bem conceber uma proliferação autônoma, sem a titilação do macho ou sem o habitáculo feminino. Essa é até a forma de reprodução mais simples, a mais imediata. A reprodução primária em termos de direito natural.

4) Daí, enfim, a ideia de que só tenham órgãos sexuais (com emissão de esperma e produção de óvulos) os seres vivos móveis ou rápidos. Os lentos ou os imóveis não os possuem.[34]

[5/63] A sexualidade, portanto, é a forma assumida pelo crescimento proliferativo nas espécies vivas que podem deslocar-se, nas quais encontraremos dois tipos de indivíduos, cada um dos quais tem seu papel nesse crescimento. Fundamentalmente, porém, a reprodução é partenogenética.[35] A conjunção macho-fêmea é apenas uma figura suplementar que se superpõe à virgindade intangível da natureza.

[A sexualidade ligada ao movimento; ou o próprio crescimento é uma espécie de movimento etc.]*

3. A terceira característica da história natural é considerar os limites do indivíduo como absolutos, intransponíveis — o que é normal, a partir do momento em que a história natural é a ciência do crescimento** (em oposição à matemática) [e] é a ciência das semelhanças. Assim, ela só reconhece o continuum interno do indivíduo, ou o continuum das essências. O continuum biológico indivíduo-meio não pode ser objeto para ela.[36]

• Daí o fato de que, quando os indivíduos se deslocam, pode haver conjunção sexual. Mas, quando não se deslocam, o meio não pode ser suporte da sexualidade.

[NP/64] • Daí o fato de que, se a proximidade é necessária à frutificação de certas espécies, é somente por motivos de afinidade ou de simpatia.[37] Cf. Ficha: De L'Écluse [Clusius].[38]

• Daí o fato de que cada indivíduo fica encerrado em sua essência e em seu papel. É macho ou é fêmea. Não pode ser os dois. Logo, o hermafroditismo está excluído. Quando ele é reconhecido, é uma monstruosidade, ou é sagrado.[39]

---

* Os colchetes são de Foucault.
** Substitui "do contínuo", riscado.

Aula 6 215

Consequências gerais dessas três características do discurso da história natural:

- Os órgãos sexuais não são a manifestação e o instrumento de uma função sexual, mas uma modalidade particular da função de crescimento.

- A conjunção dos órgãos sexuais não é a condição da reprodução, mas a complicação de uma partenogênese essencial.

- Os órgãos sexuais estão ligados à essência do indivíduo e os dois sexos não podem encontrar-se num mesmo indivíduo.

[...]* [6/65]

A partir daí, podemos:

1. Ver que, mais profundamente que as ideias ou as crenças, é a prática mesma do discurso científico que impede que concebamos a sexualidade das plantas. Essa prática, considerada:

- no nível em que forma seus objetos;
- em que define seus modos de enunciação;
- em que constrói seus conceitos.

2. Ver que aquilo pelo qual um discurso resiste a uma prática real, o que cria sua impermeabilidade, não é um conjunto de representações, não são as ideias que possam assombrá-lo a partir do interior; é o lado pelo qual ele mesmo é uma prática, e uma prática regulada.

(O que traz como consequência: se a resistência de um discurso a [NP/66] uma prática está ligada a uma sociedade, ou a uma posição de classe, a uma prática social, não é na medida em que ele faz nascerem na cabeça dos homens ideias que demoram a desaparecer, ou ideias que eles têm interesse em sustentar, porém na medida em que esse próprio discurso é uma prática, e uma prática social.)[40]

---

* Parágrafo riscado que retoma elementos da página anterior: "reprodução aparece como uma afinidade. Faz parte de sua essência necessitar, não propriamente de sua ação, mas de sua vizinhança. Cf. ficha de Clusius. A transferência de um elemento de uma planta para outra (quando se praticava a fecundação artificial) não podia receber o status de conceito científico".

3. Por fim, podemos ver o que deverá ser modificado no discurso dos naturalistas para que a sexualidade das plantas seja inteiramente conceitualizada, e de maneira científica.

1) Será preciso, para começar, que a sexualidade seja dissociada da individualidade. E que seus processos sejam cientificamente analisados no nível dos órgãos e de suas funções recíprocas.

2) Será preciso que a sexualidade seja analisada no interior do meio (e não apenas como um processo específico).

3) Será preciso, por fim e acima de tudo, que se dissocie a assimilação crescimento-reprodução, que os diferentes processos vitais sejam analisados conforme sua especificidade.

[NP/67] *II. As transformações*

Para que a sexualidade das plantas se tornasse um objeto de saber específico, foi preciso:

• Dissociar os órgãos sexuais dos caracteres individuais. Foi preciso descobrir que o indivíduo não é macho ou fêmea da maneira como é grande ou pequeno, mas que existe uma organização sexual macho--fêmea que pode ser distribuída por um ou vários indivíduos.

• Dissociar a fecundação da aproximação espacial do macho e da fêmea, ou seja:

– estabelecer a existência indispensável de um elemento material;

– estabelecer modalidades ou instrumentos de transporte num meio.

• Inverter a relação indivíduos-sexualidade: esta não se coloca ao término do desenvolvimento, porém no começo. A sexualidade precede o indivíduo. E não é o indivíduo que, havendo atingido certo ponto de maturação, acede à sexualidade e se expande nela.[41]

[NP/68] *A. Os caracteres masculinos e femininos não são características dos indivíduos.**
– A continuidade natural (que se opunha à descontinuidade matemática) era:

---

* Grifo no manuscrito.

Aula 6

- • a continuidade do crescimento;
- • a continuidade das semelhanças;
- • a continuidade do cosmos.
- – Ora, a matemática do século XVII fornece o esquema de uma:
  - • continuidade das variações;
  - • continuidade das diferenças;
  - • continuidade do quadro.[42]

  Daí a análise dos elementos mais visíveis e a descoberta:
  - • de que algumas plantas têm órgãos de frutificação semelhantes em todos os indivíduos e todas as flores;
  - • de que outras têm órgãos de frutificação que, num mesmo indivíduo, diferem de uma flor para outra;
  - • de que outras têm órgãos de frutificação que são de duas categorias e caracterizam dois tipos de indivíduos.

  Daí as experiências de Camerarius:
  - • sobre as plantas dioicas: amoreira;
  - • sobre as plantas de flores separadas: rícino, milho;
  - • sobre as plantas de flores hermafroditas.[43]

  Essas experiências têm importância. [NP/69]
- – Valor exemplar da história das ciências:
  - • As experiências de Camerarius reproduzem com exatidão uma prática agronômica já estabelecida[:] dizem a mesma coisa [e] utilizam o mesmo método de verificação.
  - • Mas fazem entrar num regime discursivo diferente:
    - – em que essas particularidades funcionam como diferenças;
    - – em que estas funcionam como caracteres;
    - – em que o cosmos funciona como um quadro.

  E é a partir daí que os fatos podem receber uma "explicação".
- – Consequências epistemológicas:
  - • Os órgãos sexuais se generalizam: o problema dos criptógamos.[44]
  - • A polaridade macho-fêmea cai abaixo da escala individual. É um processo que tanto pode ser intraindividual quanto extraindividual.[45]
  - • O hermafroditismo entra no campo do normal. É, em certo sentido, a regra mais geral.[46]

[NP/70] *B. A fecundação não é estímulo, mas transporte de elementos materiais.**[47]

Aqui, a transformação não concerne ao entrecruzamento de dois campos epistemológicos (ciência da ordem), mas à possibilidade da analogia animais-vegetais decorrente da generalização da sexualidade.

1. Analogias estruturais e funcionais:

- Pistilo – bolsa ovariana: organização feminina.
- Estames/pólen: organização masculina.

A fecundação das plantas tem os mesmos requisitos da fecundação dos animais.

2. Mas a diferença é que as plantas não têm locomoção:

- Experiências de Sprengel e Knight.[48]
- Descoberta do meio.

Também aí, importância epistemológica:

– o meio em Buffon e Lamarck: princípio de variação suplementar;

– o meio no século XIX é o que é indispensável ao exercício de uma função.

[NP/71] Mas esse princípio, que ainda é vazio em Cuvier, torna-se pleno e positivo na botânica. Donde as considerações ecológicas.[49]

C. A sexualidade não é uma função dependente das outras, nem mesmo do indivíduo.**

Essa transformação, a mais importante, deve-se a uma redefinição da vida. Esta já não é uma função que se desenvolva continuamente através dos vivos, e sim um entrecruzamento de funções e de estruturas que se exercem no nível do indivíduo e o definem. O indivíduo não é uma justaposição de variáveis. É um conjunto de funções, de estruturas e de condições de existência.

A sexualidade vai aparecer como um conjunto estrutural e funcional — não mais subordinado à grande propriedade de crescimento, mas independente e articulada com outras funções.

---

* Grifo no manuscrito.

** Grifo no manuscrito.

Aula 6 219

1. Essa independência é estabelecida pela análise do mecanismo de [NP/72] fecundação (que, por conseguinte, não mais aparece como estímulo do crescimento por processos mecânicos e químicos). A fecundação é a fusão de duas células sexuais: Pringsheim (1855), Strasburger (1884).[50]

2. Ela [também é] estabelecida pela distinção fundamental entre as células que constituem um organismo [e] as células que o reproduzem: Nussbaum e Weissman.[51]

Portanto, o indivíduo se constrói a partir da sexualidade (as células sexuais e suas propriedades específicas de conservação hereditária e de fusão), ao passo que outrora o sexo era produzido pelo desenvolvimento da individualidade.[52] Essa inversão das relações sexualidade/indivíduo é encontrada em Freud.[53]

Conclusão[54]

[NP/73]

Poderíamos [dizer], retomando por alto o desenvolvimento da biologia, que três ideias, no século XIX, foram arrancadas do continuum da história natural:

- A morte, que era apenas um acidente ocorrido no desenvolvimento do indivíduo.
- A sexualidade, que era uma função de crescimento metaindividual.
- A história, que era um progresso da complicação.

Estes três fatos da biologia (que eram subordinados) tornaram-se constitutivos:

- O ser vivo é aquele que pode morrer. O fenômeno da morte, as condições nas quais não morremos, a[s] que f[azem] com que morramos, tornam-se constitutivos da vida. A morte é o limite do indivíduo.
- O ser vivo é aquele que tem uma sexualidade, isto é, que deriva de uma cepa da qual é uma derivação, e que detém os caracteres principais dela. Sexualidade e hereditariedade, essa é a lei do indivíduo.

220 · O discurso da sexualidade

• Daí a história: hereditariedade e adaptação. A história não mais é um desenvolvimento, e sim, ao mesmo tempo, as condições do meio e sua ação em relação às leis da hereditariedade.

[NP/74] Que o ser vivo se caracterize por essas dimensões implic[a] o uso da descontinuidade como categoria fundamental da biologia:

  • até o [século] XVIII, continuidade de semelhança e de coesão cósmica;
  • até o [século] XIX, continuidade de diferença e de sucessão ordenada;
  • doravante, descontinuidade:
    – pelo limite da morte que isola o indivíduo,
    – pela sexualidade que separa o indivíduo de seus sucessores (pelo menos, só o liga a eles por intermédio da cepa),
    – pela história, que só liga as espécies pela diferença das condições de existência e das variações.

  O indivíduo só se comunica com seus componentes elementares através da barreira da vida e da morte. Só se comunica com seus descendentes através da identidade da cepa (que está num nível metaindividual). Só se comunica com as outras espécies através da história da natureza, da luta e das variações.

  O pensamento antropológico tem por função preservar o homem dessas descontinuidades e colocar a seu alcance sua morte, os outros e a história.

[NP/75]   • A morte e a vida se comunicam pela significação;
  • A sexualidade, como relação com o outro, pela família e pela morte;
  • A história, como relação contínua com o passado e o futuro, pela conscientização e pela práxis.

Podemos chamar de filosofia humanista ou antropológica toda filosofia "reacionária", toda filosofia que reage à estrutura epistemológica da biologia, tentando compensá-la, misturando-a com a estrutura epistemológica da era clássica (continuidade e representação), recusando-se:

  • a ver na morte um limite absoluto e intransponível do indivíduo;
  • a ver na sexualidade outra coisa que não o amor e a reprodução;
  • a ver na história outra coisa que não a continuidade da consciência.

Aula 6

NOTAS

1. Os anos 1968-70 foram marcados por uma intensa reflexão de Foucault em torno da história e da epistemologia crítica dos saberes biológicos sobre a sexualidade e a hereditariedade. Testemunho disso foram seus projetos de pesquisa e de ensino por ocasião de sua candidatura ao Collège de France, onde ele propunha fazer a história do "saber da hereditariedade" (cf. "Titres et travaux" [1969], em *Dits et écrits, 1954-1988*, v. I, *1954-1975*, org. D. Defert e F. Ewald, com a colab. de J. Lagrange, Paris: Gallimard, 2001 [1994], n. 71, pp. 870-4 [*Ditos e escritos I*, trad. Vera L. Avellar Ribeiro, Rio de Janeiro: Forense Universitária, 1999]), bem como alguns textos publicados, em particular sua resenha de *A lógica da vida*, de François Jacob ("Croître et multiplier" [1970], em ibid., n. 81, pp. 967-72), que os cadernos de Foucault atestam que ele preparou minuciosamente; e sua intervenção no Instituto de História das Ciências, em 1969, sobre "La situation de Cuvier dans l'histoire de la biologie" [1970], em *Dits et écrits*, op. cit., v. I, n. 77, pp. 898-934, na qual encontramos numerosos elementos evocados neste curso. Os arquivos guardados na BNF atestam que Foucault havia acumulado um material considerável sobre esses assuntos, do qual esta aula constitui apenas uma parte muito restrita que veio à tona. Dispomos também de dossiês inteiros (Caixas 45 e 39, em particular) sobre o problema da sexualidade dos vegetais entre os séculos XVII e XVIII (descoberta da polinização e dos modos de fecundação, problema dos criptógamos, hibridação e práticas agronômicas...); sobre o nascimento de uma ciência da hereditariedade e da sexualidade animal; e também sobre a emergência da genética mendeliana. Os *Cadernos* n. 8 e 9 de Foucault (BNF, Caixa 91), que abrangem o ano de 1969, refletem a orientação dupla que ele deu a esse interesse e que vamos encontrar nesta aula. Por um lado, a análise "arqueológica" do saber da sexualidade e da hereditariedade permitiu-lhe empreender uma reflexão epistemológica, em tensão com a análise althusseriana das relações entre ideologia e ciências; criticar a definição de uma "proposta ideológica" fornecida por Althusser através da análise da teoria de Matthias Jakob Schleiden sobre a polinização; complexificar a divisão entre ciência e não ciência e a caracterização de um "problema científico" através da história dos saberes sobre a hereditariedade; e, por fim, propor sua própria análise da maneira como uma ciência forma planos de objetos diferentes, através da história da genética. Essa orientação viria a se traduzir no curso dado por Foucault no ano seguinte em Vincennes, sobre a "epistemologia das ciências da vida", do qual encontramos um esboço de plano no *Caderno* n. 8, datado de 14 de outubro de 1969, a saber, "– o que é um obstáculo epistemológico; – como se faz a crítica de um conceito (espécie); – uma transformação epistemológica (Mendel); – modelo e teoria (hereditariedade); ciência e filosofia (filosofia da natureza; unidade do plano Burdach-Schleiden); política: Lyssenko; antecipação e redescoberta; prática: agronomia, biologia vegetal", e, ao que parece, duas aulas sobre o "erro científico" e os "problemas científicos" (BNF, Caixa 70-C5). Por outro lado, Foucault interessou-se ainda mais por essas questões

222   *O discurso da sexualidade*

por ligá-las sistematicamente à crítica ao sujeito soberano e ao humanista, para ver na experiência da sexualidade, seguindo Bataille, uma das experiências-limite que fazem do sujeito individual, como ele observou em sua carta a Pierre Guyotat, "um prolongamento precário, provisório, rapidamente apagado [...], uma forma pálida que surge por alguns instantes de uma grande cepa obstinada, repetitiva. Os indivíduos, pseudópodes que logo se retraem da sexualidade" ("Il y aura scandale, mais..." [1970], em *Dits et écrits*, op. cit., v. 1, n. 79, p. 943). A história dos saberes biológicos sobre a sexualidade foi então remetida a uma forma de crítica radical da soberania do sujeito antropológico, em benefício de um processo reprodutor geral do qual o indivíduo é apenas uma etapa. Essa reflexão, cujo vestígio encontramos neste curso, foi objeto de uma elaboração de oito folhas, frente e verso, no *Caderno* n. 8, datado de 21 de setembro de 1969, sob o título de "Sexualité, reproduction, individualité", que reproduzimos no anexo (cf. *infra*, pp. 266-72); cf. Situação dos cursos, pp. 296-325.

2. Sobre essa ideia de "saber não epistemologizado", cf. *supra*, Aula 5, nota 2, p. 202. Trata-se de um conjunto de saberes diretamente inscritos em práticas e que não se "refletem" em discursos que tenham adquirido uma forma de autonomia e uma clara delimitação.

3. Cf. *supra*, Aula 4.

4. Em seguida, Foucault faria da cruzada contra o onanismo desenvolvida na segunda metade do século xviii o ponto principal de emergência do "campo da sexualidade". A partir desse campo é que emergiria, por uma série de desligamentos e deslocamentos, a *scientia sexualis*, a análise psiquiátrica e psicológica da sexualidade e das perversões da segunda metade do século xix (cf. *La Croisade des enfants*, manuscrito inédito, BNF, Caixa 51). Encontramos vestígios dessas pesquisas no curso do Collège de France intitulado *Les Anormaux* (curso de 5 e 12 de março de 1975, ed. estabelecida por V. Marchetti e A. Salomoni, org. F. Ewald e A. Fontana, Paris: Gallimard/Seuil/Éd. de l'EHESS, 1999, pp. 217-75 [*Os anormais: Curso no Collège de France (1974-1975)*, trad. Eduardo Brandão, São Paulo: Martins Fontes, 2001], bem como em *Histoire de la sexualité: La Volonté de savoir*, Paris: Gallimard, 1976, pp. 39-43, 58-67 e 137-8 [*História da sexualidade: I. A vontade de saber*, trad. Maria Thereza da Costa Albuquerque e J. A. Guilhon Albuquerque, Rio de Janeiro: Graal, 6. ed., 1985].

5. Foucault refere-se ao esforço para preservar a pureza das raças animais, em particular para produzir linhagens de "puros-sangues" entre os cavalos, esforço este particularmente acentuado a partir do século xviii. Sobre o caso francês, ver os trabalhos de Nicole de Blomac, em especial *La Gloire et le Jeu. Des hommes et des chevaux, 1766-1866* (Paris: Fayard, 1991), e, para uma análise dos saberes e dispositivos de poder em torno da hereditariedade, ligados à criação de cavalos na era moderna, cf. C.-O. Doron, *L'Homme altéré. Races et dégénérescence, XVIIe-XIXe siècles* (Ceyzérieu: Champ Vallon, 2016, pp. 173-285).

6. Cf. *infra*, nota 12, pp. 224.

Aula 6 223

7. O papel da abstinência sexual no desenvolvimento de numerosas doenças é um lugar-comum da medicina dos séculos XVIII e XIX, ilustrado, por exemplo, pelo caso do pároco de La Réole, descrito por Buffon e incessantemente retomado depois dele (cf. Tim Verhoeven, "The Satyriasis Diagnosis. Anti-Clerical Doctors and Celibate Priests in Nineteenth-Century France", *French History*, v. 26, n. 4, 2012, pp. 504-23). A devassidão, por sua vez, figura em bom lugar na etiologia da paralisia geral, nos primeiros escritos dos alienistas, antes de esta ser ligada à sífilis e aos comportamentos sexuais devassos. Assim, o onanismo é frequentemente apresentado como causador, entre os inúmeros males que gera, da paralisia geral. É esse o caso em Tissot (*L'Onanisme ou Dissertation physique sur les maladies produites par la masturbation*, 5. ed., Lausanne: Grasset, 1772, pp. 48-52, citado em M. Foucault, *La Croisade des enfants*, op. cit., f. 26), ou em Joseph Guislain, que observa que "o hábito das carícias solitárias faz nascer uma multidão de doenças: [...] há a alienação mental, a melancolia, a mania; há o suicídio, a demência com paralisia, sobretudo" (*Leçons orales sur les phrénopathies*, Gand: L. Hebbelynck, 1852, v. II, pp. 61-2, citado em ibid., f. 28).

8. Foucault começou muito cedo a se interessar pela maneira como a concupiscência era tratada na casuística e na teologia moral do século XVII (por exemplo, na *Theologia Moralis* dos padres jesuítas Hermann Busenbaum e Claude Lacroix, 1710). Essa questão viria a ser reinvestida de modo muito diferente a partir de *Les Anormaux* (op. cit., pp. 156-215) e de *La Volonté de savoir* (op. cit., pp. 152-61), onde se integraria a uma análise dos processos de confissão e de exame, marcando a emergência do problema do corpo de prazer e desejo no cerne das práticas penitenciais. Foucault se esforçaria por fazer em seguida a genealogia desse problema, através da análise da temática da carne e das práticas de ascese que lhe eram ligadas desde os primórdios do cristianismo (cf., por exemplo, "Le combat de la chasteté" [1982], em *Dits et écrits*, op. cit., v. II, n. 312, pp. 1114-27, e *Les Aveux de la chair*, ed. org. por F. Gros, Paris: Gallimard, 2018).

9. A história do problema da hibridação das plantas nos séculos XVIII e XIX é estudada, em particular, nos livros de Herbert Fuller Roberts, *Plant Hybridization before Mendel* (Princeton: Princeton University Press, 1929), e de Robert C. Olby, *The Origins of Mendelism* (Londres: Constable, 1966). Suas relações com a ciência mendeliana da hereditariedade foram discutidas, com as ferramentas da epistemologia histórica, por Jacques Piquemal ("Aspects de la pensée de Mendel" [1965], em *Essais et Leçons d'histoire de la médecine et de la biologie*, pref. de G. Canguilhem, Paris: PUF, 1993, pp. 93-112; Fichas na BNF), que insistiu na ruptura radical operada por Mendel, do ponto de vista dos problemas de pesquisa e dos conceitos, em contraste com as reflexões anteriores sobre a hibridação, de Joseph Gottlieb Kölreuter a Charles Naudin.

10. A teoria da "energética sexual" remete, em particular, à concepção energética da sexualidade elaborada em diversos trabalhos de Sigmund Freud, Wilhelm Reich e outros sexólogos.

224   *O discurso da sexualidade*

11. Entre 1691 e 1694, Rudolf Jakob Camerarius (1665-1721), professor de botânica em Tübingen, procedeu a uma série de experiências cujos resultados seriam compilados em *De sexu plantarum epistola* [1694], onde ele identificou os estames como órgãos sexuais masculinos e o ovário e o estilete como órgãos sexuais femininos nas plantas. Cf. É. Guyénot, *L'Évolution de la pensée scientifique. Les sciences de la vie aux XVIIe et XVIIIe siècles: l'idée d'évolution*, Paris: Albin Michel, 1957 [1941], pp. 320-2; Julius von Sachs, *Histoire de la botanique du XVIe siècle à 1860*, trad. [franc.] H. de Varigny, Paris: C. Reinwald et Cie, 1892, pp. 398-404; J.-F. Leroy, *Histoire de la notion de sexe chez les plantes*, conferência de 5 de dezembro de 1959, Paris: Éd. du Palais de La Découverte, 1960, pp. 10-1 (Fichas BNF).

12. O caso das tamareiras é um lugar-comum da literatura de história da botânica sobre o problema da sexualidade das plantas. As tamareiras são plantas dioicas, ou seja, cujas flores masculinas e femininas brotam de pés diferentes, e nas quais os sexos, portanto, são nitidamente separados. Desde a Antiguidade, na Mesopotâmia, praticou-se a fecundação das tamareiras espalhando o pólen dos pés masculinos nos espádices dos pés femininos (cf. George Sarton, "The artificial fertilization of date-palms in the time of Ashur-nasir-Pal. B.C. 885-860", *Isis*, v. 21, n. 1, 1934, pp. 8-13; Fichas BNF). Essa operação, já descrita por Heródoto, era chamada de "caprificação", "por analogia com o método utilizado para fazer amadurecerem os frutos da figueira doméstica. Colocavam-se sobre seus ramos os frutos da figueira silvestre, ou *Caprificus*. Deles saíam insetos que efetuavam a polinização" (É. Guyénot, *L'Évolution de la pensée scientifique*, op. cit., p. 314; cf. também J.-F. Leroy, *Histoire de la notion de sexe chez les plantes*, op. cit., p. 8). Encontramos numerosos detalhes dessas práticas em Alphonse de Candolle, *Introduction à l'étude de la botanique*, Paris: Roret, 1835, v. 1, pp. 341-3 (Fichas BNF).

13. Essa informação foi extraída de A. de Candolle, *Introduction à l'étude de la botanique*, op. cit., p. 345, que observa: "Nas plantas em que os estames e os pistilos são separados num mesmo pé (monoicas), como o milho, é bem sabido, na prática, que não convém cortar muito cedo as panículas que têm estames; caso contrário, as espigas não darão grãos".

14. Esses detalhes sobre as fecundações artificiais e as fecundações cruzadas são fornecidos por A. de Candolle, *Introduction à l'étude de la botanique*, op. cit., p. 346. Assim, "hoje em dia, obtém-se uma multiplicidade de variedades [...] por fecundações cruzadas de espécies diferentes. Toma-se apenas o cuidado de retirar os estames da flor trabalhada antes da abertura de suas células".

15. J. von Sachs (*Histoire de la botanique...*, op. cit., pp. 392-3) e É. Guyénot (*L'Évolution de la pensée scientifique*, op. cit., pp. 316-7) analisam o uso dessas separações masculino/feminino e suas regras em Teofrasto, e depois, nos autores do século XVI (Cesalpino, Clusius etc.). Como observa Guyénot, "é importante ter em mente que, nessa época [...], os termos masculino e feminino eram empregados para designar qualidades diferenciais de dois indivíduos, tal como diríamos grandes e pequenos, curtos e compridos, fortes e fracos, sem que essas palavras implicas-

Aula 6

sem qualquer relação necessária com a reprodução" (ibid., p. 316). Em Cesalpino, por exemplo, eles remetem de início a diferenças de "temperamento", sendo as fêmeas mais mornas e os machos, mais quentes. Foucault também se apoia nos trabalhos de Arthur-Konrad Ernsting (*Historische und physikalische Beschreibung der Geschlechter der Pflanzen*, Lemgo: Meyer, 1762, v. I, pp. 35-7), onde este analisa o modo de designação macho/fêmea nas plantas da Antiguidade. Assim, quando duas plantas são parecidas, porém uma é maior e mais forte e a outra é mais fraca e menor, a primeira é masculina e a segunda, feminina. O mesmo se dá em função das cores (vermelho = masculino; azul, amarelo, branco = feminino) (BNF, Caixa 45-C1).

16. Para Cesalpino, cf. J. von Sachs (*Histoire de la botanique...*, op. cit.), que lembra as analogias de Cesalpino entre os ovários das plantas e os ovos dos animais (p. 393). Entretanto, a analogia a que Foucault faz referência, sem dúvida, por meio de Aristóteles e Cesalpino, é "a velha analogia da planta com o animal (o vegetal é um bicho que mantém a cabeça baixa, com a boca — ou as raízes — enfurnadas na terra"), que Cesalpino reforça e reduz, segundo Foucault, "ao descobrir que a planta é um animal de pé, cujos princípios nutritivos sobem da base para o topo, ao longo de um talo que se estende como um corpo e termina numa cabeça" (*Les Mots et les Choses. Une archéologie des sciences humaines*, Paris, Gallimard, 1966, pp. 36-7 [*As palavras e as coisas: Uma arqueologia das ciências humanas*, trad. Salma Tannus Muchail, São Paulo: Martins Fontes, 3. ed., 1985]). Essa análise inspirou-se em Émile Callot, *La Renaissance des sciences de la vie au XVI* siècle, Paris: PUF, 1951, pp. 136-8. Cf. *infra*, nota 19.

17. Cf. Hipócrates, *De generatione*, em *Œuvres complètes*, trad. [franc.] É. Littré, Paris: J.-B. Baillière, 1851, v. VII, pp. 514-49. "A semente que cresce no solo é como o embrião que se desenvolve no útero", resume Foucault (BNF, Caixa 45-C1).

18. Cf. *supra*, nota 15, p. 224: essa é a posição de Guyénot e Von Sachs.

19. É isso que diz Callot, para quem essa analogia "torna-se [...] a fonte de uma infinidade de erros, que vão gerando uns aos outros"; ele toma justamente como exemplo o problema da sexualidade, sublinhando que dessa analogia deriva, em Aristóteles e mais tarde em Cesalpino, a negação da sexualidade das plantas (*La Renaissance des sciences de la vie...*, op. cit., p. 138).

20. A ideia de obstáculo epistemológico remete à epistemologia de Bachelard e à retomada dela por Althusser. Ao insistir no fato de que o obstáculo não reside nem na força de uma imagem, nem na ausência de certos conceitos, mas na própria disposição do saber naturalista, em sua maneira de funcionar e construir seus objetos, Foucault prolonga o princípio bachelardiano de que "é no próprio ato de conhecer [...] que aparecem, por uma espécie de necessidade funcional, lentidões e problemas [...] que chamaremos de obstáculos epistemológicos" (G. Bachelard, *La Formation de l'esprit scientifique. Contribution à une psychanalyse de la connaissance objective*, 13. ed., Paris: Vrin, 1986 [1938], p. 13 [*A formação do espírito científico: Contribuição para uma psicanálise do conhecimento*, trad. Estela dos Santos Abreu,

226   *O discurso da sexualidade*

Rio de Janeiro: Contraponto, 1996]). O obstáculo epistemológico inscreve-se aí, regionalmente, no próprio funcionamento do saber naturalista.

21. Essa é uma posição geral: assim, tanto para Guyénot quanto para Von Sachs, os caracteres masculinos/femininos não se distribuem em razão de uma função específica (a reprodução) e esta se confunde com a nutrição (cf. também É. Callot, *La Renaissance des sciences de la vie...*, op. cit., pp. 139-40). Por "requisitos" convém entender aqui o que é necessário ou o que falta para que um conceito de vida esteja presente, de acordo com um modo de análise típico da história canguilhemiana dos conceitos. Foucault explicita o que entende por isso em suas notas preparatórias para a resenha do livro de F. Jacob: "Cf. [...] todo o vocabulário dos requisitos. O que convém; aquilo de que há necessidade; o que não basta; o que é necessário" (*Caderno* n. 9, 27 out. 1969).

22. Encontramos aí uma posição recorrente de Foucault, que visa ressituar a ciência no campo mais geral do saber, ou seja, de práticas discursivas obedientes a algumas regras de que podemos dar conta em termos positivos. "Em vez de definir, entre [saber e ciência], uma relação de exclusão ou de subtração (buscando aquilo que do saber se furta e continua a resistir à ciência [...])], devemos mostrar de modo positivo como uma ciência se inscreve e funciona no elemento do saber" (*L'Archéologie du savoir*, op. cit., p. 241). Ao inserir uma ciência no funcionamento das regras que a ordenam como prática discursiva, mostramos o caráter "positivo" de alguns erros, de alguns obstáculos ou de algumas impossibilidades. É o que Foucault observa a propósito da botânica em *L'Ordre du discours*: "A botânica ou a medicina, como qualquer outra disciplina, são feitas tanto de erros quanto de verdades, erros que não são resíduos ou corpos estranhos, mas que têm funções positivas, uma eficácia histórica comumente indissociável da eficácia das verdades" (*L'Ordre du discours* (*Leçon inaugurale au Collège de France, prononcée le 2 décembre 1970*, Paris: Gallimard, 1971, p. 35). Esse ponto foi objeto de elaborações aprofundadas por ocasião do curso que Foucault dedicou no ano seguinte em Vincennes à "epistemologia das ciências da vida", a propósito da caracterização de um erro científico e de um problema científico (BNF, Caixa 70-C5). É nesse âmbito que a relação entre ideologia e ciência é considerada por Foucault (cf. *L'Archéologie du savoir*, op. cit., pp. 241-3) e que ele critica a definição althusseriana de uma "proposta ideológica". Tomando em seus cadernos o exemplo da teoria de Schleiden (o embrião seria transmitido ao óvulo pelo tubo polínico), a qual ele qualificaria, em *L'Ordre du discours*, de "erro disciplinado", por ela obedecer às "regras do discurso biológico" (op. cit., p. 37), Foucault sublinha que, na verdade, toda proposição científica, assim como toda proposição ideológica, é "sintoma de uma outra realidade que não a que ela visa", na medida em que todas implicam o respeito a certo número de regras discursivas, certo estado dos conhecimentos e das técnicas, diversas condições sociopolíticas e institucionais etc. Como observa Foucault, "a segunda característica da proposição ideológica, ser 'sintoma de uma outra realidade', é válida provavelmente para qualquer proposição científica; a

Aula 6 227

única diferença entre uma proposição científica e uma proposição ideológica é a diferença entre a verdade e o erro. Ora, essa diferença, somente a ciência pode determiná-la. E, por conseguinte, uma proposição científica é uma proposição ideologicamente verdadeira; uma proposição ideológica é uma proposição científica falsa. Não sairemos disso enquanto superpusermos o problema ciência/ideologia e o problema verdade/erro. É preciso expulsar Spinoza" (*Caderno* n. 8, 2 de outubro de 1969). Compreende-se, a partir daí, que "atacar o funcionamento ideológico de uma ciência [...] é pô-la em questão como formação discursiva; é atacar [...] o sistema de formação de seus objetos, de seus tipos de enunciações, de seus conceitos [...]. É retomá-la como uma prática entre outras" (*L'Archéologie du savoir*, op. cit., p. 243). Cf. também *supra*, Aula 3, p. 171, onde é afirmada uma postura comparável.

23. Foucault desenvolve análises comparáveis para caracterizar o ser vivo na história natural em "La situation de Cuvier..." [1970] (art. citado, p. 931): "O que caracterizava o ser vivo em si era, afinal, o crescimento [...] 1º crescer pelo tamanho. O ser vivo é aquilo que é passível de aumentar de tamanho [...] 2º Crescer conforme a variável numérica. Esse crescimento pela variável de número é a reprodução". O conjunto desta aula, em termos mais gerais, deve ser referido a essa conferência e às discussões que se seguiram, onde encontramos fragmentos inteiros do manuscrito.

24. Foucault parece aludir, nesse ponto, à ausência de um cálculo diferencial antes do século XVII. Cf. *infra*, nota 42, pp. 230-1.

25. Trata-se da postura de Aristóteles (cf. J. von Sachs, *Histoire de la botanique...*, op. cit., p. 389; Fichas BNF; É. Guyénot, *L'Évolution de la pensée scientifique*, op. cit., p. 315; É. Callot, *La Renaissance des sciences de la vie...*, op. cit., p. 147), que é retomada por Cesalpino (*De plantis*, libri XVI, 1583). Segundo Cesalpino: "Nos animais, a semente é um produto das secreções de uma parte do coração, da mais perfeita [...] essas sementes tornam-se fecundas pelo princípio vital e pelo calor natural; do mesmo modo, nas plantas, a substância da qual mais tarde sairão as sementes deve separar-se da parte vegetal em que reside o princípio do calor natural, isto é [...] da medula. Pelas mesmas razões, a medula das sementes é formada da substância mais úmida e mais pura contida nos princípios nutritivos". Ainda encontramos essa posição no século XVIII, por exemplo, em Johann Gottlieb Gleditsch ("Remarques abrégées sur quelques traces de conformité entre les corps du règne végétal et ceux du règne animal", *Mémoires de l'Académie royale des Sciences et Belles Lettres de Berlin*, v. XIV, 1758; ed. franc. 1768, v. II, pp. 374-5), que observa que as sementes se formam "por meio de um prolongamento da medula cuja delicadeza é incompreensível. São diversas plantas jovens que, ao atingirem sua perfeição, separam-se da mãe e não mais recebem dela nenhum alimento. As sementes contêm, portanto, sob forma invisível, as plantas inteiras" (BNF, Caixa 45-C1). A posição de Gleditsch ilustra bem a continuidade do crescimento e da reprodução evocada por Foucault.

26. "Durante muito tempo, acreditou-se que a reprodução, por muda ou pela sexualidade, era, de qualquer modo, um fenômeno do crescimento. Não se atribuía à sexualidade, em seu funcionamento fisiológico, uma independência real" ("La situation de Cuvier..." [1970], art. citado, p. 931).

27. Ibid.

28. Foucault parece aludir à ficha que preparou sobre "Hipócrates e a reprodução humana" (BNF, Caixa 45-C3), na qual a produção da semente é efetivamente descrita como um impulso geral, proveniente de todo o organismo. "A genitura do homem é um excremento potentíssimo, que provém do humor contido em todo o corpo [...]. Por todo o corpo são produzidas veias e nervos que se estendem aos membros pudendos, dos quais, pressionados, aquecidos e cheios, engendra-se uma espécie de prurido e provêm em todo o corpo uma volúpia e calor. Ficando o membro titilante, ao roçar, e mexendo-se o homem, a umidade também se aquece dentro do corpo e se dissolve, agita-se e espuma, como fazem todos os outros humores ao serem agitados e remexidos com grande veemência. Similarmente, no homem, também é atraída e separada uma porção muito potente e muito grande do humor espumante" (Hipócrates, *De la géniture de l'homme*, trad. franc. G. Chrestian, Paris: G. Morel, 1558).

29. Cf. "La situation de Cuvier..." [1970], art. citado, p. 932: "A sexualidade era [...] considerada uma espécie de aparelho suplementar, graças ao qual o indivíduo, chegando a certo estágio, passava para outro modo de crescimento: não mais o aumento do tamanho, porém a multiplicação. A sexualidade era uma espécie de alternador do crescimento". Encontramos uma elaboração comparável no manuscrito "Sexualité, reproduction, individualité", reproduzido como anexo deste curso, cf. *infra*, pp. 266-72.

30. O "parentesco" de que se trata aqui não implica uma ideia de relação genealógica e de descendência comum: trata-se do "parentesco natural", no sentido dos "metodistas", isto é, em que eram "consideradas parentes as plantas que podiam ser deduzidas de uma forma fundamental ideal, que apresentavam um mesmo tipo, um mesmo plano de simetria" (É. Guyénot, *L'Évolution de la pensée scientifique*, op. cit., p. 28). A relação indivíduos-caracteres no jogo taxonômico da história natural é objeto das análises de Foucault em *Les Mots et les Choses*, op. cit., pp. 150-8.

31. Veremos (*supra*, pp. 218-9; "Sexualité, reproduction, individualité", pp. 266-72; e Situação dos cursos, pp. 309-12) que, para Foucault, de fato, a constituição da sexualidade como objeto de saber pressupõe pensar a cepa que dá origem e lei aos indivíduos e permanece idêntica a si mesma (o *germen*, no sentido de Weismann). Ela pressupõe, portanto, como ele assinala num rascunho da época (BNF, Caixa 45-C1), uma "desindividualização total da sexualidade". Esse declínio do indivíduo, segundo Foucault, encontra sua realização plena na descoberta do DNA, na qual um "código", um "programa", "nos comanda", enquanto "o nascimento e a morte dos indivíduos não passam de maneiras obscuras de transmitir

Aula 6   229

a hereditariedade" (cf. *Caderno* n. 9, 29 out. 1969, e "Croître et multiplier" [1970], art. citado, pp. 968-9).

32. Cf. *supra*, curso de Clermont-Ferrand, p. 46. A pré-formação e a epigênese eram as duas teorias da geração que se opunham, entre o fim do século XVII e o começo do século XVIII, para explicar em particular a reprodução da forma específica através das gerações, bem como a semelhança dos filhos com os pais. A pré-formação, tal como encarnada em especial na teoria da embutidura [*emboîtement*] dos germes, pressupõe que o germe — a forma — de cada indivíduo está contido na semente (seja no óvulo, seja no espermatozoide) e é, por meio de forças mecânicas (por exemplo, o impulso dado pela outra semente quando da reprodução), desdobrado ou desenvolvido por etapas, de acordo com um processo de *evolutio*. Essa posição é encontrada, por exemplo, em Swammerdam ou Leibniz e viria a ser reafirmada, de maneira aprimorada, por Haller na década de 1750. A essa teoria se opõe uma teoria "epigenética" que pressupõe forças particulares (o "molde interno" de Buffon, as afinidades e instintos de Maupertuis, a *"vis essentialis"* de Wolff, a *"Bildungstrieb"* de Blumenbach) atuantes durante a reprodução, as quais impõem uma forma orgânica — a forma específica e as dos genitores — à matéria. Sobre esse tema, cf. É. Guyénot, *L'Évolution de la pensée scientifique*, op. cit., pp. 296-312, ou, em especial, Jacques Roger, *Les Sciences de la vie dans la pensée française du XVIIIe siècle. La génération des animaux de Descartes à l'Encyclopédie* (2. ed., pref. de C. Salomon-Bayet, Paris: Albin Michel, 1993 [1963]), e, posteriormente ao curso de Foucault, F. Jacob, *La Logique du vivant. Une histoire de l'hérédité*, Paris: Gallimard, 1970.

33. Os "ovistas" consideravam que era unicamente nos ovos, situados no organismo materno, que morava o elemento reprodutor, e que a semente masculina, a rigor, servia apenas de estímulo para ele se manifestar. Os "espermistas" ou "animalculistas", ao contrário, consideravam que somente os espermatozoides continham o elemento reprodutor, enquanto os óvulos desempenhavam apenas o papel de habitáculo para seu desenvolvimento. Cf. É. Guyénot, *L'Évolution de la pensée scientifique*, op. cit., pp. 240-78, e J. Roger, *Les Sciences de la vie dans la pensée française du XVIIIe siècle*, op. cit., pp. 255-325.

34. Já era essa a posição de Aristóteles: "Os bichos que não andam e os animais que continuam aderidos ao lugar em que nasceram têm uma existência semelhante à das plantas; não são masculinos nem femininos" (citado em J. von Sachs, *Histoire de la botanique...*, op. cit., p. 390). Para Aristóteles, apenas os animais que possuem locomoção são dotados de órgãos sexuais. Essa visão foi retomada, por exemplo, no século XVII, por Van Leeuwenhoek, que observou, a propósito das relações entre plantas e animais na reprodução, que "não encontramos outras diferenças senão esta: as plantas, na falta da faculdade locomotora, não podem copular como os animais" ("A letter [...] concerning the seeds of plants", *Philosophical Transactions*, v. 17, n. 199, 1693, p. 704; cf. BNF, Caixa 45-C1).

35. Essa é a posição de Réaumur ao analisar a partenogênese dos pulgões em 1742: "É muito natural pensar que [...] os embriões se desenvolvem no corpo do pulgão desde o momento em que ele começa a crescer [...]; longe, ao que me parece, de devermos ter alguma dificuldade em concordar que a geração dos pulgões possa fazer-se de maneira tão simples, não devemos nos embaraçar senão com o fato de que, para efetuar a geração dos outros animais, um caminho mais complexo tenha sido tomado por aquele que não poderia deixar de escolher os meios mais perfeitos e mais puros que conviesse" (R.-A. F. de Réaumur, *Mémoires pour servir à l'histoire des insectes*, v. VI, 1742, p. 548, citado em J. Roger, *Les Sciences de la vie dans la pensée française du XVIIIᵉ siècle*, op. cit., p. 382).

36. A história do conceito de "meio", entendido no sentido em que Foucault o toma aqui, isto é, marcando uma correlação íntima entre o organismo e sua esfera de existência, foi criada por Canguilhem em "Le vivant et son milieu", em *La Connaissance de la vie*, 2. ed., Paris: Vrin, 1965 [1952] [*O conhecimento da vida*, trad. Vera Lucia Avellar Ribeiro, Rio de Janeiro: Forense Universitária, 2012]. Cf. também *supra* p. 218; e nota 49, pp. 232-3.

37. "Afinidades" e "simpatia" são duas ideias analisadas em *Les Mots et les Choses*, op. cit., pp. 38 ss., para dar conta das relações de semelhança entre os seres naturais antes da história natural.

38. A ficha em questão foi extraída de J. von Sachs, *Histoire de la botanique...*, op. cit., p. 392. Eis seu conteúdo exato: "*Clusius*. Ele chama de machos as flores que possuem estames, e de fêmeas as que encerram um ovário. 'Fingimos que afinidades misteriosas unem uns aos outros os vegetais em questão [trata-se das flores 'masculinas' e 'femininas' de *Carica papaya*], de modo que a planta feminina não dá frutos, enquanto a planta masculina é separada dela por um grande espaço, em vez de se encontrar nas imediações" (*Curae Posteriores*, 42) (BNF, Caixa 45-C1).

39. Foucault voltaria ao hermafroditismo, visto pelo ângulo da monstruosidade ou do sagrado, mas, dessa vez, do ponto de vista da teratologia jurídica, em *Les Anormaux*, op. cit., pp. 58-70. Cf. também, a esse respeito, Valerio Marchetti, *L'Invenzione della bisessualità*, Milão: Mondadori, 2001.

40. Essa elaboração deve ser aproximada da análise da ideologia como prática, desenvolvida por Foucault na Aula 3, cf. *supra*, p. 171.

41. Encontramos nos arquivos da BNF (Caixa 45-C1) uma variante que explicita algumas dessas condições: "– dissociar a relação sexualidade/crescimento de uma escala do órgão com os elementos (determinação dos elementos específicos: pólen-espermatozoide e ovários-óvulos); – dissociar a relação sexualidade-movimento e fazer a passagem para o metaindividual (o meio). Em suma, trata-se de uma desindividualização geral da sexualidade, ou ainda, de uma relativização do indivíduo, do apagamento de seus limites absolutos, da localização dos sistemas a que ele pertence e pelos quais ele próprio é constituído".

42. São esses os elementos essenciais do cálculo diferencial e da *mathesis universalis* (cf., sobre a questão do quadro, *Les Mots et les Choses*, op. cit.). Lembremos que foi

Aula 6   231

em 1968 que se publicou a tese de Michel Serres sobre *Le Système de Leibniz et ses modèles mathématiques* (Paris: PUF, 1968), cujo primeiro capítulo, em particular, evoca os temas aqui abordados por Foucault.

43. Esses exemplos são dados em J. von Sachs, *Histoire de la botanique...*, op. cit., pp. 399-401. No que concerne às plantas dioicas, Camerarius constatou inicialmente, sobre a amoreira, que as amoreiras fêmeas dão frutos, mesmo quando não se encontram perto de amoreiras masculinas, mas que esses frutos contêm apenas sementes ocas e vazias, que Camerarius compara aos ovos não fecundados das aves. Uma experiência com outra planta dioica, a mercurial [urtiga-morta], confirma sua análise. No caso das plantas monoicas (milho e rícino), Camerarius suprime as flores masculinas do rícino antes que as anteras se desenvolvam, sem tocar nos ovários já formados, e constata a formação de sementes que não atingem seu desenvolvimento pleno e são estéreis; ele corta igualmente os estigmas de um pé de milho e impede inteiramente a formação dos grãos de milho. Quanto aos hermafroditas, Camerarius, inspirando-se nos trabalhos de Jan Swammerdam sobre o hermafroditismo das lesmas, estima tratar-se de uma regra comum nos vegetais.

44. Distinguem-se os vegetais fanerógamos, cujos órgãos reprodutores são aparentes e servem também de base para as classificações, e os criptógamos, cujos órgãos reprodutores são ocultos. O "problema da sexualidade dos criptógamos" (algas, liquens, fetos, cogumelos) atormentaria os dois primeiros terços do século XIX (cf. J. von Sachs, *Histoire de la botanique...*, op. cit., pp. 451 ss., e sobretudo J.-F. Leroy, *Histoire de la notion de sexe chez les plantes*, op. cit., pp. 17-24), até se descobrir neles a alternância das gerações, que conduziria a uma reelaboração mais geral da teoria da fecundação. Sobre o problema da sexualidade dos criptógamos no século XIX, sua solução na alternância das gerações e seus prolongamentos na biologia de sua época, Foucault reuniu um dossiê importantíssimo (BNF, Caixa 45-C1-2-3).

45. Esse ponto é perfeitamente ilustrado, por exemplo, no primeiro volume do *Traité de physiologie* (Paris: Baillière, 1837) de Karl Friedrich Burdach, que Foucault leu atentamente e que lista o conjunto dos diferentes modos de sexualidade.

46. Essa tese já estava presente em Camerarius. Nós a encontramos claramente enunciada por Meyer, por exemplo, em K. F. Burdach, *Traité de physiologie*, op. cit., v. I, pp. 252-7 (cf. ficha intitulada "L'hermaphroditisme normal de la plante", BNF, Caixa 45-C1). Segundo Meyer, as plantas dioicas não são as mais perfeitas e mais próximas dos animais, porém, ao contrário, "plantas mutiladas, que apresentam um rudimento do sexo que lhes falta" (p. 252). Em outras palavras, "o hermafroditismo é o grau mais elevado que a planta pode atingir" (p. 256).

47. Aqui, o desafio concerne tanto à descoberta do elemento material (o pólen) quanto a seus modos de transporte (através dos insetos ou do meio, por exemplo) e à maneira de se operar a fecundação (em particular, com a identificação do tubo polínico e da micrópila, através da qual se opera a fecundação nas plantas com sementes). Mesmo que isso não transpareça no curso, Foucault documentou-se

amplamente sobre esses diferentes aspectos, lendo os trabalhos de Stephano-Francisco Geoffroy (*An hominis primordia, vermis*, 1704); Sébastien Vaillant (*Sermo de structura florum*, 1718); Patrick Blair (*Botanick Essays*, 1720); Richard Bradley (*Nouvelles Observations phisyques* [sic] *et pratiques sur le jardinage et l'art de planter*, 1756); Joseph Gottlieb Kölreuter (*Vorläufige Nachricht von einigen, das Geschlecht der Pflanzen betreffenden Versuchen un Beobachtungen*, 1761); Wilhelm Friedrich von Gleichen (*Découvertes les plus nouvelles dans le règne végétal, ou Observations microscopiques sur les parties de la génération des plantes renfermées dans les fleurs*, 1770); Johann Gottlieb Gleditsch (op. cit.); Adolphe Brongniart (*Mémoire sur la fécondation et le développement de l'embryon dans les végétaux phanérogames*, 1827) e de muitos outros, concernentes à descoberta do pólen e do tubo polínico, bem como dos modos de fecundação das plantas.

48. Trata-se de Christian Konrad Sprengel (1750-1816) e Thomas Andrew Knight (1759--1838) (cf. J. von Sachs, *Histoire de la botanique...*, op. cit., pp. 430-5, sobre Sprengel, e p. 435 sobre Knight; J.-F. Leroy, *Histoire de la notion de sexe chez les plantes*, op. cit., p. 13). Sprengel (BNF, Caixa 45-C2) sublinhou, em particular, a importância da fecundação cruzada (alogamia) entre as plantas e enfatizou o papel dos fatores mecânicos do meio (vento, cursos d'água etc.) e sobretudo dos insetos para a polinização. Além disso, estudou como a forma geral e a estrutura das flores se explicam por sua relação com os insetos polinizadores: "primeira tentativa feita para explicar o desenvolvimento das formas orgânicas pela observação das relações que existem entre essas formas e o meio que as cerca", observa J. von Sachs (*Histoire de la botanique...*, op. cit., p. 430). Knight prolonga suas análises sobre a necessidade da fecundação cruzada e o papel dos insetos no transporte do pólen.

49. Em "La situation de Cuvier..." [1970], art. citado, pp. 923-4, Foucault retoma essa mesma distinção entre as ideias de influências ou de meio no século XVIII, como algo que "presta contas de um suplemento de variedade: elas concerniam a fatores de diversificação adicional; serviam para explicar o fato de um tipo poder tornar-se outro", e a ideia de "condições de existência" no século XIX, que "concerne à eventual impossibilidade de continuar a viver em que ficaria o organismo, se não fosse como é e não estivesse onde está: ela se refere ao que constitui o limite entre a vida e a morte". Convém ligar essa distinção às análises de Foucault em *O nascimento da clínica* e, principalmente, em *As palavras e as coisas*: o que caracteriza a ruptura entre a história natural e a biologia é a entrada do problema da morte e do limite; "o objeto da biologia é aquele que é capaz de viver e passível de morrer". Para Foucault, essas condições de existência remetem, ao mesmo tempo, aos sistemas internos de correlações orgânicas — sobre os quais, por exemplo, Georges Cuvier fundamentou sua classificação dos seres vivos — e às "condições de existência, entendidas como ameaça proveniente do meio, ou ameaça, para o indivíduo, de não poder mais viver se esse meio se modificar. Articula-se a biologia com a análise das relações entre o meio e o ser vivo, isto é, com a ecologia". É em Charles Darwin, para Foucault, que esta última articulação se opera da maneira

Aula 6   233

mais clara, porém sabemos que seria justamente Darwin quem destacaria os trabalhos de Sprengel anteriormente evocados.

50. Foucault apoia-se aqui, em particular, em J.-F. Leroy, *Histoire de la notion de sexe chez les plantes*, op. cit., pp. 24-5 (BNF, Caixa 45-C1). Assim, Nathanael Pringsheim, "em 1855, mostra que não só [os anterozoides se ligam aos esporos], como também penetram no esporo, e que então se forma uma membrana que proíbe a qualquer outro espermatozoide o acesso ao ovo. A fecundação pode então ser definida de maneira precisa: *fusão de duas partes materiais, as células sexuais*". Essa modalidade de fecundação é "inicialmente estabelecida nos criptógamos" por Pringsheim. Em seguida, é estendida por Eduard Adolf Strasburger aos fanerógamos: "Em 1884, [ele] observa a fusão de um dos núcleos masculinos com o núcleo da célula ovo (desde 1875, sabia-se que, nos animais, havia uma fusão do núcleo espermático com o núcleo do óvulo)". Foucault reuniu, além disso, um dossiê completo, aparentemente posterior, sobre Strasburger (BNF, Caixa 45-C2), sem dúvida na preparação de seu projeto para o Collège de France.

51. Dessa vez, Foucault apoia-se notadamente no quarto volume da *Introduction à la biologie* (Paris: Hermann, 1967), intitulado *Sexualité. Lignée germinale, spermatogenèse*, de Charles Houillon, pp. 17-8, para retraçar a "descoberta da linha germinal". "Há uma distinção fundamental entre as células que compõem um organismo e as que o reproduzem. As primeiras esgotaram suas possibilidades; as outras conservaram seu potencial original e podem reproduzir indivíduos. Essa distinção levanta dois problemas: o da segregação germe-soma — existência, no curso do desenvolvimento, de um material celular particular, que evolui por sua própria conta, donde a ideia de uma continuidade da linha germinal e da imortalidade potencial do germe; e o problema da independência do germe perante o soma e a hereditariedade dos caracteres adquiridos. Foi Nussbaum (por volta de 1880) quem fez as primeiras observações. Sobre as rãs, ele observou células grandes, que mantinham durante muito tempo o aspecto embrionário: conservavam por muito tempo sua reserva de vitelo e se localizavam na região das futuras gônadas. Para Nussbaum, essa era a fonte contínua da espécie. Weissmann (em 1885) concebeu não uma cepa, mas uma substância imortal que passaria de uma geração para outra. Parte desse 'plasma germinativo' seria reservada nas células germinais para garantir as gerações seguintes" (BNF, Caixa 45-C1). Ver também Yves Delage, *L'Hérédité et les grands problèmes de la biologie générale*, 2. ed., Paris: Schleicher Frères, 1903 [1895], pp. 196-203 (BNF, Caixa 45-C3). A ideia de que o "plasma germinativo" define a sexualidade como uma função geral, subjacente aos indivíduos, que ficam reduzidos ao estado de "excrescências" ou de "pseudópodes que logo se retraem", foi incessantemente sublinhada por Foucault, na época, numa lógica nitidamente "anti-humanista" (cf. *supra*, nota 31, pp. 228-9; "La situation de Cuvier..." [1970], art. citado; "Il y aura scandale, mais..." [1970], art. citado, p. 943; "Croître et multiplier" [1970], art. citado, pp. 968-70; cf. tam-

bém *infra*, "Sexualidade, reprodução, individualidade", pp. 266-72; e Situação dos cursos, pp. 309-12).

52. "O próprio indivíduo não passa de uma espécie de excrescência na continuidade da cepa germinativa. A sexualidade, em vez de aparecer no auge do indivíduo, como o momento em que seu crescimento torna-se proliferação, transforma-se numa função subjacente em relação ao episódio que é o indivíduo" ("La situation de Cuvier..." [1970], art. citado, p. 932).

53. Ver, em particular, o início do capítulo 26 das *Conferências introdutórias sobre psicanálise*, onde Freud, elaborando a distinção entre tendências do eu e tendências sexuais, observa que "a sexualidade é [...] a única função que ultrapassa o indivíduo e garante sua ligação com a espécie. É fácil nos darmos conta de que o exercício dessa função, longe de ser sempre tão útil para o indivíduo quanto o exercício de suas outras funções, cria para ele, ao preço de um prazer excessivamente intenso, perigos que ameaçam sua vida e muitas vezes até a eliminam. Além disso, é provável que seja em favor de determinados processos metabólicos, distintos de todos os demais, que parte da vida individual pode ser transmitida à posteridade, a título de predisposição. Por fim, o ser individual, que se considera o essencial e não vê em sua sexualidade nada além de um modo de satisfação entre muitos outros, constitui apenas, do ponto de vista biológico, um episódio numa série de gerações, uma excrescência caduca de um protoplasma praticamente imortal" (op. cit., p. 503; BNF, Caixa 39-C3).

54. Toda essa conclusão deve ser relacionada com a discussão que se segue ao artigo "La situation de Cuvier..." [1970] (art. citado, pp. 932-3), que propõe uma elaboração análoga, porém ainda mais explícita, acerca do que ele chama de "'reações', no sentido forte do termo, isto é, no sentido nietzschiano", suscitadas na filosofia pela irrupção da morte, da sexualidade e da história como fatos biológicos, discussão que permite ver com clareza a que se dirigem suas críticas, a saber, simultaneamente ao hegelianismo, à fenomenologia, ao existencialismo e a certo marxismo humanista. Ele visa, por um lado, os que afirmam (na esteira de Heidegger, mas sobretudo de Sartre) que "a morte é a consumação da vida [...] é na morte que a vida ganha sentido, e [...] a morte transforma a vida em destino"; por outro lado, visa os que declaram (seguindo Hegel, Ricœur e toda uma "antropologia da sexualidade" — cf. *supra*, curso de Clermont-Ferrand, pp. 29-30) que, "através da sexualidade, o indivíduo pode [...] desenvolver a si mesmo, ir além de si mesmo, entrar em comunicação com os outros pelo amor, pelo tempo, por sua descendência"; e, por último, visa toda uma filosofia da história, de Hegel a Sartre, que almeja, através do "uso de certa forma de dialética", "dar[-lhe] a unidade de um sentido e nela encontrar a unidade fundamental de uma consciência livre e de seu projeto" (art. citado, p. 933). Podemos aproximar essas análises do curso de Túnis de 1966-7 (op. cit.), no qual Foucault evocou igualmente "todos os grandes ataques ao narcisismo do homem em que consistiram a descoberta das determinações biofisiológicas, o caráter determinante da sexualidade" etc., e lembrou

Aula 6

como esses ataques foram "compensados por uma exaltação do homem como origem e sede de todas as significações. Desde que sabe que tem de morrer, que não é livre [e] que a maior parte dele mesmo lhe escapa, ele se consola pensando que é sua existência que dá significação a tudo". O projeto de Foucault, na linha de Bataille, parece ser, ao contrário, nessa época, mobilizar o "saber" da sexualidade para destruir esses consolos: "o saber não foi feito para consolar: ele decepciona, inquieta, é incisivo, fere" ("Croître et multiplier" [1970], art. citado, p. 967). Cf. *Situação dos cursos*, pp. 309-12.

AULA 7

A utopia sexual

I. Distinguir utopias e heterotopias. As heterotopias sexuais: heterogeneidade das normas sexuais conforme lugares diferentes numa sociedade. Caso das sociedades primitivas e das nossas: algumas instituições são alternadores de sexualidade. Às vezes, ligadas a temas utópicos: o sabá como mistura de utopia e heterotopia. II. Retomada da introdução: relações entre utopias e heterotopias. Utopias homotópicas e heterotópicas. As utopias sexuais: importância do tema sexual nas utopias (Sade, Campanella), seja a utopia integradora — retorno a uma sexualidade normal impedida pela sociedade —, seja a utopia transgressiva — uma sexualidade radicalmente desnormalizada (Sade, História de O). Presença desses elementos utópicos em Marcuse e Reich. III. Análise comparada das utopias transgressivas e integradoras: 1. desejo-diferença-sujeito: a soberania do desejo institui uma diferença absoluta (Sade, História de O) versus distribuição harmoniosa das diferenças eliminando o desejo (Comte, Fourier, Rétif de La Bretonne); 2. lei e desregramento: lei antissocial e não natural, assimétrica e desregrada, na utopia transgressiva, versus devolução de sua lei natural à sexualidade, onde a conduta adere à regra, na utopia integradora. IV. O problema da revolução sexual: Marcuse ou a dupla utopia. Libertar a sexualidade normal, alienada pela sociedade. Crítica dos diferentes postulados de Marcuse: como eles se distanciam da análise freudiana.

[1/76]* ## 1. Distinguir as utopias das heterotopias[1]

– As utopias: lugares sem lugares; fatos de discurso; condutas intermediárias entre a crítica, a reforma e o devaneio.

---

* Os números à esquerda indicam as numerações de Michel Foucault.

Aula 7

– As heterotopias: regiões de espaço, instituições que implicam certo número de condutas específicas, heterogêneas às condutas cotidianas. Termas romanas, Luna Park, prisões.[2] (Também heterocronias, como as festas.)[3]

Seria preciso fazer um estudo das heterotopias sexuais.

Algumas observações:

– O comportamento sexual é, sem dúvida, um dos mais sensíveis às mudanças de lugar (e de tempo), um dos mais ligados às condições espaço--temporais em que se efetua:

- talvez haja uma normalidade fisiológica ou psicológica do comportamento sexual;
- de fato, há [não] *uma*, porém *algumas* normalidades sociológicas bem diferentes.* O comportamento sexual (no sentido amplo: condutas de abordagem e sedução; prática sexual; relações posteriores) não é o mesmo em casa e fora de casa, no serviço militar e no trabalho civil, em férias e durante o ano... [2/77]

– Essa heterogeneidade espaço-temporal do comportamento sexual talvez tenha um valor suficientemente universal para que a encontremos na maioria das culturas:[4]

- os centros juvenis para onde os meninos são enviados na puberdade;
- lugares para os jovens solteiros fazerem amor;
- sistema de encerramento ou reclusão para as mulheres que não podem fazer amor (regras, gravidez);
- fases tabus após os falecimentos;[5]
- festas.

– No nosso sistema, encontramos alguns elementos isomórficos a outros que encontramos nas sociedades primitivas: [3/78]

- jovens que "vão se divertir": exogamia. A sexualidade fora de casa, ao mesmo tempo explícita, enaltecida em palavras e, sem dúvida, pouco ativa (certamente não a encontramos nos países de forte endogamia, como os países árabes);

---

* Foucault parece haver omitido parte da frase: restabelecemos o "não"; grifo no manuscrito.

238 *O discurso da sexualidade*

• o serviço militar: período de iniciação sexual e cívica (as três grandes instituições formadoras estabelecidas pela burguesia: a escola primária, a caserna e o bordel).[6]

– Mas, sejam quais forem essas analogias, temos um sistema espaço-temporal de sexualidade muito complexo:

• que modifica as grandes proibições: a homossexualidade (as prisões, os colégios, algumas formas de comunidades militares, mas não todas), o incesto (pai-filha no campo);[7]

• e que define campos ou espaços específicos de normatividade sexual.

[4/79]   – De qualquer modo, nesse heteromorfismo convém distinguir regiões especificamente destinadas a modificar o comportamento sexual: o serviço militar ou os hospitais não se destinam a produzir essa modificação (embora haja uma sexualidade hospitalar bem específica). Essa modificação é implicada apenas pelo vínculo entre sexualidade e status militar ou doença. Em contrapartida, há instituições que têm por função, precisamente, introduzir essa modificação: as cortes de amor,[8] as casas de tolerância. Essas instituições funcionam como alternadores da sexualidade. São heterotopias sexuais.

• Ora as encontramos misturadas com outras instituições, ou melhor, encontramos instituições de função mista: as termas romanas, as estâncias de férias,[9]

• Ora as encontramos misturadas ou subtendidas por formações imaginárias, que desempenham o papel de programa ou de expressão privilegiada:

[5/80]   – a literatura amorosa, os romances corteses nas cortes de amor: em certo sentido, eles são o produto ou a expressão e lhes servem de programa. Trata-se de dar vida a esse personagem fictício;

– os temas de cavalaria nas sociedades de homossexuais dos séculos XVI e XVII.[10]

Essa mescla da instituição com o imaginário, do ritual com a fantasia, atinge sua mais enigmática forma com o sabá: prática* narrada oniri-

---

* Seguem-se os termos riscados: "sonhada, execrada, condenada e talvez exercida".

Aula 7 239

camente, condenada na realidade. O sabá é o meio da utopia e da heterotopia.[11]

– O caráter utópico é afirmado:

• pela inversão sistemática que faz a instituição real da missa sofrer;

• pelo caráter fantasioso dos episódios: metamorfoses animais, transferências espaciais;

• pelo papel do discurso: "tradição literária".

– O caráter heterotópico:

• pela forma de grupo meio institucionalizado assumida provavelmente pelos feiticeiros (associação, tradição, recrutamento, receita);

• pela regularidade das formas e dos locais;   [6/81]

• pelas reações do meio (que exclui a feitiçaria).

A mistura do utópico com o heterotópico é ainda mais profundamente marcada pelo fato:

• de que o "outro lugar" do sabá é atingido pelo meio "utópico" da transferência diabólica;

• de que a utopia é reforçada, se não constituída, pelos processos de exclusão, pelos atos de acusação, pelas confissões extorquidas e pelas condenações.

Introdução   [7/82]*

1. *Heterotopia e utopia*

a. As heterotopias são lugares reais, porém frequentemente subtendidos por estruturas ideológicas. E têm como elemento intermediário, como o que dá à ideologia ascendência sobre as instituições, as *utopias*.**[12]

---

* O fim da página 6 está em branco e passamos para uma nova folha, numerada 7, que retoma e prolonga as elaborações anteriores. Como não se trata propriamente de uma variação, incorporamos as folhas seguintes à sequência do texto.

** Grifo no manuscrito.

240   *O discurso da sexualidade*

– Nem sempre é o que acontece: a caserna como heterotopia, com seu funcionamento de classe [e] sua ideologia racionalista e igualitária (oposta à ideia revolucionária da nação em armas). Praticamente sem elementos utópicos. Mas a legião estrangeira funciona com um intermediário utópico: cidade dos párias; coletividade sem memória; fraternidade civil.

– Há heterotopias que têm forte conteúdo utópico:
• utopia familiar nos asilos do fim do século XVIII;[13]
• estâncias de férias;
• os jardins e as coleções de animais.[14]

[8/83]   A ideologia está presente sobretudo por intermédio da utopia.

– Há heterotopias que são a realização exata das utopias:
• Cabet;[15]
• as utopias californianas;[16]
• os grupos proféticos ou milenaristas.[17]

b. Inversamente, há utopias heterotópicas, em oposição às utopias homotópicas.

• Utopias homotópicas: as que se dão como equivalente, alternativa ou transformação da sociedade: uma outra sociedade, semelhante à nossa, onde todos os elementos são encontrados, mas deslocados e em outro sistema de relações (Swift,[18] A[uguste] Comte).[19]

• Utopias heterotópicas: as que representam um lugar heterotópico, ou seja, externo a nossa sociedade, mas presente nela ou, pelo menos, ao lado dela (Sade, *História de O*).[20]

• Utopias que imaginam a passagem de uma para outra. Fourier: o falanstério, que é a primeira passagem para o Estado societário, que, por sua vez, dará lugar à H[armonia].[21]

[9/84]   Há, portanto, uma superposição da utopia e da heterotopia.

A diferença espacial como lugar de precipitação imaginária, ao passo que a diferença temporal, a perda do passado, havia assegurado essa precipitação por muito tempo. (N.B.: os séculos XVIII e XIX como momento de enfrentamento do imaginário heterotópico com o imaginário heterocrônico: no início do século XIX, romance de terror e romance histórico. *Le Château des Pyrénées*.)[22] Hoje em dia, parece que o sistema heterotópico

Aula 7

da imaginação sai vencedor com a ficção científica e o romance policial ou de espionagem (no mesmo lugar, um outro mundo; sob as relações sociais aparentes, outras relações).

[10/85]*

2. Utopias sexuais[23]

[11/86]

a. A maioria das heterotopias comporta uma modificação do comportamento sexual: da supressão (convento) à exaltação (bordel), passando pela sexualidade natural (cf. "cuidados" da estância de férias).[24] E comporta frequentemente elementos utópicos: modelo de um funcionamento social perfeito:
- a cidade pura dos espíritos no convento;
- o homem em estado de natureza, a estância de férias ("reciclagem adâmica").

b. A maioria das utopias comporta elementos sexuais:
- seja a título de elemento principal: Sade;[25]
- seja a título de componente. Campanella:
  - o magistrado Amor, que zela pela beleza da raça;[26]
  - liberdade das relações sexuais, exceto para reprodução;[27]
  - as genitoras colocadas nos quartos com estátuas de grandes homens. Momento astrológico da copulação.[28]

Esses elementos de utopia sexual podem funcionar de duas maneiras: [12/87]
- Como crítica da sociedade real, na medida em que ela não permite uma sexualidade normal. Ou seja, uma sexualidade feliz para os indivíduos [e] adaptada às exigências e ao funcionamento da sociedade. A sexualidade (real) é criticada como o ponto em que a sociedade e o indivíduo tornam-se inimigos deles mesmos e inimigos um do outro.

Daí, nesses elementos utópicos, o seguinte processo: uma reforma da sociedade que modifica a sexualidade; daí uma sexualidade que torna

---

* A página 10 contém uma variante da elaboração que se segue à página 11, mas foi integralmente riscada. Nós a reproduzimos como um anexo a esta aula (cf. *infra*, p. 249).

transparentes e fáceis as relações indivíduos-sociedade; daí, finalmente, um bom funcionamento social. A sexualidade é a sociedade no corpo dos indivíduos, ou é o indivíduo socializado, imediatamente e de pleno direito. Por exemplo: a viagem de Bougainville é a utopia integradora.[29]

[13/88] • Mas eles também podem funcionar como questionamento da chamada sexualidade normal, na medida em que essa normalidade é arbitrariamente fixada pela sociedade (suas regras, seus preconceitos, suas leis religiosas e morais). Essas utopias fazem surgir, então, uma sexualidade des-normalizada, des-socializada, e que se torna, por si só, a lei de reconstrução das relações interindividuais.

– Sade: onde o desregramento se torna a regra:

○ do comportamento individual (condena-se toda pessoa que se recuse ao desregramento, ou mesmo que hesite);

○ do comportamento interindividual (deve-se poder fazer e sofrer tudo o que os outros desej[em]);[30]

○ do pacto pelo qual os soberanos impõem entre si a regra do desregramento.[31]

– *História de O*:

○ onde as condutas de escravização, doação, compromisso e regulamentação estabelecida ou aceita são elementos de erotismo;

○ a partir do que se constitui uma sociedade fantástica e secreta, com seus sinais de reconhecimento, suas hierarquias, seus lugares.[32]

[14/89] É a utopia transgressiva.[33]

Esses são apenas elementos "puros". Na verdade, na maioria das utopias, esses elementos são misturados. Tendo, exatamente a meio caminho, a imagem de uma sociedade que seria uma sociedade "normal", pelo simples fato de que nela a sexualidade seria des-normalizada. Sexualidade não monogâmica, não reprodutora, não heterossexual → e a sociedade se torna perfeita.

Exemplo: J[acques] Sadeur e a sociedade hermafrodita.[34]

É importante precisar o funcionamento desses elementos utópicos, na medida em que eles são encontrados em Marcuse e Reich:

Aula 7 243

• utilização do marxismo: para mostrar que é a sociedade que impede o funcionamento de uma sexualidade normal;

• utilização de Freud, para mostrar que a chamada sexualidade normal é determinada, de fato, não por uma lei própria da sexualidade, mas pela sociedade.

Marcuse e Reich não atravessam temas utópicos para constituir uma teoria da sexualidade; utilizam campos epistemológicos para constituir utopias.[35]

Análise comparada das utopias transgressivas e integradoras [15/90]

1. O desejo, a diferença e o sujeito

a. As utopias transgressivas comportam:
• Um sujeito soberano em relação ao qual se desenrola a utopia. Ela é disposta a seu redor e é o desejo dele — em sua singularidade, em sua ilimitação — que constitui a lei dela:[36]
– os quatro mestres dos 120 dias;[37]
– o sujeito "anônimo" de O pornógrafo;[38]
– o sistema duplo da História de O: em torno dos mestres [e] em torno de O.[39]
• O que implica uma irreversibilidade das relações, sem igualdade nem complementaridade. Não é a diferença que dá lugar ao desejo, é o desejo que dá lugar à diferença. A partir do momento em que te desejo, tu és, desse desejo, o correlato heterônomo. Daí, em última instância, a morte, seja porque o soberano deseja a morte, seja porque, desaparecendo o desejo, só resta a seu correlato desaparecer.
[Na margem: "cf. o segundo fim possível da História de O".][40]

b. Nas utopias integradoras, ao contrário: [16/91]
• nada de soberania, mas distribuições horizontais de complementaridades e de escolhas.

a) A livre escolha: Rétif. Os megapatagões em *La Découverte austra-le*.[41] A divisão macho/fêmea de cada lado de uma barreira; o dia da festa: duas fileiras e as pessoas se escolhem.[42]

b) A complementaridade: Fourier, Comte.

Mulher	Homem
Vida doméstica	Teórica
Religião	Prática
Intrafamiliar	Extrafamiliar
Sentimentos	Inteligência
Simpatia	Síntese
Indução	Dedução[43]

Reciprocidade dos dois grandes axiomas: não há sociedade sem governo → homem; não há governo sem religião → mulher.[44]

• Justamente por esse fato, não é o desejo que é o elemento diferenciador; é a diferença, [o jogo]* das oposições, das complementaridades, que dá lugar ao desejo. De modo que o desejo só tem lugar na diferença. E o arranjo das diferenças, sua distribuição exata num quadro, ou numa imagem estável, suprime o desejo.

[17/92] Cf. a viagem de uma tribo harmoniosa, a festa dos megapatagões.[45]

• E, por fim, a elisão do desejo: em Comte;[46] em Foigny e o mito dos hermafroditas.[47]

Utopia integradora: o sistema das diferenças como lugar de elisão do desejo;

[Utopia transgressiva]:** a soberania do desejo como momento constitutivo das diferenças irreversíveis.

---

* O termo escrito por Foucault nesse ponto é ilegível. Acrescentamos "o jogo" a bem da legibilidade.

** Fizemos o acréscimo por uma preocupação de equilíbrio com a frase anterior.

Aula 7

2. A lei e o desregramento

As utopias sexuais nunca são anárquicas (nem mesmo sob suas formas mais sorridentes, imediatas e naturais, como em Diderot, onde existem a honra, a regra da hospitalidade, a obrigação de ter filhos).[48] Mas essa não anarquia não funciona do mesmo modo na utopia transgressiva e na utopia integradora.

a. Na utopia transgressiva   [18/93]

– Ela se inaugura e prossegue por uma série de cortes em relação à natureza:

• Corte espacial: *O pornógrafo, Os 120 dias*.

• A doação na *História de O* (para que o amor seja extirpado).[49]

• A prática sexual sistematicamente desviada de suas formas naturais. E isto imposto como lei. De modo que essa sexualidade não é um retorno a uma natureza animal, porém uma não animalidade sistematicamente arranjada.

• Uma espécie de monstruosidade construída (a corujinha no final da *História de O*).[50]

– Estamos lidando, portanto, com uma regulamentação que não é nem a da natureza nem a da animalidade. Uma regulamentação que não é calculada para a sociedade, mas é imposta e aceita, ao mesmo tempo, tanto pelos soberanos quanto pelos súditos.

O celerado,[51] em Sade, é aquele que dita a regra para si mesmo e para os outros, uma regra que o captura, que o perpassa, que o comanda e determina por inteiro, e que é a regra de seu desregramento. A vítima é aquela que aceita como regulamento para ela o desregramento de qualquer regra: serei o que quiseres que eu seja.

Daí o aparecimento de uma estranha lei da sexualidade: [19/94]

• a um tempo rigorosa e desregrada;

• não homogênea para si e para os outros. Intransferível;

• não conforme à natureza nem à sociedade;

• mais próxima da morte que da vida, da monstruosidade que da natureza, do desvario que da razão.

[O interesse pela relação com a psicanálise, da qual ela constitui uma espécie de antecipação.][52]

b. A utopia integradora

– Ela é a devolução da sexualidade à natureza, quer à natureza vegetal e animal (cf. *Viagem de Bougainville*), quer à natureza humana, calculada em seus componentes caracterológicos (Fourier). De qualquer modo, para fins de reprodução: eugenismo ou conservação da sociedade (Comte).[53]

– Assim, devolvida à sua lei natural, a sexualidade aparece como aquilo que apaga a regra como regra. As regulamentações sexuais são internalizadas sem valor repressivo. Cf. as combinatórias de Fourier.[54] E, daí por [20/95] diante, as regras sociais são integradas como prazer. O homem da utopia integradora é aquele para quem o regulamento já não funciona como regra, mas como determinação de sua individualidade; e que, por conseguinte, a faz funcionar como momento regulamentado.

As utopias integradoras têm por resultado apagar da sexualidade o momento do desejo e a instância da regra — graças ao que a natureza e a sociedade podem comunicar-se no indivíduo. As utopias transgressivas têm por resultado fazer surgir o desejo como princípio absolutamente diferenciador, e a regra como elemento que não é interior nem na natureza, nem na sociedade, nem no sujeito.

Em outras palavras, as utopias integradoras constituem um sujeito sintético que une a natureza e a sociedade na forma do indivíduo sem desejo. As utopias transgressivas estabelecem a irredutibilidade do sujeito desejante num sistema de regras que não é da natureza nem da sociedade. [9/96]* [Vemos como se trama o que viria a ser uma das grandes dificuldades do problema sexualidade-revolução.

• O tema de uma sexualidade alienada, pervertida, à qual a sociedade futura devolverá o funcionamento normal.

---

* Aí encontramos uma repentina mudança da numeração. Foucault tinha escrito "9", depois riscou. A página seguinte apresenta um "10" não riscado, e a subsequente, um "11" riscado. É certo, em todo caso, que essas folhas formam um bloco. Além disso, Foucault delimitou essas considerações (a posteriori, ao que parece) usando colchetes.

Aula 7

- O tema que é a sociedade burguesa, a qual, por suas instituições (casamento, família), definiu para a sexualidade normas que tendem a passar por sua verdade natural.

Daí a ambiguidade: será que a sexualidade, em sua forma atualmente "normal", é uma instituição naturalizada por uma codificação e uma operação ideológicas? Ou serão suas formas perversas, neuróticas, o resultado de uma relação social em que o indivíduo fica alienado?

Esses são dois temas que encontramos entrecruzados em muitos textos que são mais utópicos, ou, pelo menos, mais ideológicos do que políticos. Exemplo: Marcuse:

- Os limites atualmente aceitos da sexualidade (casamento, procriação) são definidos por uma sociedade em que o trabalho humano é explorado. Assim, condena-se à perversão toda uma gama de comportamentos sexuais que só são anormais em relação a essa delimitação. É a mais-repressão.[55]

- Mas, no dia em que esses limites forem suspensos (e só o serão numa   [10/97]
sociedade de um tipo novo), o que encontraremos? Uma sociedade tolerante a todas as perversões, como o sadismo ou a necrofilia? Não, mas uma sexualidade livre dessas perversões, uma sexualidade não sádica etc. Em suma, normal. Digamos: ampliada a partir de suas próprias normas.

Marcuse é, num único discurso, a dupla utopia:

- Como deve a sociedade ser transformada, para que não mais imponha à sexualidade as normas arbitrárias que lhe impôs?

- Na sociedade assim transformada, como encontrará a [sexualidade],* por si só e por uma espécie de direito natural, uma normatividade que não mais exclua, porém elimine realmente as perversões?

Daí o desdobramento quase explícito das perversões em Marcuse:

- As "boas" perversões, que, atualmente e em função da sociedade bur-   [11/98]
guesa, ficam fora dos limites da sexualidade normal. Estas precisam ser

---

* Foucault escreve "sociedade".

248   *O discurso da sexualidade*

reintegradas; elas desaparecerão como perversões, mas figurarão como práticas reais na sexualidade normal. Homossexualidade.

• As "más", que só são excluídas pela sexualidade normal burguesa na medida em que são produzidas por ela e por seus limites ilegítimos (o sadismo). Essas desaparecerão realmente como práticas e conservarão para sempre, se por algum acidente suceder que se produzam, o status de perversões.]

[NP/99]* **Os postulados de Marcuse**

1. Não há antinomia entre trabalho e princípio do prazer (mas entre princípio do prazer e um princípio de realidade cuja forma e conteúdo são determinados, numa parte essencial, pelo princípio de rendimento).[56]

Postulado da ética social.**

[*Na margem*: "isso contra o tema freudiano: infelicidade e trabalho".]

2. Não há antinomia entre a sexualidade polimorfa e a genitalidade (mas entre uma genitalidade tornada exclusiva e as formações parciais).[57]

Postulado da normalidade psicobiológica.

[*Na margem*: "isso contra o tema freudiano da exclusão dos instintos".]

3. Correlação entre vários sistemas de diferenças: repressão/mais-repressão; modificação/exclusão; prazer/sofrimento.

Postulado antropológico: existe uma verdade socionatural do homem [...].***

[*Na margem*: "isso contra o tema freudiano do recalcamento".][58]

4. Correlação entre o desaparecimento dos instintos destrutivos e o reforço de Eros.

Postulado econômico.

[*Na margem*: "contra o tema da sobreposição de Eros com a agressão".][59]

---

* Trata-se de uma folha final à parte, frente e verso, intitulada "Os postulados de Marcuse".

** Substitui "o hedonismo", riscado.

*** Passagem riscada: "4. Distinção entre uma sexualidade generalizada e perversões (caras para a sociedade) como o sadismo".

Aula 7

Pois bem, em cada uma dessas teses, vemos: [NP/100]

• A crítica a uma sociedade que não é capaz de assegurar o funcionamento feliz da sexualidade (ora, isso pressupõe um núcleo de normalidade, implicitamente definido).

• A crítica inversa a uma sexualidade normal que não passa do resultado da pressão social.

ANEXO À AULA 7

[Inserimos aqui a página 10/85, que constitui uma variação da página 11/86 (cf. supra, p. 241). No manuscrito, essa página estava inteiramente riscada.]

1. Heterotopias e utopias sexuais: [10/85]

A. Toda heterotopia comporta uma modificação mais ou menos profunda do comportamento sexual:

– Desaparecimento: convento;

– Exaltação: bordel.

(Donde o caráter supervalorizado do convento-bordel.)[60]

• As heterotopias comportam, muitas vezes, uma utopia sexual:

– Fraternidade dessexualizada do convento: relação com Deus, com Cristo, com a mãe.

– Utopias sexuais no bordel: sociedade escravagista.

– Utopia da sexualidade natural nas estâncias de férias.

• A maioria das utopias comporta um componente sexual:

– quer a título de elemento principal: *Os 120 dias de Sodoma*;

– quer a título de elemento particular: Fourier, Campanella.

NOTAS

1. Esta aula sobre as utopias e as heterotopias prolonga as reflexões feitas por Michel Foucault desde 1966-7 em torno da concepção de heterotopia, por distinção da

utopia. Em seu prefácio a *As palavras e as coisas* [1966], Foucault introduz a noção de heterotopia a propósito do texto de Jorge Luis Borges sobre a enciclopédia chinesa, e opõe as heterotopias que "inquietam [...] por minarem secretamente a linguagem", ao introduzirem diferenças radicais e estragarem o lugar-comum sobre o qual a linguagem se apoia, e as utopias que consolam, que "permitem as fábulas e os discursos, [...] estão na sequência lógica da linguagem" (*Les Mots et les Choses. Une archéologie des sciences humaines* (Paris, Gallimard, 1966, p. 9 [*As palavras e as coisas: Uma arqueologia das ciências humanas*, trad. Salma Tannus Muchail, São Paulo: Martins Fontes, 3. ed., 1985]). Essa ideia de heterotopia é desenvolvida no mesmo momento, sempre em contraste com a de utopia, nas duas conferências radiofônicas feitas na France Culture em dezembro de 1966: "Le corps utopique" e "Les hétérotopies" (*Utopies et hétérotopies. Deux conférences radiophoniques diffusées sur France Culture les 7 et 21 décembre 1966*, CD, Bry-sur-Marne, INA, 2006; cf. "Les utopies réelles ou lieux et autres lieux" e "Le corps utopique", em M. Foucault, *Œuvres*, Paris: Gallimard, 2015, pp. 1238-57); e depois, numa conferência intitulada "Des espaces autres" [1984], proferida no Centre d'études architecturales em 14 de março de 1967 (em *Dits et écrits*, op. cit., v. II, n. 360, pp. 1571-81). Dessa vez, utopias e heterotopias se opõem, na medida em que as primeiras são "localizações sem lugar real" ("Des espaces autres", art. citado, p. 1574), um "lugar fora de todos os lugares" ("Le corps utopique", art. citado, p. 1249), enquanto as heterotopias são "lugares reais [...] desenhados na própria instituição da sociedade [...] tipos de lugares que estão fora de todos os lugares, embora sejam efetivamente localizáveis" ("Des espaces autres", art. citado, p. 1574), "utopias que têm um lugar preciso e real" e desempenham um papel de "contraespaços", de "lugares absolutamente outros", presentes em toda sociedade ("Les utopies réelles...", art. citado, pp. 1238-9). O conjunto da elaboração que se segue inspira-se nessas conferências, enfatizando a questão da sexualidade, o que, no contexto de Vincennes após maio de 1968, nada tem de inocente (cf. Situação dos cursos, pp. 312-5). Sobre a ideia de heterotopia em Foucault, cf., por exemplo, Daniel Defert, "Foucault, space, and the architects", em *Politics/Poetics. Documenta X. The Book*, Ostfildern-Ruit: Cantz Verlag, 1997, pp. 274--83; Peter Johnson, "Unravelling Foucault's 'different spaces'", *History of the Human Sciences*, v. 19, n. 4, 2006, pp. 75-90; Mariangela Palladino e John Miller (orgs.), *The Globalization of Space. Foucault and Heterotopia*, Londres: Pickering and Chatto, 2015.

2. O caso das prisões seria objeto de um tratamento muito diferente, é claro, inserido numa análise do poder disciplinar e das instituições penais, em *Surveiller et Punir. Naissance de la prison* (Paris: Gallimard, 1975) [*Vigiar e punir: Nascimento da prisão*, trad. Raquel Ramalhete, Petrópolis: Vozes, 22. ed., 2000] e em *La Société punitive. Cours au Collège de France, 1972-1973* (ed. estabelecida por B. E. Harcourt, sob a dir. de F. Ewald e A. Fontana, Paris: Gallimard-Seuil-Éd. de l'EHESS, 2013). Na tipologia que ele propõe em "Des espaces autres" [1967/1984], Foucault as situa do lado das heterotopias "de desvio". Evoca o caso dos banhos turcos, das saunas e dos parques de diversões (art. citado, p. 1579).

Aula 7

3. Sobre as heterotopias, cf. ibid., p. 1578.

4. Essa constatação se inscreve no projeto mais geral que Foucault atribui à "heterotopologia", que a situa numa perspectiva estruturalista: toda sociedade implica heterotopias ("provavelmente, não há uma só cultura no mundo que não constitua heterotopias"); podemos classificar as sociedades em função de certos tipos de heterotopias (ibid., p. 1575).

5. O conjunto dessas heterotopias corresponde ao que Foucault qualifica de "heterotopias de crise" (ibid.). O caso dos "centros juvenis" (*bukumatula*, na Melanésia) para onde são enviados os jovens adolescentes na puberdade, com sua companheira, é descrito por Bronislaw Malinowski em *La Sexualité et sa répression dans les sociétés primitives*, trad. [franc.] de S. Jankélévitch, Paris: Payot, 2001 [1932], pp. 82-3 [*Sexo e repressão na sociedade selvagem*, trad. Francisco M. Guimarães, Petrópolis: Vozes, 2. ed. 2000] e em *La Vie sexuelle des sauvages du nord-ouest de la Mélanésie*, trad. [franc.] S. Jankélévitch, pref. de H. Ellis, Paris: Payot, 1970 [1930], pp. 64 ss. [*A vida sexual dos selvagens*, trad. Carlos Sussekind, pref. H. Ellis, Rio de Janeiro: Francisco Alves, 1982].

6. Cf. "Des espaces autres" [1967/1984], art. citado, p. 1576.

7. Encontramos, por exemplo, em Malinowski (*La Sexualité et sa répression dans les sociétés primitives*, op. cit., p. 81, nota 1), a ideia de que, entre os camponeses, os incestos pai/filha são bastante frequentes nos países ocidentais.

8. Sobre as cortes de amor, cf. J. Lafitte-Houssat, *Troubadours et Cours d'amour*, Paris: PUF, 1950.

9. As estâncias de férias (os *"resorts* do Club Méditerranée") são evocadas diversas vezes em "Des espaces autres" [1967/1984] (art. citado, p. 1579) ou em "Les utopies réelles" [1966] (art. citado, pp. 1243-4), onde são apresentadas como uma "heterotopia crônica", que mescla "duas formas de heterotopia, a da festa e a da eternidade do tempo". Lembremos que o Club Méditerranée foi criado no começo da década de 1950.

10. Foucault alude, sem dúvida, às diversas sociedades de homossexuais que se constituíram no século XVII, como a sociedade fundada por volta de 1681 pelo Cavaleiro de Lorena, por Biran, Tallard e outros (descrita na edição de Jean Hervez, pseudônimo de Raoul Vèze, das *Anecdotes pour servir à l'histoire secrète des Ebugors. Statut des sodomites au XVIIe siècle*, Paris: Bibliothèque des curieux, 1912, pp. 3-32; Fichas BNF), e que assumiam efetivamente a forma de ordens cavalheirescas, publicando estatutos, exigindo juramentos, com processos de iniciação, grão-mestres da Ordem etc. A essa organização moldada nas ordens cavalheirescas somava-se, às vezes, a valorização das relações de dedicação entre amantes. Ver também, do mesmo J. Hervez, quanto ao século XVIII, *Les Sociétés d'amour au XVIIIe siècle. Les sociétés où l'on cause d'amour, académies galantes...*, Paris: H. Daragon, 1906. Foucault parece haver-se interessado muito cedo pela cultura homossexual entre o século XVI e o século XVIII, constituindo um arquivo sobre esse assunto (BNF, Caixa 42a-C1), intitulado "Sodomia", no qual compilou todo um conjunto de documentos sobre

a homossexualidade na corte de Henrique III, panfletos e epigramas do século XVIII, informações sobre as sociedades homossexuais secretas e também sobre as representações dos "sodomitas" e sua repressão.

11. Foucault interessou-se em várias ocasiões pelo problema da feitiçaria e do sabá (cf. *supra*, Aula 5, nota 13, pp. 204-5). Sobre essa questão, cf. o estudo que acabara de ser lançado por Robert Mandrou, *Magistrats et Sorciers de France au XVIIe siècle. Une analyse de psychologie historique* (Paris: Plon, 1968), e sobretudo, de agora em diante, Carlo Ginzburg, *Le Sabbat des sorcières* [1989] (trad. [franc.] M. Aymard, Paris: Gallimard, 1992).

12. A relação entre ideologia e utopia, dois temas no cerne do curso de Vincennes, constitui o problema fundamental do livro de Karl Mannheim, *Idéologie et Utopie* (trad. [franc.] J.-L. Evard, pref. de W. Lepenies, Paris: Éd. de la Maison des sciences de l'homme, 2006 [1929] [*Ideologia e utopia*, Rio de Janeiro: Zahar, 1976]). Mesmo que Foucault não faça nenhuma referência direta a esse livro, é preciso ter em mente que ele constituía, na época, uma referência obrigatória nos debates políticos sobre utopia e revolução, em particular ligados às reflexões de Marcuse (cf., por exemplo, *La fin de l'utopie*, org. P.-H. Gonthier, trad. [franc.] L. Roskopf e L. Weibel, Neuchâtel-Paris: Delachaux et Niestlé-Seuil, 1968 [*O fim da utopia*, trad. Carlos Nelson Coutinho, Rio de Janeiro: Paz e Terra, 1969]). Aliás, podemos aproximar a análise aqui fornecida por Foucault sobre as relações entre utopia, ideologia e heterotopia do que Mannheim diz delas em sua parte intitulada "A utopia, a ideologia e o problema da realidade" em *Ideologia e utopia*, op. cit.

13. Ver a maneira de Foucault descrever o Retiro fundado pelos quacres na Inglaterra no fim do século XVIII: como uma coalizão contratual que, ao mesmo tempo, "alimenta-se do mito da família patriarcal [...] família rigorosa, sem fraqueza nem complacência, porém justa, à grande imagem da família bíblica" (*Histoire de la folie à l'âge classique*, Paris: Gallimard, 1976 [1961], p. 494 [*História da loucura na idade clássica*, trad. José Teixeira Coelho Netto, São Paulo: Perspectiva, 2003]). Foucault toma certa distância dessa "hipótese meio fácil, e que [ele próprio] havia defendido: o asilo do século XIX tinha-se constituído no prolongamento do modelo familiar", em *Le Pouvoir psychiatrique (Cours au Collège de France. 1973-1974)*, org. J. Lagrange, sob a direção de F. Ewald e A. Fontana, Paris: Gallimard/Seuil/Éd. de l'EHESS, 2003, p.123; mais amplamente, pp. 95-141 [*O poder psiquiátrico: Curso dado no Collège de France, 1973-1974*, trad. Eduardo Brandão, São Paulo: Martins Fontes, 2006], para reelaborar, de maneira mais complexa, as relações entre família e asilo, "soberania da família" e "disciplina asilar".

14. Sobre os jardins zoológicos, cf. "Des espaces autres" [1967/1984], art. citado, pp. 1577-8, onde o jardim é descrito como uma "espécie de heterotopia feliz e universalizadora" que tem por vocação representar o conjunto do mundo em sua perfeição simbólica. Ver também "Les utopies réelles" [1966], art. citado, p. 1242.

15. Foucault se refere a Étienne Cabet (1788-1856), membro da Carbonária, deputado da Côte-d'Or, fundador do jornal operário *Le Populaire* e que publicou, em 1840,

Aula 7 253

sob o nome de Francis Adams, um livro descrevendo uma utopia comunista (*Voyage et Aventures de Lord William Carisdall en Icarie*, 2 vols., Paris: Hippolyte Souverain, 1840), antes de tentar, a partir de 1847-8, a realização de sua utopia nos Estados Unidos. A esse respeito e, em linhas mais gerais, a respeito das comunidades utópicas do século xix que se inspiraram em Cabet, Fourier ou outros, cf. Jean-Christian Petitfils, *Les Comumautés utopistes au XIXe siècle*, Paris: Pluriel, 2011. Foucault havia reunido todo um dossiê sobre o problema da sexualidade e do casamento em Icarie (BNF, Caixa 39-C4), apoiando-se nos textos de Cabet (*Voyage et Aventures...*, op. cit., e *Colonie icarienne aux États-Unis d'Amérique. Sa constitution, ses lois, sa situation matérielle et morale...*, Paris, o autor, 1856).

16. Trata-se, em particular, das diversas comunidades "hippies" que floresceram nos anos 1960 na Califórnia, como Gorda Mountain, Hog Farm ou Esalen, mas que se inscreveram, elas próprias, na longa história das comunidades utópicas do Oeste norte-americano a partir do século xix. A esse respeito, cf. Robert V. Hine, *California's Utopian Colonies*, San Marino: Huntington Library, 1953, e, sobre as comunidades da década de 1960, Timothy Miller, *The 60s Comunes. Hippies and Beyond*, Syracuse: Syracuse University Press, 1999. Foucault consultou o livro de Hine e analisou, sobretudo do ponto de vista da questão sexual, a colônia de Fountain Grove, fundada em 1875 por T. Harris (BNF, Caixa 39-C4). Harris considerava que tinha existido uma era de ouro, baseada na união do homem e da mulher, era de ouro perdida, mas que poderíamos reencontrar, apoiados no "homem-pivô", ou seja, ele próprio, através de quem Deus se revelava. Para Harris, Deus era bissexual e o homem podia unir-se a Ele através da sexualidade em seus aspectos mais espirituais. Foi com base nesse princípio que se fundou a Fountain Grove, uma comunidade que organizava uniões puramente espirituais, proibindo qualquer relação carnal entre os casais (R. V. Hine, *California's Utopian Colonies*, op. cit., pp. 12-32).

17. Mannheim fez desses grupos milenaristas, precisamente (em particular os hussitas, Thomas Münzer ou os anabatistas), uma guinada essencial em seu estudo sobre *Ideologia e utopia*, apresentando-os como a "primeira forma da mentalidade utópica". Foucault, por sua vez, voltaria a esses grupos proféticos e milenaristas do fim da Idade Média e início da era moderna em *Sécurité, territoire, population (Cours au Collège de France, 1977-1978)*, ed. estabelecida por M. Senellart sob a dir. de F. Ewald e A. Fontana, Paris: Gallimard-Seuil-Éd. de l'EHESS, 2004, pp. 195-232 [*Segurança, território, população*, trad. Eduardo Brandão, São Paulo: Martins Fontes, 2008], ao elaborar o conceito de "contracondutas" opostas ao poder pastoral. Sobre esses grupos, cf. notadamente Norman Cohn, *Les Fanatiques de l'Apocalypse. Millénaristes revolutionnaires et anarchistes mystiques au Moyen Âge*, trad. [franc.] da 3. ed. por S. Clémendot, Paris: Payot, 1983 [1957].

18. Cf. Jonathan Swift, *Gulliver's Travels*, Londres: Benjamin Motte, 1726 [*As viagens de Gulliver*, trad. Therezinha Monteiro Deutsch, Porto Alegre: L&PM, 2005]. Com efeito, *As viagens de Gulliver* funcionam, ao mesmo tempo, como crítica da

254   *O discurso da sexualidade*

sociedade inglesa da época e reservatório de utopias possíveis. Foucault interessou-se em especial pelo casamento entre os Houyhnhnm, onde a instituição é apresentada como destinada, acima de tudo, à preservação da cor e da beleza da raça; onde nem a sedução nem as questões financeiras intervêm no casamento, que é puramente submetido à vontade dos pais e dos amigos do futuro casal (BNF, Caixa 39-C4).

19. Sobre Auguste Comte, cf. *supra*, pp. 243 ss., e, no tocante à dimensão sexual, cf. R. de Planhol, *Les Utopistes de l'amour. L'amour sentimental des platonisants et des précieuses...*, Paris: Garnier Frères, 1921, pp. 238 ss. Foucault trabalhou a questão do status da mulher e do papel da sexualidade e da família, na utopia comtiana, a partir de seu curso de Clermont-Ferrand (cf. *supra*, Aula 1, pp. 27-8, e nota 15, pp. 36-7). Além disso, ele havia constituído um dossiê sobre esse tema, intitulado "Comte. La femme" (BNF, Caixa 45-C2), em especial a partir dos volumes II e IV do *Système de politique positive, ou Traité de sociologie, instituant la religion de l'humanité*, v. II, Osnabrück: O. Zeller, 1967 [1851].

20. Sobre Sade e sobre *Histoire d'O* (ed. rev. e corr., pref. de J. Paulhan, Paris: Pauvert, 1972 [1954] [*A história de O*, trad. Maria de Lourdes Nogueira Porto, pref. Jean Paulhan, São Paulo: Brasiliense, 1985]), cf. *infra*. *A história de O* é um romance publicado em 1954 por Pauline Réage (pseudônimo de Anne Desclos, dita Dominique Aury), que põe em cena, em torno de três personagens principais — O e seus professores, René e Sir Stephen —, um universo sadomasoquista num castelo de Roissy e em Paris. *A história de O* foi lançado pela Pauvert, uma editora que estava engajada, na mesma época, na publicação das obras completas de Sade, e foi objeto, em particular, de um prefácio de Jean Paulhan, diretor de *La Nouvelle Revue française* (NRF) e amante de Dominique Aury, bem como de uma análise de Georges Bataille ("Le paradoxe de l'érotisme", *La Nouvelle NRF*, v. 3, n. 29, 1955, pp. 834-9), que o colocou em paralelo com a obra de Sade e um romance de Pierre Klossowski, *Roberte ce soir* (Paris: Minuit, 1953). Em seu artigo, Bataille descreve *A história de O* como o próprio exemplo do que Foucault entendia inicialmente por "heterotopia": uma forma de alteridade radical — a do erotismo e da transgressão — que mina a linguagem e a toma na alternativa entre a repetição e o silêncio — silêncio final, enganoso, que se encarna, em *A história de O*, na suspensão relativamente abrupta do romance, ou, no final alternativo proposto pela autora, na morte de O.

21. Sobre Charles Fourier, cf. *supra*, pp. 243 ss., e R. de Planhol, *Les Utopistes de l'amour*, op. cit., pp. 280 ss., quanto às questões sexuais. Para Fourier, com efeito, a aplicação de seus princípios de organização da sociedade e do falanstério, em particular, deve permitir a passagem do caos social à "harmonia universal". Foucault reuniu todo um dossiê sobre as dimensões sexual e passional das reflexões de Fourier (Caixa 39-C4), apoiado sobretudo em *L'Harmonie universelle et le phalanstère* (1849), na *Théorie des quatre mouvements et des destinées générales* (1808) e na *Théorie de l'unité universelle* (1841-3). Na ocasião em que Foucault se interessou por Fourier, do ponto

Aula 7

de vista da utopia sexual, inscrevendo-o no cotejo com Sade, Fourier foi objeto de uma retomada do interesse, nesse sentido, por parte de vários autores próximos de Foucault. Roland Barthes publicou, entre 1967 e 1970, seus estudos sobre Sade ("L'arbre du crime", *Tel Quel*, n. 28, 1967), Loyola ("Comment parler à Dieu?", *Tel Quel*, n. 38, 1969) e Fourier ("Vivre avec Fourier", *Critique*, n. 281, 1970), os quais reuniria no volume intitulado *Sade, Fourier, Loyola* (Paris: Seuil, 1971 [*Sade, Fourier, Loyola*, trad. Mário Laranjeira, rev. Andréa Stahel M. da Silva, São Paulo: Martins Fontes, 2005]). René Schérer, colega de Foucault em Vincennes, interessou-se pela utopia sexual em Fourier a partir de 1967: publicou então uma antologia de textos de Fourier intitulada *L'Attraction passionnée* (Paris: Pauvert, 1967) e, desde então, não parou de refletir sobre a liberação sexual como elemento-chave da realização das utopias (*Charles Fourier ou la Contestation globale*, Paris: Seghers, 1970). Em 1970, saiu também um número especial de *Topique* sobre Fourier, com prefácio de M. Blanchot e uma contribuição de P. Klossowski sobre "Sade et Fourier". Essa retomada do interesse deveu muito ao trabalho empreendido a partir de 1966 por Simone Debout, que organizou as *Œuvres complètes* de Fourier na Anthropos (1966-8) e trouxe à luz um texto fundamental na obra dele, dedicado precisamente às relações sexuais e amorosas, *Le Nouveau Monde amoureux* (publicado em 1967 com um longo prefácio de S. Debout), que viria a desempenhar um papel-chave na mobilização de Fourier nos debates sobre a liberação sexual e o feminismo depois de 1968. Ver, por exemplo, S. Debout, "Le désir et la boussole. Le système sociétaire chez Charles Fourier", *Cahiers internationaux de sociologie*, n. 43, 1967, pp. 159-68, e, sobre o contexto da publicação desse livro e sua recepção em 1968, Michel Bozon, "Fourier, le *Nouveau Monde amoureux* et mai 1968. Politique des passions, égalité des sexes et science sociale", *Clio. Histoire, femmes et sociétés*, n. 22, 2005, pp. 123-49.

22. Não se trata aqui de *Château des Pyrénées* (1843), romance escrito por Frédéric Soulié, mas de *Visions du Château des Pyrénées*, romance de Catherine Cuthbertston, atribuído por muito tempo a Ann Radcliffe e lançado em inglês em 1803 (Paris: Renard, 1809; BNF, Caixa 39-C4). Esse romance fora objeto, em especial, de uma análise de P. Macherey em *Pour une théorie de la production littéraire* (Paris: Maspero, 1966, cap. 6, "Envers et endroit"). Victoria, a órfã do conde Ariosto, é criada por bandidos e levada — por uma paisagem desolada, na qual rochedos escarpados e florestas sombrias criam um efeito de ruptura com o resto do mundo, e depois, passando por uma caverna sobre um curso de água rápido — a um castelo antiquíssimo, construído por príncipes catalães no momento da conquista árabe. Foucault havia constituído um dossiê chamado "Lugares", onde compilou um conjunto de exemplos de diferenças espaciais investidas pelo imaginário entre o fim do século XVIII e meados do século XIX (albergue, castelo, convento e prisão, geleira e montanha etc.) (BNF, Caixa 39-C4).

23. Foucault compilou um dossiê importante sobre essas utopias sexuais, tanto na literatura dos séculos XVII e XVIII e na teoria social do século XIX (Charles Fourier, Étienne Cabet, Auguste Comte, Flora Tristan) quanto em Herbert Marcuse (BNF,

Caixa 39-C4). Sem dúvida, também consultou, a esse respeito, o livro de René de Planhol, *Les Utopistes de l'amour* (op. cit.), que faz um levantamento das diversas utopias sexuais na França entre o Renascimento e o fim do século XIX. Talvez tivesse conhecimento do artigo "Les utopistes et la question sexuelle", redigido por Émile Armand e Hugo Treni para a *Encyclopédie anarchiste* (1934) e retomado em *Les Utopistes et la Question sexuelle. Le symbolisme sexuel de Sade: non conformiste et libre-penseur*, Orléans: L'en-dehors, 1935, que procedeu a uma resenha similar. No contexto do pós-1968 imediato, a temática da utopia em geral e da utopia sexual em particular foi intensamente debatida, sobretudo em referência aos trabalhos de Marcuse que propunham revalorizar a força política das utopias, para pensar numa ruptura qualitativa radical com o sistema vigente (a passagem de uma sociedade não livre para uma sociedade livre), e insistiu na necessidade de contemplar uma nova antropologia, na qual as necessidades vitais (principalmente sexuais) fossem totalmente liberadas da repressão, e de fundar uma sociedade calcada na liberação dessas necessidades. O curso de Foucault se inscreve numa crítica a essas posições. Cf. *infra*, nota 35, pp. 258-9, e Situação dos cursos, pp. 312-5.

24. Cf. "Des espaces autres" [1967/1984], art. citado, p. 1579. "Também muito recentemente, inventou-se uma nova heterotopia crônica, que são as estâncias de férias: essas aldeias polinésias que oferecem três semaninhas de uma nudez primitiva e eterna aos habitantes das cidades."

25. Foucault retorna detalhadamente ao caso de Sade em seguida. Sobre as análises foucaultianas concernentes a Sade e a questão da sexualidade na década de 1960, cf. *supra*, curso de Clermont-Ferrand, pp. 38-42. Pouco tempo depois do curso de Vincennes, Foucault proferiu — em março de 1970 — duas conferências sobre Sade na Universidade de Buffalo (reunidas em *La Grande Étrangère. À propos de littérature*, org. e apres. de P. Artières et al., Paris: Éd. de l'EHESS, 2013, pp. 146-218), que retomaram a análise da obra sadiana à luz das problemáticas de Foucault na época, tanto sobre a questão das relações entre desejo, sexualidade e discurso (cf. sua segunda conferência; e *supra*, Aula 1, nota 10, p. 152 quanto sobre o problema da verdade no discurso sadiano. Ele ainda voltaria ao caso de Sade, considerado de maneira bem próxima das elaborações deste curso, em sua entrevista com Giulio Preti, na qual apresentou Sade como "aquele que tentou fazer entrar nas combinações da representação a força infinita do desejo" (oposição que se liga à aqui estabelecida entre as utopias integradoras e as utopias transgressivas, cf. *supra*, pp. 241 ss. e foi, por causa disso, "obrigado a retirar do sujeito sua posição privilegiada" e a caracterizar "um tipo de sexualidade que vai além do sujeito, que se encontra [...] atrás do eu, que o ultrapassa" ("Les problemas de la culture. Un débat Foucault-Preti" [1972], em *Dits et écrits*, op. cit., v. I, n. 109, pp. 1237-48, aqui citada a p. 1244). Sabemos que Foucault modificaria um pouco sua visão de Sade alguns anos depois, fazendo dele um "sargento do sexo" que formulou "o erotismo próprio de uma sociedade disciplinar" ("Sade, sergent du sexe" [1975], em ibid., n. 164, pp. 1686-90).

Aula 7

26. Na utopia evocada por Tommaso Campanella em *A cidade do sol*, "o magistrado Amor é o encarregado especial de cuidar da geração, isto é, de fazer com que as uniões sexuais sejam tais que produzam a mais bela prole possível" (*La Cité du soleil* [c. 1613], em *Œuvres choisies de Campanella*, Paris: Lavigne, 1844, pp. 168-9). O objetivo é, pela combinação ótima dos diferentes temperamentos, "produ[zir] uma raça bem constituída" (ibid., p. 183).

27. Essa liberdade é muito relativa. Para evitar que eles se satisfaçam por meios antinaturais, concede-se aos homens e às mulheres, a partir de certa idade, satis-fazerem-se com mulheres estéreis ou grávidas, "amantes matronas e senhores velhos", a fim de evitarem qualquer fecundação possível (ibid., p. 182).

28. "Colocam-se nos quartos de dormir belas estátuas de homens ilustres, para que as mulheres as contemplem e peçam ao Senhor que lhes conceda uma bela prole. O homem e a mulher dormem em duas células separadas até a hora da união; uma matrona vem abrir as duas portas no instante marcado. O astrólogo e o médico decidem qual é a hora mais propícia; tratam de descobrir o instante exato em que Vênus e Mercúrio, situados a leste do Sol, estejam numa casa propícia em relação a Júpiter, Saturno e Marte, ou totalmente fora da influência deles" (ibid., p. 183).

29. É difícil determinar se Foucault se refere aqui à própria *Viagem de Bougainville*, a volta ao mundo feita por Bougainville entre 1766 e 1769 e cujo relato foi publicado em 1771, ou ao *Suplemento à viagem de Bougainville*, redigido por Diderot entre 1772 e 1778. Os dois apresentam efetivamente a Nova Cítera (Taiti) como uma espécie de utopia integradora. Sobre um e o outro, do ponto de vista da utopia sexual, cf. R. de Planhol, *Les Utopistes de l'amour*, op. cit., pp. 151-7. Foucault analisou o *Suplemento* como utopia sexual (BNF, Caixa 45-C4) e é a ele que se refere, mais provavelmente.

30. Cf., por exemplo, *Justine ou les Malheurs de la vertu* (1791), cap. 3, que ilustra bem esses dois primeiros pontos [*Justine: Os sofrimentos da virtude*, trad. Gilda Stuart, São Paulo: Círculo do Livro, 1989].

31. Cf., por exemplo, *Os 120 dias de Sodoma* (1785/1904), Introdução. "Fazia mais de seis anos que esses quatro libertinos, que eram unidos por uma conformidade de riqueza e preferências, haviam imaginado estreitar seus laços através de alianças em que a devassidão tinha uma participação bem maior que qualquer dos outros motivos que comumente fundamentam esses laços."

32. As condutas de escravização, doação, compromisso e regulamentação evocadas por Foucault formam o cerne do dispositivo erótico de *A história de O*. Assim, O é sucessivamente escravizada por René e diversos senhores no castelo de Roissy, antes de ser dada por René a Sir Stephen; seu compromisso em cada ocasião é pleno e integral, assim como, por exemplo, o de René com Sir Stephen. O sinal de reconhecimento mais característico é o anel de ferro com espiral tripla que é imposto a O em sua iniciação em Roissy e que servirá de marca para atestar sua escravização. O mundo sadomasoquista descrito no romance é saturado de hie-rarquias imbricadas: assim, há no castelo senhores e criados, cada qual trajando

roupas particulares; do mesmo modo, uma forma de hierarquia quase feudal existe entre René e Sir Stephen. Quanto aos locais, o mais emblemático é o castelo de Roissy, decomposto, por sua vez, numa multidão de lugares — boudoir, biblioteca, célula, parque etc.

33. Sobre a questão da transgressão, ver o curso de Clermont-Ferrand, *supra*, Aula 1 e notas 31 e 35, pp. 39 e 40-2.

34. Trata-se do texto de Gabriel de Foigny, *La Terre Australe connue, c'est-à-dire la description de ce pays inconnu jusqu'ici, de ses mœurs et de ses coutumes par Mr Sadeur* (Vannes: Verneuil, 1676). O narrador, Jacques Sadeur, ele próprio hermafrodita, passa uma temporada, após um naufrágio, na terra Austral, cuja população compõe-se unicamente de hermafroditas e apresenta todas as características de uma sociedade perfeitamente ordenada, uniforme, na qual tudo é igual e equilibrado. O próprio fato de existirem dois sexos é descrito ali como "necessário à perfeição" e como o que permite diferenciar radicalmente o homem do animal, tornando seu amor puramente espiritual. Os australeses, ademais, nunca adoecem, não temem a morte, têm uma língua perfeita etc. (BNF, Caixa 39-C4).

35. Sobre Marcuse, cf. *supra*, pp. 248 ss. Foucault parece referir-se diretamente, nesse ponto, ao princípio marcusiano de que "é preciso considerar o caminho do socialismo que vai da ciência à utopia, e não apenas, como pensava Engels, da utopia à ciência" (*La fin de l'utopie*, op. cit., p. 8), em sua lógica de revalorização da utopia como princípio de transformação política radical (cf. *supra*, nota 23, pp. 255-6). Foucault não voltaria aqui aos trabalhos de Wilhelm Reich. A reflexão sobre as utopias e as heterotopias sexuais inscreve-se, pois, numa primeira versão da visão crítica que Foucault não se cansaria de ter do freudo-marxismo, aqui acusado de produzir utopias através de uma concepção da sexualidade "natural" do homem, refreada e reprimida pelas relações sociais, e que conviria simplesmente liberar, desenvolvendo uma sociedade de acordo com essa natureza. Ressituar o freudo-marxismo na longa tradição das utopias sexuais é também um modo de mostrar que, ao contrário do que pretende Marcuse, ele não propõe uma antropologia radicalmente nova, que rompa com a História (cf. *La fin de l'utopie*, op. cit.). Como observaria Foucault em 1972, em sua entrevista com G. Preti, "considero que Marcuse tenta utilizar os velhos temas herdados do século XIX para salvar o sujeito, entendido no sentido tradicional" ("Les problèmes de la culture" [1972], art. citado, p. 1245). Essa perspectiva crítica seria reencontrada, sob outra forma, no primeiro volume da *História da sexualidade. A vontade de saber* (1976), acompanhada de uma contestação radical da "hipótese repressiva". Ela se junta, além disso, a uma crítica maior de Foucault a respeito de todas as análises humanistas que pretendem fundamentar a transformação social numa "natureza humana" ou numa "natureza original" mais profunda, crítica esta bem marcada em sua controvérsia com N. Chomsky ("De la nature humaine: justice contre pouvoir" [1971/1974], em *Dits et écrits*, op. cit., v. I, n. 132, pp. 1339-81), ou na ironia com que ele evoca o "bucolismo antimédico", o sonho de uma "espécie de higiene natu-

Aula 7

ral" trazida pela antimedicina ("Crise de la médecine ou crise de l'antimédecine" [1976], art. citado, p. 57).

36. Essa análise sobre o sujeito sadiano encontra-se tanto em Blanchot, que sublinha a "solidão absoluta" e a singularidade radical de cada sujeito sadiano (*Lautréamont et Sade*, Paris: Les Amis des Éditions de Minuit, 1949, pp. 221-2), quanto em Bataille, que opõe o "homem soberano de Sade", que afirma soberanamente seu desejo no ilimitado, ao "homem normal" (*L'Érotisme*, Paris: Minuit, 1957, pp. 186-9 [*O erotismo*, trad. Fernando Scheibe, Belo Horizonte/São Paulo: Autêntica, 2013]). É esse mesmo princípio que conduz Lacan a aproximar Sade de Kant, vendo em Sade a afirmação de um imperativo categórico e incondicional, o do gozo: "Digamos que a eficácia do libelo é dada na máxima que propõe ao gozo sua regra, insólita ao se dar o direito, à maneira de Kant, de se afirmar como regra universal. Enunciemos a máxima: 'Tenho o direito de gozar de teu corpo, pode dizer-me qualquer um, e exercerei esse direito, sem que nenhum limite me detenha no capricho das extorsões que me dê gosto de nele saciar'" ("Kant avec Sade" [1963], *Écrits*, Paris: Seuil, 1966, pp. 768-9 ["Kant com Sade", *Escritos*, trad. Vera Ribeiro, Rio de Janeiro: Zahar, 1998]). Lacan sublinha, no entanto, o fato de que, na realidade, o próprio sujeito sadiano submete-se à Lei e de que sua transgressão, aparentemente absoluta, é o melhor testemunho disso. Do mesmo modo, em Bataille, a soberania absoluta acaba por levar à negação de si, no movimento de uma transgressão sem fim. Em sua primeira conferência sobre Sade em Buffalo em 1970, a qual interroga a relação entre verdade, discurso e desejo em Sade, Foucault retoma a ideia de que a escrita sadiana permite ao "desejo tornar-se, ele mesmo, sua própria lei; ele se torna um soberano absoluto, que detém em si sua própria verdade, sua própria repetição, seu próprio infinito, sua própria instância de verificação" (em *La Grande Étrangère*, op. cit., p. 171). Do mesmo modo, ao invocar a ideia de "indivíduo irregular" (que faz eco ao homem soberano de Bataille) para caracterizar os heróis sadianos em sua segunda conferência, Foucault observa que o indivíduo irregular é "um indivíduo que não reconhece nenhuma soberania acima dele: nem a de Deus, nem a da alma, nem a da lei, nem a da natureza. É o indivíduo que não está ligado a tempo algum [...], a nenhuma obrigação, a nenhuma continuidade que ultrapasse o instante não somente de sua vida, mas de seu desejo" (ibid., p. 181).

37. Trata-se do duque de Blangis e de seu irmão, bispo de ***, do banqueiro Durcet e do presidente Curval, apresentados por Sade como os que "imaginaram a libertinagem cuja história estamos escrevendo e [...] foram os atores dessas famosas orgias" (*Os 120 dias de Sodoma*, introdução).

38. Foucault se refere a *Le Pornographe ou Idées d'un honnête homme sur un projet de règlement pour les prostituées* (Londres: Nourse, 1769), de Rétif de La Bretonne (cf. também R. de Planhol, *Les Utopistes de l'amour*, op. cit., pp. 182 ss.). O "sujeito anônimo" alude provavelmente ao fato de que as mulheres devem submeter-se aos desejos dos homens que as observam em segredo dos bastidores, antes de escolhê-las, e que podem apresentar-se mascarados (mas as mulheres também os observam

e podem rejeitá-los). No entanto, também pode aludir simplesmente ao sujeito administrativo muito geral que produz a utopia e as regras dos Parthenions, isto é, dos conventos-bordéis públicos que o homem de bem que é autor do texto propõe estabelecer.

39. O sistema "em torno dos senhores" remete aos diferentes "senhores" sucessivos de O, ou seja, em primeiro lugar, os "senhores" a que ela é escravizada no castelo de Roissy: "Você está aqui a serviço de seus senhores [...]. Suas mãos não são suas, nem seus seios, nem, muito particularmente, qualquer dos orifícios de seu corpo, nos quais podemos mexer e em que podemos enfiar-nos a nosso gosto [...] irá utilizá-la quem quiser, com o rosto descoberto — e como quiser" (*Histoire d'O*, op. cit., p. 37); e René, muito particularmente. Depois, a partir da doação de O por René, Sir Stephen: "o abandono que René fizera dela a seu amigo era absoluto [...] os mínimos desejos de Sir Stephen a respeito dela vinham antes das decisões de René" (ibid., p. 143). O sistema "em torno de O" remete, sem dúvida, à última parte do romance, na qual, depois de ser marcada pelos sinais de Sir Stephen, O passa a ter grande orgulho de sua escravidão e, depois de pôr uma máscara de mocho, é exibida nua, segurada por uma correia por uma jovem que lhe é totalmente dedicada, numa noite organizada por outro personagem (o "Comandante"), a quem Sir Stephen a emprestou. Ela se torna o centro das atenções de todo um conjunto de casais e passa a ser objeto de uma contemplação marcada pelo respeito e pelo temor.

40. Esse fim alternativo era evocado num capítulo da edição original de 1954, que depois foi suprimido. "Existe um segundo final da história de O. É que, ao se ver prestes a ser deixada por Sir Stephen, ela prefere morrer. E ele consente" (*Histoire d'O*, Sceaux: Pauvert, 1954, p. 173). Bataille também sublinha, na *História de O*, a necessidade da morte ou do silêncio como ponto de conclusão do erotismo captado pelo discurso: "Esse livro é a superação da fala que há nele, na medida em que, por si só, ele se dilacera, dissolve a fascinação do erotismo na fascinação maior do impossível. Do impossível que é não apenas o da morte, mas o de uma solidão que se fecha de modo absoluto" ("Le paradoxe de l'érotisme", art. citado, p. 839).

41. N. E. Rétif de La Bretonne, *La Découverte australe par un homme-volant, ou Le Dédale français*, Leipzig, s. n., 1781, v. 3, em particular pp. 525 ss. Sobre Rétif e a utopia sexual, cf. R. de Planhol, *Les Utopistes de l'amour*, op. cit., pp. 176 ss.

42. Em *Les Mégapatagons*, que se encontram com Victorin e seu filho (os dois Homens Voadores que são os heróis do texto de Rétif de La Bretonne), os casamentos têm duração limitada a um ano. Todo ano, os casais se separam ("assim, os dois sexos viram-se divididos em duas nações que já não tinham nenhum comércio conjunto") e, durante trinta dias, ficam "separados por uma barreira", de modo que se esforçam por seduzir-se pela visão, sem poderem aproximar-se. Em seguida, organiza-se uma grande festa coletiva, no correr da qual os homens escolhem as mulheres que lhes convêm.

43 Esse jogo de oposições complementares é particularmente sensível em Comte, no *Discours sur l'ensemble du positivisme* (Paris: L. Mathias-Carilian-Goeury, 1848,

Aula 7

4. parte, "Influence féminine du positivisme", pp. 198 ss. [*Discurso preliminar sobre o conjunto do positivismo*, em *Curso de filosofia positiva*, trad. José Arthur Giannotti e Miguel Lemos, Coleção Os Pensadores, São Paulo: Abril Cultural, 1983]), e nos volumes II e IV do *Système de politique positive* (op. cit.). Eis como o resume René de Planhol (*Les Utopistes de l'amour*, op. cit., pp. 244-5): "os dois sexos têm papéis nitidamente distintos [...] aos homens cabem o exercício da inteligência e da vontade, o sacerdócio e o governo. As mulheres têm por apanágio, ao contrário, as qualidades do coração. Nessa condição, 'são encarregadas, primeiro como mães, depois como esposas, da educação moral da humanidade'. Cumprirão essa tarefa sobretudo no casamento, no qual desenvolverão os sentimentos afetivos e morais de seu marido e seus filhos".

44. São esses os dois axiomas da política positiva: não há sociedade sem governo, não há sociedade sem alguma religião. Cf. BNF, Caixa 39-C2 (dossiê sobre "Comte-la femme"), em particular a ficha "La théorie politique du mariage": "o casamento confirma o axioma fundamental de toda política sensata: tanto não pode existir sociedade sem governo quanto não pode existir governo sem sociedade". Nesse quadro, é preciso que o homem mande e que a mulher obedeça. Mas, além disso, o casamento "confirma o axioma complementar: todo governo pressupõe uma religião para consagrar e regulamentar o comando e a obediência". A mulher desempenha um papel essencial, por esse ponto de vista (cf. A. Comte, *Système de politique positive*, op. cit., v. II, pp. 193-4).

45. Sobre a festa dos megapatagões, cf. *supra*, nota 42, p. 260. A alusão à "viagem de uma tribo harmoniana", que se refere a Fourier, é mais obscura: pode tratar-se de uma referência ao episódio intitulado "Arrivée d'une horde de chevalerie errante au tourbillon de Gnide. Capture d'un avant-poste et rédemption des captifs" ["Chegada de uma horda de cavalaria errante ao turbilhão de Gnide. Captura de um posto avançado e redenção dos prisioneiros"], em *Le Nouveau Monde amoureux* (Paris: Anthropos, 1967, pp. 156 ss.), no qual "hordas e bandos amarelos reunidos no Industão" lançam-se numa grande viagem que conduz alguns deles a Gnide, onde um de seus grupos é capturado. Fourier descreve então a sessão de redenção dos cativos, que obedece a um rigoroso sistema de distribuição e combinação. Encontramos uma descrição comparável das cortes de Amor entre uma caravana de viajantes e os gnidianos na "Note C. Préliminaire de sympathie omniphile" (*Théorie de l'unité universelle*, v. III, em *Œuvres complètes*, Paris: À la librairie sociétaire, 1841, v. IV, pp. 380-5). Outra possibilidade seria ver nisso uma referência à passagem em que Fourier descreve a "organização progressiva ou Tribo com nove grupos", que sabemos ter sido lida por Foucault (cf. BNF, Caixa 39-C4). É um sistema em que diversas tribos, cada uma composta por uma centena de pessoas, distribuídas em nove grupos, alguns exclusivamente do sexo masculino, outros exclusivamente do sexo feminino, distribuem-se em unidades separadas, em edifícios distintos, nos quais os membros se dedicam a suas ocupações. Entre os diferentes edifícios instala-se uma rede de galerias cobertas, que permite que

os membros das tribos viajem e façam trocas, notadamente para os prazeres sexuais. Instala-se assim uma imagem estável (as diferentes tribos, distribuídas em edifícios distintos) com um sistema de trocas e de equilíbrio dinâmico, baseado nas viagens dos membros das tribos pelas outras tribos (cf. *Théorie des quatre mouvements*, v. 1, em *Œuvres complètes*, Paris, 1841, v. 1, pp. 172-84).

46. Como escreve Comte, "o positivismo torna [...] a teoria do casamento independente de qualquer destinação física, representando esse laço fundamental como a principal fonte de aperfeiçoamento moral e, em seguida, como a base essencial da verdadeira felicidade humana, tanto pública quanto privada. [...] Toda a eficácia pessoal e social do casamento seria realizável, portanto, numa união que, apesar de mais terna, permaneceria sempre tão casta quanto o vínculo fraterno. [...] Desde que a renúncia [à sexualidade] esteja, dos dois lados, bastante motivada, ela estimula mais o apego mútuo" (*Discours sur l'ensemble du positivisme*, op. cit., pp. 234-5). Ver, a esse respeito, R. de Planhol, *Les Utopistes de l'amour*, op. cit., pp. 248-9.

47. Nós, os homens verdadeiros, explica um australês, "vivemos sem sentir nenhum desses ardores animalescos uns pelos outros, e não podemos sequer ouvir falar deles sem horror [...] bastamo-nos plenamente a nós mesmos; não necessitamos de nada para ser felizes" (G. de Foigny, *La Terre australe connue...*, op. cit., p. 69).

48. Ver, a esse respeito, as réplicas de Orou, o taitiano, ao capelão de Bougainville que recusa sua proposta de dormir com uma de suas filhas, em nome do dever de hospitalidade: ele se recusaria, com isso, a "dar vida a um de [seus] semelhantes [...]; a compensar um anfitrião que [lhe] deu boa acolhida" (Diderot, *Supplément au Voyage de Bougainville*, Paris: Flammarion, 1972, pp. 153-4). Além disso, ele desonraria a família de Orou e sua filha. Quanto à exigência de ter filhos, ela é essencial, de fato, na organização social dos taitianos, que fazem tudo para incitar homens e mulheres a gerar filhos a partir do momento em que se tornam núbeis.

49. Foucault se refere, sem dúvida, à doação absoluta que René faz de O a seu meio irmão, Sir Stephen, na segunda parte de *A história de O*. Ao longo de toda a primeira parte, embora René a entregue a diferentes senhores no castelo de Roissy, O e René não param de declarar seu amor um ao outro. Na segunda parte, René abandona O completamente a Sir Stephen: "Dessa vez, era gritante que ela estava sendo dada para sempre" (*Histoire d'O*, op. cit., p. 124); "a entrega feita por René a seu amigo foi absoluta" (ibid., p. 143) e acabou por extirpar totalmente o amor que O sentia por ele: "Ei-lo, portanto, dizia O a si mesma, eis que é chegado o dia que eu tanto havia temido, no qual eu seria para René uma sombra numa vida passada. E nem sequer estou triste, e só me faz sentir pena [...] bastou, portanto, ele me dar a Sir Stephen para que eu me desapegasse dele" (ibid., p. 232).

50. Cf. *supra*, nota 39, p. 260. No fim da *História de O*, ela põe uma máscara de coruja antes de ser exposta nua numa festa.

51. A ideia de "celerado" é regularmente utilizada por Sade para descrever seus personagens; assim, Saint-Florent, em *Justine*, muitas vezes é definido como o "celerado". Klossowski retomaria o termo para descrever o próprio Sade como

Aula 7

"filósofo celerado" (cf. P. Klossowski, *Sade, mon prochain*, Paris: Seuil, 1947 [*Sade, meu próximo: Precedido de O filósofo celerado*, trad. Armando Ribeiro, São Paulo: Brasiliense, 1985]).

52. Em particular, de Lacan, que observa, em "Kant com Sade", que Sade desempenhou um papel inaugural no "aplanamento" que permitiria, ao longo do século xix, pensar a relação entre o prazer e o mal, possibilitando, no fim, a enunciação por Freud de *"seu* princípio do prazer, sem sequer ter tido que se preocupar em marcar o que o distingue de sua função na ética tradicional" ("Kant com Sade", art. citado, p. *776, grifo no original*). Sobre as relações entre a leitura de Foucault e a de Lacan no tocante a Sade, cf. *supra*, curso de Clermont-Ferrand, p. 57. Vimos que o próprio Foucault fez de Sade um momento inaugural numa arqueologia da sexualidade.

53. Para Comte, a família é a primeira unidade constitutiva da sociedade, a forma de associação "mais espontânea" e que melhor resiste à dissolução social — estando a decomposição da sociedade em indivíduos, para Comte, fadada ao anarquismo (*Système de politique positive*, op. cit., v. ii, pp. 180-2). Mas ela é sobretudo a condição de transformação dos instintos egoístas em instintos sociais, "a única transição natural capaz de nos desligar habitualmente da pura personalidade para nos elevar aos poucos à verdadeira sociabilidade"; por conseguinte, ela é essencial para a conservação e a reprodução da sociedade (ibid., pp. 183-4).

54. Foucault alude aqui ao sistema de combinatórias elaborado por Charles Fourier em seu "Abrégé sur les groupes ou séries passionnelles" ["Resumo sobre os grupos ou séries passionais"] (*Théorie de l'unité universelle*, v. iii, em *Œuvres complètes*, op. cit., v. iv, pp. 337 ss.; cf. bnf, Caixa 39-C4). Nesse texto, Fourier descreve um sistema de combinatórias entre "grupos ou modos elementares das relações sociais" com paixões maiores (amizade, ambição) ou menores (amor, família) que podem ser dominantes ou tônicas. A harmonia pressupõe uma combinação hábil entre esses grupos. Soma-se a esse sistema uma teoria dos equilíbrios passionais, baseados num jogo de combinações entre diversas classes de paixões (afetivas, sensitivas, distributivas) com vistas a um equilíbrio perfeito. Esse equilíbrio decorre, em especial, do que Fourier chama de "acordos de união", que unem classes avessas e divergentes (cf. "De l'équilibre passionnel", *Théorie de l'unité universelle*, v. iv, em *Œuvres complètes*, op. cit., v. v, pp. 378 ss.). O caso das "uniões amorosas" é desenvolvido, em particular, nas páginas 461-70. Como assinala Fourier, através de seu sistema de combinatórias, chega-se sem coerção "ao objetivo que os moralistas se propõem [...] a fazer predominar no amor o princípio espiritual chamado de afeição sentimental, amor platônico [...]; a prevenir a influência excessiva do princípio material ou lubricidade, que, quando é único e dominante no amor, degrada a espécie humana" (ibid., pp. 461-2). Na verdade, são as regras antinaturais das sociedades civilizadas (e em especial o casamento) que induzem a esses vícios.

55. Sobre a ideia de mais-repressão em Marcuse, cf. *infra*, nota 58, p. 264.

56. Cf. H. Marcuse, *Éros et Civilisation. Contribution à Freud*, trad. [franc.] J.-G. Nény e B. Fraenkel, Paris: Minuit, 1963 [1955] [*Eros e civilização: Uma interpretação filosófica*

do pensamento de Freud, trad. Álvaro Cabral, Rio de Janeiro: Zahar, 1968]: "O conflito inconciliável não opõe o trabalho (princípio de realidade) a Eros (princípio do prazer), e sim o trabalho *alienado* (princípio de rendimento) a Eros" (p. 54, *grifo no original*). A oposição entre princípio do prazer e trabalho em Freud é assim descrita por Marcuse: o princípio de realidade é tido como remetendo ao fato fundamental da penúria, da inadequação da realidade com a satisfação das necessidades humanas; essa satisfação implica trabalho e sacrifício, "o prazer fica 'em suspenso' e a dor predomina" (p. 44). Marcuse, retomando a crítica feita por Marx à lei da população de Malthus, acusa Freud de aplicar "ao fato bruto da 'penúria' o que é, na realidade, consequência de uma *organização* específica dessa penúria" (ibid., *grifo no original*) — aquela que é característica da formação social da sociedade moderna, determinada acima de tudo pelo "princípio de rendimento". Cada organização social, com os modos de dominação que a caracterizam, implica diferenças na forma e no conteúdo do princípio de realidade e, para Marcuse, "o princípio de rendimento [...] é a forma específica do princípio de realidade na sociedade moderna" (ibid.). Sobre a definição desse princípio, segundo o qual "a sociedade é estratificada conforme o rendimento econômico competitivo de seus membros" (p. 52), cf. H. Marcuse, *Éros et Civilisation*, op. cit., pp. 52 ss. ou p. 83.

57. Segundo Marcuse, "a organização da sexualidade reflete os traços fundamentais do princípio de rendimento e da organização dele decorrente" (ibid., p. 55). A primazia da genitalidade e a repressão dos instintos parciais são obra de um processo de centralização e concentração da libido "numa parte do corpo, deixando quase todo o resto disponível, com vistas a sua utilização como instrumento de labuta" (ibid.). Nesse quadro, as perversões aparecem como expressão da "revolta contra a submissão da sexualidade à ordem da procriação e contra as instituições que defendem essa ordem". Mais ainda, "contra uma sociedade que utiliza a sexualidade como meio para realizar um fim socialmente útil, as perversões mantêm a sexualidade como fim em si; assim, colocam-se fora do reino do princípio de rendimento e questionam sua própria base" (ibid., pp. 56-7).

58. Marcuse (ibid., pp. 43-4) distingue assim a "repressão fundamental", isto é, "modificações" dos instintos que são constitutivas e necessárias a toda civilização humana, e a "mais-repressão", isto é, "restrições tornadas necessárias pela dominação social" e que têm um determinado valor sócio-histórico" (ali onde o princípio geral de recalcamento, no sentido freudiano, é julgado a-histórico). Assim, ele opera uma distinção entre as "restrições fundamentais" que distinguem o homem do animal e as "mais-repressões", modificações da energia instintiva própria de uma dada formação social (ibid., p. 46). E acrescenta: "o 'represamento' das pulsões sexuais parciais e o progresso para a genitalidade pertencem ao setor fundamental da repressão que possibilita um prazer aumentado [...] um amadurecimento normal e natural do prazer"; ao contrário, a mais-repressão, ligada à organização específica da dessexualização das pulsões parciais em conexão com um modo específico de dominação social, pode ir "contra a satisfação" e induzir a sofrimentos.

Aula 7

59. A superposição de Eros e da destruição ou da morte, na teoria freudiana, é discutida por Marcuse nas páginas 34-9 e 49-51 de *Éros et Civilisation* (op. cit.). Como observa Foucault em suas notas (BNF, Caixa 39-C4), Marcuse identifica duas posições contraditórias em Freud: uma em que a sexualidade aparece como incompatível com a sociedade, e na qual a ênfase é colocada no vínculo estreito entre Eros e a destrutividade, e uma em que Eros aparece como um fator importante de relações sociais. A solução de Marcuse, para conciliar essas posições, é que "Eros *livre* não exclui relações sociais civilizadas duradouras, mas repele somente a organização *sobrerrepressiva* das relações sociais, organização esta regida por um princípio que é a negação do princípio do prazer" (ibid., p. 50, *grifos no original*). Aos olhos de Marcuse, longe de lhes estar inextricavelmente ligado, somente Eros pode vencer a agressividade e a destruição: "O reforço das defesas contra a agressividade é necessário, mas, para serem eficazes, essas defesas [...] deveriam reforçar os instintos sexuais, pois somente um Eros forte pode 'acorrentar' eficazmente os instintos de destruição. E isso é precisamente *o que uma civilização desenvolvida é incapaz de fazer*, porque sua própria existência depende de uma regulamentação e de um controle amplos e intensificados" (ibid., p. 82, *grifos no original*).

60. Foucault compilou um dossiê (BNF, Caixa 39-C4) sobre o imaginário dos conventos e abadias nos romances ingleses do fim do século XVIII e início do século XIX (como os de Ann Radcliffe, ou *Le Moine*, de Matthew Gregory Lewis [*O monge*, trad. Maria Aparecida Mello Fonte, Vitória: Pedrazul, 2017], ou *Melmoth ou l'Homme errant*, de Charles Robert Maturin). A imagem do convento-bordel encontra-se, por exemplo, em *Le Pornographe*, de Rétif de La Bretonne (op. cit.), mas também em romances como *Les Délices du cloître ou la None éclairée*, do Abade Du Prat (atribuído a Jean Barrin, Cologne: Sincère, 1748).

ANEXO

Excerto do *Caderno* n. 8, verde, setembro de 1969

[As fichas conservadas nos arquivos da Biblioteca Nacional da França atestam o fato de que Michel Foucault havia acumulado um material considerável sobre a história da biologia da sexualidade e sobre seu estado atual. Esse trabalho de leitura foi acompanhado por numerosas reflexões concernentes à epistemologia das ciências da vida, ao nascimento de um saber sobre a hereditariedade e às transformações do saber naturalista no fim do século XVIII. Além disso, Foucault esboçou uma problematização da maneira pela qual são reconfiguradas, pela biologia da sexualidade, as relações entre individualidade, reprodução e sexualidade. Este esboço — que se encontra no começo do Caderno *n. 8 (Caixa 91), datado de 21 de setembro de 1969 — apresenta-se sob a forma de uma elaboração seguida por oito folhas escritas em frente e verso: optamos por reproduzi-las aqui, na medida em que elas prolongam claramente as reflexões de Foucault na Aula 6 do curso de Vincennes.]* *

[1] 21/09/1969

SEXUALIDADE, REPRODUÇÃO, INDIVIDUALIDADE

I. Um dos postulados (arqueológicos? epistemológicos? — a examinar mais tarde) é uma certa subordinação destes três termos:
1. O indivíduo vivo tem a propriedade de se reproduzir, e isto, ao menos em vários tipos de indivíduos, por intermédio da sexualidade.

---

* Cf. *supra*, pp. 216 ss. e Situação dos cursos, pp. 309-12.

Anexo: Excerto do Caderno n. 8, verde, setembro de 1969

A esse postulado ligam-se outras duas teses:

2. Um indivíduo começa quando o ciclo do mesmo *recomeça*.* Seja porque o primeiro indivíduo desaparece para que apareça um outro indivíduo que é o mesmo; seja porque o indivíduo, sem desaparecer, dá lugar (fora de si, ou numa de suas extremidades, por brotamento e ramificação) a uma outra individualidade que lhe é semelhante. O indivíduo é aquilo que se reproduz.

3. A sexualidade é um modo de reprodução mais complexo que os outros, [2] que pode substituir os outros (animais) ou justapor-se a eles (vegetais).

O que a teoria da sexualidade (e, singularmente, da sexualidade vegetal) mostrou no século XIX foi que essa subordinação devia ser encarada de outra maneira.

1. O indivíduo não é aquele que se reproduz, mas o que figura no interior de um ciclo de reprodução. Em outras palavras, não só não podemos dizer que a reprodução (do mesmo) é uma das funções da individualidade biológica, como não podemos nem sequer dizer que o indivíduo é suficiente para um ciclo de reprodução. É preciso admitir que, num dado ciclo de reprodução, pode haver várias individualidades, e perfeitamente diferentes.

Sabia-se que um único indivíduo podia reproduzir-se diversas vezes. Não se sabia que um único processo de reprodução (indo do mesmo ao mesmo) podia dar lugar a diversas individualidades.

2. Por isso, a sexualidade não é simplesmente um dos modos possíveis [3] da reprodução. Ela pode ser uma das fases da reprodução. Antigamente, pensava-se que a reprodução era sexuada ou não. Agora, sabemos que um único e mesmo ciclo reprodutivo pode ser sexual e não sexual. A sexualidade é hoje um tempo da reprodução, característico de certos indivíduos.

3. Na medida em que a reprodução sexuada é definida pela fusão de dois núcleos, e a reprodução assexuada, pela divisão de um núcleo, podemos assistir, portanto, à formação de duas individualidades de tipos diferentes: uma individualidade portadora de gametas e outra portadora do esporo.

---

* Grifo no manuscrito.

268 O discurso da sexualidade

[4]   Somos obrigados a subordinar as três ideias da seguinte maneira:
• o ciclo reprodutivo — o mecanismo, sexual ou não, da reprodução
— a individualidade que é definida por ele.

Sabíamos, é claro, que um indivíduo vivo é o que pode ser obtido pela reprodução a partir de um ou dois outros indivíduos da mesma espécie. Mas essa reprodução caracterizava o nascimento. Não era um processo em cujo interior o indivíduo fosse colocado. Sabemos agora que é possível distribuir todos os indivíduos no interior do grande processo:
• estágio esporofítico → estágio gametofítico (com meiose).

E que, conforme os casos, um dos estágios pode ser reduzido, totalmente reduzido ou diminuído; que eles podem dar [lugar] a um único indivíduo, no qual ficam acumulados, ou a dois indivíduos, nos quais são repartidos, quer de maneira quase igual, quer de maneira completamente desigual.

[5]   O indivíduo a que nossa familiaridade está habituada (o indivíduo sexuado e que, graças a essa sexualidade, pode reproduzir-se) não passa de um caso particular: uma espécie de engelhamento do estágio gametofítico no interior do estágio esporofítico — que envolveu e cobriu o primeiro (um pouco como, nos vertebrados superiores, o telencéfalo recobriu e envolveu o mesencéfalo: mas esta é apenas uma comparação, não uma analogia biológica). Esse recobrimento leva a crer que a sexualidade é uma característica de certos indivíduos biologicamente aperfeiçoados, que os autoriza (ou os condena) a certo modo de reprodução. De fato, porém, esses são alguns ciclos reprodutivos que se produzem de tal maneira que a conjunção dos gametas dá lugar a um esporófito (com $2n$ cromossomos) e a fase gametofítica (com n cromossomos) é inteiramente reduzida.

[6]   Portanto, é a estrutura geral do tipo de reprodução, e o lugar que nela ocupa a meiose, que define a individualidade que é "típica" para nós.
    Em sua manifestação biológica mais geral, o indivíduo é definido pelo ciclo de reprodução e pelo momento em que se inscreve a fase gametofítica da reprodução sexuada.

Anexo: Excerto do Caderno n. 8, verde, setembro de 1969

Vê-se, entre parênteses, a inversão necessária do grande tema que foi corrente até o [século] XIX e mesmo depois dele: o de uma sexualidade que aparece tardiamente na evolução biológica e que ganha cada vez mais importância. Os seres mais simples não são sexuados; depois, são bissexuados, e por fim, unissexuados. E a importância da sexualidade não para de crescer, já que, de estreitamente limitada a ciclos ou a períodos nos animais, torna-se difusa no homem.

Na verdade, podemos mostrar, ao contrário, tomando uma escala [7] biológica maior (os eucariotos, ou mesmo apenas os arquegoniais) que o estágio sexual (gametofítico) não para de encolher, e que [o] estágio esporofítico aumenta. Somos cogumelos às avessas. Somos fetos exagerados. Diminuição incessante da sexualidade. Em contrapartida, há indivíduos em quem a meiose já se produziu: que se compõem, portanto, de elementos com *n* cromossomos. Que são, portanto, inteiramente dedicados à produção de gametas. Que são máquinas imensas de células sexuais. Nesses, sim, a sexualidade é importante. Nós somos seres de sexualidade involuída.

Não foi a sociedade que reduziu em nós a parte de uma sexualidade que a evolução tinha desenvolvido ao extremo.

Foi a ação das estruturas biológicas que reduziu, nos arquegoniais [8] que somos, o momento da fase sexuada. Falta muito pouco — alguns grupos de células encerradas em nosso organismo — para que os restos da fase sexuada sejam inteiramente reabsorvidos. Somos apenas esporófitos gigantescos, e conservamos apenas algumas células gametofíticas. Biologicamente, somos esporófitos que tiveram sucesso e que carregam consigo abortos de gametófitos.

[É característico que o homem reivindique para sua espécie a expansão final de uma sexualidade que, antes dele, teria sido esboçada e parcial, quando na verdade ele tem apenas uma sexualidade mirrada, ou melhor, quando é o resultado de um processo de reprodução em que a fase gametofítica é absolutamente reduzida.

Mistura de narcisismo e moralismo de Freud e, de modo geral, dos [9] homens de hoje. Tudo em nós, dizem eles, é sexualidade: enquanto nos outros indivíduos vivos a sexualidade é localizada, limitada, quando não inteiramente ausente, nós somos os únicos seres para os quais a sexualidade é onipresente: está em todo o nosso corpo, em nossa linguagem, em nossa imaginação. Talvez seja verdade, mas apenas na medida em que a psique reinveste no corpo uma sexualidade que foi biologicamente expulsa dele. Não é por todo o nosso corpo ser sexualizado que a psique também o é; é por nosso corpo ser biologicamente dessexualizado, talvez, que a psique o é, a tal ponto que só consegue ressexualizar o corpo por um gigantesco processo histérico. A histeria, como ressexualização fantasmática do corpo, encontra-se na origem da temática contemporânea da sexualidade.

[10]   E é aí que atua o moralismo de Freud. Indignação, no fundo, por sermos apenas sexualidade. Rejeição dessa sexualidade. Tentativa de dominá-la, de limitá-la, ou, pelo menos, de transformá-la.

Somos* irrisórios e, a bem da verdade, inexistentes diante da felicidade sexual de um protalo de feto.]**

Em todo caso, avaliamos a tarefa epistemológica que foi a da biologia da sexualidade quando ela precisou inverter as relações da reprodução e da individualidade. Em outras palavras, tomar referenciais que já não eram os do indivíduo, e sim os de um ciclo que pode ser metaindividual e cujos momentos decisivos são processos nucleares. Dupla mudança da escala, já que era preciso, por cima do ombro do indivíduo, examinar o conjunto do ciclo, e já que era preciso atingir um nível extremamente tenso em relação a esse indivíduo. O indivíduo já não deve ser o referencial absoluto. Os processos intranucleares determinam escansões metaindividuais.

[11]   Para isso, foi preciso:

– generalizar ao máximo a sexualidade. Encontrá-la justamente onde ela não aparecia (criptógamos);

– definir a posição e a especificidade da reprodução assexuada (reprodução por esporos);***

---

* "Sexualmente", riscado.
** Os colchetes são de Foucault.
*** Essa linha aparecia no fim da enumeração, mas uma seta acrescentada por Foucault indicou que era preciso deslocá-la para este nível.

Anexo: Excerto do Caderno n. 8, verde, setembro de 1969

– determinar em que consistia a fecundação da fêmea pelo macho (isto é, a fusão do núcleo dos espermatozoides com o da oosfera);

– determinar o que era próprio dos elementos assim combinados* (a redução cromática).

Estes dois últimos pontos conduzem a um questionamento do segundo grande postulado da ciência do ser vivo antes do século XIX.

II. Segundo postulado [12]

Os processos da reprodução sexual têm continuidade com os processos do crescimento. A reprodução sexuada é uma certa forma de crescimento, caracterizada:

• pelo fato de dar lugar a um indivíduo separado do primeiro;
• pelo fato de ser necessária a conjunção de dois indivíduos.

O tema é que o indivíduo vivo é essencialmente suscetível de crescimento. E que esse crescimento depara com dois limites: a morte e a reprodução.

A morte é o limite de um crescimento que chegou ao fim e se esgota. É a trava sobre ela mesma, a queda, um decréscimo repentino ou lento.

A reprodução, ao contrário, é o crescimento que, havendo chegado a [13] certo limite, transpõe esse limite e dá lugar a uma nova individualidade, capaz, por seu turno, de crescer. Esse excesso de crescimento pode, sob a forma mais simples, dar lugar a um indivíduo semelhante ao primeiro, mas que continua a ser uma ramificação dele (é assim que, num ramo que teve seu primeiro crescimento, um outro ramo pode brotar — nova individualidade que permanece ligada à primeira); sob outra forma, o crescimento dá lugar a um indivíduo separável (alporque). Numa terceira forma, o crescimento dá lugar a um elemento que, sem se assemelhar (ao menos na aparência) ao primeiro, liberta-se dele e restabelece a imagem do primeiro (embrião). Por fim, sob a quarta forma, o crescimento dá lugar a elementos que, em si, continuariam bloqueados e incapazes de crescer,

---

* Foucault tinha escrito, primeiro, "células sexuais".

por sua vez, caso não se produzisse um mecanismo especial de excitação ou de fecundação.

[14]   A reprodução sexual é um crescimento complexo. A sexualidade desempenha o papel de um alternador dos processos de crescimento: o mecanismo que concentra o crescimento em produtos específicos e que não podem desenvolver-se sem certa mistura.

> • Essa tese supõe que os produtos sexuais são absolutamente homogêneos aos elementos orgânicos que constituem o indivíduo. Nenhuma especificidade do sexual como tal. A sexualidade é a expressão do próprio indivíduo.
>
> • Ela supõe sua proximidade da morte: a sexualidade é o que permite a um indivíduo crescer além de seu próprio limite, sem morrer. E, por isso mesmo, reconstituir outra identidade para si além da morte. A sexualidade evita e contorna a morte.

[15]   A tarefa epistemológica do século xix foi isolar o que é específico da reprodução sexual. Sua diferença radical do crescimento. Na concepção anterior, admitia-se a ação de uma substância sobre outra substância e, depois, a separação entre o produto e a mãe. Era preciso descobrir, por um lado, que a ação é uma fusão, mas que essa fusão é precedida por uma divisão fisiológica no interior de cada produto. Que o que se transmite é um produto dividido.

Tem que haver redução antes de haver fusão. Isso é próprio da sexualidade. E é o que torna esses processos inassimiláveis aos do crescimento.

Situação dos cursos

CLAUDE-OLIVIER DORON

A sexualidade

Curso dado na Universidade de Clermont-Ferrand

Um filósofo mascarado?

O curso consagrado ao tema da sexualidade por Michel Foucault em 1964 inscreve-se no âmbito de seu ensino no Departamento de Filosofia da Universidade de Clermont-Ferrand. Com efeito, desde o outono de 1960, Foucault ali lecionou psicologia, primeiro como professor adjunto e, mais tarde, a partir de 1962, após a defesa de sua tese sobre *Loucura e desrazão*, em maio de 1961, como professor titular. "Sua especialidade é a psicopatologia", precisou o relatório do decano que pleiteou sua elevação a essa categoria.[1] Na verdade, desde 1962, Foucault havia conseguido a contratação de duas assistentes (Nelly Viallaneix e Francine Pariente), que lhe permitiram concentrar-se apenas no curso de psicologia geral. É esse curso que pomos à disposição dos leitores neste volume.

Seu interesse primordial é ilustrar como Foucault concebia seu ensino de psicologia. Um exame superficial do curso poderia dar a impressão de que se trata de um exercício convencional, apresentando sucessivamente, após uma introdução sobre a sexualidade e a cultura, os dados da biologia, da etologia e da psicanálise. Esses ensinamentos eram clássicos na época, e basta nos reportarmos, por exemplo, aos cursos dedicados por Maurice Merleau-Ponty, em 1949-52, à psicologia e à pedagogia da criança[2] para constatarmos que, do ponto de vista seja dos temas, seja das referências, o curso de Foucault não inova, à primeira vista. Como curso universitário, sua função era, antes de mais nada, transmitir aos estudantes certo número de dados e fazer uma exposição dos saberes da época sobre a sexualidade. Isto fica ainda mais claro se o compararmos ao curso de antropologia sexual lecionado pouco tempo antes pelo filósofo jesuíta Abel Jeannière, no Instituto Católico de Paris.[3] Esse curso se apresenta como um verdadeiro duplo "humanista" do curso de Foucault: parte de uma mesma perspectiva da atualidade da questão sexual, da evolução do casamento e da condição da mulher, interroga a relatividade dos sexos através da biologia, atravessa a questão da sexualidade animal e, depois, da psicanálise, e leva a uma reflexão sobre uma sexualidade autenticamente humana, baseada na relação com o Outro e na ética do vínculo conjugal. Mas, justamente, a semelhança formal entre esses dois cursos permite destacar toda a originalidade do curso de Foucault e compreender de que forma, longe de ser apenas um exercício acadêmico, ele se inscreve plenamente, de fato, no projeto geral que Foucault desenvolvia na época: despertar a filosofia e as ciências humanas de seu "sono antropológico";[4] interrogar, através da história da sexualidade como formação cultural, tal como fizera através das histórias da loucura e da morte,[5] as condições históricas das divisões que atuam em nossa cultura — as quais, de um lado, excluem certa experiência da sexualidade como transgressão e, de outro, reduzem-na a objeto possível para alguns saberes. Em resumo, fazer uma arqueologia da sexualidade.

Interrogado em 1965 por Alain Badiou sobre a maneira de ensinar psicologia numa turma de filosofia, Foucault propôs usar uma máscara e disfarçar a voz para apresentar os resultados da psicologia, antes de tirá-la e retomar sua voz de filósofo, para mostrar o impasse em que se havia encerrado a psicologia, presa no círculo antropológico.[6] Ao ler o curso de Clermont-Ferrand, percebe-se que é preciso substituir esse jogo binário da máscara e do ator por um entrelaçamento de vozes mais complexo, a ser desenredado. Ligações às vezes surpreendentes emergem entre alguns dos temas fundamentais dos trabalhos posteriores de Foucault e proposições extraídas da psicanálise, por exemplo. É o caso da intricação entre saber, violência e crueldade, a "maldade radical do conhecimento"[7] na qual Foucault insistiria a partir das *Aulas sobre a vontade de saber*, mas que, desde o começo dos anos 1960, encontra-se no cerne de suas reflexões: aqui, ela aparece no cruzamento das análises de Sigmund Freud sobre a pulsão de

A *sexualidade*

saber e algumas teses de Georges Bataille sobre a ruptura necessária da comunicação e a violência que presidem a redução de uma experiência a objeto de conhecimento.[8] É o caso, igualmente, da tese fundamental que guiaria Foucault em *Os anormais*, segundo a qual a sexualidade, a princípio, só se tornou objeto de saber sob a forma das perversões e da negatividade, que aqui encontramos ligada, ao mesmo tempo, à postura reiterada de Foucault sobre a psicologia como ciência das negatividades e à teoria freudiana da sexualidade.[9] E é o caso, por fim, da centralidade atribuída por Foucault, no desenvolvimento dos saberes sobre a sexualidade, ao problema da sexualidade infantil, o qual, na ocasião desse curso, constatamos ter despertado desde muito cedo o seu interesse, e o qual primeiro ele formulou nos termos da psicanálise, à maneira do desconhecimento e do recalcamento, estabelecendo um paralelo entre as razões culturais que fizeram com que, até o fim do século XIX, houvessem prevalecido o mito da pureza da criança e as razões psicológicas do recalcamento da sexualidade infantil.[10] Assim, percebe-se que a distância tomada por Foucault em relação a essa tese, em *Os anormais* e no manuscrito inédito de *La Croisade des enfants* ["A cruzada das crianças"] — rejeitando como mito a ideia de que a sexualidade infantil teria sido ignorada até sua descoberta por Freud, no fim do século XIX, e fazendo dela, ao contrário, um dos principais campos a partir dos quais emergiu algo como uma *scientia sexualis* —, foi uma crítica que ele fez a si mesmo e um preâmbulo necessário à sua recusa mais ampla da hipótese repressora em matéria de história da sexualidade.[11]

Tais entrelaçamentos da voz do filósofo com a do professor de psicologia encontram-se em todos os níveis do curso. Por isso, se algumas passagens, às vezes longas, dão a impressão de conteúdos didáticos impessoais, fornecidos por Foucault a seu auditório, constatamos, na verdade, que elas estão presas a um projeto intelectual do qual convém identificar algumas linhas de força, situando-as no contexto de sua enunciação.

278   *Situação dos cursos*

A arqueologia da sexualidade e o projeto
de uma arqueologia das ciências humanas

Estamos em 1964. Foucault acaba de concluir, no prolongamento de *Loucura e desrazão*, seu livro sobre *O nascimento da clínica*. Além disso, prepara um livro sobre a arqueologia das ciências humanas, que viria a se tornar *As palavras e as coisas*. O que confere unidade ao conjunto desses trabalhos é a constância de um mesmo projeto arqueológico, que, nesses anos, Foucault se esforça por definir em seus *Cadernos*.[12] A arqueologia assume neles múltiplas faces: para começar, é um modo específico de fazer a "análise das formações culturais". Essa ideia de formação cultural retorna de forma recorrente nas reflexões metodológicas registradas nos *Cadernos* foucaultianos[13] em 1963, bem como em diversos textos dos anos 1963-5. Ela nos lembra que Foucault situava seus trabalhos, na época, numa "história de [nossa] cultura".[14] O curso de Clermont-Ferrand é o único, sem dúvida, com o de Túnis em 1966, em que ele tenta precisar, diacrônica e sincronicamente, o que entende por "cultura ocidental" — aqui, no caso da sexualidade tomada como formação cultural particular. Os *Cadernos* identificam vários princípios de análise que vemos aplicados no curso, em especial o de que uma formação cultural não decorre "da história de uma ideia, de um conceito ou de uma instituição": ela tem um "corpo impalpável" e é "multilinear". "Ela é conceito, mito, instituição, prática muda, princípio de classificação entre os indivíduos e os fenômenos." Trata-se de restaurar aquilo que responde pela coerência dessa heterogeneidade. Uma formação cultural implica, portanto: "a. [um] princípio de classificação dos indivíduos; b. [uma] ritualização das condutas (sedimentações mudas); c. [uma] escala variável da verbalização e [uma] fixação dos limites".[15] É exatamente assim que a sexualidade é considerada nesse curso.

Mas a arqueologia não é um modo qualquer de estudar uma formação cultural. Foucault observa então que ela é uma "ciência das *arqués*", ou seja, é "aquilo que começa e que rege. A abertura que torna possível e não para de manter aberto o campo das possibilidades"; em suma, acrescenta ele, um "a priori histórico".[16] A arqueologia permite casar, a um só tempo,

A sexualidade

uma "eidética cronológica", baseada no exame histórico das condições de possibilidade de uma dada formação cultural; uma análise morfológica que "decifra [seus] isomorfismos", e — o que sem dúvida é o mais essencial — um "esclarecimento das estruturas de origem", ou seja, dos gestos obscuros que instituem um campo de possibilidade e traçam, ao mesmo tempo, um limite. Em outras palavras, a arqueologia situa-se no ponto de cruzamento de uma análise histórica e de uma escavação das estruturas e divisões fundamentais de uma dada formação cultural.[17] Ela é a "ciência das partilhas", dos "gesto[s] que abre[m] as diferenças" e não param de se repetir e de repercutir numa cultura.[18] Reconhece-se aí um eco do prefácio de *Loucura e desrazão*, de 1961:

> Poderíamos fazer uma história dos limites — dos gestos obscuros, necessariamente esquecidos, uma vez consumados, pelos quais uma cultura rejeita algo que, para ela, seria o Exterior [...] na região de que queremos falar, ela exerce suas escolhas essenciais, faz a partilha que lhe dá as feições de sua positividade.[19]

Isso porque (veremos a importância deste ponto para a sexualidade), contrariando uma fenomenologia que, depois de ter-se aproximado ao máximo da crítica da antropologia, voltou finalmente ao sono antropológico, por causa de sua reflexão sobre o "originário", Foucault não se cansa de pôr em jogo, numa leitura com toques de Bataille, o "retorno a Nietzsche, isto é, à consideração a sério da origem como transgressão":[20] as estruturas originárias, aquilo que Foucault chama, em outros textos, de positividades que constituem o impensado do conhecimento, repousam no estabelecimento de limites e remetem à transgressão desses limites.[21] Por isso, "a ciência das arqués é também a descoberta das experiências-limite".[22]

É na continuidade desse projeto que convém inscrever o curso de Clermont-Ferrand. Trata-se, com efeito, de enunciar a hipótese de que a rejeição da sexualidade como natureza, como nosso "destino biológico", e o "sistema de corte" pelo qual fazemos dela a borda externa da cultura, não passa, de fato, de uma "das características da civilização ocidental".[23]

Foucault se esforça por examinar as condições históricas e os efeitos dessa característica, tanto do ponto de vista da experiência trágica da sexualidade assim constituída (pois o que constitui a sexualidade moderna é que ela "traça o limite em nós e nos desenha como limite")[24] quanto pela emergência de uma nova forma de linguagem sobre a sexualidade: um saber discursivo sobre a sexualidade. Com a *História da loucura*, Foucault mostrou que, ao romper pela violência e pela exclusão a comunicação que existia entre a experiência da loucura e a experiência comum, o "grande encarceramento" do século XVII havia possibilitado a constituição da loucura como objeto de saber, ao mesmo tempo que rejeitava sua experiência para os limites da linguagem num discurso transgressivo.[25] Com *O nascimento da clínica*, Foucault descreveu como a anatomoclínica, ao constituir a morte e a doença como objetos, "anunc[iando] incessantemente ao homem o limite que ele traz em si", havia permitido uma "linguagem racional" sobre o indivíduo, um "saber que não fosse, simplesmente, de ordem histórica ou estética", abrindo caminho para "uma experiência lírica que buscou sua linguagem desde Hölderlin até Rilke", experiência de um mundo "colocado sob o signo da finitude, no entre-dois sem conciliação em que impera a Lei, a dura lei do limite".[26] Nesse curso, ele estuda também as condições pelas quais a sexualidade é "desligada das instituições", rejeitada para fora da sociedade numa natureza ou como um tema flutuante, uma "consciência problemática" que se torna, a um tempo, "o lugar central do desmoronamento de toda moral, a única forma de trágico de que o homem moderno é capaz", o espaço de profanação por excelência; e o objeto possível de uma "nova linguagem sobre a sexualidade" que não seja lírica nem transgressiva: um saber discursivo sobre a sexualidade. E, como veremos, é a figura de Sade, como contemporâneo, a um só tempo, de Kant, de Bichat, do Código Civil e das instituições asilares, que serve de marcador comum para essas diferentes partilhas.

A leitura paralela do curso e de outros textos contemporâneos atesta o fato de que a sexualidade ocupa então em Foucault, com o problema da morte, o da linguagem e o da loucura, um lugar central nas reflexões sobre a questão do limite e o problema antropológico. Percebe-se aí uma forte

A sexualidade 281

ressonância das análises de Bataille, ainda mais nítida na medida em que Foucault acabara de contribuir para a edição das obras dele e para a homenagem que lhe fora prestada.[27] Ali, sublinha Foucault, onde é comum acreditarmos que, na "experiência contemporânea, a sexualidade encontrou uma verdade natural", que acederia "enfim à plena luz da linguagem", ao mesmo tempo que seria "liberta" dela, é mais conveniente dizer que:

> O que caracteriza a sexualidade moderna não é haver encontrado, de Sade a Freud, a linguagem de sua razão ou de sua natureza, mas ter sido [...] "desnaturalizada" — lançada num espaço vazio em que só encontra a forma tênue do limite [...]. Não libertamos a sexualidade, mas a levamos exatamente ao limite: limite de nossa consciência [...] limite da lei [...] limite de nossa linguagem.[28]

Notemos essa oposição, pois vamos encontrá-la sob outra forma no curso de Vincennes: opondo-se aos que acreditam numa verdade natural da sexualidade (humana ou psicobiológica) que se deva libertar, e que às vezes encontram na psicanálise um apoio para sua crença, Foucault põe em jogo outra visão da sexualidade (e da psicanálise) como aquilo que inscreve radicalmente o limite no coração do ser humano, que "descobre como seu segredo e sua luz a sua própria finitude e o reino ilimitado do Limite", e o conduz à necessária transgressão desse limite.[29] Sobre esse ponto, o curso de Clermont-Ferrand e o "Prefácio à transgressão" respondem um ao outro num eco perfeito: a sexualidade é o único trágico de que o homem é capaz num mundo sem Deus, porque o destina a uma profanação sem objeto. "O que uma linguagem pode dizer a partir da sexualidade [...] não é o segredo natural do homem, não é a calma verdade antropológica, e sim que ele não tem Deus."[30] Sob a morte de Deus, no entanto, esconde-se um acontecimento mais profundo, um "abismo bem mais ameaçador", frente ao qual se constituiu, por reação, o pensamento antropológico do século XIX: aquilo que Foucault, a partir de 1963, descreve como a morte do homem. "Já é porque não mais existia que o homem pensou na morte de Deus."[31] Encontramos, portanto, através do caso da sexualidade, o duplo sentido, trágico e crítico, da noção de limite que Foucault explicita em seus *Cadernos* em 28 de agosto de 1963. Por um lado,

> o limite como experiência (na loucura, na morte, no sonho, na sexualidade): é a experiência que repousa numa partilha e que a constitui como partilha. Partilha que, num sentido, faz-se no interior de uma experiência [...] e que, por outro lado, apenas designa o avesso de todas as positividades: a não experiência, o que permanece fora da experiência. O necessário derramamento do externo.

É a essa experiência que Foucault se refere ao evocar, no curso, o trágico da sexualidade, e é a que ele desenvolveria, em seguida, em "O pensamento do exterior".[32]

> E mais este outro sentido: cada positividade desenha seu próprio recorte, seus limites e seus marcos. É a partir do interior que se deve esclarecê-la [...]. Ela não é nada além dela mesma. E, ainda que se projete além de si mesma como um conhecimento a ser desenvolvido, uma forma institucional a ser mantida etc., esse projeto, com certeza, faz parte dela mesma e está encerrado entre as bordas dessa positividade. [...] Existe arqueologia onde se descobre a articulação desses limites próprios de cada positividade, ou seja, dos limites constitutivos da positividade em geral da cultura [...]. A experiência-limite, no sentido nº 1, implica necessariamente uma transgressão, isto é, coisas como a loucura [...], a doença (a morte na vida), o frenesi sexual [...]. No sentido nº 2, o limite não exerce o mesmo papel em relação às positividades. Estas se erguem contra a transgressão: retomam-na e se protegem dela, ou seja, elas mesmas são transgressões, mas sob a forma do impensado. E o pensamento é tudo que, reanimando essas transgressões dadas ao esquecimento, remonta às partilhas fundamentais em que a cultura (e o pensamento de que ela é o corpo espesso) não para de começar.[33]

Toda a arte da arqueologia está neste trabalho: mostrar como as positividades nas quais se fundamentam os saberes (no caso, as ciências hu-

A sexualidade 283

manas) são simultaneamente constitutivas e reativas. Instituem limites que possibilitam um certo saber, mas que, ao mesmo tempo, recalcam uma experiência além do limite. A sexualidade — com a morte e a loucura — oferece um exemplo perfeito disso. Daí sua importância no projeto foucaultiano de uma arqueologia das ciências humanas.

Essa importância é marcada, no curso, pelo lugar central que Foucault atribui à sexualidade e à psicanálise na configuração das ciências humanas. "Na cultura moderna, o homem tornou-se objeto de ciência, por ter-se revelado sujeito à sexualidade e sujeito de sua sexualidade. É por isso que a psicanálise [...] é a chave de todas as ciências humanas."[34] Essa reflexão sobre o lugar da psicanálise como saber sobre a sexualidade, situado no coração das ciências humanas, inscreve-se num contexto preciso. Por um lado, havia a cisão recente da Sociedade Francesa de Psicanálise e a criação, por Lacan, da Escola Francesa de Psicanálise (Escola Freudiana), em 1963-4. Essa cisão se dera, em parte, em função do problema das relações da psicanálise com as outras ciências humanas, em especial a psicologia. A postura defendida por Daniel Lagache era a de uma integração da psicanálise à psicologia; a de Jacques Lacan, ao contrário, era a de uma distinção radical. A postura lacaniana visava inscrever a psicanálise num trabalho de reelaboração das relações entre sujeito e estrutura, apoiando-se na linguística e na antropologia.[35] Por outro lado, havia a retomada do interesse da filosofia, em particular por intermédio de Louis Althusser, numa psicanálise que forneceria, precisamente, uma teoria do sujeito situada além da soberania do sujeito psicológico ou da intersubjetividade.[36] A posição defendida por Foucault vai nesse sentido. Se a psicanálise ocupa um lugar central, certamente não é por ter descoberto a natureza profunda do sujeito humano, que conviria trazer à luz e libertar. Ela decerto inscreve a sexualidade numa linguagem, mas essa linguagem a desnaturaliza e a arranca da soberania do sujeito falante. Através dela, o homem "descobre que, a seu lado, há uma linguagem que fala e da qual ele não é senhor; [...] que, no lugar do sujeito falante da filosofia [...], escavou-se um vazio em que se ligam e se desligam, se combinam e se excluem múltiplos sujeitos falantes".[37] Certamente, ela inscreve a sexualidade no jogo da regra, da proibição e da transgressão, mas criando uma lei esvaziada de qualquer conteúdo positivo e fadada a uma transgressão indefinida.

A leitura feita por Foucault, nessa ocasião, tanto da maneira pela qual a psicanálise ou certa literatura erótica fazem a sexualidade falar quanto dos saberes biológicos e etológicos sobre a sexualidade, parece voltada contra certa "antropologia da sexualidade" que procura dar um sentido humano à sexualidade, inscrevê-la numa dialética e numa ética da intersubjetividade, ou fundamentá-la na natureza. Para ele, trata-se de "desnaturalizar a sexualidade" contra qualquer iniciativa de redução naturalista que busque na biologia a confirmação de uma concepção estreita, afinal "humana demais", da sexualidade normal, e, ao mesmo tempo, contra uma iniciativa humanista que, insistindo no caráter irredutível da sexualidade humana, tente dar-lhe um valor antropológico e um sentido filosófico reconfortantes.

Os saberes da sexualidade contra a antropologia da sexualidade

Antes de lembrar as formas assumidas por essa antropologia sexual, convém retomar alguns pontos do contexto que permitem situar melhor o que estava em jogo no curso. Como observou Foucault em 1963, só se pode fazer a análise de uma formação cultural na medida em que ela entre em crise e se feche: "nossa percepção é possibilitada por e identificável com o movimento que rompe aquilo que foi aberto e o fecha". Esse princípio de "fechamento e recorrência" (no sentido de que condiciona a retomada a posteriori de uma forma cultural) pressupõe "a possibilidade de descobrir o sentido de uma crítica da recorrência" na atualidade. Assim, quanto à clínica, o que possibilita falar de seu nascimento é o fato de ela ser posta em discussão atualmente. E Foucault acrescenta: "o que dificulta falar da sexualidade é que, sem dúvida, não há fechamento, ou, pelo menos, não sabemos onde ele está".[38] No entanto, nos anos anteriores ao curso, houvera um conjunto de agitações que atestava que a sexualidade achava-se em discussão: se a politização da questão sexual pode parecer ca-

A sexualidade

racterística do fim dos anos 1960, ela começou a se afirmar, de fato, em diversas frentes, desde a década de 1950.[39] O curso de Foucault fez eco a várias dessas frentes. Primeiro, a questão do status das mulheres: além das repercussões de *O segundo sexo*, de Simone de Beauvoir, lançado em 1949, o início da década de 1960 foi marcado por intensas discussões sobre a questão do trabalho feminino (começando então a se afirmar o modelo da mulher que trabalhava fora) e sobre o controle de sua sexualidade, a propósito do aborto e das gestações indesejadas (diversas campanhas sobre esses assuntos tiveram lugar em meados dos anos 1950), bem como da contracepção (a pílula anticoncepcional foi descoberta nos Estados Unidos em 1956 e sua difusão estava proibida na França).[40] Em seguida, a partir do começo dos anos 1960, houve uma promoção mais clara do amor livre ou das relações sexuais fora do casamento, pelo lado da juventude. Por fim, após a publicação, em particular, do segundo relatório de Alfred Kinsey sobre os comportamentos sexuais (o primeiro tivera repercussão apenas limitada na França), houve discussões, às vezes animadas, sobre as normas do comportamento sexual, sobre a homossexualidade e sobre o prazer feminino.[41] Lembramos, além disso, que os primeiros trabalhos de Herbert Marcuse foram lançados em francês nessa época.[42] Conviria ainda acrescentar, num outro registro, o desenvolvimento — na esteira da publicação das *Obras completas* de Sade por Jean-Jacques Pauvert (e do processo de que este foi alvo em 1956)[43] — de toda uma literatura erótica transgressiva (incluindo as obras de Georges Bataille ou de Jean Genet).

O conjunto desses fenômenos atesta o que Foucault caracteriza no curso como a emergência de uma "consciência problemática da sexualidade", da qual o mínimo que se pode dizer é que ela se acentuaria a partir de 1966, dando razão ao diagnóstico formulado. Encontramos numerosos testemunhos disso. Um deles é o número especial sobre *A sexualidade*, organizado e apresentado por Paul Ricœur, que a revista *Esprit* publicou em 1960. O tom do número e a introdução de Ricœur ilustram perfeitamente, por um lado, uma tentativa de "não fugir a nenhuma das dificuldades que tornam *problemática* a existência do homem como existência sexuada",[44] passando em revista a relação da sexualidade humana com a sexualidade animal, a questão das relações homens-mulheres, o problema do lugar da sexualidade na psicologia humana, sua alienação etc. E, por outro lado, eles traduzem uma vontade de denunciar a "perda de sentido", a "queda na insignificância" do erotismo contemporâneo, em prol de uma concepção humanista da sexualidade, baseada numa ética intersubjetiva, na relação interpessoal e na ternura. Assim, seguindo Max Scheler, Ricœur propõe buscar um "novo sagrado na ética conjugal contemporânea" e denuncia o "intenso desespero do erotismo", um erotismo sem sentido e sem fundamento que, com certeza, visa indiretamente o discurso de um Bataille ou um Blanchot. Temos aí um exemplo do lugar atualíssimo (e multiforme) da questão sexual no início da década de 1960, como reações humanistas e esforços de recaptura da sexualidade numa filosofia do sentido, do sujeito humano e da relação intersubjetiva, da qual ela pode ser objeto. O curso de Jeannière é outro exemplo: para Jeannière, trata-se de separar totalmente a sexualidade humana da sexualidade animal, de criticar qualquer tentativa de redução da sexualidade a uma abordagem científica, a fim de fundar uma sexualidade propriamente humana, ligada à liberdade, à livre escolha e ao reconhecimento do outro: "A sexualidade revela ao homem sua dimensão fundamental: ele existe para o outro, ou não existe; o amor humano lhe revela que ele não é nada fora da intersubjetividade".[45] "Toda uma antropologia da sexualidade", assinala Foucault em seu curso, que a liga aos velhos temas hegelianos e comtianos que atravessaram o século xix. Essa antropologia tende a identificar o que significa, para o homem e a mulher, ter uma existência e um corpo sexuados, e quais relações com o mundo e com os outros isso induz, de um modo que pode ser marcado por um estilo de análise fenomenológica ou existencialista. Podemos pensar assim nos trabalhos de Simone de Beauvoir, de Maurice Merleau-Ponty,[46] ou nos da antropologia filosófica de Max Scheler[47] ou Hans Kunz,[48] que Foucault conhece muito bem. Essa antropologia preocupa-se muitas vezes em demarcar a sexualidade humana dos dados da biologia, insistindo no nítido corte entre uma e os outros; mas ela também pode ter a pretensão, ao contrário, de derivar das "diferenças naturais" entre os sexos os princípios que se impõem quanto à sexualidade humana.[49]

A sexualidade

Foucault, distinguindo-se dessas abordagens, toma uma dupla distância neste curso. Por um lado, mais do que pôr em ação um corte rigoroso entre biologia e sexualidade humana, ele faz desse próprio corte (e das relações de determinação, ou, ao contrário, de distinção radical que buscamos estabelecer a partir dele) um caráter próprio da sexualidade como formação cultural ocidental moderna, cujas condições históricas de aparecimento ele estuda. E opta por trabalhar o naturalismo a partir do interior, mostrando que os resultados da biologia e da etologia, longe de fundamentarem as concepções comuns, "humanas demais", sobre a diferença entre os sexos ou a conduta sexual reduzida ao ato procriador, rompem-nas e as questionam radicalmente. Descobrimos aqui, sobretudo nas Aulas 2 e 3, um Foucault alternaturalista,[50] que à primeira vista surpreende e que ficamos tentados a explicar pelo caráter particular desse curso universitário. Mas a leitura do curso de Vincennes, do anexo "Sexualidade, reprodução, individualidade" e de diversos textos dos anos 1969-70 convida a levarmos muito a sério essa postura.[51] Longe de recusar os resultados da ciência da sexualidade (biologia ou etologia), Foucault parece pôr em ação, à maneira de Nietzsche, uma "certa forma de biologismo", para se libertar do sono antropológico.[52] Ele esposa uma estratégia comparável à adotada por Bataille em seu artigo de 1947, "O que é o sexo?". Nele, Bataille mostra como a biologia estraga a experiência íntima e as representações comuns sobre a diferença entre os sexos, a "ideia de sexo-atributo fundamental do indivíduo" e a ideia de uma separação nítida e estática entre os sexos. Ao contrário, ela revela que o "sexo [...] não é uma essência, mas um estado" comparável ao estado líquido ou sólido de um corpo:

> A ciência elimina rigorosamente, de fato, o que convém chamarmos de "dados fundamentais" da vida [...], estraga, em suma, a construção baseada no sentimento de presença, desarticula a existência íntima individual em representações objetivas móveis em que qualquer substrato lhe é roubado. Ela retira a realidade e a consistência da noção íntima e aparentemente imutável de sexo. [...] O problema do ser dissolve-se nesses deslizamentos.[53]

Essa estratégia, que consiste em utilizar os dados da biologia ou da etologia, não para fundamentar uma verdade positiva qualquer sobre o homem, mas para destruir as ilusões de uma norma natural ou de uma essência humana, junta-se à maneira como Foucault concebia o naturalismo nietzschiano (e, convém acrescentar, certo naturalismo freudiano), em oposição ao naturalismo clássico dos cursos que ele dedicou aos "Problemas da antropologia" em 1955: um meio de dissolução da objetividade e do determinismo, desfazendo a ligação do homem com a verdade e libertando-o do problema de sua essência. "É o questionamento do comodismo antropológico, é a descoberta dos horizontes múltiplos que, à frente e atrás dele, roubam o homem de si mesmo."[54] Foucault procede aqui da mesma maneira, mobilizando os dados da ciência da sexualidade. Não se trata de marcar uma ruptura radical entre sexualidade humana e biologia da sexualidade, mas de descentrar a primeira, colocando-a numa perspectiva mais ampla, para arruinar as evidências; mostrar que "a sexualidade humana não é um hápax no mundo biológico",[55] mas sem que possamos extrair daí outras lições senão negativas (sobre sua indeterminação, sua complexidade e sua fluidez). Naturalismo paradoxal, portanto, já que visa desnaturalizar radicalmente a sexualidade.

Isso não impede Foucault de insistir no caráter particular da sexualidade humana, porém, mais uma vez, sob um modo que é, acima de tudo, o da negatividade, pois é o da relação com as proibições e com a transgressão das regras.[56] Encontramos aí a importância da regra — que, com a norma e o sistema, seria sublinhada em *As palavras e as coisas*[57] — no coração da sexualidade humana. Mas de um modo singular, posto que essa regra é inseparável da conduta, sem se referir a uma norma ou a uma natureza aquém dela (que lhe daria sentido), e remete à forma vazia do limite e de sua transgressão. Esse é o segundo distanciamento tomado por Foucault: longe de procurar, numa filosofia do amor, numa ética das relações intersubjetivas, ou numa dialética das relações homens-mulheres ou pais-filhos, o sentido humano da sexualidade, é na confrontação nua da regra e das proibições, e em sua transgressão necessária no jogo vazio do limite e de sua profanação, que Foucault identifica o que caracteriza

A sexualidade

289

a sexualidade humana. É transparente aqui a referência a Georges Bataille e a Claude Lévi-Strauss, assim como a Jacques Lacan. Essa análise remete, ademais, ao problema dos limites e da transgressão que então constitui, como vimos, o correlato da arqueologia foucaultiana. Longe de ser uma "queda na insignificância" ou uma "perda de sentido" desse ponto de vista, o erotismo contemporâneo fala enormemente do que é, para nós, a sexualidade como forma cultural. Revela que ela constitui uma experiência-limite que, junto com outras, permite captar o drama que se encena no pensamento ocidental desde o fim do século XVIII.

Sade e seus duplos

Esse drama ganha corpo regularmente, em Foucault, através do destaque das contemporaneidades múltiplas do evento Sade. Como vimos, jogar com a contemporaneidade de Sade e com um conjunto de eventos fundadores da modernidade era então um processo habitual.[58] Foucault tende a multiplicá-lo. No curso, Sade é contemporâneo do Código Civil — no sentido em que este encarna a desinstitucionalização da sexualidade, rejeitada, fora do casamento, como uma natureza externa à sociedade; é contemporâneo do embaraço das instituições de confinamento frente a uma sexualidade selvagem, que não entra na partilha binária (criminoso ou doente) pela qual se rompe a figura unitária da desrazão; contemporâneo, por fim, da constituição, ao lado de uma linguagem transgressiva da sexualidade, de uma linguagem científica que toma por objetos a sexualidade e suas perversões. O que Sade sempre serve para ilustrar é o avesso da divisão pela qual se funda uma positividade. Refletindo em seus *Cadernos* sobre a emergência conjunta das ciências humanas no fim do século XVIII, Foucault nota que essas ciências são "fenômenos de superfície" dos quais é preciso restaurar as "condições concretas de possibilidade" (ou seja, as transformações institucionais: asilos, hospitais etc.), mas sobretudo identificar as "estruturas complexas", o que ele então chama de positividades, que são o "impensado do conhecimento" atuante nessas transformações (a "inserção da morte entre a doença e a saúde", o "desaparecimento da estrutura binária da razão e da desrazão" e, principalmente, como positividade maior, a "estrutura antropológica"). Não é complicado dar nomes próprios a essas positividades: Bichat, Pinel e Kant são sem dúvida os mais apropriados. E todos têm a imagem de Sade como avesso. Como assinala Foucault:

> Essa positividade constitutiva da antropologia teve um papel ao mesmo tempo constitutivo e recalcador. [...] Talvez todas essas positividades constituídas no fim do século XVIII tenham sido limites negados, limites pensados como natureza, finitudes refletidas como propriedades. O que leva a que fazer a história das positividades seja, ao mesmo tempo, fazer a história crítica dos limites, e portanto, ressuscitá-los, confrontá-los com a transgressão (– a loucura; – a morte, no século XIX). De maneira geral, o par Kant-Sade tem lá sua significação.[59]

Ele não é, com certeza, o único par que encontra aí sua significação, mesmo que seja o mais abrangente. Sade, com efeito, serve de testa de ferro ao conjunto do que é rejeitado para o limite, nos gestos que constituem e recalcam simultaneamente. É o caso de *O nascimento da clínica*, onde Foucault insiste na contemporaneidade de Sade e Bichat,[60] e mais ainda o de um texto manuscrito de 1962:

> Sade e Bichat, contemporâneos estranhos e gêmeos, puseram no corpo do homem ocidental a morte e a sexualidade, essas duas experiências tão pouco naturais, tão transgressivas, tão carregadas de um poder de contestação absoluta e a partir da qual a cultura contemporânea fundou o sonho de um saber que permitisse mostrar o *Homo natura*.[61]

Enquanto Bichat fez a morte entrar na ordem de um saber discursivo, Sade a situou no cerne de uma linguagem transgressiva. Mesma contemporaneidade entre Sade e Chateaubriand, as "duas figuras exemplares" da emergência, no fim do século XVIII, da literatura. Um representa a

A sexualidade

"fala transgressiva", que põe a transgressão no coração da linguagem e assim constitui o "próprio paradigma da literatura". O outro se esforça por ultrapassar a morte, colocando-se na eternidade do livro.[62] Contemporaneidade, sobretudo, de Sade e Kant, na medida em que tanto um quanto o outro inscrevem o jogo do limite — da finitude — e de sua transgressão no cerne da experiência moderna: "uma experiência da finitude e do ser, do limite e da transgressão".[63] É esse mesmo movimento de constituição de um saber discursivo e de uma experiência trágica e transgressiva sobre a sexualidade que aparece nesse curso através da figura de Sade e de sua múltipla contemporaneidade.

NOTAS

1. D. Eribon, *Michel Foucault*, 3. ed. rev. e ampliada, Paris: Flammarion, 2011 [1989], p. 227 [*Michel Foucault: 1926-1984*, trad. Hildegard Feist, São Paulo: Companhia das Letras, 1990]; sobre o contexto em que Foucault lecionou em Clermont-Ferrand, ver, de modo mais geral, as pp. 224-47.

2. M. Merleau-Ponty, *Psychologie et Pédagogie de l'enfant. Cours de Sorbonne, 1949-1952*, Lagrasse: Verdier, 2001 [*Psicologia e pedagogia da criança: Curso da Sorbonne, 1949--1952*, ed. estabelecida por Jacques Prunair, trad. Ivone C. Benedetti, São Paulo: Martins Fontes, 2006].

3. A. Jeannière, *Anthropologie sexuelle*, Paris: Aubier-Montaigne, 1964. Quis a ironia que esse livro tivesse uma segunda edição em 1969, na exata ocasião do curso de Vincennes.

4. "Philosophie et psychologie" [1965], em *Dits et écrits* (v. 1, *1954-1975*, org. D. Defert e F. Ewald, com a colab. de J. Lagrange, Paris: Gallimard, 2001 [1994], p. 476 [*Ditos e escritos I*, trad. Vera L. Avellar Ribeiro, Rio de Janeiro: Forense Universitária, 1999].

5. Em 4 de junho de 1963, Foucault estabeleceu em seus *Cadernos* esta "lista das formações culturais", particularmente premonitória: "a morte, a decadência, a confissão, a sexualidade, a loucura" (BNF, Caixa 91, *Caderno* n. 3, amarelo, 1963).

6. "Philosophie et psychologie" [1965], art. citado, p. 476.

7. Segundo a expressão tirada de "La vérité et les formes juridiques" [1974], em *Dits et écrits*, op. cit., v. 1, n. 139, p. 1416.

8. Cf. *supra*, curso de Clermont-Ferrand, Aula 5, pp. 121-3, e nota 46, pp. 136-7.

9. Ibid., Aula 4, pp. 89-108 e nota 1, p. 100.

10. Ibid., Aula 5, pp. 109-40 e notas 1 e 9, pp. 128 e 129-30.

11. Ibid.

12. Os *Cadernos* de Foucault conservados na Biblioteca Nacional da França atestam o intenso trabalho que ele conduziu, a partir de 1963, tanto em torno da própria ideia de arqueologia quanto do projeto mais preciso de uma arqueologia das ciências humanas, então centrada, acima de tudo, nos problemas da linguagem (não levamos em conta as anotações feitas sobre a questão dos sinais) e da morte (ligados a *O nascimento da clínica*). Cf., em particular, os *Cadernos* n. 3, 4 e 5.

13. Ver, em particular, o *Caderno* n. 3, amarelo, a partir de 28 maio 1963.

14. "Le silence des fous" [1963], em *La Grande Étrangère. À propos de littérature*, org. e apres. de P. Artières et al., Paris: Éd. de l'EHESS, 2013, p. 36. Cf. *supra*, curso de Clermont-Ferrand, Aula 1, nota 3, pp. 34-5, sobre a importância das ideias de forma (ou de formação) cultural e de cultura nas análises de Foucault datadas dessa época.

15. *Caderno* n. 3, 28 e 30 maio 1963. Cf. também ibid., 14 jul., as análises dedicadas por Foucault a "o que é uma análise das formações culturais em relação à ciência das *arqués*".

16. Ibid., n. 3, 13 jul. 1963.

17. Ibid., n. 5, 10 set. 1963. Ele acrescenta, em 22 de dezembro de 1963: "Só a arqueologia das positividades pode ser uma disciplina em que se trate ao mesmo tempo de história e das condições do saber" (ibid.).

18. Ibid., 27 ago. 1963.

19. Prefacio a *Folie et Déraison. Histoire de la folie à l'âge classique* [1961], em *Dits et écrits*, op. cit., v. 1, n. 4, p. 189. Foucault, aliás, faz figurar a "história das proibições sexuais" e das "formas móveis e obstinadas da repressão", "em nossa própria cultura", como uma das histórias de partilhas a ser escrita, "para expor às claras, como limite do mundo ocidental e origem de sua moral, a trágica divisão do mundo feliz do desejo" (ibid., p. 190).

20. *Caderno* n. 5, 17 ago. 1963.

21. Voltar aos limites e às partilhas instituidoras é reaver as afirmações constitutivas de uma positividade, como especifica Foucault no *Caderno* n. 3 (16 jul. 1963): não se trata de fazer "uma crítica da positividade dos saberes, questionando, pouco a pouco, [...] cada um dos conteúdos positivos, mas [de] levar a positividade como tal a seu poder de afirmação. O que é positivo na positividade não é o ato transcendental que dá sentido, mas sim, nas próprias coisas [...] a afirmação. A afirmação que não nega nada, mas corta e divide. É isso (voltar da positividade para seu núcleo de afirmações)" a arqueologia. Essa concepção da arqueologia, como aquilo que visa apreender, numa cultura, uma prática ou um campo de saber, a série de afirmações que a possibilitam e a organizam, o jogo de postulados que a constituem, perduraria muito além da valorização da temática do limite em Foucault: atravessou suas reflexões até o início da década de 1970.

22. *Caderno* n. 3, 16 jul. 1963.

23. Cf. *supra*, curso de Clermont-Ferrand, Aula 1, pp. 21-42.

24. "Préface à la transgression (en hommage à Georges Bataille)", em *Dits et écrits*, op. cit., v. 1, n. 13, p. 262.

A sexualidade

25. *Folie et Déraison*, op. cit.
26. *Naissance de la clinique. Une archéologie du regard médical*, Paris: PUF, 1963, pp. x e 202 [*O nascimento da clínica*, trad. Roberto Machado, Rio de Janeiro: Forense Universitária, 5. ed., 1998].
27. Assim, ele colaborou com o conselho editorial da revista *Critique* e contribuiu para o número especial dedicado a Bataille, publicado em 1963.
28. "Préface à la transgression" [1963], art. citado, p. 261.
29. Ibid., p. 263.
30. Ibid., p. 262.
31. *Caderno* n. 5, 16 jul. 1963. Como ele deixa claro, "a constituição do pensamento antropológico" no século XIX foi uma forma de reação "justamente àquilo que o torna impossível e derrisório"; "seria necessária toda a coragem de Nietzsche para redescobrir, sob o evento dialético da morte de Deus, o surgimento não dialético do super-homem (que torna impossível qualquer antropologia)". Encontramos no curso de Vincennes o princípio de que o pensamento antropológico é uma filosofia reativa frente a experiências-limite radicais (morte, sexualidade, história). Cf. *supra*, curso de Vincennes, Aula 6, pp. 207-35, e *infra*, pp. 309-12.
32. "La pensée du dehors" [1966], em *Dits et écrits*, op. cit., v. I, n. 38, pp. 546-68.
33. *Caderno* n. 3, 28 ago. 1963.
34. Cf. *supra*, curso de Clermont-Ferrand, Aula 2, pp. 43-61.
35. Ver, quanto ao contexto, Annick Ohayon, *Psychologie et Psychanalyse en France. L'impossible rencontre, 1919-1969*, nova ed., posfácio da autora, Paris: La Découverte, 2006 [1999], pp. 387-91.
36. Ver as duas conferências saídas do seminário que Althusser dedicou a Lacan e à psicanálise na Escola Normal Superior em 1963-4, reunidas em *Psychanalyse et Sciences humaines. Deux conférences, 1963-1964*, ed. estabelecida e apresentada por O. Corpet e F. Matheron, Paris: Librairie générale française, 1996.
37. "Préface à la transgression" [1963], art. citado, p. 270.
38. *Caderno* n. 3, 28 maio 1963. Essa passagem formula claramente o princípio de um diagnóstico necessário sobre a atualidade como condição de identificação de uma dada formação cultural, princípio do qual sabemos que, a partir de 1966, Foucault faria o cerne da atividade filosófica.
39. Cf., para um resumo eficaz desse contexto acerca das questões sexuais na década de 1950 e início da de 1960, Michelle Zancarini-Fournel e Christian Delacroix, *La France du temps présent. 1945-2005*, org. de H. Rousso, Paris: Belin, 2010, pp. 149-54.
40. Foucault foi ainda mais atento na medida em que uma de suas assistentes, Francine Pariente, ocupava-se do Movimento de Planejamento Familiar em Clermont-Ferrand (agradeço a Daniel Defert por essa indicação).
41. Cf. *supra*, curso de Clermont-Ferrand, Aula 3, nota 2, pp. 80-1; e S. Chaperon, "Kinsey en France: les sexualités féminine et masculine en débat", *Le Mouvement social*, 2002/1, n. 198, pp. 91-110.
42. Ainda com difusão bem limitada, porém; sobre esse primeiro momento da recepção de Marcuse, cf. Manuel Quinon, *La Réception en France d'Herbert Marcuse*

(1956-1968). Phénoménologie d'une conscience critique, dissertação de mestrado sob a orientação de J.-M. Berthelot, Universidade Paris IV-Sorbonne, 2003 (datilografada).

43. Cf. Jean-Marc Levent, "Un acte de censure 'scélérat': Sade en procès (1954-1958)", *Lignes,* n. 3, 2000, pp. 109-26.

44. P. Ricœur, "La merveille, l'errance, l'énigme", art. citado, aqui referente à p. 1665, *grifo no original.*

45. A. Jeannière, *Anthropologie sexuelle,* op. cit., p. 199.

46. Em sua *Phénoménologie de la perception* [1945], em *Œuvres,* org. C. Lefort, Paris: Gallimard, 2010, pp. 839 ss. [*Fenomenologia da percepção,* trad. Carlos Alberto Ribeiro de Moura, São Paulo: Martins Fontes, 1994], Merleau-Ponty consagra um capítulo ao "corpo como ser sexuado" e à maneira como nosso mundo percebido fica carregado de significações eróticas.

47. Max Scheler desenvolve, ao mesmo tempo, uma reflexão sobre a diferença dos sexos no cerne de sua antropologia (cf., por exemplo, "Zur Idee des Menschen", art. citado) e uma teoria do "amor sexual", propriamente humano, que vai além do simples instinto de conservação e o eleva, integrando-o num sistema de escolhas e valores. A esse respeito, cf. Gabriel Mahéo, "La question de l'amour chez Max Scheler: par-delà l'activité et la passivité?", *Bulletin d'analyse phénoménologique,* v. 8, n. 1, 2012, pp. 478-98.

48. Foucault havia tomado notas detalhadas (BNF, Caixa 42b-C1) sobre o texto de H. Kunz, "Idee, Wesen und Wirklichkeit des Menschen" (art. citado). No âmbito de uma reflexão fenomenológica sobre o que constitui a essência do Homem, Kunz se interrogava sobre o status que convinha dar à sexualidade e à diferença entre os sexos.

49. Nada ilustra melhor essas diferentes estratégias do que as análises de S. de Beauvoir (*Le Deuxième sexe,* v. 1, *Les Faits et les Mythes,* Paris: Gallimard, 2012 [1949] [*O segundo sexo,* trad. Sérgio Milliet, v. 1: *Fatos e mitos,* Rio de Janeiro: Nova Fronteira, 7. ed., 1990]) e de F. J. J. Buytendijk (*La Femme, ses modes d'être, de paraître, d'exister, essai de psychologie existentielle* (trad. [franc.] A. de Waelhens e R. Micha, pref. de S. Nouvion, Paris: Desclée de Brouwer, 1954). Sobre a análise de Buytendijk, cf. Marina Paola Banchetti-Robino, "F. J. J. Buytendijk on woman. A phenomenological critique", em Linda Fisher e Lester Embree (orgs.), *Feminist Phenomenology,* Dordrecht: Kluwer Academic Publishers, 2000, pp. 83-101.

50. Para retomar a formulação de Thierry Hoquet ("L'alternaturalisme. Comment travailler le naturalisme de l'intérieur?", *Esprit,* n. 411, 2015, pp. 41-51), que resume bem essa estratégia.

51. Cf. *infra,* pp. 309-12. Só podemos impressionar-nos, por esse ponto de vista, com a continuidade entre as Aulas 2 e 3 do curso de Clermont-Ferrand, a Aula 6 do curso de Vincennes, as elaborações sobre "Sexualidade, reprodução, individualidade" e textos como a resenha sobre o livro de F. Jacob, ou a carta dirigida a P. Guyotat ("Croître et multiplier" [1970], em *Dits et écrits,* op. cit., v. 1, n. 8,1 e "Il y aura scandale, mais..." [1970], em *Dits et écrits,* op. cit., v. 1, n. 79).

A sexualidade

52. *Les Mots et les Choses. Une archéologie des sciences humaines* (Paris, Gallimard, 1966, p. 353 [*As palavras e as coisas: Uma arqueologia das ciências humanas*, trad. Salma Tannus Muchail, São Paulo: Martins Fontes, 3. ed., 1985]).

53. G. Bataille, "Qu'est-ce que le sexe?", art. citado.

54. "Problèmes de l'anthropologie" (BNF, Caixa 46). A mesma observação vale para Freud, como apontou Foucault em 1957, ao sublinhar que o escândalo freudiano prende-se a que a sexualidade, "a natureza, como negação da verdade do homem, torna-se, para e pela psicologia, o próprio solo de sua positividade" ("La recherche scientifique et la psychologie" [1957], em *Dits et écrits*, op. cit., v. 1, n. 3, p. 182).

55. Cf. *supra*, curso de Clermont-Ferrand, Aula 3, pp. 62-88.

56. Ibid., pp. 63 ss.

57. *Les Mots et les Choses*, op. cit., pp. 366-76.

58. Cf. *supra*, curso de Clermont-Ferrand, Aula 1, nota 31, p. 39.

59. *Caderno* n. 5, 22 dez. 1963.

60. *Naissance de la clinique*, op. cit., p. 199.

61. D. Defert, F. Ewald e J. Lagrange, "Chronologie", em *Dits et écrits*, op. cit., v. 1, p. 30.

62. "Littérature et langage. Bruxelles, décembre 1964", conferência na Universidade Saint-Louis, em *La Grande Étrangère*, op. cit., pp. 86-90.

63. "Préface à la transgression" [1963], art. citado, p. 269.

O discurso da sexualidade

Curso dado na Universidade de Vincennes (1969)

O segundo curso que editamos realizou-se no primeiro semestre de 1969 no Centro Universitário Experimental de Vincennes, onde Michel Foucault lecionava como professor do Departamento de Filosofia. Em 1966, pouco depois da publicação de *As palavras e as coisas*, Foucault deixou Clermont-Ferrand para dar aulas de filosofia na Universidade de Túnis. Lá permaneceu até junho de 1968, em especial dedicando um curso ao lugar da ideia do homem na cultura ocidental moderna,[1] fazendo diversas conferências e redigindo um manuscrito ainda hoje inédito, intitulado *Le Discours philosophique* [O discurso filosófico]. Todas essas produções atestam seu foco sobre o discurso, visto como um conjunto de práticas pautadas por regras, durante esses anos. *O discurso da sexualidade* traz fortemente a marca desse deslocamento, encontrado na *Arqueologia do saber* (1969).

Em junho de 1968, quando os acontecimentos de maio estavam prestes a se encerrar, Foucault voltou à França. Renunciou a uma cátedra de psicologia na Universidade de Nanterre para integrar o "núcleo cooptador" dos professores encarregados de recrutar as equipes de ensino do Centro Experimental de Vincennes, criado depois de Maio de 1968, entre agosto e outubro do mesmo ano, e que abriu suas portas em janeiro de 1969.[2] Na equipe recrutada por Foucault encontramos muitos ex-alunos ou pessoas do círculo íntimo de Althusser, saídos sobretudo do Círculo de Epistemologia da Escola Normal Superior e do grupo dos *Cahiers pour l'analyse* (com os quais Foucault debatia desde 1967, por ocasião da entrevista "Sobre a arqueologia das ciências", publicada no verão de 1968), que evoluíram para posturas maoistas.[3] Veremos a importância desse contexto: com efeito, *O discurso da sexualidade* se insere nos debates sobre as relações entre ideo-

O *discurso da sexualidade*

logia e ciência, bem como entre prática e teoria, que perpassaram essas correntes após 1968. Além dessas aulas sobre a sexualidade, Foucault deu um curso, no ano letivo de 1968-9, sobre o "fim da metafísica". No ano seguinte, dedicou um curso a Nietzsche e outro à "epistemologia das ciências da vida", que prolongou as reflexões epistemológicas desenvolvidas aqui nas Aulas 3 e 6.[4] O ensino desenrolava-se num ambiente bastante caótico: salas lotadas (quase seiscentas pessoas assistiram a seu curso em 1969), intervenções e discussões animadas durante as aulas, manifestações, bloqueios e confrontos com a polícia. Foucault deixaria Vincennes no fim do ano de 1970, após ser eleito para o Collège de France. O projeto que ele propôs nessa eleição atesta a importância do ensino dispensado em Vincennes no amadurecimento de suas reflexões: fazer a história do saber da hereditariedade no século XIX, tomando esse saber como um conjunto de práticas pautadas por regras, um "saber social e anônimo que não toma por modelo ou fundamento o conhecimento individual ou consciente"; considerar a "elaboração desse saber como discurso científico" e analisar como ele se inscreve numa dada formação social.[5] Mas sabemos, em especial graças aos *Cadernos*, que, mal concluído seu curso sobre o "discurso da sexualidade", Foucault lançou-se (sem dúvida, em conexão com o curso que preparou sobre Nietzsche) numa densa reflexão sobre o "querer saber" e sobre "como, numa cultura, o saber torna-se poder? Onde se localiza esse poder, quem o exerce e de que forma? [...] Inversamente, como o poder define o lugar de formação, de delimitação e de transmissão do saber".[6] Um caminho que com certeza abriu perspectivas promissoras, que viriam finalmente a constituir o âmago de seu ensino no Collège de France a partir de 1971.[7]

Das *arqués* ao arquivo: o discurso como prática pautada por regras

A partir de 1966, após a publicação de *As palavras e as coisas* e no contexto dos debates acalorados em torno do estruturalismo e do humanismo, Foucault fez uma série de inflexões em sua abordagem arqueológica. De "ciência das *arqués*", a arqueologia tornou-se "descrição do arquivo", ou seja, interessa-se pelo "conjunto dos discursos efetivamente proferidos" numa cultura. Considera, em especial, o discurso "em sua existência manifesta, como uma prática que obedece a regras [...], regras de formação, de existência, de coexistência, a sistemas de funcionamento".[8] Essas reflexões o levaram a prestar menos atenção aos gestos originários de partilha e exclusão do que aos discursos, contemplados em sua densidade e sua existência próprias, como práticas singulares, cujas condições históricas de formação, regime de enunciação, modo de funcionamento e delimitações é preciso estudar. A leitura feita por Foucault, em Túnis, da filosofia analítica anglo-saxã tem uma importância nessa focalização. Essa inflexão pode ser sentida no manuscrito inédito *Le Discours philosophique*, no qual Foucault se interessa pelos diferentes "modos de ser" dos discursos cotidianos, literários, científicos e filosóficos.[9] Vamos encontrá-la, na mesma época, em seu curso de Túnis e em diversos textos recolhidos em *Ditos e escritos*,[10] e ela se afirmaria nitidamente em *A arqueologia do saber* e, mais adiante, em *A ordem do discurso*. O curso de Vincennes se inscreve plenamente nesse quadro. Nele, Foucault distingue o discurso (as "coisas efetivamente ditas")[11] da linguagem, distinção que ele então efetua regularmente para separar sua análise dos discursos como práticas pautadas por regras, em seu funcionamento concreto, da abordagem estruturalista das "possibilidades formais oferecidas por um sistema como a língua".[12] Assim, ele se interessa pelas condições históricas mediante as quais a sexualidade se torna o referencial de um conjunto de discursos heterogêneos, no fim do século XVIII, e insiste fortemente no fato de que uma arqueologia da sexualidade deve dar conta do polimorfismo desses discursos sobre a sexualidade, de suas especificidades (concernentes às regras de formação dos objetos, por exemplo) e de suas relações, sem confundir uns com os outros. São princípios que voltamos a encontrar em 1976, em *A vontade de saber*.[13]

Essa concentração nas práticas discursivas tem duas consequências. Por um lado, do ponto de vista epistemológico, implica situar enunciados e conceitos, obstáculos e erros científicos no quadro mais amplo das práticas discursivas em cujo seio eles se inserem. Esse é todo o sentido da Aula 6

O *discurso da sexualidade*

desse curso: considerar a história natural como uma prática discursiva coletiva, que obedece a alguns postulados e algumas regras; estudar as transformações que afetam essa prática nos séculos XVIII e XIX e possibilitam a formação de um saber específico sobre a sexualidade das plantas e sobre a hereditariedade. As consequências desse deslocamento de um nível epistemológico (que precede a análise interna de um discurso científico, de suas teorias e seus conceitos) para um nível arqueológico (que situa o próprio discurso científico numa forma de "inconsciente positivo do saber": um jogo de regras e postulados que ordenam a prática dos discursos, definem o modo de formação de seus objetos, o lugar de seus sujeitos e as condições de demarcação da própria ciência no campo do saber)[14] são objeto de importantes elaborações por parte de Foucault nessa época, ligadas à publicação de *A arqueologia do saber*. Assim, em estreita contemporaneidade com a Aula 6, nos dias 30-31 de maio de 1969 Foucault participou das "Jornadas Cuvier" do Instituto de Ciências e debateu com François Dagognet.[15] Dagognet insiste no caráter secundário e errôneo das posições de Georges Cuvier para o desenvolvimento da biologia (em oposição ao papel central que Foucault lhe atribui em *As palavras e as coisas*), conferindo-lhe no máximo o papel de obstáculo epistemológico. Foucault, ao contrário, opõe ao problema da verdade e do erro no campo científico a questão, mais fundamental, das transformações epistemológicas que afetam as regras de constituição dos objetos, dos conceitos e das teorias na história natural vista como prática.[16] Temas típicos da epistemologia bachelardiano-canguilhemiana (e de sua retomada althusseriana), tais como o erro científico, o obstáculo epistemológico ou o problema científico, são assim repensados pelo parâmetro de seu lugar no interior de um campo de saber, visto como um sistema de práticas pautadas por regras. O erro científico é ressituado no conjunto das regras coletivas que organizam um campo de saber: ele assume sentido e valor dentro dessas práticas e, paradoxalmente, pode ter um papel positivo na transformação das regras que organizam essas práticas, dando margem a uma outra configuração do saber. O obstáculo epistemológico é visto da mesma maneira, contra uma leitura que o reduz a um papel puramente negativo no processo de produção dos conhecimentos. Quanto aos problemas científicos, Foucault os caracteriza como "categorias do querer-saber", isto é, como constituindo, contrariamente aos conceitos e teorias internos numa ciência, postulados coletivos inconscientes que determinam e orientam as práticas discursivas. Eles implicam que olhemos a ciência não como uma linguagem, esclarece Foucault, mas como um querer, identificando "formas singulares, isoladas, individualizáveis do querer-saber".[17] Mas trata-se de um querer "que nada tem a ver com a intenção e o projeto",[18] e cujo sujeito permanece indeterminado: "Coloca-se o problema do sujeito: não é na origem, na sede desse querer, que se encontra o sujeito: o homem, a classe, a sociedade".[19]

Foucault esclareceria essas questões no curso dado no ano seguinte em Vincennes, sobre a "epistemologia das ciências da vida". De fato, à luz dos arquivos, parece que Foucault tinha feito um trabalho considerável de leituras em torno da história dos saberes sobre a sexualidade e a hereditariedade (biológica, mas também jurídica), que ele concebia como um modo de reformular, a partir do zero, questões epistemológicas sobre a história dos saberes, considerados em sua dimensão prática (práticas discursivas, mas também inscritas num jogo de práticas sociais). Esse projeto encontrou uma tradução em seu programa inicial para o Collège de France. Mas há poucos vestígios publicados dele, exceto a resenha sobre o livro de François Jacob, *La Logique du vivant*,[20] que os *Cadernos* mostram que Foucault havia preparado com cuidado. O interesse do curso de Vincennes está em oferecer um resumo desse projeto. Os *Cadernos* permitem avaliar sua importância. Ali vemos desenhar-se toda uma epistemologia histórica, que examina, através dos casos da genética ou da bioquímica, como emerge uma ciência a partir de um "campo problemático" e, depois, da constituição de um "corpo disciplinar"; como essa ciência constrói, interagindo com outras ciências e auxiliada por instrumentos técnicos e conceituais, "planos de objetos" distintos, objetos epistêmicos estes dos quais Foucault tenta estabelecer uma tipologia diferenciada. Como ele sublinha:

> o objeto, não menos que o sujeito, deve ser dissociado. Há, de fato, toda uma densidade da objetividade. Esta não deve ser definida por um jogo de leis ou

O discurso da sexualidade

limites, mas por toda uma densidade de práticas regulares. Essas camadas não são as mesmas, sem dúvida, nas diferentes regiões do saber nem nos diferentes momentos. A objetividade não é uma norma geral que tenha o mesmo valor para todas as formas de conhecimento.[21]

Por trás desse projeto está o esforço de interrogar radicalmente a formação histórica conjunta do sujeito e do objeto de conhecimento, a partir das formas de querer-saber que determinam a constituição de ambos: em outras palavras, de uma libertação da teoria do conhecimento em prol de uma análise histórica das formas do querer-saber.

Mas essa concentração nas práticas discursivas tem um outro efeito, muito perceptível nesse curso.[22] Se o discurso é um conjunto de práticas pautadas por regras, então

> [ele aparece] numa relação descritível com o conjunto das outras práticas. Em vez de lidarmos com uma história econômica, social e política, envolvendo uma história do pensamento [...], em vez de lidarmos com uma história das ideias que se referisse [...] a condições extrínsecas, lidaríamos com uma história das práticas discursivas nas relações específicas que as articulam com as outras práticas.[23]

É todo esse o benefício de um distanciamento da ambição formalista de uma análise das estruturas. Ao estudar o discurso de maneira histórica, como um conjunto de práticas pautadas por regras, nós o introduzimos no campo mais geral das práticas pautadas por regras: práticas matrimoniais e regulações jurídico-morais; práticas econômicas e estratégias sociopolíticas. Por esse ponto de vista, a sexualidade oferece um terreno fecundo de ação. Primeiro porque, precisamente nessa época, desenvolveu-se um conjunto de estudos (entre eles os de Pierre Bourdieu utilizados no curso) que analisavam as estratégias matrimoniais e as regras organizadoras das alianças e da reprodução, não do ponto de vista de um formalismo estruturalista rigoroso, mas na densidade concreta das práticas e de sua história.[24] Segundo porque, no tocante a essa história, construiu-se na Escola dos Anais, desde o começo dos anos 1960, um programa de pesquisas sobre "vida material e comportamentos biológicos", que estudou, através dos instrumentos da demografia histórica e da estatística — ligando-os aos movimentos da economia —, a história dos comportamentos alimentares e reprodutivos. Esse trabalho conduziu, em 1969, justamente a um número temático sobre "História biológica e sociedade".[25] Foucault conhecia esses trabalhos, ele que se referia regularmente à Escola dos Anais desde meados da década de 1960: utilizou-os amplamente nesse curso.[26]

A conjunção dessas duas linhas de análise deu a esse curso um toque particular: o de um materialismo histórico ainda mais nítido, por Foucault haver adotado nele uma perspectiva baseada na luta de classes (posição que em seguida encontraríamos, porém mais atenuada, nos primeiros cursos no Collège de France). Se a sexualidade tornou-se o referencial de um conjunto de discursos no fim do século XVIII, se, acima de tudo, ela foi clivada entre uma sexualidade natural, retomada de maneira ambígua através do Código Civil, na instituição do casamento, e uma sexualidade desviante, anormal, isso foi em parte obra de um processo econômico e social concernente às forças produtivas (contradição entre crescimento econômico e obstáculos demográficos) e das relações de classe. Foucault se esforça, de um lado, por mostrar como a "explosão discursiva" em torno da sexualidade, no fim do século XVIII, ligou-se a uma evolução das forças produtivas e das relações de produção — que ele então associou explicitamente a uma "demanda de classe", enquanto o mesmo fenômeno, em *A vontade de saber*, seria relacionado com uma evolução maior e anônima: "a entrada da vida — [...] a entrada dos fenômenos próprios da vida da espécie humana na ordem do saber e do poder — no campo das técnicas políticas".[27] Ele procura sobretudo, por outro lado, pensar as relações entre esses processos econômicos e sociais e a emergência de um saber sobre a sexualidade, sem as tratar nem à maneira binária da ideologia e da ciência, nem, como deixou claro numa entrevista, à maneira do reflexo e da "expressão pura e simples", como se os conceitos e os discursos não passassem da expressão mecânica das "formações econômicas e sociais pré-discursivas" subjacentes.[28] Para Foucault, os processos econômicos

O discurso da sexualidade 303

e sociais pressupõem, primeiro, certa "codificação ideológica primária" que define o lugar de um saber da sexualidade (aqui, um saber da sexualidade como natureza), saber este que eventualmente poderá tornar-se uma ciência. Acima de tudo, essa codificação ideológica determina o funcionamento desse saber, a um tempo normativo — a sexualidade procriadora torna-se a norma — e repressivo — rejeitando um conjunto de condutas fora da sexualidade normal.

A questão da ideologia

Ao enunciar ao mesmo tempo, a propósito da sexualidade, o problema epistemológico das relações entre ciência e saber e o da articulação entre os saberes da sexualidade e os processos materiais que afetam uma formação social, Foucault toma posição numa controvérsia que é preciso explicitar, pois ela é onipresente, às vezes de forma alusiva, em particular na Aula 3 do curso. Trata-se de um debate que se refere tanto à natureza da ideologia e à relação entre ideologia e ciência quanto às relações, em linhas mais gerais, entre teoria e prática.

Os problemas levantados por uma análise que opõe ideologia e ciência perpassam os trabalhos de Foucault até meados dos anos 1970.[29] As críticas desenvolvidas nesse curso a propósito de tal oposição e do recurso ao modelo bachelardiano do corte epistemológico fazem eco às objeções feitas por Foucault a Althusser e alguns de seus discípulos. Estes últimos erigiram o modelo do corte como paradigma do processo de produção dos conhecimentos científicos, consistindo o princípio geral em que os conhecimentos científicos só emergem através de um trabalho teórico que pressupõe a crítica radical a um conjunto de elementos ideológicos, os quais desempenham o papel de obstáculos ideológicos que impedem o estabelecimento de uma relação de conhecimento adequada à realidade.[30] As críticas de Foucault devem ser lidas na esteira da entrevista que ele concedeu ao Círculo de Epistemologia da Escola Normal Superior em outubro-novembro de 1967 (publicada nos *CPA* no verão de 1968),[31] bem como das páginas que ele dedicou às relações entre ciência, saber e ideologia em *A arqueologia do saber*.[32] É importante não reduzir esse debate a uma oposição frontal, porque a leitura althusseriana das relações entre ideologia e ciência é rica e complexa: compartilha algumas dimensões com a aqui proposta por Foucault. O confronto sistemático da Aula 3 do curso com o artigo "Remarques pour une théorie générale des idéologies",[33] de Michel Pêcheux (pseudônimo Thomas Herbert), atestaria isso. Ademais, *A arqueologia do saber* anuncia a necessidade de situar o problema das relações da ciência com a ideologia no nível de "sua existência como prática discursiva", que "se manifesta e funciona em todo um campo de práticas discursivas ou não":

> Haver-se com o funcionamento ideológico da ciência [...] é haver-se não com as contradições formais de suas proposições, mas com o sistema de formação de seus objetos, de seus tipos de enunciação, de seus conceitos, de suas escolhas teóricas. É retomá-la como uma prática entre outras práticas.[34]

Foi a essa tarefa que Foucault se dedicou no curso, esforçando-se por elaborar uma espécie de teoria da ideologia como sistema regrado de práticas de classe, sem referência a um sujeito: um sistema coletivo de operações e codificações que articulam e fazem funcionar o conjunto de elementos heterogêneos — instituições, temas ideológicos e princípios jurídicos, mas também ciências.[35] Com efeito, convém notar que a crítica aos modelos tradicionais da ideologia (ideologia como falsa consciência, ou ideologia oposta à ciência) não significa, para Foucault, o abandono da ideia que ele aqui trabalha em vários níveis: a de "operações ideológicas", ou "codificação ideológica primária", "efeito ideológico" etc. Essas ideias viriam a ser reencontradas em *Aulas sobre a vontade de saber* e em *Teorias e instituições penais*.[36]

Tentemos, ainda assim, delimitar alguns pontos de tensão entre a posição adotada por Althusser e a proposta por Foucault. Convém sublinhar primeiro os pontos de aproximação. O mais essencial prende-se ao fato de que Althusser, tal como Foucault, tenta libertar-se de uma con-

O *discurso da sexualidade*

cepção, corrente desde Marx, da ideologia como falsa consciência, que passaria por representações equivocadas, as quais seria preciso corrigir.[37] Tal como Foucault (e seguindo Antonio Gramsci nesse ponto), Althusser enfatiza o fato de que as ideologias não se reduzem a representações, mas possuem uma dimensão prática (precisamente o que ele chama de "ideologias práticas"). Aí se articulam "noções-representações-imagens em comportamentos-condutas-atitudes-gestos. O conjunto funciona como normas práticas que regem a atitude e a tomada concreta de posição dos homens frente a objetos reais e problemas reais de sua existência social e de sua história".[38] Elas se inscrevem, como tais, no conjunto das práticas sociais. Essa reflexão levaria à tese da materialidade da ideologia e de seu funcionamento nas instituições (os aparelhos ideológicos de Estado) no artigo que Althusser publicou sobre o assunto em 1970.[39] Acima de tudo, porém, Althusser fez questão de elaborar uma teoria geral da ideologia que fosse coerente com seu esforço de repensar o sujeito à luz, em particular, da psicanálise lacaniana. Essa articulação da teoria da ideologia com uma teoria do sujeito é que viria a ser expressa no artigo de 1970, através da "interpelação dos indivíduos como sujeitos" pela ideologia. É a essa questão que Foucault alude ao esclarecer que a codificação ideológica primária não é, "de modo algum, um inconsciente".[40] Desde seu artigo sobre "Freud e Lacan" de 1964, com efeito, Althusser aproximou regularmente a ordem simbólica do inconsciente e a estrutura da ideologia.[41] Esse paralelo também é onipresente nos trabalhos de estudantes próximos de Althusser e Lacan, que colaboravam nos *CPA* e que faziam da ligação entre ideologia e crença num sujeito consciente soberano um elemento decisivo.[42] Em Althusser, essa posição caminha de mãos dadas com a tese dupla de que a ideologia em geral, assim como o inconsciente em geral, é desprovida de história, e de que a "categoria de sujeito", "constitutiva, ela própria, de todas as ideologias", "não é mais atribuível a determinada sequência da história da filosofia".[43]

É escusado dizer que, se Foucault não pode senão subscrever o procedimento que consiste em se livrar do sujeito consciente (ou soberano) e da representação como lugar da ideologia, ele não compartilha a afirmação

— a um tempo meio abstrata e problemática, tanto no plano histórico quanto no filosófico — que erige a ideologia (em geral) como inconsciente e que a liga, formalmente e de modo a-histórico, à categoria do sujeito. Encontramos aí uma situação comparável ao distanciamento em relação ao estruturalismo: Foucault retoma de bom grado a crítica ao sujeito consciente da práxis e da história, mas sem se contentar com a análise formalista das estruturas elementares da linguagem ou do parentesco; procura situar-se entre as duas, numa prática histórica sem sujeito (e, no caso da ideologia, uma prática *de classe*).[44]

Essa mesma observação é válida, de modo ainda mais profundo, quanto à relação de conhecimento definida como relação adequada entre o sujeito e o objeto. É aí que devemos situar a hostilidade de Foucault à oposição entre ciência e ideologia e ao recurso geral (não local) ao modelo do corte e do obstáculo epistemológico, para pensar a relação entre ciência e ideologia. O que Foucault censura nesses tipos de abordagem é a "suposição de que o sujeito humano e as próprias formas de conhecimento são dados, de certo modo, prévia e definitivamente".[45] Isso é nos impedirmos de interrogar na raiz a própria relação de conhecimento, o fato de que "o conhecimento faz valer seus direitos sobre qualquer atividade de saber".[46] Essa reticência começa muito cedo em Foucault, já que encontramos vestígios dela em suas considerações sobre *Ler O capital* em 1965-6. Nessa leitura, ele já se interroga sobre a autonomia do trabalho teórico e sobre a definição da ideologia em Althusser, sublinha o fato de que "se, no campo [do teórico], produz-se algo que tem valor de conhecimento, como pode esse produto valer como verdade?", e realça sobretudo que a tentativa de Althusser visa "fazer o conhecimento da história fugir de seu compromisso em seu objeto (o historicismo)" e salvar da história "o sujeito de conhecimento (pelo menos, o ato de conhecer)", tal como Edmund Husserl havia tentado fazer em relação ao "objeto de conhecimento".[47] Encontraremos em seguida essa dupla dificuldade: o problema do critério de verdade como partilha da ideologia e da ciência acha-se no cerne da crítica foucaultiana à definição althusseriana da proposição ideológica como "uma proposição falsa em relação ao que ela visa, mas que é sintoma

O discurso da sexualidade

de uma realidade diferente da visada por ela".[48] Como mostra Foucault, ao utilizar justamente suas pesquisas sobre a sexualidade das plantas, que lhe servem de ponto de partida nessa reflexão epistemológica, toda proposição científica é também "sintoma de uma realidade diferente da que ela visa", principalmente por decorrer de certa prática discursiva, de certo estado das técnicas, de temas filosóficos e de instituições; a ciência tem um funcionamento "ideológico" como prática inserida em outras práticas.[49] De modo que o que separa o ideológico do científico em Althusser não é, afinal, outra coisa senão a separação entre a verdade e o erro, que só pode ser decidida pela ciência (e no interior de uma dada ciência). Em outras palavras — e esse ponto seria amplamente aprofundado nas *Aulas sobre a vontade de saber* e em *Teorias e instituições penais* —, a separação entre ideologia e ciência pressupõe que aceitemos o valor de verdade da ciência e não nos interroguemos sobre os mecanismos de demarcação, de distinção e também de inscrição da ciência no campo mais geral dos saberes e no interior das práticas sociais.[50]

Voltamos aqui a uma crítica mais profunda, que visa, de maneira geral, todas as análises encerradas no que Foucault chama de uma "teoria do conhecimento", à qual opõe sua concepção do *saber*. Ele visa tanto o idealismo kantiano quanto uma teoria materialista do conhecimento ou a fenomenologia. "No interior de uma filosofia do conhecimento, contornar a relação com o objeto não é possível. Uma dialética do sujeito e do objeto também permanecerá sempre no elemento da idealidade." A análise do saber como conjunto anônimo de práticas discursivas pautadas por regras, inseridas em outras práticas sociais, permite, ao contrário, "passar para o outro lado da relação sujeito-objeto [...] o que é nos darmos a possibilidade de fugir do horizonte da idealidade". Melhor ainda, é nos libertarmos da própria subordinação do saber à "legislação do conhecimento". Aqui aparece, desde 1969, o problema que guiaria Foucault em seus cursos no Collège de France:

os gregos não teriam inventado a racionalidade [...] mas o conhecimento: essa relação de posse e de identificação sujeito-objeto [...]. A luta contra os sofistas é a luta para substituir os direitos de um conhecimento pela prática do saber e por seus poderes imediatos [...]. Mas isso não deve significar que todo saber deva tender para o conhecimento como sua vocação última e que o conhecimento seja a verdade do saber.[51]

A separação da ideologia e da ciência, por sua vez, condena-se a aceitar esse princípio e, por fim, a reproduzi-lo e a mascarar as condições e as formas históricas de seu aparecimento.

Tocamos aqui numa segunda crítica destacada por Foucault no curso, referente à importância atribuída à dimensão prática da ideologia. Ao definir a ideologia, antes de mais nada, como uma "questão de práticas sociais", e ao sublinhar que a "luta ideológica não pode ser simplesmente uma luta teórica, no nível das ideias verdadeiras",[52] Foucault se posiciona contra o "teoricismo" e o "cientificismo" de que alguns acusavam Althusser nessa época. Nos anos 1960, de fato, Althusser fizera do trabalho teórico e da necessidade de dar uma teoria adequada à prática marxista a orientação fundamental de suas reflexões. No entanto, é preciso assinalar que, do ponto de vista de Althusser, a teoria é uma prática como qualquer outra, ou seja, um processo de transformação de uma dada matéria-prima em determinado produto (o conhecimento), transformação esta efetuada por determinado trabalho humano, usando determinados meios de produção. Mas é uma prática relativamente autônoma e que é essencial para orientar a ação política.[53] A prática teórica (científica) consiste, assim, em "transform[ar] um produto ideológico em conhecimento teórico, por meio de determinado trabalho conceitual".[54] Esse trabalho teórico pressupõe um exercício constante de demarcação entre o ideológico e o científico, que é obra da filosofia. Essa primazia e essa autonomia do trabalho teórico viriam a embasar o compromisso de um conjunto de estudantes ao redor de Althusser na década de 1960, seu compromisso de participar dos seminários dele, cujo objetivo era precisamente dar uma teoria adequada ao marxismo (e cujo resultado principal foi *Ler O capital*), ou de contribuir para o trabalho de formação teórica voltado para diversos públicos, quer através das escolas de formação teórica da União da Juventude Comunista

Marxista-Leninista – UJC(ml), quer através dos cursos de filosofia para cientistas, quer, ainda, do compromisso de publicar nos *Cahiers marxistes-léninistes* (*CML*, fundados em 1964) ou nos *CPA* (fundados em 1966).[55] Essa autonomia e essa primazia do teórico começaram a ser contestadas a partir de 1966-7 por membros da UJC(ml), sob o impulso do modelo maoista. Essa crítica viria a aumentar claramente após 1968, marcando a evolução de ex-integrantes do círculo íntimo de Althusser, associados à Universidade de Vincennes e que se tornaram hostis a seu "teoricismo", em nome de uma primazia da prática e da luta política em contato com as massas populares. Essa evolução foi perceptível nos diversos membros da Esquerda Proletária e em Jacques Rancière, por exemplo, que redigiu em 1969 um artigo admirável, por suas intuições críticas,[56] antes de fazer o balanço dessa ruptura em seu célebre livro *La Leçon d'Althusser* (1974). Se nesse curso o distanciamento crítico de Foucault em relação ao teórico foi bastante alusivo, ele seria amplamente reforçado nos anos seguintes, tanto em seus primeiros cursos no Collège de France quanto em seus compromissos políticos (com a criação do Grupo de Informação sobre as Prisões — GIP — e com sua relativa proximidade dos maoistas).

Sexualidade, humanismo e utopia

Dando continuidade a sua reflexão que visava arrancar o saber da primazia do sujeito e do conhecimento, Foucault acrescentou, em seus *Cadernos*, que existiam "duas vias de acesso a esse saber": de um lado, o estudo do discurso como jogo de regras, independente de um sujeito fundador, e, de outro, "a experiência de um pensamento que passa por fora, que transpõe seus próprios limites":

> De um lado, o saber, e do outro, o não saber? Porém é mais de não conhecimento que se trata: a transgressão de Bataille não consiste em transpor as regras e avançar soberanamente por uma terra libertada, mas em sacudir as imposições a partir das quais o sujeito se constitui.[57]

Essa observação nos lembra que a reflexão epistemológica de Foucault nessa época está, ainda e sempre, ligada a uma análise das experiências--limite e à preocupação de questionar a soberania do sujeito. Vimos no curso de Clermont-Ferrand que a sexualidade desempenhava, desse ponto de vista, um papel central, e que era possível mobilizar inclusive os saberes (biológico ou psicanalítico) sobre a sexualidade contra a soberania do sujeito e contra uma concepção tacanha da sexualidade humana. É a mesma estratégia que aparece no fim da Aula 6 do curso de Vincennes e no texto "Sexualidade, reprodução, individualidade" que anexamos ao curso, bem como nos vários artigos contemporâneos: o saber biológico sobre a sexualidade é apresentado neles como fornecedor de uma verdade que fere mortalmente o narcisismo do sujeito humano e questiona a primazia dada ao indivíduo-sujeito soberano. Em parte alguma Foucault resume melhor o que pretende extrair desse saber sobre a sexualidade do que na carta que escreve a Guyotat para defender *Éden, Éden, Éden*, em setembro de 1970:

> Você concorda quanto [...] ao que se sabe sobre a sexualidade há muito tempo, mas que é cuidadosamente mantido à distância, para proteger a primazia do sujeito, a unidade do indivíduo e a abstração do "sexo": que ela não é, no limite do corpo, algo como o "sexo", e que também não é, entre um e outro, um meio de comunicação, que não é nem sequer o desejo fundamental ou primitivo do indivíduo, mas sim que a própria trama de seus processos lhe é largamente anterior; e o indivíduo, por sua vez, não passa de um prolongamento precário, provisório, rapidamente apagado [...] uma forma pálida que surge por alguns instantes de uma grande linhagem obstinada, repetitiva. Indivíduos, pseudópodes que logo se retraem da sexualidade.[58]

Poderíamos supor que isso fosse apenas uma simples formulação literária, isolada na reflexão de Foucault: a leitura dos cursos de Clermont-Ferrand e Vincennes, e de diversos textos da época, mostra que é constante esse interesse por uma sexualidade biológica que "para de ser subjugada" e arruina todas as evidências antropológicas. O curso de Vincennes refere-se justamente às condições de aparecimento desse saber biológico

O discurso da sexualidade

sobre a sexualidade e ao modo como ele implicou a inversão dos elos de subordinação da reprodução ao indivíduo, a seu crescimento e sua morte. Mostra como a biologia do começo do século XIX fez surgirem no campo do saber três experiências transgressivas: morte, sexualidade e descontinuidade histórica. Essas experiências põem radicalmente em questão a soberania do sujeito, introduzindo uma hiância diante da qual a filosofia humanista dos séculos XIX e XX esforçou-se por reagir, "no sentido forte do termo, isto é, no sentido nietzschiano".[59]

De um lado, portanto, o saber, que "não foi feito para consolar: ele decepciona, inquieta, incisa, fere":[60] crueza fundamental do saber que sistematicamente arruína as consolações e as ficções humanas. O saber biológico sobre a sexualidade oferece um exemplo perfeito disso, que Foucault viria a aprofundar através de sua resenha do livro de François Jacob, que lhe permitiu recensear todos os pontos pelos quais "a genética nos fere":

> Dizem com frequência que, desde Copérnico, o homem sofre por saber que já não está no centro do mundo [...]. A decepção biológica [...] é de outra ordem: ela nos ensina que o descontínuo não apenas nos delimita, mas nos perpassa: ela nos ensina que os dados nos governam.[61]

Ou então, como ele esclarece em seus *Cadernos*, "uma linha nos governa" — a do DNA, visto como um programa que precede qualquer linguagem e qualquer sentido. O programa genético aparece como primordial em relação a toda forma de linguagem, e "a emergência, na série animal, do condicionamento, dos sinais, dos signos e, por fim, da linguagem, coincide [... com] um relaxamento do programa"; relaxamento puramente acidental e cujas "duas grandes razões [são] o aparecimento da sexualidade e o da morte".[62] O saber biológico da sexualidade, portanto, é recrutado para esse combate mais geral contra o "homem" ou a "natureza humana", que Foucault não havia abandonado na época, longe disso. É que por outro lado, de fato, face às ideias radicalmente transgressivas da biologia, arquitetou-se uma filosofia humanista reativa, dedicada a recapturar a morte numa filosofia do sentido, a sexualidade numa ética intersubjetiva da comunicação com o outro, e a descontinuidade da história na "unidade de sentido" e na "continuidade da consciência".

Ora, se houve um princípio que Foucault manteria até meados dos anos 1970, foi o de questionar radicalmente essas referências ao sujeito humano, à natureza humana, a uma filosofia do sentido e da consciência. Como ele observou numa série de entrevistas em 1966, "nossa tarefa é nos libertarmos definitivamente do humanismo", de "todas essas empreitadas falastronas" que pregam "salvar o homem", exaltam a "pessoa humana", prometem felicidade, quando "o ser humano [...] se tornar autêntico e verdadeiro" e reencontrar sua natureza, até hoje alienada ou negada.[63] Para Foucault, esse humanismo é um consolo barato, um modo de "resolver, em termos de moral, valores e reconciliação, problemas que de modo algum podiam ser resolvidos"; e, ao mesmo tempo, é um tema "nocivo, nefasto, já que permitiu as operações políticas mais diversas e mais perigosas".[64] Não tem nenhum valor crítico e convém desconfiar de seu sentido político. Essa ainda seria a postura de Foucault em 1968 (com uma denúncia dos sistemas filosófico-políticos que haviam prometido, no século XIX, tornar o homem feliz, devolvendo-lhe sua natureza) e também em 1971, por exemplo por ocasião do debate com Noam Chomsky sobre a natureza humana.[65] Além disso, note-se que, durante o curso de Vincennes, Foucault teve ainda mais razões para voltar a isso, na medida em que foi convidado a ir a Londres para fazer conferências sobre "humanismo e anti-humanismo" em março de 1969 (as quais se transformaram num debate livre com os estudantes sobre seus engajamentos práticos).[66]

Mas houve uma outra razão que tornou a questão do humanismo muito atual em 1969, em particular ligada à questão sexual: foi a onipresença do tema da liberação sexual, da luta contra a alienação e a repressão que atingiam o desejo sexual, e da exaltação das utopias após Maio de 1968. Assim, dedicar sua última aula às utopias e heterotopias sexuais, em Vincennes, certamente não foi um gesto neutro. Sabemos, é claro, que Foucault havia iniciado suas reflexões sobre as utopias e as heterotopias em 1966,[67] e vimos, além disso, que os cursos de Clermont-Ferrand e de Túnis já se interessavam pelas utopias do século XIX que pretendiam conciliar a

O discurso da sexualidade

natureza sexual do homem e da mulher com as estruturas sociais. Mas, a partir de 1964, a "consciência problemática da sexualidade" que Foucault tinha diagnosticado havia-se aprofundado muito, a ponto de se cristalizar como uma aposta política fundamental.[68] Essa cristalização deu margem a um conjunto de projetos utópicos, inspirados em certa leitura humanista e dialética de Marx e Freud — o "freudo-marxismo" de Wilhelm Reich e sobretudo de Herbert Marcuse[69] — ou de uma literatura utópica sexual proveniente do século XIX (em particular Charles Fourier, cujo sucesso foi então reavivado).[70] Esses projetos visavam libertar a sexualidade humana da alienação ou da mais-repressão ligadas a organizações sociais baseadas no rendimento e no consumo, e fundar novas sociedades, adequadas à natureza sexual do homem e a seu desejo. Após Maio de 1968, essas utopias assumiram um sentido político particular. Como observou Jacques Julliard, num artigo publicado na revista *Esprit* em fevereiro de 1969:

> O Movimento de Maio pôs fim a dois mitos: o da morte das ideologias e o da despolitização dos franceses. No passado, não faltaram boas almas para afirmar que todo projeto não acompanhado de meios concretos para se realizar, todo projeto que não se situava no campo do imediatamente possível, não era "digno de crédito" e decorria da pré-história da política. A utopia foi reabilitada — a utopia concebida não como sonho ou meio de fuga, mas como ideia reguladora de uma política real.[71]

Contra o possibilismo que "encerr[a] o possível na realidade do momento", o "papel efetivo da utopia é ampliar o campo do possível, atacando não as estruturas econômicas ou políticas, mas as estruturas *mentais*".[72] Nesse âmbito, tornou-se fundamental a questão da luta contra a repressão dos instintos sexuais ligada ao capitalismo, apoiada numa antropologia e numa psicologia que contemplavam necessidades vitais, sobretudo sexuais, totalmente livres da repressão, e que fundariam uma nova sociedade, erigida sobre a libertação dessas necessidades. Marcuse, em particular, insistiu na força política das utopias na obra coletiva *O fim da utopia*, lançada em 1968. Como ele observou, numa formulação que

Foucault ecoa diretamente nesse curso, "é preciso considerar o caminho do socialismo que vai da ciência à utopia, e não apenas, como pensava Engels, da utopia à ciência".[73] A ruptura com o sistema vigente — a passagem da sociedade não livre para a sociedade livre — deve ser radical e pressupõe um salto qualitativo categórico, que é o da utopia. Em outras palavras, o que Marcuse pretende é, por um lado, apoiar-se na ciência para fundar uma nova visão do homem, realmente correspondente a sua natureza livre. E, por outro lado, revalorizar um pensamento utópico capaz de pensar num salto qualitativo radical no seio da sociedade, a fim de pensar formas sociais radicalmente novas e finalmente adequadas a essa natureza.

A resposta de Foucault foi cruel e preparou as críticas que ele dirigiria, em 1976, à "hipótese repressiva" desenvolvida pelos freudo-marxistas a propósito da história da sexualidade.[74] Longe de "atravessar temas utópicos para constituir uma teoria da sexualidade", Reich e Marcuse ilustram perfeitamente um pensamento reativo em relação à experiência profundamente transgressiva da sexualidade trazida pelos saberes sobre a sexualidade (a biologia e a análise freudiana, das quais Foucault mostrou em que Marcuse se afastava).[75] Eles continuam prisioneiros de uma antropologia clássica, ao mesmo tempo que reativam a clivagem constitutiva da questão sexual, desde o fim do século XVIII, entre uma sexualidade "normal" e formas desviantes (nesse caso, relacionadas com as instituições sociais). Não propõem, em caso algum, uma antropologia radicalmente diferente, nem se libertam da dialética entre sexualidade natural e instituições sociais, tal como estabelecida no século XIX. Assim, Foucault não vê em Marcuse nada além de uma nova versão dos utopistas do século XIX, brevemente analisados por ele no curso de Clermont-Ferrand e, depois, no de Túnis, que herdaram clivagens próprias da cultura ocidental moderna (vida privada versus vida pública, liberdade individual versus determinismo social, sexualidade natural versus contrato-instituições) e sonham com uma reconciliação dessas clivagens: "o sonho de uma forma de sociedade ou de cultura em que a vida privada seja adequada à vida pública, a liberdade, adequada ao determinismo".[76] Como ele recordaria numa entrevista com Giulio Preti, "Marcuse tenta utilizar os velhos temas herdados do século

O discurso da sexualidade   315

XIX para salvar o sujeito, entendido em seu sentido tradicional".[77] Em outras palavras, coloca-se inteiramente do lado do que Foucault caracteriza como "utopias integradoras", tanto por sonhar com a adequação entre as relações sociais e uma natureza sexual enfim liberta, quanto por manter desesperadamente a primazia do sujeito humano. Contra essas utopias integradoras, Foucault põe em jogo — mais uma (e última) vez[78] — a potência transgressiva de Sade, que ilustra ao mesmo tempo a dissociação do sujeito, a total assimetria das relações na sexualidade e uma forma de sexualidade tão associal quanto desnaturalizada: o que ele caracteriza, no curso, como "utopias transgressivas".

Para além da arqueologia, os marcos de uma história da sexualidade

O curso de Clermont-Ferrand e o de Vincennes atestam dois momentos importantes no que já constitui uma "história da sexualidade". Tal projeto foi conduzido por Foucault, portanto, desde o início da década de 1960, em paralelo com a arqueologia das ciências humanas; assumiu uma forma mais clara no fim dos anos 1960. Em seu curso de Túnis, Foucault destaca o fato de que, na cultura ocidental, tudo se tornou um possível objeto de saber e de discurso explícitos, e toma como exemplo dessa extensão infinita do campo do saber o caso da sexualidade. Mas ele continua prisioneiro do mito de uma guinada vitoriana do século XIX, na qual a sexualidade teria se tornado "aquilo de que não se fala", ao contrário da "sexualidade falastrona" anterior ao século XIX, ou do fato de que, em particular depois de Freud, ela se retransformou numa "significação explícita".[79] O curso de Vincennes, por esse ponto de vista, marca uma virada e anuncia o que viria a ser o cerne da história da sexualidade, tal como Foucault a retomaria em 1974-6. O desafio passa a ser o de explicar como, "sobre o sexo [...], discursos específicos, simultaneamente diferentes por sua forma e seu objeto [...], não pararam de proliferar: uma fermentação discursiva que se acelerou desde o século XVIII";[80] trata-se, ao contrário de uma leitura que pense a história da sexualidade em termos de censura do discurso, de analisar a intensa "discursivização" do sexo que caracteriza os séculos XVIII e XIX. E se trata, além disso, de sublinhar o fato de que não existe "um discurso sobre o sexo, [mas] uma multiplicidade de discursos, produzidos por toda uma série de aparelhos que funcionam em diferentes instituições".[81] Esse é todo o sentido dos cinco grupos de estudos anunciados por Foucault no começo do curso de Vincennes, da importância que ele atribui ao fato de que a arqueologia deve prestar atenção à heterogeneidade, aos múltiplos pontos de atualização e formas de verbalização dos saberes sobre a sexualidade. Nesse nível duplo — interesse pelo estabelecimento de discursos sobre a sexualidade e a proliferação desses discursos desde o século XVIII; estudo de seu polimorfismo e do polimorfismo dos centros de sua formação —, podemos traçar uma linha contínua entre o curso de Vincennes e *A vontade de saber*. Todavia, mal concluído o curso de Vincennes, esse projeto parece haver adormecido. Salvo por algumas alusões, Foucault só voltou realmente à questão da sexualidade a partir de 1974-5, quer em *Os anormais*, quer no manuscrito inédito intitulado *La Croisade des enfants* [*A cruzada das crianças*], quer nas conferências que ele fez em São Paulo, no outono de 1975, sobre a história dos saberes modernos da sexualidade (nas quais pôs em ação o modelo da confissão, em contraste com a repressão), bem como em diversas entrevistas contemporâneas.[82] Esse ressurgimento da questão da sexualidade traduziu-se pelo projeto de uma história da sexualidade cujo primeiro volume, *A vontade de saber*, foi publicado em 1976. No intervalo, evidentemente, o quadro de análise tinha-se transformado profundamente. Se o estudo do "fato discursivo" da sexualidade[83] e de sua constituição como campo de saber permaneceu no cerne do projeto, Foucault lhe acrescentou dois níveis que estiveram relativamente ausentes do curso de Vincennes. Primeiro, o nível das "técnicas polimorfas do poder": a pluralidade das instituições e dos dispositivos que produzem e implicam discursos sobre a sexualidade. No curso de Vincennes, mais do que o estudo das formas polimorfas de poder-saber investidas na sexualidade, o que se impôs foi a enorme questão da relação entre processos econômicos e sociais, ideologia e saber. Esse curso inscreveu-se no trajeto

O discurso da sexualidade 317

então iniciado por Foucault de esclarecer os "vínculos entre as formações econômicas e sociais pré-discursivas e o que aparece no interior das formações discursivas", abstraindo-se de um modelo marxista que pensa essas relações sob o modo da expressão e do reflexo.[84] Esse esforço de pensar as relações entre o discursivo e o extradiscursivo o levaria a considerar de maneira autônoma as relações de poder e a ressituar a formação dos saberes no seio de diversas estratégias de poder, quer sob o ângulo da dinástica, quer sob o da genealogia.[85] Mais precisamente, o estudo dos dispositivos disciplinares de poder — tal como Foucault o desenvolveu a partir de *A sociedade punitiva* e de *O poder psiquiátrico* — levou-o a se interessar por relações de poder que investem diretamente nos corpos e, entre outros fenômenos corporais, nas atividades sexuais.[86] Por exemplo, foi no "desenvolvimento estratégico [...] de uma luta" em torno do corpo sexual que então se retomaram a cruzada contra a masturbação e o surgimento do problema da sexualidade infantil.[87]

Essa análise estratégica das ligações entre técnicas de poder (disciplinares, em particular) e formação dos saberes sobre a sexualidade levou Foucault a precisar sua posição a respeito de outro problema, que constitui o terceiro nível evocado em *A vontade de saber*. Trata-se de "destacar a 'vontade de saber' que [...] serve, a um tempo, de apoio e instrumento" para as "produções discursivas" e os "efeitos de poder" sobre a sexualidade.[88] Dito de outra maneira, trata-se de interrogar a vontade — entenda-se a função estratégica dominante — que orienta o dispositivo da sexualidade. Como vimos, mal encerrado o curso de Vincennes, essa problemática da vontade de saber e essa preocupação de identificar formas históricas do "querer-saber" tornaram-se o cerne do projeto foucaultiano. No presente caso, sobre a questão sexual, isso implicou, para Foucault, tornar a travar combate com uma leitura freudo--marxista que, seguindo Reich, Marcuse e Van Ussel,[89] interpreta a história da sexualidade à maneira da repressão-alienação do desejo e de sua necessária libertação; interpretação segundo a qual "Freud e a psicanálise, ao falarem da sexualidade, [... realizariam] legitimamente uma obra de libertação".[90] Como vimos, desde o curso de Vincennes

Foucault mostrou-se cético ante o tema geral da alienação e da liberação sexuais. Por outro lado, suas análises sobre o poder disciplinar e o controle dos corpos sexuais podiam dar a impressão de que ele aderia a uma abordagem em termos da repressão dos desejos como necessária ao desenvolvimento do capitalismo. Assim, ele se viu levado a esclarecer sua posição. Para ele, contrariando a hipótese repressiva, que levava os discursos e os poderes sobre a sexualidade a um grande imperativo de censura e repressão, tratava-se de manifestar como as próprias proibições, censuras e controles deviam ser retomados numa economia mais geral dos discursos e das técnicas de poder sobre a sexualidade, que é marcada por um intenso desejo de conhecer a sexualidade, de obter a confissão da sexualidade[91] — estando as técnicas de confissão e de exame no âmago das formas do querer-saber sobre a sexualidade —, e, pelo menos desde o século XVIII, por uma preocupação de governar positivamente a vida e de maximizar as forças corporais. Problema dos elos entre sexualidade, confissão e verdade, e problema das técnicas biopolíticas que visam governar os processos vitais: foram essas as linhas de fuga pelas quais os trabalhos de Foucault sobre a sexualidade se orientaram em seguida.

Faço questão de agradecer vivamente ao conjunto de membros do comitê editorial dos cursos de Michel Foucault, assim como a Mariana Broglia de Moura e Alexandre Tanase, por seus conselhos e suas releituras atentas.

C.-O. D.

NOTAS

1. Este curso e o manuscrito sobre o discurso filosófico estão conservados nos arquivos da BNF, Caixa 58.
2. Sobre a gênese desse centro e sua história, cf., por exemplo, Charles Soulié (org.), *Un mythe à détruire? Origines et destin du Centre universitaire expérimental de Vincennes*, pref. de C. Charle, Saint-Denis: Presses Universitaires de Vincennes, 2012. Sobre os detalhes do contexto dos cursos de Foucault em Vincennes, cf.

O *discurso da sexualidade*

D. Eribon, *Michel Foucault*, 3. ed. rev. e ampliada, Paris: Flammarion, 2011 [1989], pp. 315-32 [*Michel Foucault: 1926-1984*, trad. Hildegard Feist, São Paulo: Companhia das Letras, 1990].

3. Para uma história dos *Cahiers pour l'analyse (CPA)*, particularmente útil para se compreender o contexto imediato do curso de Foucault, remetemos ao notável trabalho realizado por Peter Hallward e Knox Peden (*Concept and Form*, 2 vols., Londres: Verso Books, 2012) e ao site dedicado ao assunto, onde encontramos o conjunto dos *CPA* e diversas entrevistas conduzidas com testemunhas. Disponível em: <http://cahiers.kingston.ac.uk>. Acesso em: 8 ago. 2018.

4. Parece que os arquivos da BNF não conservam o conjunto das notas manuscritas do curso de 1970, mas podemos fazer uma ideia delas, ao mesmo tempo, através dos *Cadernos* 8 e 9 de Foucault, que contêm muitas reflexões riquíssimas sobre a epistemologia das ciências biológicas, bem como, na data de 14 de outubro, uma espécie de plano de curso (cf. *supra*, curso de Vincennes, Aula 6, nota 1, pp. 221-2), e através dos documentos conservados na Caixa 70, em particular o dossiê 5, que parece reunir dois substratos provenientes deste curso, um sobre o "erro na ordem das ciências" e outro sobre os problemas científicos.

5. "Titres et travaux" [1969], em *Dits et écrits, 1954-1988*, v. I, *1954-1975*, org. D. Defert e F. Ewald, com a colab. de J. Lagrange, Paris: Gallimard, 2001 [1994], n. 71, p. 873 [*Ditos e escritos I*, trad. Vera L. Avellar Ribeiro, Rio de Janeiro: Forense Universitária, 1999].

6. *Caderno* n. 4, vermelho, datas de 15 e 20 jul. 1969, na sequência imediata do rascunho da Aula 7 do "Discurso da sexualidade" (7 jun. 1969).

7. Cf. as *Leçons sur la volonté de savoir. Cours au Collège de France, 1970-1971*, seguido de *Le savoir d'Œdipe*, ed. estabelecida por P. Defert, sob a dir. de F. Ewald e A. Fontana, Paris: Gallimard-Seuil-Éd. de l'EHESS, 2011 [*Aulas sobre a vontade de saber: Curso no Collège de France (1970-1971)*, seguido de *O saber de Édipo*, trad. Rosemary Costhek Abílio, São Paulo: WMF Martins Fontes, 2014], que derivam diretamente dessas reflexões feitas no verão de 1969. Foi também sob o signo desses questionamentos que Foucault inscreveu a apresentação de seus três primeiros cursos no Collège de France feita no Rio de Janeiro em maio de 1973 ("La vérité et les formes juridiques" [1974], em *Dits et écrits*, op. cit., v. I). Por esse ponto de vista, o período de Vincennes desempenhou um papel de transição.

8. "Michel Foucault explique son dernier livre" [1969], em *Dits et écrits*, v. I, n. 66, p. 800.

9. BNF, Caixa 58.

10. Cf., em particular, "Sur les façons d'écrire l'histoire" [1967] (em *Dits et écrits*, v. I, n. 48, p. 623) e sobretudo "Réponse à une question" [1968] e "Sur l'archéologie des sciences. Réponse au Cercle d'épistémologie" [1968], em *Dits et écrits*, op. cit., v. I, n. 58 e 59, pp. 701-59).

11. Cf. *supra*, curso de Vincennes, Aula 1, p. 144 e nota 3, p. 149.

12. "Sur les façons d'écrire l'histoire" [1967], art. citado, p. 623.

13. Cf. *supra* pp. 315-6.
14. Para retomar a distinção estabelecida por Foucault em seu "Prefácio à edição inglesa" de *As palavras e as coisas* [1970] (em *Dits et écrits*, op. cit., v. I, n. 72, pp. 877-81).
15. Cf. "Discussion" [1970] e "La situation de Cuvier dans l'histoire de la biologie" [1970], em *Dits et écrits*, op. cit., v. I, n. 76 e 77, pp. 895-934.
16. Cf. "Discussion" [1970], art. citado, p. 897. "É preciso distinguir, na densidade do discurso científico, o que é da ordem da afirmação científica verdadeira ou falsa e o que seria da ordem da transformação epistemológica. Que certas transformações epistemológicas passem por [...] um conjunto de proposições cientificamente falsas me parece ser uma constatação historicamente possível e necessária."
17. *Caderno* n. 8, 24 out. 1969. Vê-se que o problema das *"arqués"* não desapareceu, mas, antes, deslocou-se em dois níveis: para o problema dos postulados fundamentais que orientam um campo do saber e definem formas particulares de querer-saber, o que Foucault qualificaria, em *Théories et institutions pénales*, de "matrizes epistemológicas", articuladas, por sua vez, com "matrizes jurídico-políticas" (a medida, a prova, o inquérito, o exame) (*Théories et Institutions pénales. Cours au Collège de France, 1971-1972*, org. B. E. Harcourt, sob a direção de F. Ewald e A. Fontana, com E. Basso, C.-O. Doron e D. Defert, Paris: Gallimard-Seuil-Éd. de l'EHESS, 2015, pp. 214-5); e, por outro lado, para a divisão constitutiva a que Foucault voltaria nas *Aulas sobre a vontade de saber* (op. cit.): a partilha da verdade e do erro que subordina o saber ao problema do conhecimento. Esses dois deslocamentos permitem passar para o nível do poder-saber, ou do que Foucault chamaria de dinástica do saber, e, mais profundamente, para o problema da constituição histórica do sujeito da verdade.
18. BNF, Caixa 70, dossiê 5, "Problèmes".
19. *Caderno* n. 4, 15 jul. 1969.
20. F. Jacob, *La Logique du vivant. Une histoire de l'hérédité*, Paris: Gallimard, 1970.
21. *Caderno* n. 9, 27 out. 1969.
22. Cf. *supra*, curso de Vincennes, Aulas 2 a 4.
23. "Réponse à une question" [1968], art. citado, p. 714.
24. Cf. *supra*, curso de Vincennes, Aula 4, pp. 182-4 e nota 21, p. 190.
25. *Annales ESC*, v. 24, n. 6, 1969.
26. Cf. *supra*, curso de Vincennes, Aula 2, nota 2, pp. 159-60.
27. *Histoire de la sexualité: La Volonté de savoir*, Paris: Gallimard, 1976, p. 186 [*História da sexualidade: I. A vontade de saber*, trad. Maria Thereza da Costa Albuquerque e J. A. Guilhon Albuquerque, Rio de Janeiro: Graal, 6. ed., 1985]. Foucault não abandonou nesse texto, contudo, a leitura de classe ao analisar a história do "dispositivo da sexualidade". Aprimorou-a e, em especial, confrontou-a com uma leitura repressiva que gostaria que as classes populares tivessem sido os primeiros alvos desse dispositivo. Para Foucault, ao contrário, "a sexualidade é, originariamente, historicamente burguesa, e induz, em seus sucessivos deslocamentos e em suas

O discurso da sexualidade 321

transposições, efeitos de classe específicos" (ibid., p. 168 e, em linhas mais gerais, pp. 161-73).

28. "Entretien avec Michel Foucault" [1971], em *Dits et écrits*, op. cit., v. I, n. 85, pp. 1025-42, citada aqui a p. 1029 [*Ditos e escritos*, op. cit.]. Essa entrevista, que data de 1970, na realidade, fornece um claro eco das reflexões de Foucault na Aula 3 do curso de Vincennes (cf. *supra*, pp. 167-78). Para Foucault, trata-se de pensar as relações entre formações discursivas e formações sociais e econômicas, "como reajustar de maneira mais exata a análise das práticas discursivas e das práticas extradiscursivas", devendo a ligação ser buscada, segundo ele, no nível das "regras que definem os objetos possíveis, as posições do sujeito em relação aos objetos", o que, no curso, ele caracteriza como a "influência da ideologia no campo do saber".

29. Ele se encontra indiretamente no cerne das *Aulas sobre a vontade de saber* (op. cit.); é claramente expresso nas *Théories et institutions pénales* (op. cit., pp. 197-227) e em "La vérité et les formes juridiques" [1974] (art. citado, pp. 1406-21).

30. Cf., por exemplo, as duas contribuições de Althusser para o livro coletivo *Lire Le Capital* [1965] (Paris: PUF, 1996, pp. 3-79 e 247-418) [*Ler O capital*, trad. Nathanael C. Caixeiros, Rio de Janeiro: Zahar, 1979], ou o conjunto dos *Cours de philosophie pour scientifiques*, dados por Althusser e seus discípulos em 1967-8. Disponível em: <https://archive.org/details/ENS01_Ms0169>. Acesso em: 8 ago. 2018.

31. "Sur l'archéologie des sciences" [1968], art. citado. O artigo saiu inicialmente no número 9 dos *CPA* (verão de 1968), significativamente intitulado de "Généalogie des sciences".

32. *L'Archéologie du savoir*, op. cit., pp. 240-3.

33. M. Pêcheux, "Remarques pour une théorie générale des idéologies", *CPA*, n. 9, 1968.

34. *L'Archéologie du savoir*, op. cit., p. 242.

35. Convém observar que, olhando para trás, essa análise liga-se à própria definição das formações culturais, pensadas justamente como um sistema heterogêneo que articula instituições, discursos, conceitos e práticas mudas — com a diferença de que, aqui, trata-se de analisar as operações de codificação de classe que fazem funcionar esses elementos heterogêneos, e não mais as partilhas que os constituem. Olhando para a frente, essa análise se aproxima da definição que Foucault daria do "dispositivo" como um "conjunto decididamente heterogêneo, que comporta discursos, instituições [etc.]: o dito e o não dito", tratando-se de analisar a "natureza do vínculo" que os une. Entretanto, se um dispositivo tem uma "função estratégica dominante", esta não se reduz a uma estratégia refletida, homogênea e coerente, uma de cujas classes seria o sujeito ordenador (cf. "Le jeu de Michel Foucault (entretien sur l'*Histoire de la sexualité*)" [1977], em *Dits et écrits*, op. cit., v. II, n. 206, pp. 306-8).

36. Cf., por exemplo, *Leçons sur la volonté de savoir. Cours au Collège de France, 1970-1971*, seguido de *Le savoir d'Œdipe*, ed. estabelecida por P. Defert, sob a dir. de F. Ewald e A. Fontana, Paris: Gallimard-Seuil-Éd. de l'EHESS, 2011, pp. 145-57 [*Aulas sobre a* *vontade de saber: Curso no Collège de France (1970-1971)*, seguido de *O saber de Édipo*, trad. Rosemary Costhek Abílio, São Paulo: WMF Martins Fontes, 2014] sobre o "efeito de desconhecimento" do *nomos* como cesura que mascara as relações do político e do econômico; ou *Théories et institutions pénales* (op. cit., p. 198), quanto à noção de operação ideológica. A análise dos jogos de codificação, travestimento, deslocamento e mascaramento está no cerne do que Foucault chamaria, a partir de 1971, de "dinástica".

37. Cf. *supra*, curso de Vincennes, Aula 3, p. 171 e nota 9, p. 176.

38. L. Althusser, *Cours de philosophie pour scientifiques*, op. cit., n. 5, p. 8.

39. Idem, "Idéologie et appareils idéologiques d'État", *La Pensée*, n. 151, 1970, pp. 3-38 [*Ideologia e aparelhos ideológicos do Estado*, trad. Joaquim José de Moura Ramos, Lisboa: Editorial Presença, 1970].

40. Cf. *supra*, curso de Vincennes, Aula 3, p. 171.

41. L. Althusser, "Freud et Lacan" [1964], em *Positions (1964-1975). Freud et Lacan, la philosophie comme arme de la révolution*, Paris: Éditions sociales, 1976, pp. 9-34 [*Posições – 2*, trad. Manoel Barros da Motta, Maria Laura Viveiros e Rita Lima, Rio de Janeiro: Graal, 1980].

42. Cf., por exemplo, Jacques-Alain Miller, "La suture (Éléments de la logique du signifiant)", *CPA*, n. 1, 1966, pp. 37-49, aqui citada a p. 41; François Regnault, *Cours de philosophie pour scientifiques*, op. cit., n. 11, 28 fev. 1968, pp. 9-10.

43. P. Gillot, *Althusser et la Psychanalyse*, Paris: PUF, 2009, pp. 120-1 [*Althusser e a psicanálise*, trad. Pedro Eduardo Zini Davoglio, Fábio Ramos Barbosa Filho, Marie-Lou Lery-Lachaume, São Paulo: Ideias & Letras, 2018].

44. Cf. *supra*, curso de Vincennes, Aula 3, p. 171.

45. "La vérité et les formes juridiques" [1974], art. citado, p. 1406.

46. Segundo a formulação extraída de um desenvolvimento importantíssimo que Foucault consagrou a essa questão em seu *Caderno* n. 9, em 1º nov. 1969. Evidentemente, foi para retomar esse problema pela raiz que Foucault viria a dedicar aos gregos seu primeiro curso no Collège de France (*Aulas sobre a vontade de saber*, op. cit.).

47. *Caderno* n. 6, "Notes sur *Lire Le Capital*".

48. L. Althusser, *Cours de philosophie pour scientifiques*, op. cit., 1. sessão, 20 nov. 1967, tese n. 10, p. 4.

49. *Caderno* n. 8, 2 out. 1969. Cf. *supra*, curso de Vincennes, Aula 6, pp. 211-2, e nota 22, pp. 226-7.

50. Cf. *Leçons sur la volonté de savoir*, op. cit., pp. 3-30 e *Théories et institutions pénales*, op. cit., pp. 204-27. Como observa Foucault no *Caderno* n. 8: "Não sairemos disso enquanto superpusermos o problema ciência/ideologia e o problema verdade/erro. É preciso expulsar Spinoza". Seria esse o sentido das primeiras aulas no Collège de France: "Spinoza é a condição de Kant. Só podemos escapar de Kant depois de nos libertarmos de Spinoza [...] ingenuidade dos que acreditam poder

O discurso da sexualidade

escapar do idealismo do discurso filosófico mediante o recurso a Spinoza" (*Leçons sur la volonté de savoir*, op. cit., p. 28).

51. *Caderno* n. 9, 1º nov. 1969.

52. *Supra*, curso de Vincennes, Aula 3, pp. 171-2.

53. Cf. L. Althusser, *Lire Le Capital*, op. cit., pp. 61-7.

54. M. Pêcheux, "Réflexions sur la situation théorique des sciences sociales et, spécialement, de la psychologie sociale", *CPA*, n. 2, 1966, pp. 139-65, aqui citada a p. 142.

55. Os *CML* são um bom testemunho dessa primazia inicial do teórico e da ciência, sendo seu primeiro número, "Science et idéologies", aberto por um artigo de J.-A. Miller, "Fonction de formation théorique", que faz do trabalho teórico uma condição essencial da luta política, com vistas a "converter a percepção, reformar o discurso" contra a ilusão e a ideologia. A citação de Lênin adotada como leitmotiv ("A teoria marxista é onipotente por ser verdadeira") é outro exemplo disso. Sobre os *CML* e sua evolução, cf. Frédéric Chateigner, "From Althusser to Mao. Les *Cahiers Marxistes-Léninistes*", *Décalages*, trad. [franc.] P. King, v. 1, n. 4, 2014, pp. 1-15.

56. J. Rancière, "Sur la théorie de l'idéologie politique d'Althusser", *L'Homme et la Société*, n. 27, 1973. Os ecos entre esse artigo e as reflexões desenvolvidas por Foucault no mesmo período devem ser sublinhados.

57. *Caderno* n. 9, 1° nov. 1969.

58. "Il y aura scandale, mais..." [1970], em *Dits et écrits*, op. cit., v. 1, n. 79, p. 943.

59. "La situation de Cuvier..." [1970], art. citado, p. 933. Cf. *supra*, curso de Vincennes, Aula 6, pp. 219-20.

60. "Croître et multiplier" [1970], art. citado, p. 967.

61. Ibid., p. 968.

62. *Caderno* n. 9, 29 out. 1969.

63. "Entretien avec Madeleine Chapsal" [1966], em *Dits et écrits*, op. cit., v. 1, n. 37, pp. 544-6 [*Ditos e escritos*, op. cit.]. Cf. também "L'homme est-il mort?" [1966], em ibid., n. 39, pp. 568-72, e "Qui êtes-vous, professeur Foucault?" [1967], em ibid., n. 50, pp. 629-48, esp. pp. 643-7.

64. "Entretien avec Madeleine Chapsal" [1966], art. citado, p. 544, e "Qui êtes-vous, professeur Foucault?" [1967], art. citado, p. 644.

65. "Interview avec Michel Foucault" [1968], em *Dits et écrits*, op. cit., v. 1, n. 54, pp. 679-90, e "De la nature humaine: justice contre pouvoir" [1971/1974], em *Dits et écrits*, op. cit., v. 1, n. 132.

66. D. Defert, F. Ewald e J. Lagrange, "Chronologie", em *Dits et écrits*, op. cit., v. 1, p. 46.

67. Cf. *supra*, Aula 7, nota 1, pp. 249-50.

68. Além disso, convém sublinhar que Foucault salientava regularmente a importância política da sexualidade nesse período; cf., por exemplo, "Qui êtes-vous, professeur Foucault?" [1967], art. citado, p. 644.

69. Sobre a recepção de Marcuse na França até 1968, cf. M. Quinon, *La Réception en France d'Herbert Marcuse*, op. cit.

70. Cf. *supra*, Aula 7, nota 21, pp. 254-5.

71. Jacques Julliard, "Questions sur la politique", *Esprit*, v. 378, n. 2, 1969, p. 337.

72. Ibid., *grifo no original*.

73. H. Marcuse, *La fin de l'utopie*, org. P.-H. Gonthier, trad. [franc.] L. Roskopf e L. Weibel, Neuchâtel-Paris: Delachaux et Niestlé-Seuil, 1968, p.8 [*O fim da utopia*, trad. Carlos Nelson Coutinho, Rio de Janeiro: Paz e Terra, 1969]. Cf. *supra*, curso de Vincennes, Aula 7, p. 243 e nota 35, pp. 258-9.

74. Cf. *supra*, pp. 315-8.

75. Cf. *supra*, curso de Vincennes, Aula 7, pp. 248-9.

76. Curso de Túnis, BNF, Caixa 58, f° 175.

77. "Les problèmes de la culture. Un débat Foucault-Preti" [1972], art. citado, p. 1245.

78. Além disso, convém notar que o diálogo com Giulio Preti já atesta um distanciamento de Sade (ibid., pp. 1243-4), que depois seria mais acentuado.

79. Curso de Túnis, op. cit., f°s 195-9.

80. *La Volonté de savoir*, op. cit., p. 26.

81. Ibid., p. 46; *grifo no original*. Foucault distingue, portanto, a pastoral cristã, a literatura transgressiva, o discurso político-econômico sobre a população, a cruzada contra a masturbação infantil etc.

82. Em particular, "Pouvoir et corps" [1975], "Asiles. Sexualité. Prisons" [1975] e "Sade, sergent du sexe" [1975], respectivamente em *Dits et écrits*, op. cit., v. I, n. 157, 160 e 164, pp. 1622-8, 1639-50 e 1686-90.

83. *La Volonté de savoir*, op. cit., p. 20. Foucault acrescenta outros dois níveis: as técnicas de poder e a "vontade" ou a "intenção estratégica" que sustenta os discursos (op. cit., pp. 16-21).

84. Cf. "Entretien avec Michel Foucault" [1971], art. citado, pp. 1029-31. Nela, Foucault anunciou que estudaria essas ligações entre o discursivo e o extradiscursivo a partir da criminologia e das práticas penais, a saber, da construção iniciada por *Théories et institutions pénales* e encerrada com *Vigiar e punir*.

85. Sobre a dinástica, cf. *Théories et institutions pénales*, op. cit., nota 16, p. 53.

86. Cf. *La Société punitive. Cours au Collège de France, 1972-1973* (ed. estabelecida por B. E. Harcourt, sob a dir. de F. Ewald e A. Fontana, Paris: Gallimard-Seuil-Éd. de l'EHESS, 2013), pp. 175-228 (sobre o corpo, o desejo e a devassidão do operário como alvos do poder); "La vérité et les formes juridiques" [1974], art. citado, pp. 1485-6; *Le Pouvoir psychiatrique (Cours au Collège de France. 1973-1974)*, org. J. Lagrange, sob a direção de F. Ewald e A. Fontana, Paris: Gallimard/Seuil/Éd. de l'EHESS, 2003, pp. 299-337 [*O poder psiquiátrico: Curso dado no Collège de France, 1973-1974*, trad. Eduardo Brandão, São Paulo: Martins Fontes, 2006] (sobre o "corpo sexual" das histéricas).

87. Cf. "Pouvoir et corps" [1975], art. citado, p. 1623.

88. *La Volonté de savoir*, op. cit., p. 20.

89. Após 1969, a temática da repressão e da liberação sexuais só fez reforçar-se. Lembremos, entre outras coisas, a tradução para o francês do livro de Jos Van

O discurso da sexualidade 325

Ussel, *Histoire de la répression sexuelle* (trad. C. Chevalot, Paris: Robert Lafont, 1972) e a publicação do segundo número de *Partisans (Sexualité et Répression II*, n. 66-7, jul. 1972).

90. "Michel Foucault. Les réponses du philosophe" [1975], em *Dits et écrits*, op. cit., v. I, n. 163, pp. 1673-85, citada aqui a p. 1681. A questão de saber se a psicanálise realiza necessariamente um trabalho de liberação, ou se tem uma função de normalização e fornece "muitos exemplos de recondução das relações de poder", é discutida desde "La vérité et les formes juridiques" [1974], art. citado, pp. 1491-514.

91. Ibid., p. 1682.

Índice de assuntos

antropologia da sexualidade: a sexualidade como tema antropológico, 30-2, 39n32, 40n33, 44-6, 145, 151n7, 283-6, 310-5; a sexualidade nas outras culturas, 25, 34n2, 45-6, 65, 144-5, 237

arqueologia, 40n33, 150n5, 200-2, 276, 278-83, 202n12, 202n17, 202n21, 297-9

capitalismo, 155-6, 161n7, 162n10, 163n13, 189n20, 313, 318

ciências humanas, 43-6, 54n2, 55n5, 56n6, 282-4

classes sociais (burguesia, aristocracia etc.), 155-9, 161n7, 164n14, 169-71, 173n6, 179, 182-6, 187n4, 189n20, 247-8, 302-4

condutas/ comportamentos sexuais, 65-80, 80n2-87n50, 236-8

continuidade/ descontinuidade, 87n53, 177n11, 199, 212-4, 216-7, 220, 311-2

corte (epistemológico), 171, 173n5, 174n7, 177n11, 211, 303, 306-7

cultura (forma cultural, cultura ocidental), 21-33, 34n3, 43, 75, 90-2, 110-1, 128n3, 237, 278-9

desejo, 26, 30-1, 127, 129n9, 136n46, 143-8, 148n1, 152n10, 179, 223n8, 242-4, 246, 256n25, 259n36, 292n19, 312-3, 317-8

desvios, 45-6, 62-5

direito da família e do casamento, 23-5, 28-30, 35n6, 35n7, 35n8, 35n9, 35n10, 38n21, 38n22, 38n23, 39n30, 147, 155, 159, 165n17, 165n18, 179-86, 186n3-195n45

discurso/ práticas discursivas, 143-8, 149n3, 197-202, 202n2, 203n4, 210-2, 215-6, 226n22, 297-302, 304, 315-7

economia/ processos econômicos, 111, 154-7, 159, 160n3, 161n7, 162n8, 162n10, 162n12, 163n13, 167-70, 179-80, 183, 189n19-n20, 190n21, 191n23-n25, 191n27, 196-7, 301-3

epistemologização, 147, 150n5, 175n8, 197-202

erotismo, 33n1, 36n12, 40n33, 40n35, 79-80, 87n53, 88n55, 116-8, 124-7, 130n13, 133n31-n32, 134n35, 136n46, 137n48, 242, 254n20, 256n25, 260n40, 285-6, 289

estrutura, 25-6, 28, 36n12, 55n5, 75, 101n4, 112-3, 118, 120-1, 137n49, 176n9, 190n21, 209-11, 218-20, 279, 283, 289-90, 298, 301, 313

exclusão, 136n46, 197-9, 203n5, 203n7, 239, 280

fisiologia, 56n6, 66, 145

freudo-marxismo, 42n36, 243, 248, 258n35, 276-7, 288, 295n54, 312-5

genética, 52-4, 61n35, 61n38, 61n40, 218-9, 221n1, 228n31, 233n51, 300, 311

heterotopias, 236-41, 249, 249n1, 250n2, 251n3-n5, 251n9, 254n20

história natural, 46-7, 58n11, 144, 149n4, 150n5, 211-5, 298-9

homem/ humanismo, 220, 233n51, 234n52n54, 248, 258n35, 276, 281, 283-4, 285-9, 311-5

homossexualidade, 64, 80n2, 88n56, 93-8, 104n23, 105n27, 125-6, 238, 247-8, 251n10

ideologia/ ideológico, 25, 156-9, 165n20, 168-72, 173n6, 174n7, 176n9, 177n10-n12, 178n13, 181, 209, 211, 221n1, 226n22, 239-40, 247, 252n12, 303-9

indivíduo, 212-20, 221n1, 228n29, 228n31, 230n41, 234n52-n54, 246-7, 266-72, 310-1

infância e pedagogia, 110-1, 129n4, 129n6-n8

limite, 22, 40n35, 219-20, 271-2, 278-84, 309-11
linguagem, 40n35, 121-2, 137n48, 143-4, 149n3, 249n1, 280-1, 283, 298, 311
loucura/ desrazão, 91-3, 101n5, 101n7-n8, 102n11, 103n13-n14, 197-201, 203n5, 203n7, 204n9-n10, 204n13, 205n15, 280-1

morte, 87n53, 88n55, 136n46, 137n48, 219-20, 243, 245, 260n40, 271-2, 280-3, 290-1, 310-2

natureza/ natural, 30, 40n35, 55n5, 78-80, 87n53, 111-2, 123, 137n49, 156-9, 163n13, 165n17, 168-9, 172, 173n5, 181, 185-6, 191n30, 195n44-n45, 214, 245-7, 248, 258n35, 280-1, 283-4, 287-90, 295n54, 302-3, 311-3, 314-5
neuroses, 93-100, 103n14-n15, 106n37, 107n39, 107n44, 107n46, 108n49-n50, 112-3, 130n11, 247
normalidade, 45, 57n8, 63-4, 80n2, 81n3, 89-90, 92-5, 97-9, 105n29, 109, 112-3, 132n21, 158, 168, 185, 186n1, 201, 217, 237, 241-3, 246-9, 284, 287-9, 302-3, 314

obstáculo (epistemológico), 170-1, 174-5n7, 211, 225n20, 298-300

perversões, 80, 89-100, 100n1-108n50, 109-10, 118-9, 145, 222n4, 247-8, 264n57, 277
população/ demografia histórica, 154-7, 158-9, 159n2, 160n3-n4, 161n7, 162n8-n10, 162n12, 163n13, 164n14, 167-8, 180, 186n1, 302
positividade/ negatividade, 31-3, 46-7, 55n5, 57n8, 78-9, 90, 100n1, 226n22, 277, 278-91, 299
prática, 154, 171-2, 177n12, 190n21, 202n2, 208-10, 215, 297-305, 307-9
proibição/ interdição, 33n1, 62-5, 76-9, 87n50, 87n53, 91, 121-2, 136n46, 137n47, 143-4, 191n28, 191n30, 238, 292n19
psicanálise, 26, 33, 34n2, 42n36, 45, 54n2, 55n5, 57n7, 80n2, 81n3, 90, 94-100, 106n30, 107n45, 108n50, 111-27, 129n8-140n66, 144-6, 148, 148n1-n2, 151n8, 153n13, 199-202, 206n16, 234n53, 246, 248, 263n52, 263n55, 264n57-n58, 265n59, 269-70, 281-4, 317-8, 325n90

psicologia, 57n8, 90, 101n4, 145, 275-7
psicopatologia/ psiquiatria, 45-6, 92-100, 102n11-108n50, 145, 147-8, 201, 205n15, 222n4, 223n7

regras, 22, 33n1, 77-9, 87n50-n52, 170, 179-80, 186n1, 186n3, 190n21, 196-7, 215, 226n22, 242, 245-6, 288-9, 297-302
relações de parentesco, 23-4, 87n50-n51, 180-4, 186n3, 190n21-n25
relações homens/ mulheres, 23-31, 35n5-39n30, 126-7, 145, 187n6, 192n31, 244, 285-6
representações/ ideias, 170-1, 176n9, 210-2, 215, 304-6
repressão/ mais-repressão, 42n36, 45, 99, 113, 181, 204n11, 208-9, 247, 248, 263n55, 264n57-n58, 265n59, 292n19, 313, 317-8, 320n27
revolução/ liberação sexual, 32-3, 42n36, 76-9, 147-8, 181, 187n6, 242-3, 246-9, 254n21, 255n23, 258n35, 264n57-n58, 265n59, 284-6, 312-5, 317-8

saber, 43, 121-2, 136n46, 158, 165n20, 208-9, 222n2, 226n22, 297, 298-301, 306-8, 309-10
sexo, 50-4, 61n34-n35, 61n38, 61n40-n41, 210-1, 212-3, 215, 217, 224n15, 287-8
sexualidade: antropologia da sexualidade *ver supra*; biologia da sexualidade, 22, 47, 58n9-61n44, 65-77, 81n7-86n49, 148, 207-20, 221n1-234n54, 266-72, 287-8, 310-2; ciência da sexualidade, 43-54, 54n1-61n44, 65-77, 81n7-86n49, 144-6, 158, 165n19, 207-20, 221n1-234n54, 266-72, 287-8, 310-2; psicofisiologia sexual/ hormonologia, 45, 50-2, 60n24-61n36, 67, 68, 74-5, 144-5, 199; sexualidade animal/ etologia, 47, 50-4, 65-77, 81n7-86n49, 208, 222n5; sexualidade como experiência trágica, 32-3, 123, 137n49, 221n1, 281-2; sexualidade como função, 63, 212-3, 218-9, 228n31, 230n41, 234n52, 234n53, 272; sexualidade das plantas, 47-54, 58n9, 58n11, 59n16-60n22, 209-20, 221n1, 223n9-234n54; sexualidade e infância/

Índice de assuntos

sexualidade infantil, 99-100, 109-16, 128n1-140n66, 143, 277; sexualidade e literatura, 79-80, 88n55, 123, 146-8, 152n10, 153n14, 241-6, 254n2, 256n25-258n33, 259n36-260n42, 285-6, 289-91

soberania, 40n35, 177n10, 221n1, 242-5, 259n36, 283, 305, 309-11

social/ sociedade, 22, 25-6, 32, 44, 55n5, 63-4, 77-8, 156-7, 164n15, 179-81, 185-6, 186n1, 186n3, 187n4, 190n21, 193n35, 195n44 n45, 197, 215, 237, 240-8, 261n44, 263n53, 265n59, 269, 313-5

teorias da reprodução natural, 46-7, 58n12--59n15, 213-4, 229n32-n33, 266-72

transgressão, 32, 33n1, 40n34-n35, 57n7, 78-80, 87n50, 87n53, 88n55, 90, 91, 137n49, 146-7, 153n14, 242-6, 254n20, 259n36, 279-84, 288-91, 309-11, 315

utopias, 36n15, 77, 236-49, 249n1-265n60, 312-5

verdade, 30-1, 55n5, 136n46, 177n11, 200-1, 205n15, 226n22, 248, 256n25, 259n36, 281, 288, 295n54, 299, 306-8, 318

Índice onomástico

Os números em itálico indicam remissão a figuras

Abraham, Karl, 133n33, 134n35, 139n52, 148n2

Adorno, Theodor Wiesengrund, 39n31

Agostinho de Hipona (santo), 188n10

Aichhorn, August, 110, 114, 129n6, 129n8

Allen, Edgar, 50, 60n29

Althusser, Louis, 54n2, 55n5, 165n20, 167, 174n7, 176n9, 177n10-n12, 221n1, 225n20, 226n22, 283, 293n36, 296, 299, 303-8, 321n30, 322n38, 322n41, 322n48, 323n53

Ariès, Philippe, 129n4, 159n2

Aristóteles, 210, 225n16, 225n19, 227n25, 229n34

Armand, Émile, 255n23

Aron, Jean-Paul, 203n3

Artaud, Antonin, 88n55

Aury, Dominique (pseudônimo Pauline Réage), 254n20

Bachelard, Gaston, 167, 171, 177n11, 225n20

Badiou, Alain, 55n5, 276

Bailes, Kendall E., 187n6

Bairoch, Paul, 162n9

Banchetti-Robino, Marina Paola, 294n49

Barrin, Jean (pseudônimo Abade Du Prat), 265n60

Barthes, Roland, 254n21

Bataille, Georges, 33n1, 39n31, 40n33-n35, 59n16, 80n2, 87n50, 87n53, 136n46, 221n1, 234n54, 254n20, 259n36, 260n40, 277, 279, 281, 285, 286, 287, 289, 293n27, 295n53, 309

Bayle, Antoine-Laurent, 205n15

Beauvoir, Simone de, 35n5, 36n12-n15, 37n20, 285, 286, 294n49

Benedict, Ruth, 34n2

Benoît, Jacques, 68, 83n20

Bensa, Alban, 190n21

Bernfeld, Siegfried, 110, 129n8

Berthold, Arnold Adolf, 61n31

Bettelheim, Bruno, 131n17

Beudant, Charles, 29, 39n27

Bichat, François Xavier, 39n31, 88n55, 136n46, 280, 290

Binswanger, Ludwig, 204n9

Blair, Patrick, 231n47

Blanchot, Maurice, 39n31, 40n34-n35, 57n7, 138n49, 254n21, 259n36, 286

Blomac, Nicole de, 222n5

Blum, Carol, 164n14

Boerema, L. K., 84n30

Boisguilbert (ou Boisguillebert), Pierre Le Pesant de, 156, 163n13

Bonaparte, Marie, 37n19, 140n66

Bonnecase, Julien, 191n29, 192n31-n34, 193n35, 194n41-n42

Boquet, Sylvain, 194n38

Borges, Jorge Luis, 249n1

Bougainville, Louis Antoine de, 242, 257n29, 262n48

Bounoure, Louis, 59n16, 67n, 70n, 71n, 81n7-84n28, 84n30-85n44, 86n46-n47

Bourde, André Jean, 161n6

Bourdieu, Pierre, 179, 189n20, 190n21-n22, 191n23, 301

Bozon, Michel, 254n21

Bradley, Richard, 231n47

Bridges, Calvin Blackman, 105n28

Brissot de Warville, Jacques-Pierre, 191n28, 191n30

Bruckner, John, 156, 163n13

Buffon, Georges Louis Leclerc (conde de), 156, 164n15, 218, 223n7, 229n32

Burdach, Karl Friedrich, 221n1, 231n45-n46

Burlingham, Dorothy, 114, 131n19

Busenbaum, Hermann, 223n8

Butenandt, Adolf, 50, 61n32

Buytendijk, Frederik Jakobus Johannes, 37n20, 86n49, 151n7, 294n49

Índice onomástico

Cabet, Étienne (pseudônimo Francis Adams), 36n15, 240, 252n15, 255n23

Callot, Émile, 225n16, 225n19, 226n21, 227n25

Camerarius, Rudolf Jakob, 46, 58n9-n10, 209, 217, 224n11, 231n43, 231n46

Campanella, Tommaso, 236, 241, 249, 257n26

Candolle, Alphonse de, 224n12-n14

Canguilhem, Georges, 57n8, 150n5, 175n8, 223n9, 226n21, 230n36

Carles, Jules, 48, 48n, 51, 51n, 59n16, 60n17, 60n23-n25, 60n27-61n32, 61n34, 61n36-n37, 61n40, 105n29

Carnot, Hippolyte, 36n15

Caullery, Maurice, 59n16

Cavaillès, Jean, 175n8

Cerfvol, 156n, 164n14

Cesalpino, Andrea, 46, 58n9, 210, 224n15, 225n16, 225n19, 227n25

Chaperon, Sylvie, 80n2, 139n61, 293n41

Charcot, Jean-Martin, 102n11

Chasseguet-Smirgel, Janine, 37n19

Chateaubriand, François-René de, 39n31, 88n55, 290

Chateigner, Frédéric, 323n55

Chaunu, Pierre, 160n4

Choderlos de Laclos, Pierre--Ambroise-François, 79

Chomsky, Noam, 258n35, 312

Clusius (L'Écluse, Jules Charles de), 214, 215n, 224n15, 230n38

Coffin, Jean-Christophe, 103n14

Cohn, Norman, 253n17

Coirard, Louis, 193n35, 194n41

Comte, Auguste, 27-8, 36n15, 44, 55n4, 151n7, 236, 240, 244, 246, 254n19, 255n23, 260n43, 261n44, 262n46, 263n53

Condillac, Étienne Bonnot de, 44, 55n3

Craig, Wallace, 70, 84n28

Crouzet, François, 163n8, 162n9-n10

Cuisenier, Jean, 190n21

Cuthbertston, Catherine, 255n22

Cuvier, Georges, 218, 232n49, 299

Dantchakov, Vera, 59n16

Daric, Jean, 35n5

Darling, Frank Fraser, 83n24

Darwin, Charles, 71-2, 137n49, 232n49

Daudin, Henri, 58n11

David, Karoly Gyula, 61n31

Davidson, Arnold I., 100n1

Davy de Virville, Adrien, 58n9

De Graaf, Reinier, 47

Debout, Simone, 254n21

Defert, Daniel, 249n1, 293n40, 295n61, 323n66

Delage, Yves, 233n51

Deleuze, Gilles, 153n14

Descartes, René, 44, 47, 54n2, 55n3, 58n12

Desrosières, Alain, 162n12

Détrez, Alfred, 193n35

Deutsch, Helene, 37n19, 140n66

Diatkine, René, 131n20, 135n39

Diderot, Denis, 163n13, 245, 257n29, 262n48

Dodds, Edward Charles, 50

Doisy, Edward A., 50

Doron, Claude-Olivier, 100n1, 103n13-n14, 222n5

Du Laurens, André, 199, 204n9

Du Préau, Gabriel, 189n14

Dughi, Raymond, 58n11

Dupâquier, Jacques, 159n2

Durkheim, Émile, 44, 55n4, 193n35

Duverger, Maurice, 37n16

Elders, Fons, 136n46

Engels, Friedrich, 176n9, 258n35, 314

Eribon, Didier, 34n3, 86n46, 291n1, 318n2

Ernsting, Arthur-Konrad, 224n15

Esmein, Adhémar, 188n7, 188n11, 188n13, 189n14-n15, 189n18

Fardoil, Nicolas, 191n28

Faulkner, William, 123

Fausto-Sterling, Anne, 60n24

Fechner, Gustav, 45, 56n6

Fenet, Pierre-Antoine, 38n25, 194n36, 195n44

Flandrin, Jean-Louis, 159n2

Fliess, Wilhelm, 148, 148n2

Foigny, Gabriel de, 244, 258n34, 262n47

Fontaine, Maurice, 84n29

Fourier, Charles, 36n15, 148n, 181, 236, 240, 244, 246, 249, 252n15, 254n21, 255n23, 261n45, 263n54, 313

Freud, Anna, 114, 116, 129n8, 131n16-n17, 131n19-n20, 132n21, 133n31

Freud, Sigmund, 40n35, 42n36, 44, 45, 55n3, 55n5, 56n6, 57n7, 70, 76, 80n2, 81n3-n4, 89, 90, 94-5, 100n2, 103n14, 106n30, 106n32, 107n44-n45, 107n47, 108n49-n50, 111-4, 115n, 116-9, 123, 127, 128n1, 129n6, 129n9-131n15, 132n25, 132n27-n28, 133n30, 133n33, 134n35-n36, 135n37, 135n40-n41, 136n43, 136n45-n46, 137n49, 138n50, 139n53-n54, 139n60, 140n62, 140n66, 145, 148, 148n1, 150n6, 151n8, 153n13, 176n9, 219, 223n10, 234n53, 236, 243, 248, 258n35, 263n52, 263n56, 264n58, 265n59, 269, 270, 276-7, 281, 283, 288, 295n54, 305, 313-5, 317

Galeno, 50

Galileu (Galileo Galilei), 177n11

Geissmann, Pierre, 131n16

Geissmann-Chambon, Claudine, 131n16

Genet, Jean, 123, 148, 153n14, 285

Geoffroy, Stephano-Francisco, 231n47

Gillot, Pascale, 176n9, 322n43

Ginzburg, Carlo, 252n11

Glasson, Ernest, 192n32-n33

Gleditsch, Johann Gottlieb, 227n25, 231n47

Gleichen, Wilhelm Friedrich von, 231n47

Goethe, Johann Wolfang von, 79, 88n55

Goldman, Lucien, 137n49

Goubert, Pierre, 159n2, 160n4

Gouges, Olympe de, 184, 192n31

Graf, Herbert, 131n15

Graf, Max, 131n15

Gramsci, Antonio, 305

Grassé, Pierre-Paul, 83n21

Grimm, Friedrich Melchior, 156, 163n13

Guérin, Daniel, 80n2

Guislain, Joseph, 223n7

Gusdorf, Georges, 56n6

Guyénot, Émile, 58n12, 59n13, 224n11-n12, 224n15, 225n18, 226n21, 227n25, 228n30, 229n32-n33

Guyotat, Pierre, 40n34, 221n1, 294n51, 310

Hacking, Ian, 162n12

Halban, Josef, 50, 60n28

Haller, Albrecht von, 229n32

Hallward, Peter, 319n3

Havel, Jean-Eugène, 35n5, 35n9, 36n11

Havelock Ellis, Henry, 80, 94

Hecht, Jacqueline, 159n2, 162n12, 163n13

Hegel, Georg Wilhelm Friedrich, 30, 39n32, 151n7, 234n54

Heidegger, Martin, 234n54

Helmholtz, Hermann von, 44, 55n3

Hémard, Jean, 37n16, 37n17

Heródoto, 224n12

Hervez, Jean, 251n10

Hincmar de Reims, 188n10

Hine, Robert V., 253n16

Hipócrates, 210, 212, 225n17, 228n28

Hirschfeld, Magnus, 43, 54n1, 80, 148

Hobbes, Thomas, 55n4

Hölderlin, Friedrich, 88n55, 280

Hoquet, Thierry, 294n50

Horney, Karen, 140n66

Houillon, Charles, 233n51

Houssier, Florian, 129n6

Howard, Henry Eliot, 184n34

Hunter, John, 47, 59n15

Husserl, Edmund, 306

Ivo de Chartres (santo), 188n10

Jackson, John Hughlings, 137n49

Jacob, François, 86n46, 221n1, 226n21, 229n32, 294n51, 300, 311, 320n20

Jaspers, Karl, 137n49

Jeannière, Abel, 40n33, 151n7, 276, 286, 291n3, 294n45

Jensen, Wilhelm, 151n8

Johnson, Peter, 249n1

Jones, Ernest, 140n66

Julliard, Jacques, 313, 324n71

Jussieu, Antoine de, 149n4

Kant, Immanuel, 39n31, 57n7, 78, 87n52, 259n36, 263n52, 280, 290-1, 307, 322n50

Keller, Rose, 101n7

King, Pearl, 133n31, 323n55

Índice onomástico

Kinsey, Alfred, 80n2, 81n3, 285, 293n41

Kirkman, Frederick Bernulf, 67, 67n, 82n13

Klein, Melanie, 116, 120, 125, 127, 133n31, 133n33, 135n39, 136n42, 136n46, 139n52-n54, 140n63-n66, 148n1

Klossowski, Pierre, 39n31, 40n35, 254n20-n21, 262n51

Knauer, Emil, 50, 60n27

Knight, Thomas Andrew, 218, 232n18

Kollontaï, Alexandra Mikhaïlovna, 153, 181, 187n6

Kölreuter, Joseph Gottlieb, 223n9, 231n47

Krafft-Ebing, Richard von, 44, 55n3, 80, 88n56, 89, 92, 92n, 103n15, 104n16-n17, 104n23, 105n24-n25

Kronfeld, Arthur, 54n1

Kunz, Hans, 151n7, 286, 294n48

Lacan, Jacques, 39n31, 54n2, 55n5, 57n7, 132n29, 133n33-n34, 148n2, 176n9, 177n10-n11, 186n2, 259n36, 263n52, 283, 289, 293n36, 305

Lack, David, 85n44

Lacombe, Claire (dita Rose), 184, 192n31

Lacroix, Claude, 223n8

Lafitte-Houssat, Jacques, 36n13, 251n8

Lagache, Daniel, 133n32, 283

Lamarck, Jean-Baptiste, 58n11, 218

Lamartine, Alphonse de, 79, 88n55

Lantéri-Laura, Georges, 100n1

Laplanche, Jean, 106n30, 130n10, 132n27, 133n32, 139n53

Laqueur, Ernst, 61

Lassen, Harald, 82n10

Lawrence, David Herbert, 148, 153n14

Le Roy Ladurie, Emmanuel, 159n2, 160n3, 161n5

Leão (santo), 188n10

Lebovici, Serge, 131n20, 135n39

Lefebvre, Charles, 193n35, 194n42

Leibniz, Gottfried Wilhelm, 229n32, 230n42

Lepointe, Gabriel, 35n6

Leroux, Pierre, 36n15

Leroy, Jean-François, 58n11, 224n11-n12, 231n44, 232n48, 233n50

Levent, Jean-Marc, 294n43

Lévi-Strauss, Claude, 33n1, 81n5, 87n50-n51, 151n7, 186n2-n3, 190n21, 289

Lineu, Carl von, 46, 58n11, 149n4

Linhart, Robert, 178

Locke, John, 55n4

Locré, Jean-Guillaume, 195n43

Loewenstein, Rudolph M., 135n35

Lorenz, Konrad, 62, 66, 82n8

Lunier, Ludger, 103n13

Lyssenko, Trofim Denisovitch, 221n1

MacGee, 61n31

Macherey, Pierre, 57n8, 174n7, 255n22

Magnan, Valentin, 103n14

Mahéo, Gabriel, 294n47

Makarenko, Anton Semenovitch, 110, 129n7

Malinowski, Bronislaw, 34n2, 81n5, 151n7, 251n5, 251n7

Malthus, Thomas Robert, 156, 162n10, 163n13, 263n56

Mandrou, Robert, 252n11

Mannheim, Karl, 252n12, 253n17

Marañón, Gregorio, 89, 94, 105n29

Marchal, Charles-Jacob, 103n13

Marchetti, Valerio, 88n56, 100n1, 128n1, 150n6, 165n19, 204n13, 222n4, 230n39

Marcuse, Herbert, 42n36, 148, 153n15, 236, 242-3, 247-8, 248n, 252n12, 255n23, 258n35, 263n55-n56, 264n57-n58, 265n59, 285, 293n42, 313-4, 317, 323n69, 324n73

Marty, Éric, 39n31, 40n35

Marty, François, 129n6

Marx, Karl, 42n36, 107n45, 137n49, 162n10, 163n13, 172n2, 176n9, 177n12, 234n54, 243, 258n35, 263n56, 305, 308-9, 313-4, 317, 323n55

Masson, Jeffrey Moussaieff, 134n36

Matthews, L. Harrison, 83n23

Maturin, Charles Robert, 265n60

Maupertuis, Pierre-Louis Moreau de, 229n32

Mazaleigue-Labaste, Julie, 100n1

Mead, Margaret, 34n2, 81n5, 151n7

Meeuse, B. J. D., 84n30

Mendel, Johann Gregor, 221n1, 223n9

Merleau-Ponty, Maurice, 86-7, 151n7, 275, 286, 291n2, 294n46

Michéa, Claude-François, 103n13
Miescher, Karl, 50, 61n30
Miller, Jacques-Alain, 132n29, 322n42, 323n55
Miller, John, 249n1
Miller, Timothy, 253n16
Möbius, Paul Julius, 80
Moheau, Jean-Baptiste, 156, 163n13
Montesquieu, Charles-Louis de Secondat (barão de La Brède e de), 164n14
Morel, Bénédict-Augustin, 103n14

Nacht, Sacha, 131n20
Nahas, Hélène, 37n20
Napoleão I, 32
Naudin, Charles, 223n9
Nietzsche, Friedrich, 88n55, 107n45, 148, 153n14, 279, 287, 293n31, 297
Noble, Gladwyn Kingsley, 85n44
Nougarède de Fayet, André-Jean-Simon, 38n22
Nussbaum, Moritz, 219, 233n51

Oken, Lorenz, 152n12
Olby, Robert C., 223n9
Oudot, Charles-François, 192n34
Oudshoorn, Nelly, 60n24

Palladino, Mariangela, 249n1
Paltrinieri, Luca, 159n2
Pariente, Francine, 275, 293n40
Paulhan, Jean, 254n20
Paulo (santo), 130n13
Pauvert, Jean-Jacques, 285
Pêcheux, Michel (pseudônimo Thomas Herbert), 174n7, 178n13, 304, 321n33, 323n54
Peden, Knox, 319n3
Petitfils, Jean-Christian, 253n15
Piaget, Jean, 90, 101n4
Pinel, Philippe, 290
Piquemal, Jacques, 223n9
Planhol, René de, 254n19, 254n21, 255n23, 257n29, 259n38, 260n41, 260n43, 262n46
Planiol, Marcel, 29, 38n21-n22, 38n24, 39n26, 39n28-n30, 193n35

Pontalis, Jean-Bertrand, 133n32
Pontano, Giovanni ou Jovanius Pontanus, 46, 58n9
Portalis, Jean-Étienne-Marie, 29, 38n25, 194n36-n38, 195n44
Preti, Giulio, 256n25, 258n35, 314-5, 324n78
Pringsheim, Nathanael, 219, 233n50
Proust, Marcel, 123

Quételet, Adolphe, 186n1
Quinon, Manuel, 293n42, 323n69

Rabouin, David, 175n8
Radcliffe, Ann, 255n22, 265n60
Rancière, Jacques, 177n12, 309, 323n56
Réaumur, René Antoine Ferchault de, 230n35
Regen, Johann, 71, 84n31
Regnault, François, 174n7, 177n11, 322n42
Reich, Wilhelm, 42n36, 148, 223n10, 236, 242-3, 258n35, 313-4, 317
Renders, Xavier, 131n16
Rétif de La Bretonne, Nicolas Edme, 79, 88n55, 165n16, 236, 244, 259n38, 260n41-n42, 265n60
Ricardo, David, 163n13
Ricœur, Paul, 40n33-n34, 107n45, 234n54, 285-6, 294n44
Rilke, Rainer-Maria, 88, 280
Roberts, Herbert Fuller, 223n9
Röell, René, 84n34
Roger, Jacques, 229n32-n33, 230n35
Ronsin, Francis, 191n29
Rostand, Jean, 59n15
Rouche, Michel, 188n10
Rougemont, Denis de, 88n54
Rousseau, Jean-Jacques, 55n4, 165n16
Roussel, Raymond, 88n55
Royer-Collard, Antoine-Athanase, 91, 101n8
Rusnock, Andrea Alice, 162n12

Sabot, Philippe, 40n35
Sacher-Masoch, Leopold von, 148, 153n14
Sachs, Julius von, 224n11, 224n15, 225n16, 225n18, 226n21, 227n25, 229n34, 230n38, 231n43-n44, 232n48

Índice onomástico

Sade, Donatien Alphonse François de, 21, 30, 32, 39n31, 40n34-n35, 45, 55n5, 56n6, 57n7, 79, 88n55, 89-90, 91, 101n7-n8, 136n46, 137n49, 145-6, 148, 152n10, 153n14, 203n7, 236, 240-2, 245, 254n20, 254n21, 255n23, 256n25, 259n36, 262n51, 263n52, 280-1, 285, 289-91, 294n43, 315, 324n78, 324n82

Saint-Simon, Claude-Henri de Rouvroy (conde de), 36n15

Sarton, George, 224n12

Sartre, Jean-Paul, 234n54

Scheler, Max, 151n7, 286, 294n47

Schérer, René, 254n21

Schleiden, Matthias Jakob, 221n1, 226n22

Schopenhauer, Arthur, 148, 152n12

Serres, Michel, 230n42

Shakespeare, William, 123, 123n

Shelley, Mary, 79

Sismondi, Jean Charles Léonard Simonde de, 163n13

Soulairac, André, 68-9, 84n25

Soulié, Charles, 318n2

Spallanzani, Lazzaro, 47, 59n15

Spinoza, Baruch, 322n50

Sprengel, Christian Konrad, 218, 232n48, 232n49

Steiner, Riccardo, 133n31

Sténon, Nicolas, 47

Sterba, Edith, 114, 131n17

Sterba, Richard, 131n17

Strasburger, Eduard Adolf, 219, 233n50

Swammerdam, Jan, 229n32, 231n43

Swift, Jonathan, 240, 253n18

Taton, René, 58n9

Taubman, Peter Maas, 129n8

Teofrasto, 224n15

Thibault-Laurent, Gérard, 191n29

Tinbergen, Niko, 62, 66-7, 71, 71n, 72, 82n8, 82n11-n12, 83n17, 84n28, 84n30, 84n34, 85n36-n37, 85n41, 85n43, 86n45

Tissot, Samuel Auguste André David, 223n7

Toltzin, Else, 82n10

Tournefort, Joseph Pitton de, 46, 58n11

Treilhard, Jean-Baptiste, 195n43

Treni, Hugo, 255n23

Tristan, Flora, 36n15, 255n23

Trótski, Leon, 153n15, 181, 187n6

Uexküll, Jakob von, 86n49

Ulrichs, Karl Heinrich, 80

Vaillant, Sébastien, 231n47

Van Leeuwenhoek, Antoni, 47, 59n13, 229n34

Van Ussel, Jos, 317

Varossieau, W. W., 84n30

Verhoeven, Tim, 223n7

Viallaneix, Nelly, 275

Vogt, William, 73, 85n44

Wallon, Henri, 133n34

Weber, Ernst Heinrich, 45, 56n6

Weismann, August, 228n31

Wheeler, William Morton, 83n21

Wolff, Étienne, 59n16, 61n41, 229n32

Wundt, Wilhelm M., 44, 55n3

ESTA OBRA FOI COMPOSTA POR MARI TABOADA EM DANTE PRO
E IMPRESSA EM OFSETE PELA LIS GRÁFICA SOBRE PAPEL PÓLEN SOFT
DA SUZANO S.A. PARA A EDITORA SCHWARCZ EM AGOSTO DE 2021.

A marca FSC® é a garantia de que a madeira utilizada na fabricação do papel deste livro provém de florestas que foram gerenciadas de maneira ambientalmente correta, socialmente justa e economicamente viável, além de outras fontes de origem controlada.